Hermann Grotefend

Handbuch der historischen Chronologie des deutschen Mittelalters

und der Neuzeit

Hannover, Hahn 1872

Hermann Grotefend

Handbuch der historischen Chronologie des deutschen Mittelalters und der Neuzeit
Hannover, Hahn 1872

ISBN/EAN: 9783743392304

Hergestellt in Europa, USA, Kanada, Australien, Japan

Cover: Foto ©ninafisch / pixelio.de

Weitere Bücher finden Sie auf **www.hansebooks.com**

HANDBUCH

DER

HISTORISCHEN CHRONOLOGIE

DES

DEUTSCHEN MITTELALTERS UND DER NEUZEIT

VON

D.R. H. GROTEFEND.

HANNOVER.

HAHN'SCHE HOFBUCHHANDLUNG.

1872.

Vorwort.

„Wäre es nicht am Platze, endlich einmal offen zu bekennen, „dass wir ein den Anforderungen strenger Wissenschaftlichkeit völlig „genügeleistetes Calendarium medii aevi zur Stunde noch nicht besitzen „und auch wegen der mühsamen Vorarbeiten, die ein Einzelner kaum „unternehmen kann, nicht besitzen können.“ Diese Worte Roth's von Schreckenstein in seiner 1864 erschienenen Broschüre: „Wie soll man Urkunden ediren?“ sind für mich der Ansporn zu dem vorliegenden Handbuch der historischen Chronologie des deutschen Mittelalters und der Neuzeit gewesen.

Die Entscheidung darüber, ob die Vorzüge, die ich bestrebt gewesen bin meinem Werke vor den gleichartigen Erscheinungen älterer und neuerer Zeit zu verleihen, mich wirklich dem als unerreichbar dargestellten Ziele näher gebracht haben, muss ich dem Urtheile der deutschen Historiker bei näherer Bekanntschaft und praktischer Anwendung meines Buches überlassen. Die Gesichtspunkte, die mich bei meiner Arbeit leiteten, liegen am Tage. Es sei mir nur ein Wort im voraus zur Rechtfertigung meines Heiligenverzeichnisses (Tafel XV) gestattet. Ich habe die schon von Pilgram angewandte Manier, nur die wichtigsten Heiligentage nach dem Befunde der Urkundendaten und Diöcesenkalender anzugeben, im Princip befolgt, weiche aber von Pilgram in dem wesentlichen Punkte ab, dass ich nicht alle mir zu Gebote stehenden Kalendarien — etwa 10 mal so viel wie Pilgram benutzen konnte — angeführt, sondern mich auf die einfache Angabe der Diöcesen beschränkt habe, in denen die betreffenden Heiligen den angegebenen Tagen zugetheilt sind. Ich habe dabei im Grossen und Ganzen den Datirungsgebrauch des 14. und 15. Jahrhunderts, als derjenigen Jahrhunderte, in denen die meisten Urkundendatirungen nach Heiligentagen vorkommen, als Norm angenommen und mich ausserdem, soweit es angieng, an die officiellen Missalkalender der Hochstifter selbst gehalten, beides natürlicher Weise unter steter Berücksichtigung alles übrigen kalendarischen Materials. Es wurde mir bei diesem Verfahren um so leichter, Willkürlichkeiten oder Eigenthümlichkeiten der einzelnen Pfarr- oder Klosterkalendarien von wesentlichen und durchgehenden Diöcesangebräuchen zu trennen, während ich andererseits dem Nachschlagenden die in vielen Fällen sehr schwierige Sichtung des kritischen Materials ersparte. Auf Ausstellungen und Nachträge seitens der Special- oder Localforscher bin ich gefasst, und werde jede derartige Mittheilung mit Dank aufnehmen, so wie auch ich meinerseits zu jeder mir möglichen näheren Auskunft über etwaige Datirungseigenthümlichkeiten einzelner Diöcesen oder Zeiträume nach dem mir vorliegenden Materiale gern bereit bin.

Den Herren, die in grösserem oder geringerem Masse meine Bestrebungen, insonderheit um die Herbeischaffung des Stoffs zum Heiligenverzeichnisse gütigst unterstützt haben, den Herren Archivsecretair Dr. phil. von Bülow in Stettin, Senator Culemann in Hannover, Dr. phil. Ehrenfeuchter in Göttingen, Dr. phil. Frommann in Nürnberg, Staatsarchivar Professor Dr. phil. Grünhagen in Breslau, Referendar Dr. jur. Köhler in Naumburg a./S., Archivsecretair Dr. phil Könnecke in Marburg, Domvicar Dr. theol. Laugwitz in Breslau, Geh. Archivrath Dr. phil. Lisch in Schwerin, Dr. phil. Posse in Marburg, Archivsecretair Dr. phil. Sauer in Münster, Dr. phil. Schum in Erfurt, Generalvicar Dr. theol. Suttner in Eichstätt, Graf Hugo Walderdorff in Regensburg, Landesarchivar Dr. phil. Zahn in Graz, sowie meinem verehrten Vater, dem Geh. Archivrath Dr. phil. Grotefend zu Hannover, dem eifrigsten Förderer dieses Werkes, sage ich hiemit auch öffentlich meinen Dank, indem ich die Hoffnung ausspreche, dass der Erfolg meines Werkes ihre Bereitwilligkeit mit dem Verdienste belohnen möge, der Wissenschaft durch die Beförderung eines praktischen Hülfsmittels genutzt zu haben.

· Breslau, im Juli 1872.

Dr. H. Grotefend.

Inhaltsverzeichniss.

Uebersicht der Tafeln.

Druckfehler.

S. 71 Z. 3 v. u. ist statt März 29, Nov. 29 zu lesen.
S. 75 Z. 11 v. u. ist statt April 19, März 19 zu lesen.
S. 80ᵃ Z. 10 v. u. ist statt Sonntag, Sonnabend zu lesen.
S. 118ᵇ Z. 18 v. o. ist statt 1384, 1354 zu lesen.
S. 131 Z. 1 v. o. ist statt 1864, 1864 B zu lesen.

Einleitung.

Die Chronologie ist die Wissenschaft der Eintheilung der abstracten Grösse: Zeit. Eintheilung einer Grösse ist eine durch Messung vorzunehmende Sonderung dieser Grösse in gleiche Theile. Um eine Grösse messen zu können bedarf es daher einer messenden Einheit, denn Messen heisst: das Verhältniss suchen zwischen Ganzem und Einheit. Diese messende Einheit muss gleichzeitig unveränderlich, und jederzeit der Controle, der Reconstruction zugänglich sein, man könnte sonst Gefahr laufen, einstmals des Masses verlustig zu gehen. So hat auch die Chronologie nach einem Masse zu suchen gehabt, das diese Bedingungen erfüllt, und sie hat es in der Natur gefunden: in den Verhältnissen der Weltkörper zu einander, speciell in den Verhältnissen unserer Erde zur Sonne, zum Monde. Sofern nun die Chronologie mit den wahren Verhältnissen dieser Weltkörper zu einander sich beschäftigt, sofern also die Mathematik ihre hauptsächlichste Hülfsquelle ist, nennen wir sie mathematische Chronologie. Ihr Resultat ist die wahre, astronomische Zeitrechnung. Insofern aber die Chronologie mit den Verhältnissen sich beschäftigt, in die der menschliche Geist, je nach dem Zustande seiner Entwicklung, die Weltkörper zu einander versetzt hat, nennen wir sie historische Chronologie. Ihre Hauptquelle ist eben die Geschichte, ihre Resultate sind die Zeitrechnungen der einzelnen Völker, wie sie zu verschiedenen Zeiten verschieden sich entwickelt haben.

Selbstverständlicher Weise ist die mathematische Chronologie für die historische Chronologie keineswegs zu entbehren, sie ist vielmehr Basis und Regulator für dieselbe. Dennoch aber hat auch die historische Chronologie Anspruch auf eine gewisse Selbständigkeit, da sie ihren Schwerpunkt in sich trägt: die hervorragende Bedeutung des Objects. Die menschliche Zeiteintheilung hat mitzureden in allen Verhältnissen des Menschen, der Familie und des Staates. Sie ist aber wichtig vor allem für die Geschichte, für die Auffassung des Zusammenhanges historischer Wahrheiten. Die Chronologie tritt ja nicht äusserlich an die Thatsachen heran, sie wirkt belebend auf sie. Ohne sie wäre die Geschichte eine wirre Masse, in der die Capitulationen von Sedan und Paris neben den Capitolinischen Gänsen stünden.

Alter Styl.

§. 1.

Das Julianische Jahr.

Vor-
geschichte. Tag und Jahr sind abhängig von der Sonne. Ein Tag ist verflossen, wenn die Erde während ihres Laufes um die Sonne eine Umdrehung um ihre eigene Axe gemacht hat, ein Jahr, wenn die Erde ihren Lauf um die Sonne beendet hat, wenn also die Sonne in derselben Stelle der Ekliptik, auf demselben Wendepunkte (τροπή) sich befindet. Ein solches Jahr, nach seinem Schlusspunkte tropisches Jahr genannt, hat eine Länge von 365 Tagen, 5 Stunden, 48 Minuten, 48 Secunden.

Alle Verwirrungen der chronologischen Bestimmungen der Römer bis auf Julius Cäsar beruhen nun auf dem Verkennen der einfachen Thatsache, dass das Jahr mit dem Monde gar nichts zu thun hat, sondern nur durch die Sonne bestimmt wird. Dieser Irrthum aber war ein sehr naheliegender und entschuldbarer. Kein Himmelskörper erscheint so geeignet für chronologische Bestimmungen wie gerade der Mond mit seinen Phasen. Keiner aber hat den Astronomen und Chronologen mehr Plage bereitet, als gerade er. Sein Lauf ist den grössten Unregelmässigkeiten unterworfen.

Zwei bis drei Tage nach dem Neumonde erscheint ein feiner Lichtstreif in der Abenddämmerung, der im Laufe von fünf bis sechs Tagen zum ersten Viertel anwächst, nach weiteren 7 Tagen hat er als Vollmond seine volle Rundung und seinen höchsten Glanz erreicht, dann vergehen 7 Tage bis zum letzten Viertel, und wiederum 5 bis 6 Tage, bis er in der Morgendämmerung nur als ein feiner Lichtstreif erscheint, um endlich als Neumond wieder gänzlich zu erlöschen.

Die grösste Sonnenferne des Mondes, den Vollmond, nennt man Opposition, da bei dieser Phase der Mond gerade der Sonne gegenüber sich befindet; die grösste Sonnennähe dagegen, den Neumond, nennt man Conjunction oder σύνοδος. Der Zeitraum von einer Conjunction zur anderen, der ein sehr verschiedener sein kann, wird synodischer Monat oder Lunation (lunatio, mensis lunaris) genannt; seine mittlere Dauer beträgt 29 Tage, 12 Stunden, 44 Minuten, 3 Secunden. Was seine Berechnung anbetrifft, so verräth noch der heutige Name seines Anfangstermins (Neumond), dass man ihn ursprünglich nicht von dem wahren Eintreffen der Conjunction, sondern vielmehr von der ersten Phase, eben dem neuen Monde, an rechnete. Aus 12 solchen synodischen Mondmonaten besteht nun das freie Mondjahr, es enthält also 354 Tage. — Der Ueberschuss von etwa 8 Stunden wird, wenn er zum vollen Tage angewachsen ist, eingeschaltet.

Dieses freie Mondjahr lässt sich bei den Römern in der historischen Zeit zwar nicht nachweisen, jedoch nöthigt uns die älteste uns überlieferte Jahresform zu der

Annahme, dass die Römer, ehe sie jene Jahresform adoptirten, sich des freien Mondjahres bedient haben[1]). Sehr bald jedoch musste das Wandern der Jahreszeiten durch das ganze Jahr auf die Mängel des freien Mondjahres aufmerksam machen und zu einer Schaltung zwingen, die auf die Sonne Rücksicht nahm. So bildete sich das Mondsonnenjahr, welches in der Tageszahl mit dem freien Mondjahr übereinstimmt, aber immer nach Ablauf einer bestimmten Zeit eine grössere Anzahl Tage einschaltet, um das Jahr mit dem Stande der Sonne in Einklang zu bringen. Derartige Jahresformen sind das sogen. Jahr des Numa und das Jahr der Decemvirn, deren ersteres die griechische Trieteris, letzteres die Octaëteris sich zum Muster nahm. Bei beiden aber bewirkte der römische Imparilitäts-Aberglaube, der von geraden Zahlen einen unheilbringenden Einfluss fürchtete, eine Veränderung, die bei der zweiten Jahresform wesentlich ja sogar der Grund zur Abschaffung wurde. Der Einrichtung der Decemvirn zufolge enthielt nämlich jede vierjährige Schaltperiode 4 Tage mehr als eine Periode von 4 tropischen Jahren. Dieser Ueberschuss, in 91 Jahren eine Jahreszeit, musste auf die Dauer auffällig und störend werden. Man suchte daher im Jahre 191 v. Chr. dem Uebelstande dadurch abzuhelfen, dass man die regelmässige Schaltung aufhob und dem Pontificalcollegium die Befugniss ertheilte, einzuschalten, wann es ihnen gut dünkte. Diese pontificale Willkür erhöhte sich noch dadurch, dass man erst am Anfange des letzten Monats, des Februar, erfuhr, ob die Schaltung, die nach den Terminalien, dem 23. Februar, stattfand, eintreten solle oder nicht. Man war aus dem Regen in die Traufe gekommen. Erst Julius Cäsar schuf Abhülfe, indem er den Mond gänzlich unberücksichtigt liess, und zu dem reinen Sonnenjahre übergieng, wie es in dem Kalender des Eudoxos schon seit dem 4. Jahrhundert v. Chr. in Griechenland sich Geltung verschafft hatte.

Cäsar's Sonnenjahr, das nach ihm später den Namen Julianisches Jahr erhielt, zählte 365 Tage. Der Ueberschuss, den man damals auf nur 6 Stunden schätzte, wurde durch eine, jedes vierte Jahr eintretende Schaltung von Einem Tage beseitigt. Zugleich änderte er die Monatslängen, indem er die durch die Vergrösserung des Jahres hinzukommenden Tage unterbrachte, und so die Monate den Jahreszeiten adäquater machte. Nur die Tageszahl des Februar liess er, mit Ausnahme des ihm

---

[1]) Wir folgen hier im Ganzen Mommsen's Ansicht. Huschke construirt als älteste lateinische Jahresform ein Jahr von 10 Sonnenmonaten (sechs je zu 30, vier ausgezeichnete je zu 31 Tagen), nach denen noch 60 Tage monatlos oder in zwei auf den Mond (!) bezügliche Monate eingetheilt verflossen. Die älteste Jahresform der Quiriten sei ein Festjahr von 202 Tagen gewesen, in 10 Mondmonate eingetheilt, mit 83 darauffolgenden monatlosen oder 3 Monate bildenden Tagen. Nach der Vereinigung beider Stämme sei durch Numa ein Mondsonnenjahr von 365 Tagen gebildet mit 12 Monaten von ungleicher Länge (und der Gesammtdauer von 12 synodischen Monaten). Dahinter seien die 11 (jedes vierte Jahr 12) Ausgleichstage eingeschoben, die Servius Tullius in 2 Schaltmonate von abwechselnd 22 und 23 Tagen gefasst hätte, während er zur Vermeidung des Zusammentreffens der Nundinen (nach Huschke der Schlusstag der 8tägigen Woche) mit dem Jahresanfange und den Nonen einen Schalttag zur Verfügung gestellt habe. Sein Nachfolger habe die Numa'sche Jahresform wieder eingeführt, so dass die Decemvirn nur auf Servius Tullius zurückzugreifen gehabt hätten. Der Grund der Einführung der Pontificalwillkür sei die allzuoft geschehene Schaltung der Nundinen halber gewesen.

alle vier Jahre einzufügenden Schalttages, aus religiösen Gründen unangetastet. Mit den synodischen Monaten hatten die neuen nichts weiter gemein als den Namen. Den Anfang des Jahres, der bis dahin auf den 1. März gefallen war, verlegte er auf den 1. Januar. Nach einigen Wirren, welche nach Cäsar's Tode aus dem falschen Verständnisse seiner Schaltregel (*quarto quoque anno*) entstanden waren, und welche von Augustus beseitigt wurden, bestand diese Jahresform unter dem Namen des Julianischen Jahres in ungestörter Ruhe fort.

§. 2.

Ostercyclus.

Das christliche Kalenderjahr, das Jahr des sogenannten alten Styls, beruht nun auch auf dem Julianischen Jahre, ist also der Anlage nach ein Sonnenjahr. Es wird aber in sofern auch von dem Mondumlaufe bedingt, als sein Hauptfest, Ostern, und mit diesem die zahlreichen anderen von ihm abhängigen beweglichen Feste durch die Mondphasen bestimmt werden. Der Sonnencyclus, der seinen Namen nur dem Umstande verdankt, dass ihm ein Sonnenjahr zu Grunde liegt, besteht aus 28 Julianischen Jahren, nach deren Verlaufe die Wochentage wieder auf dieselben Monatsdaten fallen[1]). Der Mondcyclus dagegen besteht aus 19 Julianischen Jahren nach deren Verlaufe die Mondphasen wieder an denselben Monatsdaten eintreten. Aus der Combination dieser beiden Cyclen entsteht der Ostercyclus (*cyclus paschalis, annus magnus,* von Beda *circulus magnus paschae* genannt) ein Cyclus von 19 × 28 = 532 Jahren, nach deren Verlaufe Wochentage wie Mondphasen wieder in dasselbe Verhältniss zu einander und zu den Monatsdaten treten, wie vordem, somit also der gesammte Kalender in seine alte Ordnung wieder zurückkehrt. Zur leichteren Berechnung der hieraus sich ergebenden Verhältnisse hatte man im Mittelalter eine Anzahl chronologischer Anordnungen und Merkzeichen aufgestellt, welche schon frühzeitig in die Ostertabellen aufgenommen wurden und aus diesen nach und nach in die mittelalterliche Datirung übergiengen. So enthielt die Ostertafel des Dionysius exiguus, des eigentlichen Begründers der christlichen Zeitrechnung des Mittelalters[2]), acht Rubriken, wie sich aus dem Anfange derselben ersehen lässt.

(Randnotiz: Ostercyclus.)

Anni dni. nri I. C.	Indictiones.	Epactae lunares.	Concurrentes.	Lunaris cyclus.	Luna XIV Paschae.	Dies domin. Paschae.	Luna ipsius diei.
532	X	nulla	IV	XVII	Non. Apr.	III. Id. Apr.	XX
533	XI	XI	V	XVIII	VIII. Kal. Apr.	VI. Kal. Apr.	XVI
534	XII	XXII	VI	XVIIII	Id. Apr.	XVI Kal. Maj.	XVII
535	XIII	III	VII	I	IV. Non. Apr.	VI. Id. Apr.	XX

---

[1]) Die Begründung dieser Thatsache wird in §. 3 erfolgen.

[2]) Seine Forschungen beruhten, ausser auf der Kenntniss der abendländischen auch wesentlich auf der der alexandrinischen Osterschriften und Ostertafeln, von denen er ja die des Cyrillus direct seinem Werke zu Grunde legte. Dieses siehe bei Janus, historia cycli Dionysiani (Witeb. 1718) 4. p. 76.

Beda, der um die mittelalterliche Chronologie so hochverdiente englische Abt, welcher im Jahre 725 die Dionysischen Ostertafeln bis zum Jahre 1063 neu berechnete, nahm zwar ursprünglich nicht alle Rubriken des Dionysius in seine Ostertafeln auf, allein die grössere Sicherheit, die die Angabe der zahlreichen und zu verschiedenen Terminen wechselnden chronologischen Factoren den Datirungen verlieh, veranlasste die allmähliche Wiederaufnahme derselben in die Ostertafeln.

Als ein Beispiel von seltener Vollständigkeit derartiger Angaben möge hier das Datum einer bei Mabillon, de re diplomatica (lib. VI No. 171) gedruckten Urkunde Platz finden: *Acta sunt hec anno ab incarnacione Domini 1109, indicione II, epacta XVII, concurrente IV, cyclus lunaris V, cyclus decemnovalis VIII, regularis paschae IV, terminus paschalis XIIII. cal. Maii, dies paschalis VII. cal. Maii, luna ipsius XXI.*

Ist somit die Erklärung und Berechnung dieser chronologischen Anordnungen und Merkzeichen einerseits wichtig zur Reconstruction des mittelalterlichen Kalenders und zur Berechnung der dazu benöthigten Daten, so ist sie andererseits nicht weniger wichtig zum Verständniss und zur Controle der in den mittelalterlichen Zeugnissen vorkommenden chronologischen Angaben.

§. 3.
Sonnencyclus. Sonntagsbuchstaben.

Der Sonnencyclus (*cyclus solaris*) durchläuft in cyclischer Wiederkehr die ganze Zeitrechnung. Der Zweck dieser Einrichtung ist, wie schon gesagt, eine Jahresreihe von der Beschaffenheit herzustellen, dass in den mit denselben Zahlen bezeichneten Jahren aller Reihen die Wochentage auf dieselben Monatsdaten fallen. Da das Gemeinjahr 52 Wochen und 1 Tag enthält, so verschiebt sich der Anfang eines jeden neuen Jahres gegen das Vorjahr um Einen Tag. Wenn es sich also bei der Zeitrechnung nur um Gemeinjahre handelte, so würde der obige Zweck sich schon durch Aufstellung einer Reihe von 7 Jahren erreichen lassen. Da aber durch die alle vier Jahr eintretende Einschaltung Eines Tages der Anfang des neuen Jahres nach einem Schaltjahre sich um Einen Tag mehr verschiebt, und diese Verschiebung im Laufe der Jahre bei allen 7 Wochentagen eintritt, so kann das alte Verhältniss von Wochentagen und Monatsdaten erst nach Verlauf einer Reihe von 4 × 7 = 28 Jahren wiederkehren. Die Jahre einer solchen Reihe, des Sonnencyclus, werden durch die Zahlen von 1 bis 28 bezeichnet. Zur Erleichterung der Operationen mit dieser Zahlenreihe brachte man sie dann mit den 7 Buchstaben A bis G, als Repräsentanten der 7 Wochentage, in eine regelmässige Verbindung. Man bezeichnete nämlich zu dem Zwecke den ersten Januar mit A, den zweiten mit B, den dritten mit C und so fort den siebenten mit G. Derjenige dieser 7 Buchstaben nun, auf welchen der erste Sonntag des Jahres fällt, ist der Sonntagsbuchstabe (*litera dominicalis*) des betreffenden Jahres, d. h. wenn man weiterzählend alle Tage des Jahres mit den Buchstaben A bis G bezeichnet, so sind alle Tage, auf welche der bestimmte Buchstabe trifft, Sonntage. Da man aber hierbei römisch-Julianische Kalendarien zu Grunde legte, die auf das *bissextum* keine Rücksicht nahmen, so half man sich im Schaltjahre dadurch, dass man sowohl a. d. VI. Kal. Mart. als *a. d. bis VI. Kal. Mart.* mit F bezeichnete. Das Schaltjahr bedarf deshalb zweier Jahressonntagsbuchstaben, deren erster bis zum 24. Februar, deren zweiter vom 25. Februar an gilt. Diese Sonntagsbuchstaben verknüpfte man nun mit den Zahlen des Sonnencyclus, indem man 28 mit A bezeichnete und rückwärts zählend 1 mit G F zu einem Schaltjahr machte. Diesen so geordneten Cyclus verband man in der Weise mit der christlichen Zeitrechnung, dass ein mit einem Montage beginnendes Schaltjahr das erste des Cyclus ward. Ein solches war auch das Jahr 9 v. Chr.

Berech-
nung. Fragt man daher, welche Zahl des Sonnencyclus einem gegebenen Jahre zukommt, so addire man 9 zu der gegebenen Jahreszahl, und dividire die Summe durch 28; der Rest oder, falls kein Rest bleibt, 28 selbst ist die gesuchte Zahl des Sonnencyclus, z. B.:

$$1152 + 9 = 1161$$
$$1161 : 28 = 41$$
$$\underline{112}$$
$$41$$
$$\underline{28}$$
$$13 = cycl.\ sol.\ anni\ 1152.$$

Bei Jahreszahlen über tausend kann man auch, da auf das Jahr 1000 das erste Jahr eines Sonnencyclus fällt, die Tausend streichen, zu dem Rest 1 addiren und diese Summe mit 28 theilen; der dann bleibende Rest giebt in gleicher Weise die Zahl des Sonnencyclus an. So z. B.:

$$1152 - 1000 = 152$$
$$152 + 1 = 153$$
$$153 : 28 = 5$$
$$\underline{140}$$
$$13 = cycl.\ sol.\ anni\ 1152.$$

Tafel I. Zur erleichterten Auffindung des Jahressonntagsbuchstaben ist die Tafel I. aufgestellt. Sie enthält die Jahressonntagsbuchstaben alten Styls für alle Jahre nach Christus. Wenn man von der Zahl der vollen Jahrhunderte (oben) in verticalen, von der Zahl der Jahre über hundert (links) in horizontaler Richtung sich Linien gezogen denkt, so befindet sich am Kreuzungspunkte dieser Linien der Sonntagsbuchstabe des gegebenen Jahres. Zu bemerken ist dabei, dass in Urkunden, wenn eine Jahresbezeichnung durch die Sonntagsbuchstaben (durch *litera dominicalis* oder auch nur *litera* gegeben) vorkommt, diese auch wohl durch die Zahlen von I bis VII ersetzt werden, wobei dann z. B. *litera* VII dem Sonntagsbuchstaben G identisch ist.

Anwen-
dung. Die doppelte Verwendung der Sonntagsbuchstaben im Kalender als Jahres- und Tages-Buchstaben — letztere Verwendung ist aus Tafel V zu ersehen — ermöglicht es, dem Zwecke des Sonnencyclus gemäss mit Hülfe der Tafeln I und II den Wochentag eines jeden Monatsdatums für jedes gegebene Jahr zu bestimmen. Es würden sich in dieser Hinsicht 3 Aufgaben ergeben:

1. **Gegeben Jahr und Monatsdatum. Gesucht Wochentag.**

Z. B. soll bestimmt werden, auf welchen Wochentag der 14. August 1432 fiel. Nach Tafel I sind die Jahressonntagsbuchstaben von 1432 = FE, von denen im vorliegenden Falle nur E in Betracht kommt. Gehen wir nun zu Tafel II über, deren

Verticalreihen wir der Einfachheit halber nach den ersten 7 Tagen des Januar mit
1 bis 7 bezeichnen wollen. Der Sonntagsbuchstabe des fraglichen Jahres war E,
folglich haben die in den 7 Verticalreihen verzeichneten Tage die in der Horizontalreihe E (unten) angegebenen Werthe. Der 14. August, der in der zweiten Verticalreihe verzeichnet ist, war also im Jahre 1432 ein Donnerstag.

2. Gegeben Jahr, Monat und Wochentag. Gesucht die zugehörigen
Monatsdaten.

Z. B. soll bestimmt werden, welche Tage im Juli 1517 Montage sind. 1517 hat
nach Tafel I den Jahressonntagsbuchstaben D. Da nun nach der Horizontalreihe
D auf Tafel II alle in der 5. Verticalreihe verzeichneten Tage Sonntage sind, so
träfe dieser Wochentag im Juli 1517 auf die Daten 6, 13, 20 und 27[1]).

3. Gegeben Monatsdatum und Wochentag. Gesucht die Jahre, in
denen sie auf einander fallen.

In S. Jago di Compostella wird ein Jubiläum stets dann gefeiert, wenn der Tag
des heiligen Jakob, der 25. Juli[2]), auf einen Sonntag fällt. In welchen Jahren ist
im 15. Jahrhundert ein derartiger Fall eingetreten? Nach Tafel II ist der 25. Juli
ein Sonntag nur in Jahren, deren Sonntagsbuchstabe (in Schaltjahren der zweite) ein
C ist. Demnach müssen auf Tafel I die Horizontalreihen der Jahre unter hundert,
bei welchen in der ersten Verticalreihe (unter 1400) C als Sonntagsbuchstabe (resp. als
zweiter) angegeben ist, diejenigen Jahre enthalten, in welchen im 15. Jahrhundert
der bezeichnete Fall eintrat. Es sind dieses die Jahre:

```
1400.  28.  56.  84.
  06.  34.  62.  90.
  17.  45.  73.  —
  23.  51.  79.  —
```

Mondcyclus. Goldene Zahl. Immerwährender Kalender.

Der Mondcyclus (*cyclus decemnovennalis*) ist eine Jahresreihe von 19 Jahren,
die in cyclischer Wiederkehr die ganze Zeitrechnung durchläuft. Jedes dieser 19
Jahre wird durch eine Zahl von 1 bis 19 repräsentirt, die — ob nach dem zufälligen
Umstande, dass sie in alten Kalendern mit goldener Schrift geschrieben zu werden
pflegte, ist zweifelhaft — goldene Zahl (*numerus aureus*) genannt wurde.

Der Zweck des Mondcyclus ist, eine Jahresreihe von der Beschaffenheit herzustellen, dass in den mit gleichen Zahlen bezeichneten Jahren aller Reihen die Mondphasen an denselben Monatsdaten eintreten. Die beiden Voraussetzungen, von denen
man bei der Berechnung dieses Cyclus ausgieng — wir fragen hier nicht, ob sie
richtig oder falsch sind — waren die, dass das tropische (Sonnen-)Jahr 365 Tage
6 Stunden enthalte, und dass 235 synodische (Mond-)Monate 19 Julianischen Jahren

Goldene Zahl

---

[1]) Ueber die Lösung dieser beiden Aufgaben mit Hülfe des Osterdatums siehe S. 12. Uebrigens
hat die oben gegebene Lösung den Vorzug der Schnelligkeit.

[2]) Dieser und nicht Jakob, der Bruder des Herrn (1. Mai), wie Matzka S. 192 irrig angiebt,
ist der zu Compostella verehrte Heilige.

entsprächen. Die Vertheilung der 235 Mondmonate auf die 19 Julianischen Jahre
geschah nun in der Weise, dass man zuerst, den 228 Sonnenmonaten der 19 Jahre
analog, 228 Mondmonate, abwechselnd zu 30 und 29 Tagen construirte und die noch
übrig bleibenden 7 Monate als Schaltmonate (*mensis embolimaeus*) zu je 30 (der letzte
zu 29) Tagen dem 3. 5. 8. 11. 13. 16. 19. Jahre des Mondcyclus hinzufügte, und
diese dadurch zu Mondschaltjahren (*anni embolismales*) machte [1]).

Zum Anfangsjahre eines solchen 19jährigen Cyclus nahm man ein Jahr, dessen
erster Neumond auf den 23. Januar traf und trug nun von dem 23. Januar weiterzählend die 235 Neumondstage des Cyclus Jahr für Jahr in einen Julianischen mit
den Sonntagsbuchstaben versehenen Kalender ein, indem man stets bei dem betreffenden Tage die Zahl des Mondcyclenjahres notirte, in welchem eine erste Phase, der
Anfangstag eines Mondmonats an eben dem Tage eintrat. Das so entstehende Verzeichniss der cyclischen Neumonde des ganzen Mondcyclus und somit der ganzen

Immer-
während der
Kalender. Zeitrechnung nennt man den immerwährenden Julianischen Kalender[2]).

Die Tafel V enthält den so construirten Mondkalender nach den Angaben
Beda's, der den *saltus lunae* in der Octoberlunation eintreten liess, d. h. den 29 tägigen
Schaltmonat des 19. Mondcyclenjahres nach dem im October endigenden Mondmonate
einschob. Die eingeklammerten Zahlen (19) beziehen sich auf die im Mittelalter
gleichfalls zur Anwendung kommende ältere Rechnung der Alexandriner, die den
saltus lunae im Juli eintreten liessen. Die neueren Chronologen setzen ihn an das
Ende des Jahres, wodurch die beiden letzten Neumonde des 19. Jahres auf den 26.
November und 25. December fallen müssen. Die Decemberlunation des Jahres 13,
auf Tafel V mit einem Stern (∗) bezeichnet, sollte eigentlich am 2. December beginnen. Die jetzige falsche Stellung der Zahl (auf Tafel V aus typographischen
Rücksichten beibehalten) ist ein Fehler des Clavius, der aus ähnlichen, rein äusser-
lichen Gründen das Princip aufstellte, dass niemals zwei Neumonde auf ein Monatsdatum fallen dürften. Der römische Kalender und die Sonntagsbuchstaben sind der
Tafel V beigefügt, da in den Nekrologien, Anniversarien und Kalendarien, zu deren
Controle diese Tafel wesentlich von Nöthen ist, die Angabe der goldenen Zahlen
meist von ihnen begleitet zu sein pflegt.

Berechn. d.
goldn Zahl. Die Anwendung der Tafel V zu Mondalterberechnungen ist nicht möglich, ohne
die Kenntniss der den einzelnen Jahren zukommenden goldenen Zahlen. Für die
Berechnung derselben lässt sich eine einfache Regel aufstellen. Es trifft sich nämlich, dass das Jahr 1 vor Chr. das Anfangsjahr eines 19jährigen Cyclus ist. Addirt
man daher 1 zu der Zahl des Jahres, dessen goldene Zahl man sucht, und dividirt
die Summe durch 19, so ist der Rest oder, falls kein Rest bleibt, 19 selbst die gol-

---

[1]) Diese sind die Jahre, denen in dem sogen. immerwährenden Julianischen Kalender die Schaltmonate zugetheilt sind. Die abweichenden Cyclenanfänge der Alexandriner und Beda's führten natürlich nach eine andere Zählung der Schaltjahre herbei. Genaueres darüber siehe in Sickel's Aufsatz
„die Lunarbuchstaben in den Kalendarien des Mittelalters" in den Sitzungsberichten der Wiener Aka-
demie von 1862.

[2]) Derartige Mondkalender kamen etwa im 12. Jahrhundert zur Geltung. Vorher hatte man sich
der Lunarbuchstaben, einer entschieden unvollkommenen Einrichtung, bedient. Ueber diese vgl.
Sickel a. a. O.

dene Zahl des gegebenen Jahres. Die Tafel VIII giebt in der ersten Spalte die Tafel VIII goldenen Zahlen der Jahre 800 bis 1499, ausserdem aber sind die goldenen Zahlen aller Jahre nach Christus aus Tafel III, die ähnlich wie Tafel I gehandhabt wird, zu ersehen.

Kommt in Urkunden eine Angabe der goldenen Zahl zur Jahresbezeichnung vor, so wird sie durch *aureus numerus* oder *cyclus decemnovennalis* eingeführt. Die Namen *cyclus lunaris* und *numerus lunaris* gehören nach der allgemein angenommenen Unterscheidung dem jüdischen 19jährigen Mondcyclus an, der 3 Jahre nach dem *cyclus decemnorennalis* und wie das jüdische Jahr im Herbst beginnt. Auch dieser Cyclus ist in die christlichen Ostertafeln und aus ihnen in die Datirung übergegangen, wie aus der Ostertafel des Dionysius (S. 4) und dem ebenda angeführten Beispiele zu ersehen ist.

Durch die Benutzung der goldenen Zahlen zur Construction des immerwährenden Mondkalenders wird der Zweck des Mondcyclus, die Möglichkeit der Berechnung Mondalter. einer jeden Mondalterangabe, erfüllt.

Die in den Urkunden sich vorfindenden Mondalterangaben sind zur Sicherung theils der Jahres- theils der Tagesbezeichnung bestimmt. Erstere sind die schon S. 4 erwähnten Mondalterangaben, die sich in der Dionysischen Ostertafel unter der Rubrik *luna ipsius diei* an das Datum des Ostertages anschliessen und das Mondalter desselben bezeichnen. Sie finden sich unter derselben oder ähnlicher Benennung auch in Urkunden, wie die gleichfalls S. 4 angeführte Urkunde von 1109 beweist.

Sehr grosse Schwierigkeit macht die Erklärung des Datums einer Urkunde für das Kloster Czarnowanz (Cod. dipl. Siles. I), wo es heisst: *anno verbi incarnati* 1260, *indiccione VII, concurrente IV, epacta VI, luna XXVIII*, da man nicht weiss, welcher Art die Mondalterangabe ist, ob sie das Mondalter des Ostersonntags oder des Ausstellungstages bezeichnen soll[1]). Eine Angabe der ersteren Art dürfte doch nur die Zahl von höchstens 14 + 7 = 21 Tagen erreichen (im Jahre 1260 ist sie = 19), eine Angabe der letzteren Art liesse, so allgemein gemacht, zwischen allen 12 Monaten schwanken[2]).

Jedenfalls aber liefert diese Urkunde, sowie die S. 13 citirte, welche beide die Epakten neben der *luna* anführen, den sichersten Beweis für die Irrigkeit der Ansicht Matzka's (die Chronologie in ihrem ganzen Umfange S. 171), der durch das Datum: *Actum est hoc Rodomo civitate anno ab incarnatione dom. n. I. Ch.* 1011, *indictione IX, litera VII, luna XIV, XVII. Kal. Octobrium* etc. zu der irrigen Ansicht verleitet wurde, *luna* würde in Urkunden auch zur Bezeichnung der Epakten verwendet. Es handelt sich hier vielmehr um eine Bezeichnung des Mondalters, und hat Matzka offenbar übersehen, dass das Mondalter des 15. September 1011 mit der Epakte dieses Jahres zufällig übereinstimmt.

---

[1]) Die Indictionszahl für 1260 ist auch nicht VII, wie das mehrfach dieserhalb von mir eingesehene Original angiebt, sondern III.

[2]) Aehnliche schwankende Tagesbestimmungen finden sich (nach Geschichtsfreund XX, 44) auch in älteren Urkunden der romanischen Schweiz. So heisst es im Jahre 1090: *feria VII, luna XXVII*, wo wir bei der Reduction zwischen dem 2. März, 29. Juni und 23. November zu wählen haben.

Berech-
nung.

Die Mondalterberechnungen mit Hülfe des immerwährenden Kalenders sind sehr
einfach. Um bei dem letzten Beispiele stehen zu bleiben, ist die goldene Zahl des

Tafel V. Jahres 1011 = 5. Nun sucht man in der Tafel V die letzte vor dem 15. September, dem fraglichen Tage, stehende 5, d. h. den letztvergangenen Neumond, hier der
2. September, und zählt von da ab, den Tag bei welchem die Zahl verzeichnet ist
als den ersten des laufenden Mondmonats mitzählend, bis zu dem verlangten Tage
hin. In diesem Falle ergiebt es wie schon gesagt 14, also ist der 15. September 1011
der 14. Tag des laufenden Mondmonates.

§. 5.
Ostern.

Die Feier des Osterfestes, des Hauptfestes der christlichen Kirche, hatte schon
zu vielfachen, von allen Betheiligten mit grosser Hartnäckigkeit verfolgten Streitig-
keiten Anlass gegeben, bis das Concil von Nicaea — für den Orient wenigstens —
der Alexandrinischen Osterregel eine allgemeine kirchliche Anerkennung verschaffte,
und so den Grund legte zu ihrer, wenn auch nicht kampflosen, so doch sicheren

Ostern. Verbreitung über die gesammte Christenheit. Nach ihr ist **Ostern der Sonntag
nach dem Frühlingsvollmonde**, d. h. der Sonntag nach demjenigen Vollmonde,
der auf oder zunächst nach dem — zum Behufe der Osterberechnung auf den
21. März feststehend angenommenen — Frühlingsanfange fällt. Zur Bestimmung von
Ostern ist es also vor allem nöthig, den Termin des ersten Frühlingsvollmondes zu

Oster-
grenze. kennen: der Ostergrenze, die lateinisch *terminus paschalis*[1]) oder häufiger noch
luna quarta decima genannt wird, da nach der mittelalterlichen Zählweise Anfangs-
und Endtermin mitgezählt werden, also Neumond (d. h. die erste Phase) und Vollmond 14 Tage auseinander liegen. Mit Hülfe des im vorigen Paragraphen beschrie-
benen immerwährenden Kalenders (Tafel V) ist dieses leicht zu bewerkstelligen, da
man ja nur zu den in ihm verzeichneten Neumondstagen den Unterschied (unserer
Zählweise nach, die den Anfangstermin ausschliesst, = 13) zu addiren braucht,
um die jedesmaligen Vollmonde zu erhalten.

Tafel VI. Die auf Tafel VI gegebene Tabelle der Ostergrenzen, welche oftmals — meist
unter dem Namen *luna XIV* — zur Jahresbezeichnung in Urkunden angeführt werden,
mag zur Controle dieser Angaben dienen; die beigesetzten Buchstaben sind die den
betreffenden Tagen zukommenden Tagesbuchstaben. Um an einem Beispiel die
Berechnung des Osterfestes mit Hülfe der Ostergrenze zu zeigen, sei das Osterdatum
des Jahres 813 gesucht. Die goldene Zahl von 813 ist nach Tafel III = 16, also

---

[1]) *Terminus paschalis* wird auch der 11. März genannt, als der Tag von dem aus man mit dem
clavis terminorum (siehe §. 7) das Osterfest bestimmt. — Finden sich in Kalendern bei den Tagen
vom 21. März bis zum 18. April Angaben wie *terminus XIV* etc., so bedeutet dieses, dass auf den so
bezeichneten Tag in den Jahren mit der angegebenen goldenen Zahl die Ostergrenze fällt. Bei dem
18. April findet sich auch wohl die Angabe *luna XIV ultima.* — Oftmals finden sich in Kalendarien
die Neumonde der Ostervollmonde bezeichnet als *incensio lunae paschalis*, so vorzüglich die früheste
und der letzte dieser Neumonde die *prima* und *ultima inc. lun. pasch.* am 8. März und 5. April.

ist nach Tafel VI die Ostergrenze = 21. März. Da nun der Tagesbuchstabe des
21. März = C, der Sonntagsbuchstabe für 813 nach Tafel I aber = B ist, so fällt
das Osterfest dieses Jahres auf den 27. März. Diese zeitraubende Rechnung wird
durch Tafel XVIII, ein Verzeichniss der Ostertage von 500 bis 1700, für diese am
meisten benöthigten Jahre überflüssig gemacht. Sollten Osterdaten von Jahren vor
500 oder nach 1700 verlangt werden, so erleichtert Tafel IV ihre Berechnung. Wenn Tafel IV.
man mit der goldenen Zahl (Tafel III) und dem Sonntagsbuchstaben (Tafel I) des
verlangten Jahres in die Tafel IV hineingeht, so giebt sie direct das Osterdatum an.

Es ist natürlich, dass in der älteren Zeit der Streit über die Principien der Osterstreit
Osterbestimmung, sowie die Verschiedenheit der derselben zu Grunde liegenden
Cyclen öfters zu Discrepanzen in der Zeit der Osterfeier zwischen Orient und Occi-
dent geführt haben. Die der Zeit dieses Osterstreites angehörenden Osterdaten be-
dürfen daher stets einer genaueren Untersuchung. Material dazu bieten: Hilgen-
feld, der Paschastreit der alten Kirche (Halle 1860); Piper, Karls des Grossen
Kalendarium und Ostertafel (Berlin 1858); Rossi, inscriptiones christ. Urbis Romae
VII. saeculo antiquiores I. Theil, Vorrede (Romae 1857.) Im 6. Jahrhundert und
später war die Ostertafel des Victorius, seit sie, grösstentheils schon im 5. Jahr- Victorische
Ostertafel.
hundert, den 84jährigen Ostercyclus verdrängt hatte, mit wenigen Ausnahmen die
einzige von dem Alexandrinischen Ostercyclus abweichende Art der Osterberechnung.
Auch den Bemühungen des Dionysius gelang es nicht, sie völlig aus ihrer Stellung
zu vertreiben. In Gallien hielt sie sich vielmehr die ganze Merowingerzeit hindurch,
und erst Karl dem Grossen war es vorbehalten, sie durch den Dionysischen Oster-
kanon zu ersetzen. Die Abweichungen der Victorischen Ostertafel von der
Dionysischen sind daher auf Tafel XVIII in Klammern angegeben worden. Tafel XVIII.

Wie das Osterfest unter den christlichen Festen in religiöser und ritueller Hinsicht das bedeutendste ist, so ist es auch das bedeutendste der Feste in kalendarischer Hinsicht. Von ihm hängen die eben deswegen beweglich genannten Feste
und Sonntage ab, deren Reihe sich beinahe über das ganze Kirchenjahr erstreckt.
Von ihm hängen, insofern durch seine Festlegung auch über ihre Stellung zu den
Wochentagen entschieden wird, sogar die unbeweglichen, d. h. an feste Monatsdaten gebundenen Feste und Heiligentage ab. Von dem Osterfeste aus kann man
daher das ganze Kirchenjahr construiren, wie dieses in den 35 Kalendern der Tafel
XVI geschehen ist. In diesen 35 Jahresformen besitzen wir für jedes Jahr unserer Tafel XVI.
Zeitrechnung den nöthigen Kalender fix und fertig mit beweglichen und unbeweg-
lichen Festen, ihren Verhältnissen zu einander, zu Monatsdaten und zu Wochentagen.
Für Arbeiten in beschränktem Zeitraume sind diese 35 Kalender gar nicht zu entbehren, da sie auf einen Blick eine Uebersicht über den gesammten Kalender eines
Jahres gewähren und dadurch viel zeitraubendes Nachsuchen und Nachschlagen
ersparen. Ihre Einrichtung und Handhabung bedarf wohl keiner weiteren Erklärung.
Ebenso wenig ist dieses bei Tafel XVII der Fall, welche gewissermassen ein Aus- Tafel XVII
zug aus den 35 Kalendern, eine Uebersicht der hauptsächlichsten beweglichen Feste
in ihrem Verhältnisse zu den Osterdaten ist. Gehen wir lieber an der Hand eines
Beispiels die beiden Hauptaufgaben durch, zu deren Lösung diese Tafeln aufgestellt sind:

1. Gegeben Festbezeichnung und Jahr. Gesucht Monatsdatum.
Friedrich I. wurde am Sonntag Lätare 1152 zu Aachen gekrönt. Auf welches Monatsdatum fällt diese Festlichkeit?

Tafel XVIII giebt als Osterdatum für 1152 den 30. März, nach dem Kalender
für den 30. März fällt Lätare auf den 9. März. Die 35 Kalender sind bei derartigen
Reductionen, obgleich einfache Festangaben ohne Ferienbezeichnungen sich auch
auf Tafel XVII reduciren lassen, dennoch vorzuziehen, weil die nochmalige Collation
des in Frage stehenden Jahres mit den oberhalb verzeichneten Jahresreihen eine
grössere Sicherheit vor Irrthümern bietet.

2. Gegeben Festbezeichnung und Monatsdatum. Gesucht die dazu
gehörigen Jahre.

Gesetzt, es sei ein Ereigniss geschehen an einem Sonntag Jubilate, der gleichzeitig ein 18. April war. Tafel XVII ergiebt, dass der Sonntag Jubilate auf den
18. April fällt in den Jahren, in denen Ostern am 28. März gefeiert wird. Schlagen
wir nun unter den 35 Kalendern den des 28. März auf, so ergiebt die Jahresreihe
über dem Kalender alle Jahre, in denen Ostern auf diesen Tag fällt, alle Jahre also,
in denen das bezeichnete Ereigniss stattgefunden haben kann.

Daraus, dass mit der Festlegung des Osterdatums auch die Monatsdaten zu den
Wochentagen in eine feste Stellung kommen, folgt natürlicher Weise auch, dass man
die oben S. 7 mit Hülfe der Sonntagsbuchstaben (Tafel I) und der Wochentags-
tabelle (Tafel II) gelösten Aufgaben:

1. Gegeben Jahr und Monatsdatum. Gesucht Wochentag und

2. Gegeben Jahr, Monat und Wochentag. Gesucht die dazu gehörigen Monatsdaten

auch mit Hülfe des Osterdatums und der 35 Kalender nach der Weise der oben gegebenen ersten Aufgabe lösen kann, eine Möglichkeit, der man bei einiger Bekanntschaft mit den Daten der Heiligentage wegen der grösseren Mühe des Aufschlagens
wohl nur Folge geben wird, um eine grössere Sicherheit zu erlangen.

Sonntagsbuchstaben, goldene Zahl und Ostergrenze sind die Haupt-
factoren der mittelalterlichen Datenberechnung. Die noch übrigen Begriffe sind,
obgleich ursprünglich auch dazu bestimmt, für uns zur Datenberechnung entbehrlich, und nur ihre so häufige Verwendung in den mittelalterlichen Datirungen zur
grösseren Sicherheit der Jahresbezeichnung erfordert eine Kenntniss ihres Wesens
und ihrer Anwendung.

§. 6.

Epakten.

Schon früh im Alterthume war man zu der Einsicht gekommen, dass das Mondjahr um 11 Tage kürzer sei, als das Sonnenjahr, allein erst in der Zeit des beginnenden Mittelalters, als wegen des Osterfestes das Mondalter eine erhöhte Wichtigkeit
für den Kalender erhielt, kam man darauf, diesen Unterschied zur Berechnung des
Mondalters zu benutzen. Man calculirte dabei folgendermassen: Ist das Mondjahr

11 Tage kürzer als das Sonnenjahr, so verlaufen während der 365 Tage des letzteren 12 synodische Mondmonate und 11 Tage. Ist also am 1. Januar des Jahres 1 eines Mondcyclus der Mond 1 Tag alt, so ist er am 1. Januar des folgenden Jahres 1 + 11 = 12 Tage alt, am 1. Januar des folgenden Jahres 12 + 11 = 23 Tage, dann 34, oder nach Abzug des vollen Mondmonats 4 Tage, dann 15 Tage und so fort. In einer Reihe von aufeinander folgenden Jahren wächst also das Mondalter für jedes beliebige Datum um 11 Tage. Unter Epakten eines Jahres (*epactae minores, epactae lunares, adjectiones lunae,* Mondzeiger) verstand nun Beda nach dem Beispiele seines grossen Vorbildes Dionysius exiguus das jedesmalige Mondalter des 22. März; seine Worte[1]): *quae in circulo decemnovennali adnotatae sunt epactae, lunam quota sit in XI. Kal. Apriles, ubi paschalis est festi principium, signant,* die dieses deutlich bestätigen, geben gleichzeitig den Grund für die Wahl des Tages an. **Epakten.**

Der jährliche Wechsel der Epakten fand meist am 1. September statt. Beda sagt freilich darüber: *incipiunt secundum Aegyptios a Kalendis Septembris, secundum Romanos a Kalendis Januarii.* Jedoch der (Alexandrinische) Gebrauch des Septemberanfanges übertrug sich auch — und wie es scheint in hervorragender Weise — auf die Bedanischen Epakten[2]). Das beweist nicht nur der stehende Vers der mittelalterlichen Computisten: **Wechsel.**

Mars concurrentes, September mutat epactas,

das beweisen auch die beim 1. September sich findenden Angaben der Art in zahlreichen mittelalterlichen Kalendern. Auch die Urkundendaten liefern einen nicht zu unterschätzenden Beweis. *Hec confirmatio facta est anno ab incarnatione 1152 mense Septembri in exaltatione sancte Crucis, luna XI, feria I, cyclus solaris XIII, epacta XXIII, concurrentes II, claves terminorum XIV, indictione XV* (Dom Morice bei Ideler); das Jahr 1152 ist durch die vielfachen übrigen Angaben hinreichend sichergestellt, nur die Epaktenzahl deutet nach Tafel VIII, der landläufigen Ansicht über den Beginn des Epaktencyclus gemäss, auf das Jahr 1153 — eine Schwierigkeit, die nur der Wechsel der Epakten am 1. September löst, der die Epakte XXIII nicht dem Jahre 1153, sondern dem Zeitraume vom 1. September 1152 bis zum 31. August 1153 zuweist. Ebenso ist es, um von den vielen deutschen Beispielen nur eines anzuführen, bei folgendem Datum: *anno dominice incarnacionis 1223, epacta vigesima octava, concurrente sexta, indicione duodecima . . . in vigilia s. Lamberti Leodiensis episcopi et martiris* (Wilmans, Westph. Urkb. III, 1).

Der Umstand, dass die Epakte am Ende des Cyclus von 18 auf 30 = o zurückkehrt, also einen Sprung von 12 anstatt von 11 Tagen macht (von den Computisten *saltus lunae,* Mondsprung genannt[3]), findet seine Erklärung in folgender Berech- **Saltus lunae.**

---

[1]) Beda, de rat. temp. c. 48.

[2]) Diese Uebertragung kam durch die *regulares lunares,* Zahlen, die zu den Epakten jedes Jahres addirt, das Mondalter der einzelnen Monats-Ersten angeben (Vgl. S. 17). Die Alexandrinischen Regularen, die das Jahr mit dem 1. Sept. begannen, verdrängten die Römischen, die auf den Jahresanfang mit dem 1. Januar berechnet waren. In Folge dessen mussten auch die Epakten ihren Anfang ändern.

[3]) Dieser *saltus lunae* entspricht vollkommen der S. 8 erwähnten Verkürzung des letzten Schaltmonats bei der Construction des immerwährenden Kalenders.

nung. Die Epakte wird nach der oben angegebenen Regel von Jahr zu Jahr dadurch gefunden, dass man allemal zu der Epakte des Vorjahres 11 Tage addirt, während ein synodisches Mondjahr von 12 × 29 T. 12 St. 44 M. 3 S. = 354 T. 8 St. 48 M. 36 S. doch nur um 10 T. 21 St. 11 M. 24 S. kürzer ist als ein Julianisches Jahr von 365 T. 6 St., wie es dem 19jährigen Mondcyclus zu Grunde liegt. Zieht man diese 10 T. 21 St. 11 M. 24 S. von 11 T. ab, so bleiben 2 St. 48 M. 36 S. die man in jedem Jahre zu viel addirt hat. In 19 Jahren sind demnach 19 × 2 St. 48 M. 36 S. = 2 T. 5 St. 23 M. 24 S. zuviel addirt worden. Dagegen hat man in den Jahren, wo für den vollen synodischen Monat nur 29 T. 12 St. 44 M. 3 S. abgezogen werden sollten, von der um 11 vermehrten Epakte des vorangegangenen Jahres 30 Tage abgezogen. Das macht für jedes Jahr einen Unterschied von 11 St. 15 M. 57 S., die man zu viel abgezogen hat. Da dieses 7 mal der Fall ist (nach dem 3. 6. 9. 11. 14. 17. und 19. Jahre), so hat man auch 7 × 11 St. 15 M. 57 S. = 3 T. 6 St. 51 M. 39 S. im ganzen Epaktencyclus zu viel abgezogen. Compensirt man damit jene 2 T. 5 St. 23 M. 24 S., die man zu viel addirt hatte, so ist immer noch 1 T. 1 St. 28 M. 15 S. zu viel abgezogen worden. Um nun den Fehler, welcher am Ende des Epaktencyclus schon über einen ganzen Tag ausmacht, zu verbessern, müssen zu der Epakte des 19. Jahres 12 statt 11 Tage addirt werden[1]). 18 + 12 geben 30, wofür nach Abzug der für den vollen Mondmonat angesetzten 30 Tage, o (in Urkunden *epacta nulla, epactae nullae*) gesetzt, und somit der Epaktencyclus von neuem wieder begonnen wird.

Der Epaktencyclus des Mittelalters ist in den chronologischen Handbüchern der Gegenstand der grössten Irrthümer geworden. Die meiste Verwirrung hat der Epaktencyclus hervorgerufen, den man zur Zeit der Kalenderreform lediglich zum Zwecke der leichtern Berechnung der neuen Gregorianischen Epakten aufstellte und mit dem Namen Julianische Epakten bezeichnete. Ihnen gehört die von Pilgram, Piper und andern gegebene Regel an, dass man, um die jedem Jahre des Mondcyclus zugehörende Julianische Epakte zu erhalten, die goldene Zahl des Jahres mit 11 zu multipliciren, und von dem Producte so oft 30 zu subtrahiren hat als es angeht. Es sind diese Julianischen Epakten jedoch niemals zu irgend welchen Datirungen benutzt worden. Vielmehr wurden im Mittelalter nur die Dionysischen oder Bedanischen Epakten zur Anwendung gebracht, für deren Berechnung schon Dionysius als Regel angab: Subtrahire 1 von der goldenen Zahl, multiplicire den Rest mit 11 und subtrahire so oft du kannst 30[2]). Die Bedanischen Epakten sind für die Jahre 800—1499 auf Tafel VIII angegeben. Die über diese Jahre hinaus reichenden Angaben können mit Hülfe der goldenen Zahl (Tafel III) aus Tafel VI controlirt werden.

---

[1]) Die bei jedem 19jährigen Mondcyclus vernachlässigte Zeitdifferenz von 1 St. 28 M. 15 S. wächst in 308 Jahren zu einem Tage an und verfrüht so nach diesem Zeitraume das Eintreffen der wahren Neumonde im Verhältniss zu den cyclisch dafür festgesetzten Terminen immer um 1 Tag. Die Erkenntniss und Berücksichtigung dieses Fehlers siehe in § 18.

[2]) Janus, hist. cycli Dion. p. 82 arg. III. — Der Name Alexandrinische Epakten für diese Reihe ist fehlerhaft und irrthumerregend.

§. 7.

Claves terminorum, Concurrenten und Regularen.

Um die Ostergrenze, den Tag des ersten Frühlingsvollmondes leichter und ohne den immerwährenden Mondkalender zu bestimmen, stellten die mittelalterlichen Computisten eine Reihe von Zahlen auf, *claves* (Schlüssel) genannt, die den Abstand eines willkürlich angenommenen Tages (11. März) von der jedesmaligen Ostergrenze (dem *terminus paschalis*) bezeichnet. Der Sonntag nach der Ostergrenze war bekanntlich der Ostersonntag. Einmal festgestellt, war es ein Leichtes, die Bedeutung der *claves* auch auf die übrigen wichtigeren vom Osterfeste abhängigen Sonntage auszudehnen. Man setzte also auch für diese Sonntage bestimmte Tage fest, von denen aus man, mit der Zahl der *claves* vorwärtszählend, zu weiteren Tagen kam, die mit dem *terminus paschalis* die Eigenschaft gemein hatten, dass der auf sie folgende Sonntag der gewünschte Festtag war. Von diesen *terminis* bekam die Zahl, die den Abstand zwischen ihnen und den bestimmten Ausgangstagen ausdrückte und die natürlich in jedem Jahr für alle *termini* nur Eine war, den Namen *clavis terminorum*, während man andererseits (besonders in den Kalendarien) die festen Tage, von denen aus die Berechnung der *termini* stattfand, *claves* nannte. Derartige *claves* — richtiger *loci clavium* genannt — gab es fünf: 7. Januar = *clavis septuagesimae*; 28. Januar = *clavis quadragesimae*; 11. März = *clavis paschae*; 15. April = *clavis rogationum* und 29. April = *clavis pentecostes*[1]). Zählte man nun von diesen Tagen aus mit der für das betreffende Jahr bestimmten *clavis* vorwärts, indem man nach mittelalterlicher Zählweise Anfangs- und Endtermin mitrechnete, so kam man zu 5 weiteren Tagen, den *terminis*. Die darauf folgenden Sonntage waren der Sonntag Septuagesimä, der erste Fastensonntag, der Ostersonntag, der Sonntag vor Himmelfahrt und der Pfingstsonntag.

Die Zahlen mit denen operirt wurde, die eigentlichen *claves*, in den Urkunden meist mit dem vollen Namen *claves terminorum* genannt, findet man leicht mit Hülfe der Ostergrenze, indem man, falls dieselbe in den April fällt, zu dem Datum derselben 21 addirt, falls sie in den März fällt, 10 subtrahirt. Die Tafel VI giebt die *Claves* mit ihrem Verhältnisse zu den Jahren des Mondcyclus.

Diese *claves terminorum* konnten zur Erreichung des letzten Zieles aller kalendarischen Berechnung des Mittelalters, zur Ermöglichung der Osterfestberechnung nur dann nützen, wenn es gleichzeitig ein Mittel gab, auch den Wochentag der durch die *claves* gefundenen Ostergrenze zu bestimmen. Dazu sollten nun die Concurrenten und Regularen dienen.

Die Concurrenten (*concurrentes*, auch Sonnenepakten, *epactae solis* oder *epactae majores* genannt) bestehen aus den Zahlen von 1 bis 7 und haben den Zweck, den Wochentag des 24. März in Zahlen so auszudrücken, dass der Sonntag durch 1, der Montag durch 2 u. s. f., der Sonnabend endlich durch 7 bezeichnet wird.

---

[1]) Ideler und nach ihm mehrere setzen diese *claves* um einen Tag früher an (6. 27. Januar, 10. März, 14. und 28. April), da sie die mittelalterliche Zählweise verkannten. Die Richtigkeit obiger Angaben ist jedoch gleichzeitig durch Computisten und Kalendarien beglaubigt.

Da nun der 24. März den Tagesbuchstaben F im Kalender hat, bei dem Jahressonntagsbuchstaben F also auf einen Sonntag fällt, so stehen die Concurrenten zu den Sonntagsbuchstaben (in Schaltjahren selbstverständlich zu dem zweiten) in folgendem Verhältnisse, nach dem sich auch ihre Anknüpfung an den 28jährigen Sonnencyclus regelt:

Literae dominic.	F	E	D	C	B	A	G
Concurrentes	1	2	3	4	5	6	7

Ein Jahr mit dem Sonntagsbuchstaben F hat also am 24. März Sonntag (= 1), mit E Montag (= 2) etc.

Regularen. Zu diesen Concurrenten tritt nun eine andere Zahlenreihe, auch von 1 bis 7 laufend, welche Regularen, genauer Osterregularen (*regulares paschae*) genannt werden. Diese Regularen sind ursprünglich der Tagesunterschied des 24. März und der jedesmaligen Ostergrenze, wobei man aber, da es sich doch lediglich um Berechnung des Wochentages, nicht um die volle Zeitdifferenz handelt, die vollen Wochen in Absatz bringt. Bei bekannter Ostergrenze werden danach die Regularen gefunden, indem man von der zwischen dem 24. März und der jedesmaligen Ostergrenze liegenden Tagesanzahl die vollen Wochen wegläßt. Fällt die Ostergrenze vor den 24. März, so zieht man die bis zum 24. noch verfliessenden Tage von einer vollen Woche ab. Bei der Berechnung beider Tagesabstände darf man indessen den 24. März nicht mitrechnen, da ja sonst bei der Addition der die Wochentage repräsentirenden Concurrenten mit den ebenfalls die Wochentage ausdrückenden Regularen der in der Mitte liegende Tag, eben der 24. März, würde zweimal gezählt werden.

Berechnung. Mit anderen Worten ausgedrückt, lautet die Regel: Es sind, da vom 11. März, dem Termin der Ostergrenze (*clavis paschae*), bis zum 24. März incl. gerade 2 × 7 = 14 Tage verfliessen, die Regularen die jedesmaligen Reste der *claves terminorum* bei einer Theilung durch 7.

Auch die Concurrenten und Regularen sind nicht ganz von Irrthümern der Chronologen frei geblieben. Schon bei mittelalterlichen Computisten findet sich die Ansicht vertreten, die Concurrenten seien die von Jahr zu Jahr sich vergrössernde Summe der die volle Wochenzahl des Jahres übersteigenden Tage, daher man ihnen auch die Bezeichnung *epactae solis* beilegte. Allein gleich das erste Jahr des Sonnencyclus zeigt die Unanwendbarkeit dieser Definition — wenigstens für unsere Jahresform[1] —, da das 1. Jahr als Schaltjahr 2 überschiessende Tage enthält, während man ihm doch die Concurrente 1 zutheilte. Auch neuere Chronologen irrten in der Erklärung der Concurrenten. So halten Pilgram und Weidenbach die Concurrenten für blosse Zifferrepräsentanten der Sonntagsbuchstaben, theilen also den Schaltjahren 2 Concurrenten zu, wobei Pilgram noch das Unglück hat, entgegen seiner (S. V) ausgesprochenen Absicht bei Schaltjahren stets nur die erste Concurrente anzugeben, bis zum Jahre 352 stets die zweite Concurrente zu greifen. Die Osterregularen sind mehrfach — so auch von Pilgram S. VII — mit 2 anderen, ebenfalls Regularen

---

[1] Die Frage, ob den Concurrenten nicht ursprünglich eine Beziehung auf den 1. September, die Byzantinische Jahresform und Weltära zu Grunde liegt, ist noch nicht entschieden. Alsdann dürfte vielleicht auch die obige Erklärung eine berechtigte sein.

(zum Unterschiede von den *reg. paschae* aber *reg. solares* und *reg. lunares*) genannten Zahlenreihen vermengt und verwechselt worden. Die *regulares solares* hatten den Zweck, zu den Concurrenten addirt, den Wochentag des ersten Tages der Monate anzugeben, während die *regulares lunares*, deren es wieder 2 Sorten, alexandrinische und römische giebt [1]), zu den Epakten addirt, das Mondalter desselben bezeichneten. Da beide aber zur Datirung in keiner Weise benutzt worden sind, zur Datenberechnung aber entbehrlich, ja was die *reg. lunares* anbetrifft, nicht einmal immer zutreffend sind, so lassen wir sie hier ganz bei Seite.

Ueber den Termin des jährlichen Wechsels der *regulares paschae* ist nichts Wechsel. überliefert, jedoch müssen wir wohl bei ihnen, dem ihrer Genossen, der Concurrenten analog, einen Wechsel am 1. März als den ihrem Wesen am nächsten liegenden statuiren. Für die Concurrenten wird dieser Wechsel durch den S. 13 citirten Vers der Computisten, sowie durch die darauf bezüglichen Notizen mittelalterlicher Kalender als Regel bestätigt.

Die Tafel VIII giebt in der 4ten Reihe die Concurrenten der Jahre 800 Tafel VIII. —1499 und ihr Verhältniss zu den Jahren des Sonnencyclus an. Die Bestimmung der Concurrenten für die über diesen Zeitraum hinaus liegenden Jahre ist durch das obige Hülfstäfelchen und die Tafel der Sonntagsbuchstaben (Tafel 1) zu bewerkstelligen. Die Regularen sind in ihrem Verhältniss zur goldenen Zahl (siehe Tafel Tafel VI. III oder Tafel VIII) auf Tafel VI verzeichnet.

§. 8.
Indiction.

Die Indiction (*indictio*), Indictie römischen Gebotes, Kaiserliche Zahl, Römer- Indiction. zinszahl, Römerzahl [1]), Zeichen [2]), eine der häufigsten Jahresbezeichnungen des Mittelalters, ist schon früh in die Ostertafeln und in die Datirung der Urkunden aufgenommen. Sie ist diejenige Zahl, welche angiebt, die wievielte Stelle ein Jahr in einem Cyclus von 15 Jahren einnimmt. Diese 15jährigen Cyclen laufen durch unsere gesammte Zeitrechnung. Auf die Anzahl ihrer Wiederkehr wird keine Rücksicht genommen.

Ueber die Entstehung der Indictionsrechnung sind die Ansichten noch getheilt. Entstehung. Nach Savigny's Ansicht („die Steuerverfassung unter den Kaisern" in seinen vermischten Schriften II, 130) knüpft sich die Rechnung nach Indictionen an eine von ihm vorausgesetzte fünfzehnjährige Grundsteuerperiode des römischen Reichs, beginnt aber unerklärter Weise erst mit dem 1. Sept. 312 nach Christi Geburt. Savigny's Ansicht findet eine bedeutende Unterstützung in der Tradition des Mittelalters, das, keinen andern Entstehungsgrund der Indiction kennend, diesem in ver-

---

[1]) Den Einfluss der ersteren auf den Septemberwechsel der Epakten sahen wir schon S. 13.

[1]) *In der leynden indiction die when nenneth denn rhomertalle* 1552 (Meckl. Jahrb. XXVII, 70); *in dem sechsten jare romerstüre* 1323 (Hergott, Gen. Habsb. III, 627); *in dem vierten zinsjare römers* 1321 (Hergott, Gen. Habsb. III, 617); *in der zweyten indiction römischen gebodes* 1424 (Günther); *in dem ersten jare der keyserlichen zale genant zu latin indictio* 1453 (Günther); *yn dem virden* (IIII falsch für XIII) *yore der römer des rumszenden czynsyor* 1270 (Tschoppe und Stenzel).

[2]) *Geben* 1307 *des vierzehenden tages des November in dem fumften zaichen* (Helwig).

schiedenen deutschen Namensumschreibungen Ausdruck verlieh. Mommsen (Abhandlungen der phil. hist. Classe der k. sächs. Gesellschaft d. Wiss. I, 579) nimmt Anstoss an dem späten Anfange der Indictionsrechnung, und möchte deshalb darunter die jährliche *indictio paschae* verstehen, die erst nach dem Siege des Constantin über Maxentius (28. Oct. 312 nach Chr.) erlaubt worden sei, weshalb aber gerade ein Zeitraum von 15 Jahren als eine Einheit behandelt wurde, kann er nicht erklären. Beiden Ansichten entgegen sucht der italiänische Gelehrte Rossi (Inscr. christ. urb. Romae sacc. VII. antiquiores I, p. XCVIII), der sich hauptsächlich auf das frühe inschriftliche Vorkommen der Indiction stützt, den ägyptischen Ursprung der Indictionen wahrscheinlich zu machen.

Wechsel. Die Indictionsrechnung scheidet sich ihrem jährlichen Anfange nach in 3 Arten: die *indictio graeca, Bedana* und *romana*.

1. Die *indictio graeca* oder *constantinopolitana*, byzantinische oder griechische Indiction, beginnt mit dem 1. September. Im Morgenlande ist sie in Uebereinstimmung mit dem dort herrschenden Jahresanfange am 1. September im ausschliesslichen Gebrauche gewesen, im Abendlande vornehmlich in der päbstlichen Kanzlei, wo sie von 584 bis 1087 ausschliesslich im Gebrauch war. Urban III. (1088 bis 1099) bediente sich dagegen stets der Bedanischen Indiction. Nach ihm finden wir bis 1147 die griechische mit der römischen abwechselnd, von 1147 an aber alle drei neben einander. In der Karolinger-Kanzlei war sie von 801—823 ausschliesslich, bis 832 neben der dritten Art in Gebrauch.

2. Die *indictio Bedana*, mit dem 24. September beginnend, wird fälschlich *caesarea* oder *Constantiniana* genannt, ist jedoch vor Beda († 735) nie zur Anwendung gekommen. Sie verdankt ihre Verbreitung wohl lediglich dem grossen Ansehn Beda's. In Frankreich ist sie unter den Karolingern nach Ludwig dem Frommen vorzugsweise gebräuchlich, in der kaiserlichen Kanzlei Deutschlands seit der Mitte des 9. Jahrhunderts neben der folgenden, und vor dieser immer mehr zurücktretend. Die päbstliche Kanzlei bediente sich ihrer nicht vor dem Jahre 1088.

3. Die *indictio romana* oder *pontificalis*. Sie beginnt am 25. December oder am 1. Januar, nicht aber auch an den andern Jahresanfängen, weshalb sie von Ideler fälschlich Indiction mit dem Jahresanfange genannt wird. In der päbstlichen Kanzlei erst seit 1088 (seit dem 13. Jahrh. vorzugsweise) neben den beiden andern gebraucht. In Deutschland, wo sie z. B. in der kaiserlichen Kanzlei zuerst mit der ersten, seit der Mitte des 9. Jahrhunderts mit der vorigen Art sich um die Herrschaft streitet, gewinnt sie doch die Ueberhand, so dass sie, vornehmlich im späteren Mittelalter, die gebräuchlichste Art ist.

Die Bezeichnung eines besonderen provinciellen Gebrauchs in der Indictionsrechnung habe ich nur bei einzelnen Daten aus Schlesien gefunden: *Anno Domini* 1358 *indiccione XII. secundum consuetudinem Gnesnensis provincie III. Kal. Octobris* (Bresl. St.-Arch.); *sub anno nativitatis Domini* 1362, *indiccione prima secundum consuetudinem Gnesnensis provincie III. Non. Octobris* (Bresl. St.-Arch.) und *sub anno* 1363 *indiccione prima secundum consuetudinem Gneznensis provincie, quinto Kalend. mensis Januarii* (Schirrmacher, Liegnitzer Urkb. Nr. 134) [1]). Zeigen die beiden ersten Urkunden evident, dass der Indictionsanfang auf den 24. September fiel, so lernen wir aus der letzteren Urkunde (1362, 28. Dec.), dass der Jahresanfang der Gnesenschen Diöcese der 25. December war. Nur so lassen sich die beiden Daten vereinbaren. Der Zusatz sollte entschieden einen Gegensatz zu der Breslauer Diöcese bezeichnen, für die der Indictionsanfang mit dem 25. December durch viele Beispiele — wenn auch nicht ausnahmslos — festgestellt ist.

Was das Verhältniss der Indictionen zu der christlichen Zeitrechnung betrifft, so fällt beim Zurückrechnen das erste Jahr eines Indictionscyclus auf das Jahr 3 vor Christus, so dass mit dem 1. September resp. 24. September oder 25. December dieses Jahres das 2. Indictionsjahr beginnt. Addirt man also 3 zu dem umzurechnenden Jahre Christi, und dividirt die Summe durch 15, so ist der Rest oder, falls kein Rest bleibt, 15 selbst die Zahl der Indiction, die ganz oder mit ihrem grösseren Theile in das betreffende Jahr Christi fällt. Tafel VIII enthält die Indictionszahlen der Jahre 800 bis 1499. Jede ausser den Bereich dieser Jahre fallende Indictionsangabe lässt sich nach Tafel VII leicht controliren. Beide Tafeln ergeben die Zahl der Indiction, die ganz oder mit ihrem grösseren Theile in das betreffende Jahr fällt. Der Gebrauch von Tafel VII ist völlig wie der von Tafel I, so dass sie auch zur Bestimmung der Jahre Christi, die zu einer gegebenen Indictionszahl allgemein oder in einem gegebenen Jahrhunderte gehören, benutzt werden kann.

§. 9.

Consulatjahre. Jahre der Stadt. Regierungsjahre.

Wie die cyclische Jahresbezeichnung, so war auch die Bezeichnung der Jahre nach Epochen und Aeren im Mittelalter eine mannichfaltige. Die ursprüngliche römische Jahresbezeichnung war die nach den beiden Consuln. Sie ragt noch in die erste Zeit deutschen Mittelalters hinein, denn wie der Königstitel im rex sacrificulus den Sturz des Königthums überdauerte, so überdauerte auch der Consultitel den Sturz der Republik, ja den des weströmischen Kaiserthums. Das Consulat hörte im Jahre 541 nach Christus mit dem Consul Flavius Basilius Junior auf, allein nun bezeichnete man, was früher nur in dem Falle geschehen war, dass im Anfang des neuen Jahres die neuen Consuln noch nicht bekannt geworden waren, von den Jahren seines Consulats weiter zählend, eine Reihe von Jahren mit *post consulatum* oder *p. c. Basilii v. c.* (viri clarissimi) [2]). Bis 546 datiren selbst die Päbste ausschliesslich in dieser Weise, wie sie auch später, als sie auf Befehl nach Regierungsjahren der Kaiser datiren mussten, noch daneben die Jahre *post cons.* fortführten. Nachdem Justinus II. im Jahre 567 sich das Consulat beigelegt hatte, setzte er auch in Urkunden den üblichen Regierungsjahren die Jahre seines Consulates bei [3]).

Rerech-nung.

Tafel VIII.

Tafel VII.

Consulat-jahre.

---

[1]) MCCCLXIII muss unter Vergleichung mit Nr. 235 und 280 statt MCCCXLIII gelesen werden.

[2]) Ueber die dem frühesten Mittelalter angehörigen Consulatdaten und die Datirung nach dem Consulat des Basilius siehe die Tafel in Rossi, Inscr. christ. urbis Romae saec. VII. antiq. I, 587.

[3]) Ueber diese Datirung nach Consulatsjahren siehe Jaffé, Bibl. rer. Germ. III, p. 17.

3 *

Dieser Gebrauch gieng, wie so manches Ceremoniell, von den oströmischen Kaisern auf die deutschen Könige über. Besonders sind es die Karolinger, die nach Erlangung der Kaiserwürde die Jahre ihres Consulates ihren Regierungsjahren beifügen, und diesen Gebrauch auch auf ihre Nachfolger in der Kaiserwürde übertragen, obgleich bei ihnen die Consulatjahre, da sie stets mit den Kaiserjahren übereinstimmen, nur als ein überflüssiger Schmuck erscheinen. Ausserdem begieng man den unbegreiflichen Fehler, die Formel *p. c.* wieder aufzunehmen, die ja eine durchaus andere Bedeutung hatte. Das letzte bekannte Vorkommen dieser Datirung nach *p. c.* ist 897 unter Kaiser Lambert.

Jahre der Stadt. Von den frühesten Chronisten des Mittelalters wurde auch nach Jahren der Stadt (*ab Urbe condita*) datirt; auch noch im späteren Mittelalter fand dieses bei Schriftstellern von classischer Bildung Nachahmung, und zwar stand neben der Varronischen Zeitrechnung (Roms Gründung im Jahre 753 vor Christus) auch bisweilen die Catonische (Capitolinische) Zeitrechnung (Roms Gründung im Jahre 752 vor Christus) in Anwendung. Bei Umrechnung der Jahre der Stadt, die grösser sind als 753 (Catonische Zeitrechnung 752), wird 753 (C. Z. 752) von der Jahrzahl abgezogen. Uebersteigen die Jahre der Stadt 753 (C. Z. 752) nicht, so zieht man sie von 754 (C. Z. 753) ab. Im letztern Falle sind es Jahre vor Christus, im erstern Falle Jahre nach Christus.

Regierungsjahre. Vorzüglich wurde im Mittelalter, namentlich in Urkunden — dem Gebrauche der römischen Kaiser analog — nach den Regierungsjahren der Kaiser, Könige, Päbste, Erzbischöfe, Bischöfe etc. datirt. Die Päbste gaben von Pelagius I. (555) bis Stephan IV. († 772) die oströmischen Kaiserjahre nebst den Consulatjahren an. Erst Hadrian I. liess 781 seine eigene Amtszeit (die Pontificatjahre) angeben. Von 800 bis 1047 wechselten die Pontificatjahre mit den Jahren der abendländischen Kaiser. Von 1047 an hörten die Päbste ganz auf, die Kaiserjahre anzugeben, nur Paschalis II. musste, 1111 von Heinrich V. gefangen, zur Angabe der Regierungsjahre des Kaisers sich bequemen. Die Regierungsjahre werden ursprünglich vom Tage der Krönung (bei Bischöfen der Consecration), später aber auch vom Tage der Wahl an gerechnet. Ausnahmen davon beruhen, wo sie nicht einfache Schreib- oder Lesefehler sind, auf der Rechnung nach der Designation oder der vorgängigen Krönung. Bei diesen abweichenden Zählungen wird manchmal die Epoche, von der sie gerechnet werden, genauer bezeichnet, so bei Kaiser Heinrich III. und auch später die *anni ordinationis*, welche von seiner Erhebung zum römischen Könige bei Lebzeiten seines Vaters gezählt werden.

Auch die Jahre der Päbste sind von dem Tage der Weihe an gerechnet. Erst seit der Mitte des 14. Jahrhunderts, wo die Notariatsinstrumente mit den Angaben der Pontificatjahre sich häufen, findet man hie und da Angaben, die dem Beisatz *anno creationis suae* zufolge von dem Tage der Wahl ab datirt sind. Stellten Päbste Bullen vor dem Tage ihrer Weihe aus, so datirten sie nach dem Vorgange Clemens V. dieselben mit *a die suscepti a nobis apostolatus officii*.

Tafel XII. Die Tafel XII enthält die Regierungsepochen der deutschen Kaiser und Könige und der Päbste seit dem Anfange des 10. Jahrhunderts; die frühere Zeit in die Tabellen aufzunehmen war ohne Nutzen, da die Angabe der Regierungsjahre, wie die ganze Datirung der älteren Kaiser- und Pabsturkunden so schwankend und ungenau ist, dass bei den meisten derselben dennoch die Forschungen von Böhmer, Stumpf, Sickel und Jaffé zu Rathe gezogen werden müssen. Die für die Provinzialgeschichte wichtigen Regierungs-Epochen der Landesfürsten und Bischöfe können hier nicht weiter berücksichtigt werden. Ueber erstere geben im allgemeinen die genealogischen Tabellen von Hübner und Voigtel-Cohn, über letztere die Bischofsverzeichnisse von Mooyer und Potthast (in dem Supplement des Wegweisers) Auskunft.

§. 10.
Anni Diocletiani. Christliche Zeitrechnung. Jubeljahr.

Die im Mittelalter herrschende Zeitrechnung ist die noch heute allgemein übliche christliche, die der Jahre *ab incarnatione Domini*. Ihre Epoche ist, wie schon der Name besagt, die Geburt, die Fleischwerdung Christi. Der Urheber dieser Zeitrechnung ist Dionysius exiguus, der sie in seiner mit dem Jahre 532 beginnenden Ostertafel zuerst zur Anwendung brachte. Die neue Zeitrechnung hatte in ihren Anfängen besonders gegen eine schon bestehende zu kämpfen, die sich wenn auch vielleicht nur durch ihre Anwendung Anrechte auf den Titel einer christlichen Zeitrechnung erworben hat, die *anni Diocletiani*, oder die *aera martyrum*, so genannt nach einem Versuche des 7. Jahrhunderts, die Erinnerungen an den heidnischen Kaiser durch die Anknüpfung an die unter seiner Regierung getödteten Märtyrer zu verdecken. Sie findet, wie auch der ursprüngliche Name es ausspricht, ihre Epoche in dem Regierungsantritte des Kaiser Diocletianus, am 29. August 284, der nach alexandrinischer Jahresrechnung dem ersten Thot, dem Anfang des Jahres 285 gleichkommt. Die Umrechnung der *anni Diocletiani* ist daher bei Daten vom 29. August bis zum 31. December durch Addition von 283, bei Daten vom 1. Januar bis zum 28. August durch Addition von 284 zu bewerkstelligen. Wir finden diese Zeitrechnung auf christlichen Inschriften Aegyptens vom Ende des 5. Jahrhunderts ab, wir finden sie, und das ist hier von besonderer Wichtigkeit, schon früher (437) in den Ostertafeln des Cyrillus. Hier fand sie Dionysius exiguus bei der Fortsetzung der Ostertafeln vor, und gerade ihre Verwendung in einem so heiligen Zwecken gewidmeten Werke veranlasste ihn, der puristischen Richtung seiner Zeit folgend, sie durch die Rechnung von der Geburt des Erlösers, die *anni domini nostri Jesu Christi*, wie er sie in der Ostertafel nannte, zu ersetzen.

Durch welche Gründe Dionysius bewogen wurde, das Jahr 247 der Diocletianischen Zeitrechnung, mit dem die von ihm fortgesetzten Ostertafeln Cyrills abschlossen, gerade dem Jahre der Stadt 1284 und dem Jahre nach Christo 531 gleichzusetzen, und demnach seine eigene Ostertafel mit dem Jahre 532 zu beginnen, ist nicht zu ersehen. Seine Worte in dem an den Bischof Petronius gerichteten Prologe zum Ostercyclus: *Noluimus circulis nostris memoriam impii et persecutoris innectere, sed magis elegimus ab incarnatione domini nostri Jesu Christi annorum tempora praenotare*[1] — das einzige, was er über seine Neuerung bemerkt — lassen schliessen,

---

[1] Janus, Historia cycli Dionys. p. 63.

dass seine Berechnung der Jahre Christi auf damals noch allgemeiner bekannten Thatsachen und Annahmen beruhte. Dieser Umstand musste der neuen Zeitrechnung, der abgesehen von der Wichtigkeit der Ostertafeln für das bürgerliche und kirchliche Leben gerade die Anknüpfung an Christus, das Haupt der Welt, eine besondere Bedeutung verlieh, zu um so rascherer Verbreitung verhelfen. Treffen wir sie auch noch nicht in den Inschriften des 6. Jahrhunderts, so ist sie doch schon in Werken dieses Jahrhunderts zur Anwendung gebracht, von Cassiodor in seinem *computus paschalis* und — nach Bethmann — von einer vaticanischen Handschrift aus dem letzten Viertel des 6. Jahrhunderts [1]). Beda's Ostertafeln, die Fortsetzung der Dionysischen, erhöhten die Verbreitung der neuen Rechnung im Abendlande sehr. Im 8. Jahrhundert ist sie schon besonders zahlreich in kirchlichen Urkunden Frankreichs vertreten, während die Karolinger vor 840 sich ihrer in Urkunden niemals bedienen (siehe Sickel, Acta Karol. I, 223). In päbstlichen Urkunden kommt die christliche Zeitrechnung erst unter Johannes XIII. (965 bis 972) vor, denn in die von Beda, Hist. eccl. II, c. 8, angeführte Urkunde des Pabstes Honorius I. ist der Zusatz *id est anno dom. inc.* 634 erst von Beda eingefügt.

Berech-
nung. Die bei den Datirungen angewandte Formel heisst: *anno ab incarnatione Domini, anno a nativitate, anno Domini, anno Christi gratie, anno salutis, anno verbi incarnati, anno orbis redempti.* In deutschen Urkunden *nach Christi Geburt, nach der Geburt Christi unseres Heilands und Seligmachers, nach Gottes Geburt* etc. Letzterer Ausdruck — dieses sei entgegenstehenden älteren Ansichten (z. B. Helwig's) gegenüber bemerkt — findet sich in ganz Deutschland von dem Auftreten der deutschen Sprache in Urkunden bis in die Mitte des 15. Jahrhunderts. Im 15. und 16. Jahrhundert liess man auch in Originalurkunden [2]) die Zahl der Jahrhunderte weg, und bezeichnete dieses durch ein einfaches *etc.*, oder durch den Beisatz *der mindren zal, der wenigern zal.* Die Supplirung des Jahrhunderts muss dann mit Hülfe des Inhalts, sowie der äussern diplomatischen Kennzeichen bewerkstelligt werden.

Die Bezeichnung *anni trabeationis* hat neuere Erklärer zu dem Irrthume verführt, es läge ihr eine Datirung nach der Kreuzigung Christi zu Grunde. Allein *trabeatio* ist — den Daten nach — entschieden mit *incarnatio* identisch. Dagegen werden die *anni passionis,* obgleich sie namentlich in älterer Zeit auch mit den *annis incarnationis* verwechselt werden, dann und wann neben den Jahren der Incarnation genannt und wirklich von der Kreuzigung Christi an gerechnet, die je nach der Auslegung der biblischen Angaben auf das Osterfest des Jahres 32, 33 oder 34 gesetzt wird. Die Zeitrechnung des Marianus Scotus († 1082 in Mainz), der den Tod Christi um 22 Jahre früher, in das Jahr 12 unserer Zeitrechnung, setzte und in seiner Chronik (Mon. Germ. Scr. V) seine Jahre denen des Dionysius beifügte, hat ausser seinen unmittelbaren Fortsetzern keine Nachahmer gefunden. Auch die anderweitigen Hypothesen über den Tod resp. die Geburt Christi stimmen darin

---

[1]) Pertz, Archiv X, 280.

[2]) Copialbücher etc. thuen es schon früher, da hier das Jahrhundert aus der Stellung und dem Zusammenhange der Urkunden leicht zu ergänzen ist. Bei Briefen fand es ebenfalls schon früher statt.

überein, dass die Annahme des Dionysius fehlerhaft sei, nur können sie nicht über die Grösse des Fehlers einig werden. Keineswegs aber werden diese Theorien die einmal eingeführte und mit allen unseren Institutionen so innig verwachsene Dionysische Zeitrechnung umzustossen vermögen.

Es sei hier noch des Jubeljahres *(annus jubilei, jubileum)* gedacht, einer Erfindung des Pabstes Bonifaz VIII., um der bedrängten päbstlichen Kasse von Zeit zu Zeit wieder aufzuhelfen. Wie man am Ablauf früherer Jahrhunderte den Untergang der Welt verkündete, um das Volk durch die drohenden Schrecknisse zu Geldopfern und Güterabtretungen an die Kirche zu bewegen, so bewilligte Bonifaz VIII. bei Ablauf des 13. Jahrhunderts allen denen, die während des Jahres 1300 die Peterskirche zu Rom 14 Tage besuchten, vollkommenen Ablass. Der Erfolg war ein glänzender, so dass schon 1343 Clemens VI. den ursprünglich 100jährigen Termin des Jubeljahrs durch Anknüpfung an das alttestamentale Jubeljahr (die grosse Jahreswoche von 7 × 7 Jahre) auf die Hälfte reducirte und somit für 1350 ein zweites Jubeljahr ansetzte. Urban VI. beschränkte im letzen Jahre seines Pontificats den Termin sogar auf 33 Jahre. Sein Nachfolger Bonifaz IX. fügte sich anfangs den Bestimmungen seines Vorgängers und feierte demgemäss im Jahre 1390 das nachträglich für das Jahr 1389 angesetzte Jubeljahr, allein schon im Jahre 1400 kehrte er zu dem 50jährigen Termine zurück, und ermöglichte so für dieses Jahr ein neues Jubeljahr und damit eine neue Einnahme. Nachdem seiner Bestimmung gemäss Nicolaus V. 1450 das folgende Jubeljahr gefeiert hatte, setzte Paul II. im Jahre 1470 das Jubeljahr endgültig und unwiderruflich auf alle 25 Jahre fest.

Dieses zur Erklärung der — namentlich 1350 — vorkommenden Erwähnung des Jubeljahrs in Urkundendaten [1]).

§. 11.

Sonstige Aeren.

Wichtig für die Chronologie ist die *Aera hispanica* besonders deshalb, weil wir gerade ihr den Namen Aera für eine bestimmte Zeitrechnung verdanken. Ihre Epoche ist das Jahr 38 vor Christus, das Jahr in welchem Spanien, von Augustus erobert, dem römischen Reiche als Provinz einverleibt wurde, wie ja auch die Mauretanischen *anni provinciae*, ein adäquates Beispiel einer Provincialära, von dem Jahre der Einverleibung Mauretaniens in das römische Reich, dem Jahre 40 vor Christus gezählt wurden [2]).

Die Gothen, als sie im ersten Decennium des 5. Jahrhunderts den Boden Spaniens betraten, fanden diese Rechnung vor, und wie sie ja von allen deutschen Stämmen am meisten römischem Wesen und römischen Institutionen sich assimilirten, nahmen sie auch die vorgefundene Zeitrechnung an, und ertheilten ihr nur einen deutschen Namen. Wir dürfen nämlich den Namen Aera für Zeitrechnung als

---

[1]) Bo: *anno Domini* 1350 *jubileo in vigilia vigilie ascensionis domini nostri Jesu Cristi* (Ludow. Rel. msc. VI, 412).

[2]) Ueber diese Aera siehe *V. de Buck, détermination de l'ère de la province en Mauretanie* in der *Collection de précis historiques. Bruxelles, Sept.* 1854.

deutsches Product reclamiren [1]). Es ist in der so oft ventilirten Streitfrage über den Ursprung dieses Wortes zweierlei nicht genügend betont worden, erstens dass es in dieser Bedeutung zuerst in Verbindung mit der spanischen Zeitrechnung vorkommt und hier nach den besten Quellen, dem Isidor sowohl wie den Inschriften stets *era* geschrieben wird, zweitens dass die Formel der Jahresbezeichnung nicht, wie man vermuthen sollte, *anno erae quadringentesimo sexagesimo quinto*, — um es gleich an einem concreten Falle zu zeigen — heisst, sondern einfach *era quadringentesimo sexagesimo quinto*. Dieses zusammengenommen mit dem Umstande, dass das Wort erst nach der gothischen Einwanderung vorkommt — am frühesten in einer Inschrift von 465[2]) — lassen schliessen, dass wir hier dem Dativ des gothischen Wortes *jêr*, Jahr gegenüberstehen, = *jêra*, der seines palatinalen Anlauts verlustig gegangen ist. Gebraucht doch auch Ulfilas (Lucas II, 41)[3]) den Dativ des Wortes in der Bedeutung: im Jahre. Dabei ist keineswegs auszuschliessen, dass dieser gothische Dativ *era* durch die allmähliche Verschmelzung mit dem römischen Nominativ *aera*, dessen verschiedene Bedeutungen bei Ersch und Gruber II, 76 besprochen sind, erst die Bedeutung und Anwendung erlangt hat, in der wir es jetzt in den Sprachen aller gebildeten Nationen vorfinden. Dass Isidorus schon die Herleitung des Worts nicht mehr gekannt hat, ist kein Beweis gegen die Richtigkeit derselben, da Isidor, trotz seiner Vorliebe für die Gothen, doch immer der grammatisch gebildete Provinciale blieb. Ebensowenig auch kann das späte Auftreten der Aera als stricter Beweis gegen den Zusammenhang mit der Einverleibung in das römische Reich gelten, da ja auch, um eine Analogie anzuführen, seit Kaiser Caligula auffallender Weise keine römischen Münzen mehr aus Spanien uns erhalten sind.

Die Aera hielt sich in Spanien und Südfrankreich bis tief in das Mittelalter, bis ins Ende des 14. Jahrhunderts, trotzdem schon 1180 das Concil von Tarragona ihre Anwendung in Ecclesiasticis untersagt hatte. In Portugal hielt sie sich sogar bis zum Jahre 1415. Für Deutschland speciell ist die *aera hispanica* nur deshalb bemerkenswerth, weil König Alphons von Castilien einige seiner Urkunden als deutscher König nach ihr datirt hat.

Byzant. Welture.

Von den christlichen Weltären ist nur die byzantinische zu practischer Anwendung gekommen. Sie war lange in Constantinopel, noch länger aber (bis 1700) in Russland die officielle Zeitrechnung. Sie zählt bis zum 1. September des Jahres 1 nach Christus 5508 Jahre. Danach ist die Umrechnung in christliche Jahre zu bewerkstelligen, indem man bei Daten vom 1. Januar bis 31. August 5508, bei Daten vom 1. September bis zum 31. December 5509 subtrahirt.

Die Herleitung dieser Aera aus der Aera des Chronicon paschale, sowie die Weltären der Chronologen Anianus, Syncellus, Panodorus und Julius Africanus,

[1]) Ich folge der Ansicht Ideler's (Handb. d. Chronol. II, 430). E. Müller (Pauly, Realencyclop. der klass. Alterth.-Wiss. 2. Aufl. I, 420) sucht ihn zu widerlegen.

[2]) Scaliger, de emendatione temporum, V, 446. Die Concilien von Elvira (305) und Toledo (400) bedienten sich nur scheinbar dieser Zeitrechnung; die betreffenden Datirungen nach spanischer Aera sind spätere Zusätze. Das erste Concil, das sich der Aera bediente, ist das von Tarragona (516).

[3]) *Jah vratôdêdun thai birusjôs is jêra krammêh in Jairusalêm at dulth paska*, und seine Eltern giengen in jedem Jahre nach Jerusalem nach zum Osterfeste.

gehören als rein theoretische Dinge ebensowenig hieher, wie die sogenannte Julianische Periode Scaliger's, eine Verbindung des Sonnen-, Mond- und Indictionscyclus.

Die jüdische und muhammedanische Zeitrechnung haben für das deutsche Mittelalter zu wenig Bedeutung, als dass ein genaueres Eingehen auf sie hier geboten wäre, zumal da die Schwierigkeit ihrer Berechnung einen unverhältnissmässig grossen Raum für sie in Anspruch nehmen würde. Ich beschränke mich deshalb darauf, für beide Zeitrechnungen die besten Hülfsmittel nachzuweisen, die meines Erachtens für die jüdische Zeitrechnung in Meier Kornick's System der Zeitrechnung (Berlin 1825. 2°.), für die muhammedanische in Wüstenfeld's Vergleichungstabellen der muhammedanischen und christlichen Zeitrechnung (Leipzig 1854. 4°.) gefunden werden müssen. *Jüdische u. muham. Aeren.*

§. 12.
Jahresanfang.

Wie in der Jahresbezeichnung, so herrschte auch im Jahresanfang des Mittelalters die grösste Mannigfaltigkeit[1]). Es finden sich im Ganzen 6 verschiedene Jahresanfänge: *Jahresanfang.*

1) am 1. Januar, der Jahresanfang des römisch-Julianischen Kalenders. Schon früh im Mittelalter eiferte man gegen diesen Anfang und die mit ihm verbundenen Ausschweifungen, die Ueberreste der römischen Saturnalien, als gegen eine heidnische Institution. Da aber der Gebrauch, das Jahr mit den Kalenden des Januar zu beginnen, im bürgerlichen Leben andauerte, legte man, um einen Vorwand für die kirchliche Feier dieser Jahresepoche zu haben, die *circumcisio Domini* darauf. Ob nun das bürgerliche Leben das ganze Mittelalter hindurch an diesem Gebrauche festgehalten hat, ist nicht zu sagen; es spricht für diese Annahme manches, so auch die Beibehaltung des volksthümlichen Ausdruckes *jarstag, neuen jarstag,* für den 1. Januar, trotzdem die Epoche des Jahres eine gänzlich andere war, so: *am donnerstage vor nuwen jarstag des angeenden jares* 1532 (Bresl. St.-A.), wo offenbar ein Weihnachtsanfang angenommen werden muss, und 1401 *naist gewonheit der stede dez stifts zu Trier zu schryben des mondages na jairstage* (Publ. de la soc. arch. de Luxemb. XXV), wo doch der Triersche Gebrauch eben in dem Jahresanfange mit dem 25. März besteht. Auf kirchlichem Gebiete und in den öffentlichen Urkunden wurde der 1. Januar schon früh durch den 25. März und Weihnachten verdrängt, und erst in der ersten Hälfte des 16. Jahrhunderts (mancherorts früher oder später) gelang es ihm wieder zu allgemeinerer Geltung zu kommen (siehe den Weihnachtsanfang). Ja in der päbstlichen Kanzlei, wo er für Breven zwar schon seit 1621 zur Anwendung kam, wurde er erst 1691 auch für Bullen angewendet. *1. Januar.*

2) 1. März, der vor-Cäsarische Anfang, von den Christen schon im 5. Jahrhundert angenommen, vermuthlich weil der jüdische Monat Nisan, in welchen das Pascha- *1. März.*

[1]) Diese Mannigfaltigkeit wird noch durch das Schwanken erhöht, das in Grenzländern, sowie in Uebergangszeiten zwischen den verschiedenen Rechnungen herrscht. Auch giebt nicht selten der Fall zu Bedenklichkeiten Anlass, dass ein Geistlicher, der nicht der Diöcese seines augenblicklichen Aufenthaltsortes entstammt, dem abweichenden Gebrauche seiner Heimath folgend, eine dem Diöcese des Ausstellungsortes fast fremde Zeitrechnung, ohne dieses ausdrücklich auszusprechen, zur Anwendung bringt.

fest fiel, der erste im Jahre war. In Frankreich hielt er sich bis ins 8. Jahrhundert, und ist in Chroniken und Annalen allgemein danach datirt worden (so von Marius von Avenche, Gregor von Tours, Fredegar etc.). Die Republik Venedig rechnete so bis zu ihrem Untergange. Auch in den älteren russischen Chroniken herrschte der Märzanfang für die Jahre der Welt, für den erst in späterer Zeit der Septemberanfang eintrat (Mitth. aus dem Gebiete der Gesch. Liv-, Esth- und Curlands IX, 450).

25. März. 3) Am 25. März, dem Tage der *annunciatio Mariae*. Es beruht dieser Anfang wohl weniger auf einer falschen Auffassung des Worts *incarnatio*, als auf der Anschauung, dass das irdische Dasein Christi schon mit der Verkündigung beginne, eine Anschauung, welcher der schon früh erwachende Mariencultus grossen Vorschub leistete. Wenn nun also auch nicht geleugnet werden kann, dass zur Datirung nach diesem Style auch der Ausdruck *anno ab incarnatione Domini* gebraucht wird, so kann doch keineswegs zugestanden werden, dass aus diesem Ausdruck stets auf eine Datirung nach diesem Style geschlossen werden müsse.

Die Verordnung des Bischofs Arno von Genf von 1305, die den Jahresanfang mit dem 25. December (statt Ostern) in der Genfer Diöcese einführt, sagt z. B. direct: *quod annus incarnationis inciperet in nativitate domini nostri Jesu Christi* (Gesch.-Freund d. 5 Orte XXV, 55). Ausserdem aber spricht dafür das fast ausschliessliche Vorkommen der Formel *ab incarnatione* bis zur Mitte des 13. Jahrhunderts, auch in Gegenden, denen jeder Verdacht eines Jahresanfangs mit dem 25. März fern liegt. Man hat bei derartigen einseitigen Vindicationen einzelner Formeln für einen bestimmten Jahresanfang zu sehr ausser Acht gelassen, dass alle diese Formeln ursprünglich lediglich der Jahreszählung halber den Datirungen beigesetzt sind.

Bemerkenswerth sind bei diesem Anfange vor allem der *calculus Florentinus* und *Pisanus*, die beide mit dem 25. März beginnen, wobei aber der calculus Pisanus dem calculus Florentinus um ein volles Jahr voraus ist. Die Umrechnung ist eine sehr mühsame.

Das Jahr 1000 unserer Rechnung besteht aus:

dem 1. Januar — 24. März 999 und 25. März — 31. December 1000
des calculus Florentinus,

dem 1. Januar — 24. März 1000 und 25. März — 31. December 1001
des calculus Pisanus;

das Jahr 1000 des calculus Florentinus besteht aus:

dem 25. März — 31. December 1000 und 1. Januar — 24. März 1001
unserer Rechnung;

das Jahr 1000 des calculus Pisanus besteht aus:

dem 25. März — 31. December 999 und 1. Januar — 24. März 1000
unserer Rechnung.

Beide Städte hielten ihre Rechnungen bis 1794 fest. Der calculus Pisanus ist in deutschen Urkunden niemals angewendet worden, in Italien vorzugsweise in Pisa, Lodi, Lucca und Siena. In der päbstlichen Kanzlei, in der bis dahin der Anfang mit Weihnachten vorherrschte, tritt daneben der calculus Florentinus von der Mitte des 10. Jahrhunderts bis 1088 auf, von 1088 bis 1145 kommt daneben auch der calculus Pisanus vor, 1145 wird der calculus Florentinus allein verwaltend; erst seit 1691 wurde der erste Januar, der schon seit 1621 in den Breven zur Anwendung kam, als Jahresanfang eingeführt. Der calculus Florentinus, oder vielmehr das mit ihm übereinstimmende Marienjahr (von dem Anfangsfeste so genannt), findet sich in Deutschland nur vereinzelt: in der Stadt und der Erzdiöcese Trier bis ins 17. Jahrhundert (*mos Trevericus, stylus Treverensis*)[1], bei der Universität Köln bis zu ihrer Aufhebung, in den romanischen Theilen der Diöcese Lausanne (*stylus curiae Lausannensis*)[2], in den russischen Ostseeprovinzen während des 13. Jahrhunderts. Erst mit den letzten Jahren dieses Jahrhunderts macht sich hier ein Schwanken zwischen der Marienrechnung und dem Weihnachtsjahr bemerkbar, bis um die Mitte des 14. Jahrhunderts dieses letztere den Sieg davonträgt[3]. Auch in England begann man seit dem 13. Jahrhundert das Jahr mit dem 25. März, was officiell erst 1753 abgeschafft wurde[4]. In Frankreich fand — einzelne Lokalusancen ausgenommen, deren die l'Art de vérifier les dates gedenkt — der Anfang mit dem 25. März wohl nur unter den ersten Kapetingern statt.

4) Ostern, der unzuträglichste aller Jahresanfänge, da er auf 35 Tage fallen konnte. Noch dazu rechnete man nicht überall von demselben Termine ab, sondern entweder vom Charfreitag wie in Brabant etc.[5], oder vom Ostersonntage, der nach der mittelalterlichen Tageseintheilung mit der Vesper des Charsonnabends, während welcher die Osterkerze geweiht wird, beginnt. Es findet sich daher zur Bezeichnung dieser Datirungsart *a paschate, a resurrectione sumpto* gleichbedeutend neben dem *a cero paschali, après la bénédiction du cierge pascal*. Der Jahresanfang mit der

[Marginal note: Ostern.]

---

[1] *Datum a. 1356 secundum stilum civitatis et dioceris Treverensis et Metensis mense Decembri die 27.* (Günther). 1370 *na gewonheit zu schriben in unserm stifte van Triere uff den sondag als man singet Invocavit* (Lacomblet). 1401 *naist gewonheit der stede und des stifts zu Trier zu schryben des mondages na jairsdage* (Publ. de la soc. arch. de Luxemb. XXV). 1421 *des anderen dages in dem maende Februarii na gewoenten zu schryven des gestichtes van Triere* (Lacomblet). Auch bei Daten, die durch die Eigenthümlichkeit der Trierschen Rechnung gar nicht berührt werden, finden wir den Zusatz, z. B.: *Vigile st. Martin en hyver a l'usage de la courte de Treves* 1391 (Publ. de la soc. arch. de Lux. XXV).

[2] Seit wann, ist nicht recht ersichtlich. Die Bezeichnung *incarnatio* in den älteren Lausanner Urkunden (bis 1250) ist wohl, wie auch bei Genf und Sitten (bis circa 1220) für *nativitas* zu nehmen Der seitdem gleichmässig in Lausanne, Genf und Sitten angewandte, sehr dehnbare Ausdruck *anno Domini* macht die Annahme eines Osterstils auch für die letztgenannten zwei Bisthümer nicht nothwendig, zumal er auch später noch angewandt wird, wo der Gebrauch des Annunc.-Stils unbestritten feststeht. Der Kölner Synodalbeschluss von 1310 theilt sogar dem Nativität-anfange vorzugsweise die Bezeichnung *annus Domini* zu, indem er sagt: *statuimus etiam ut ex nunc de cetero annus Domini observetur et in nativitate Christi innoretur a quolibet anno.*

[3] Genaueres in Mittheil. aus der Gesch. Liv-, Esth- und Curlands IX, 470—509, 513 - 517. Auf Seite 467 und 515 (daselbst) wird auch für das Erzstift Bremen für das 13. und den Anfang des 14. Jahrhunderts ein Vorkommen des Marienjahrs in Anspruch genommen.

[4] *Secundum stilum et consuetudinem ecclesie anglicane et provincie Treverensis* in einer Urkunde König Eduard des III. von 1339 (Rymer, Acta publica II, IV, 43).

[5] Urkunde des Antoine, duc de Lothier, Brabant et Limbourg, 1412 *le 13. Fevrier suivant la coutume de notre cour* (Publ. de la soc. arch. de Luxemb. XXV).

4*

Osterkerze war in Frankreich [1]), den Bisthümern Lüttich [2]) und Cambray [3]), den Graf-
schaften Holland [4]), Flandern [5]), Hennegau und Namur, sowie in dem Herzogthum
Burgund [6]) seit dem 13. Jahrhunderte in Blüthe und verbreitete sich von da auch
nach Deutschland. So begann man lange Zeit im Erzstifte Köln das Jahr mit dem
Osterfeste, trotz des entgegenstehenden Beschlusses einer Provinzialsynode von
1310. Weidenbach befindet sich entschieden im Irrthume, wenn er den Zusatz *more
Coloniensi* als ein Zeichen der Nativitätsrechnung deutet; der fruchtlose Synodalbeschluss von 1310 stellt ja ausdrücklich den Weihnachtsanfang mit *prout sacrosancta
Romana ecclesia id observat* dem Kölner Gebrauche gegenüber. Ein Seitenstück
dazu haben wir in der Gegenüberstellung des *mos Gallicanus* (Ostern) und des
mos curiae Romanae (Weihnachten) in den französischen Urkundenformeln, trotzdem
die päbstliche Kanzlei schon seit dem 10. Jahrhunderte von diesem Gebrauche ab-
gelassen hatte.

Fernerweit wurde mit Ostern das Jahr begonnen in der Kanzlei Kaiser Karl
des V. während seines Aufenthalts in den Niederlanden und am Niederrhein [7]), indem
man sich dem Gebrauche dieser Gegenden anschloss. In der Schweiz nahmen diesen
Stil nur die romanischen Bisthümer Genf und Sitten [8]) an, und auch in diesen war
er nur während des 13. Jahrhunderts im Gebrauche. Wie der Kölner Erzbischof
1310, so führte auch der Genfer Bischof — und wie es scheint mit mehr Erfolg —
im Jahre 1306 den Weihnachtsanfang ein.

[1]) *Datum Parisiis 26. die Martii anno Domini 1303 post pascha* (Cod. dipl. Pruss. IV.). *In
civitate Aureliamensi 29. die mensis Decembris anno 1499 a resurrectione sumpto* (Lacomblet). De jure
wurde diese Rechnung 1563 durch ein Edict Karl des IX., de facto aber erst einige Jahre später
abgeschafft. — Die Annahmen siehe in l'Art de vérifier les dates Ed. III. I. p. XI.

[2]) *op ten achtentwintichsten dach der maent Januarius int jaer ons Heren 1372 na gewoende des
bisdoms van Ludick* (Lacomblet).

[3]) *drie dage in Januario int jaer ons Heren 1369 na costumen ende usaigen des biscopdoms van
Camerike* (Lacomblet). *Selon la constume de la court de Cambray dix jours au mois de Jauviers*
(Urk. der Herzogin Johanna v. Luxemburg, Publ. de la soc. arch. de Lux. XXV). *den tweeden dach
van Januario 1543 naer serfgren des houfs van Camerycke* (Lacomblet).

[4]) *den twee ende twintichsten dach in Januario int jair ons Heren 1413 na dem lope van den
hove van Hollant* (Lacomblet). *des frilages op sunte Agneteudach int jair ons Heren 1417 na dem
lope ende gewonte des haiffs van Hollant* (Lacomblet).

[5]) Urk. des Philipp, duc de Bourgogne, comte de Flandres, d'Artois etc.: *le 16. jour d'Arril avant
pasques l'an de grace 1393* (Lacomblet). Karl der Kühne von Burgund: *die 16. mensis Aprilis anno
1474 post pascha* (Lacomblet).

[6]) *Da men schreif na lauffe des bussdoms van Colue 1359 des eirsten dages in dem Mertze*
(Lacomblet). *1394 des donresdages neest nae sent Gertruden dage na gewoende des gestichtes van
Cvilne* (Lacomblet). *Op sent Andrues dagh more Coloniensi 1386* (Publ. de la soc. arch. de Lux. XXV),
wo ein solcher Zusatz durchaus nicht nöthig war.

[7]) *Donné en notre ville de Bruxelles le 26. jour de Mars l'an de grace 1521 avant pasques*
(Lacomblet). *Donné en notre cité impériale de Spire le 1. jour d'Arril l'an de grace 1543 avant
pasques* (Lacomblet).

[8]) *Datum Gebennae 5. Idus Aprilis anno Domini 1301 sumpto tamen millesimo ad pascha secundum patrie Gebennensis consuetudinem* (Geschfr. der 5 Orte XXV, 55). *Datum in capitulo Agaunensi
6. Kal. Martii anno Domini 1291 sumpto millesimo in paschate* (Ebenda 56).

Die Umrechnung der Daten nach dem Osteranfange ist schwierig, da manche Monatstage in dem einen Jahre gar nicht, in dem andern zweimal vorkommen. Zur Unterscheidung bezeichnete man in dem Falle die erste Reihe dieser Tage mit *post pascha*, die zweite Reihe mit *ante pascha*. Das Jahr 1315 dieser Rechnung bestand demnach aus folgenden Theilen:

1. vom 25. März bis 10. April *post pascha*,
2. vom 11. April bis 22. März,
3. vom 23. März bis 10. April *ante pascha*.

Es enthielt also 19 Tage zu viel, während das Jahr 1316 nur aus dem Zeitraume vom 10 April bis zum 2. April bestand, also 8 Tage zu wenig enthielt.

Fehlt die Bezeichnung *post pascha* und *ante pascha*, und gleicht nicht eine anderweite Bestimmung (Indiction, Epakten etc.) diesen Mangel aus, so kann man um ein ganzes Jahr falsch datiren. So will Matzka (die Chronologie in ihrem ganzen Umfange, S. 286), der diesen Jahresanfang überhaupt nicht zu kennen scheint, das Datum eines vom 9. April 1317 datirten Schreibens schlechthin in 1318 umändern, weil er die darin enthaltene Angabe *ad diem sabbati post tres septimanas instantis paschatis videlicet ad diem* 20. *Maji* nur mit 1318 vereinbaren kann. Ostern 1318 war aber erst am 22. April, folglich ist der Brief nicht fehlerhaft datirt, sondern *stylo francico* mit Weglassung des *ante pascha*. — *Stylus francicus* nämlich, *mos gallicanus* oder *stylus curiae* wurde diese absonderliche Rechnungsart genannt.

5) Am 1. September. In Byzanz ist diese Rechnungsart lange Zeit die ¹ ˢᵉᵖᵗ. herrschende gewesen, durch die Bestimmung der synodus Trullana, welche die 4. Indiction mit dem Jahre der Welt 6199 zusammenstellte, und beide mit dem 31. August des laufenden Jahres (691 nach Chr.) endigen liess, mit der griechischen Indiction verbunden. Im Gefolge dieser Indiction wanderte auch der Jahresanfang von Byzanz nach Italien, wo er besonders in Süditalien in einigen Annalen erscheint (Lupus Protospatharius und Annales Barenses, beide in den Mon. Germ. Script. V. gedruckt). In Russland hatte der 1. Sept. im Anfang des 14. Jahrhunderts, von wo ab er bis zur Einführung der Julianischen Jahreszählung der herrschende Jahresanfang war, den 1. März, den Anfang der älteren russischen Chronisten zu verdrängen gehabt.

6) Am 25. December, dem Weihnachtstage, woher die ganze christliche Zeit- Weihnachrechnung auch den Namen *a nativitate Domini, ab incarnatione Domini* führt. ten.

In Frankreich ist dieser Jahresanfang nur unter den deutschen und französischen Karolingern der herrschende gewesen. Gleich unter den ersten Kapetingern machte sich der Anfang mit dem 25. März geltend, den aber bald der Osteranfang fast völlig verdrängte. In Italien (am längsten in Mailand) kommt er häufiger und dauernder zur Anwendung. Die päbstliche Kanzlei, in der dieser Anfang bis dahin ausdrücklich im Gebrauche gewesen war, datirte seit der Mitte des 10. Jahrhunderts auch nach dem calculus Florentinus (siehe Nr. 3). Trotzdem heisst noch im 14. Jahrhundert, besonders in Frankreich und der Erzdiöcese Köln, im Gegensatze zu dem mit *stylus curiae, mos gallicanus* und *mos Coloniensis* bezeichneten Jahresanfange mit Ostern, der Jahresanfang mit Weihnachten *stylus ecclesiasticus* oder *mos curiae Romanae*. Im Bisthume Lausanne dagegen stritt im

14. und 15. Jahrhundert der Annunciationsanfang (*stylus curiae Lausannensis, annus ab annunciatione*) mit dem Weihnachtsanfange, den man mit *secundum Theutonicos sumpto* bezeichnet. Denn Deutschland ist als der eigentliche Sitz dieses Jahresanfanges zu betrachten; ausser Trier und Köln, deren Abweichungen schon berührt sind, datirte nach dem Vorbilde von Mainz, der alten kirchlichen Metropole, beinahe ganz Deutschland nach diesem Jahresanfange, bis von Süddeutschland aus aufsteigend etwa im 15. Jahrh. der Jahresanfang mit dem 1. Januar sich mehr und mehr Geltung verschaffte. So bediente sich die kaiserliche Kanzlei meist des Weihnachtsanfanges, verbunden mit der Indictio romana, wie ja auch die Mehrzahl der deutschen Annalen, voran die als s. g. Reichsannalen zu bezeichnenden, sich des 25. Decembers als Jahresepoche bedienten (so: Einhard, Wipo, Otto von Freising u. a. m.). Auch der deutsche Orden datirte während seines ganzen Bestehens nach diesem Jahresanfange[1]. In Brandenburg hielt sich das Weihnachtsjahr bis ins 16. Jahrhundert hinein. Nach Riedel[2] finden sich noch aus den Zeiten der Kirchenverbesserung mehrfache Spuren derselben. Auch in Schlesien (wo es übrigens trotzdem einzelne sehr frühe Spuren des Januaranfanges giebt) hält sich das Weihnachtsjahr sehr lange, noch in den sechziger Jahren des 16. Jahrh. findet es sich in bischöflichen und herzoglichen Urkunden. Auch die Stadt Breslau behielt bis tief ins 16. Jahrhundert das Weihnachtsjahr bei. Von den niederländischen Provinzen waren es wesentlich nur Utrecht, Geldern und Friesland, in denen man das Jahr mit dem 25. December begann. In der Schweiz datirten ursprünglich auch die romanischen Diöcesen nach dem Nativitätsstil (*ab incarnatione*), gehen aber schon im 13. Jahrhundert (zu verschiedenen Zeiten) zum Oster- oder Annunciationsstile (siehe diese) über. Die deutschen Theile der Schweiz sind jedoch dem Nativitätsanfange bis zum Uebergange in die neuere Zeit und der Annahme des 1. Januars treu geblieben. In England herrschte der Jahresanfang des 25. December bis in das 13. Jahrhundert, wo er von dem 25. März verdrängt wurde. Jedoch hielt er sich noch lange neben diesem als s. g. gesetzliche Rechnung.

§. 13.
Jahreseintheilung.

Monate.   Die Eintheilung des Jahres in 12 Monate entstammt, wie schon der Name es verräth, ursprünglich dem Mondjahre. In §. 1 sahen wir, wie die Eintheilung, die im Mondjahre auf den von der Natur gegebenen Verhältnissen beruhte, bei dem Uebergange zum Mondsonnenjahre, so gut es eben angieng, auch auf dieses übertragen wurde, und wie endlich Julius Cäsar beim Uebergange zum reinen Sonnenjahre auch den Monaten die letzte Spur des Zusammenhangs mit dem Monde entzog und sie mit Beibehaltung des Namens zu einer rein mechanischen Eintheilung seines Jahres in 12 annähernd gleiche Theile verwandte. Die Namen dieser Monate sind grösstentheils noch heute gebräuchlich (*Quintilis* und *Sextilis* wurden unter den Kaisern mit *Julius* und *Augustus* vertauscht), so dass eine Aufzählung derselben

---

[1] Mittheil. aus dem Gebiete der Gesch. Esth-, Liv- und Curlands XI, 512.

[2] Zehn Jahre aus der Geschichte der Ahnherren des preuss. Königshauses S. 319.

wohl überflüssig ist. Für das Mittelalter darf nur bemerkt werden, dass häufig, besonders in italiänischen Quellen, für *Majus* die Form *Madius* eintritt. Die Declination der Monate auf *er* ist den grössten Willkürlichkeiten unterworfen, die Ablativformen *Septembri*, *Septembre* und *Septembrio* finden sich oft in ein und derselben Quelle. An sonstigen lateinischen Bezeichnungen finden sich in mittelalterlichen Quellen, für Februar: *mensis purgatorius*, *mensis Untonis* (Cosmas Prag. III, 54); für April: *mensis venustus*, *mensis novarum*; für Juni: *mensis magnus*; für Juli: *mensis fenalis*; für August: *mensis messionum*.

Die deutschen Monatsbezeichnungen sind von grosser Mannigfaltigkeit, und soweit sie nicht Germanisirungen und Corrumpirungen der lateinischen Namen sind oder ihren Ursprung in bestimmten christlichen Festen haben, von eben so grosser Unbestimmtheit. Ein grosser Theil der deutschen Bezeichnungen nämlich, von den menschlichen Beschäftigungen hergenommen, bezeichnet ursprünglich einen grösseren Zeitraum, und wird erst nach und nach, nicht ohne provincielle Verschiedenheiten, auf bestimmte Monate festgelegt. Bei einer anderen Gruppe beruht die Unsicherheit der Deutung darin, dass die Namen den klimatischen Verhältnissen entnommen und daher wie diese ebenfalls der provinciellen Verschiedenheit unterliegen.

Es erscheint daher nicht angemessen, hier eine Uebersicht der deutschen Monatsnamen zu geben, da das deutsche Glossar ohnehin eine Erklärung der einzelnen Bezeichnungen enthalten muss; ich verweise daher für jeden einzelnen Fall auf die betreffenden Artikel dieses Glossars (Tafel XIV), indem ich gleichzeitig auf die vortreffliche Uebersicht in der Weinhold'schen Schrift (die deutschen Monatsnamen. Halle, Waisenh. 1869) aufmerksam mache, der auch ich einen grossen Theil meiner Angaben verdanke.

Neben dieser Eintheilung in zwölf Monate läuft nun noch eine andere, wohl ursprünglichere Jahreseintheilung in 2, 3 oder 4 grössere Complexe[1]). Die letztere, die Viertheilung, ist, da sie der Zwölftheilung des Jahres und den klimatischen Verhältnissen am angemessensten ist, nach und nach zur fast allein üblichen geworden; viele Spuren aber im öffentlichen Leben des Mittelalters weisen die häufigere Anwendung der beiden anderen Jahrestheilungen in früherer Zeit deutlich nach. Die Zweitheilung theilt das Jahr in Sommer und Winter, als Fixpunkte dienen ihr Winteranfang (Michaelis = 29. Sept., dann auch auf Martini = 11. Nov. verschoben) und Sommeranfang (Ostern, wegen der Beweglichkeit dieses Festes gern auf Georg = 23./24. April, Walpurgis = 1. Mai, dann auch auf den halben Mai verschoben). Auch finden sich die Termine Mittwinter (Weihnachten = 25. Dec.) und Mittsommer (Johannis = 24. Juni)[2]) als Repräsentanten dieser Zweitheilung. Winter und Sommer oder Umschreibungen dafür wie *im rise und im lore*, *bi stro und bi grase* finden sich mehrfach in den deutschen Rechtsquellen gegenübergestellt. Die Dreitheilung hat sich fast nur noch in juristischen Beziehungen erhalten, und findet da ihre Hauptanwendung in dem s. g. Dreidinge, dem ungebotenen Landgerichte, dass zu drei

Zweithei-lung.

Dreithei-lung

---

[1]) Vergleiche Weinhold, die deutsche Jahrtheilung. Kieler Univ.-Schrift von 1862.

[2]) Diesem Umstande verdankt der Johannistag den Beinamen: zu *Mittesommer.*

Terminen jährlich abgehalten wurde[1]). Die Termine sind verschieden, im allgemeinen herrschten Mittwinter (oder Winteranfang), Ostern und Mittsommer vor, da
der Dreitheilung ursprünglich eine Eintheilung des Jahres in Winter, Frühling und
Sommer zu Grunde lag.

Jahres-
seiten.

Die Viertheilung des Jahres ist eine zweifache, je nachdem man den Eintritt
der die Jahreszeiten charakterisirenden Witterung oder die diese Witterung begrün-
dende Himmelserscheinung (*aequinoctium*, *solstitium*) als Beginn der Jahreszeit
betrachtete[2]). Ersterer Auffassung entsprechen die Termine Lichtmess (2. Februar)
oder Kathedra Petri (22. Febr.); die Lateiner (Mamertus, Pancratius und Servatius,
11. 12. 13. Mai) oder Urban (25. Mai); Mariä Himmelfahrt (15. August) oder
Bartholomäus 25. August); Martini (11. Nov.), Elisabeth (19. Nov.) oder Clemens
(22. Nov.). Letztere Auffassung hat den Terminen Ostern, Johannis, Michaelis und
Weihnachten als Vertretern der astronomischen Jahrpunkte das Leben gegeben,
indem der Gebrauch des bürgerlichen Lebens Frühlings- und Herbstanfang von den
eigentlichen (Cäsarischen) Fixpunkten 25. März[3]), 24. September auf die naheliegen-
den grösseren Feste verschob. Indess kommen bei diesen Terminen, wie auch bei
den kalendarischen Einzeichnungen der Aequinoctien und Solstitien Unregelmässigkeiten und Abweichungen der mannigfachsten Art vor. Geht ja das Mittelalter in
seiner Unwissenheit astronomischer Dinge so weit, den Eintritt der Sonne in die
Zeichen des Widders, des Krebses, der Wage und des Steinbocks von dem Eintreffen der Aequinoctien und Solstitien zu unterscheiden und beide auf besondere
Tage zu verlegen.

Quatember.

Diesen Eintheilungen und ihren Terminen schliesst sich eine andere Viertheilung des Jahres an, die, wie sie ursprünglich nicht zur Eintheilung des Jahres
bestimmt war, so auch nicht an allen Orten und in allen Verhältnissen gleichmässig
dazu verwendet wurde. Es sind die vierteljährlichen gebotenen Fasttage, die *angaria*
oder *quatuortempora*, Quatember, die wegen ihrer strengen Fastenordnung tief in
das bürgerliche Leben eingriffen und eben deshalb zu derartigen Markirungspunkten
sich eigneten.

Die Termine für das Eintreten dieser Fasten sind die Mittwochen vor Reminiscere und vor Trinitatis, nach Kreuzerhöhung (14 Sept.) und nach Lucia (13. Decbr.).
Ihre Dauer ist einschliesslich des Freitags, der ja stets ein Fasttag ist, von Mittwoch
bis zum Sonnabend incl. Ihre Bezeichnung ist eine sehr mannigfaltige; *quatuor
tempora, quatertemper, quatember, quartal, vierzeiten, angaria, fronfasten, goldfasten,
weichfasten* wechseln mit einander ab. Auch die Bezeichnung der 4 Termine war
besonders in den deutschen Urkunden eine sehr schwankende.

1. *Quartal cinerum, quatember nach den viertagen, am sonnabend in der goldfasten vor Reminiscere* 1402 (Riedel, Cod. d. Br.), *sontags in der quatember vor*

---

[1]) Diesen ungebotenen Dingen gehört auch der rheinische Ausdruck *geschworner, verschworner,*
verkorner montag an, dessen Erklärung den älteren Chronologen so viele Last machte.

[2]) Durch diese Verschiedenheit der Jahrzeitanfänge fällt der Martinitag bald in den Herbst, bald
in den Winter, und Petri Cathedra bald in den Lenz, bald in den Winter.

[3]) Behufs der Osterberechnung war die Kirche schon von dem Julianischen Kalender abgewichen,
indem sie das Frühlings-Äquinoctium auf dem 21. März feststehend annahm.

Merz messe 1320 (Riedel, Cod. d. Br.), *des sonnabendes in der quatertempore in der hilghen vasten* 1495 (Wülfingh. Reg.).

2. *Sommer quartal des sampztages in der quatertember ze Phingsten* 1352 (Helwig).

3. *im quartale Crucis* 1524 (Cod. d. Sil. IX), *am donrstage in der quatuortempora noch des heiligen Crewczes tage vor sand Michelstag* 1467 (Br. St.-A.), *mense septimo super terciam Mercurii que certum quatuor temporum tenet locum* 1292 (Bresl. Staats-A.).

4. *in der quotember nach sand Luceyntage* 1367 (Helwig), *am sonstag in den quatembern vor Weihnachten* 1304 (Helwig), *sexta feria in quatuor temporibus adventus domini Jhesu Cristi* 1333 (Br. St.-A.).

§. 14.
Tagesbezeichnung
(durch Monatsdaten).

Die Tagesbezeichnung im Mittelalter ist eine funffach verschiedene: die älteste ist

1) die altrömische Datirung nach Kalenden, Nonen und Iden, wie sie auf Tafel XIX verzeichnet ist. Die dort angenommene Stellung des Schalttages *a. d. VI. Kal. Mart.* vor *a. d. bis VI. Kal. Mart.* ist die durch Mommsen's (Römische Chronologie, 2. Aufl. S. 280) und Huschke's (das römische Jahr und seine Tage S. 121) Forschungen festgestellte. Ihr entgegen steht Hermann (der römische Schalttag seit Julius Cäsar, Berl. 1861), der die Bezeichnung *bis sextus* — eine Bildung wie bis millesimus — als eine Zusammenfassung beider mit sexto Kalendas bezeichneten Tage auffasst und nach wie vor den 24. März als den eigentlichen Schalttag, *bissextum* (*bessetum*), ansieht. Jedenfalls war diese Stellung im Mittelalter die übliche, wo es als Regel galt, den 24. Februar als Schalttag (*dies bissextus*) anzusehen, indem man der römischen Tagesbezeichnung gemäss nach den Versen:

Bissextum sextae Martis tenuere Kalendae
Posteriore die celebrantur festa Mathiae

die Heiligentage des Monatsrestes um eine Tageseinheit verschob[1]).

Die im Mittelalter übliche Form der Datirung ist nicht die altrömische. Um es an einem Beispiele kurz zu zeigen, datirte man nicht mehr *ante diem decimum Kalendas Julias*, sondern *decimo Kalendas Julii*, seltener *die decimo* oder *Kalendas Julias*, mehr noch *decimo Kalendarum Julii*. Für das klassische *Kalendis Juliis* steht *Kalendis Julii* oder *Kalendas Julii*. Für *pridie Kalendas* steht häufiger das (auch klassische) *secundo Kalendas*. Auch die Stellung der Glieder verschiebt sich oft, so: *Kalendas Martii tredecimo* 1327 (Cod. d. Mor. VII). Ausdrücke wie *in dem achzenden Calenden des Septembris* 1321 (Pilgram), *in den vierzehnten Calenden des dritten Herbstmonats* 1329 (Hergott, geneal. Habsb.) sind selten und entstammen wohl meist Uebersetzungen oder Ausfertigungen in beiden Sprachen. Sicher ist das erste der Fall bei den Daten *an dem sebenden rustag der romischen abscheidunge von dem monden yormarkt April genanth* 1265 und *yn dem funfsten tage des romischen awsrufes ezu dem monden yormarkt Austmonden genanth* 1270, die den entsprechen-

Römische Datirung. Tafel XIX.

---

[1]) Nur selten wohl kommt es vor, dass man den Schalttag ignorirte, und statt dessen die Kalendenrechnung bis *XVII. Kal. Mart.* fortführte. Vgl. Jaffé, Konrad III. S. 209, Anm. 66.

den lateinischen Original-Urkunden nach für *VII. Id. Apr.* und *V. Kal. Sept.* stehen (Tschoppe und Stenzel 381, Böhme, dipl. Beiträge I, 49 und Progr. vom Leobschützer Gymn. 1864).

Die Bezeichnungen *caput Kalendarum, Nonarum, Iduum* bedeuten nicht den Tag, mit welchen die Zählung nach Kalenden etc. beginnt, sondern die Kalenden etc. des Monats selbst. In demselben Sinne ist auch das Datum einer schlesischen Urkunde von 1296: *summo Kalendarum mensis Augusti* aufzufassen [1]). Ueberhaupt ist die ältere Ansicht über eine derartige Verschiedenheit der mittelalterlichen Kalendendatirung von der altrömischen, wonach die mittelalterlichen Kalendendaten sich manchmal auf die entsprechenden Tage in den ihnen beigesetzten Monaten beziehen sollten, eine irrige. Daten wie: *XVIII. Kalendas Augusti*, die man zur Bestätigung dieser Behauptung herangezogen hat, sind einfach Irrthümer, wie ja auch offenbar irrthümliche Daten, wie: *VII. nonas Junii*, sich mehrfach vorfinden. Das Datum der Urkunde des Bischofs Conrad III. von Cammin von 1235: *mense Octobris XVII. Kal.* (Cod. Pomer. dipl.) ist allerdings zweifelhaft. Vielleicht ist ein Irrthum möglich, der dadurch entstanden sein kann, dass in den mittelalterlichen Kalendarien bei dem Anfangstage der Kalendendatirung der folgende Monat meist mit rother Schrift hinzugefügt wird.

Heutige Datirung. 2) Die heutige Tagesbezeichnung von 1 bis 31, 30, 29 oder 28. Dass schon Gregor I. diese Datirung gebraucht haben soll, ist irrig. Noch später datiren alle Päbste nach der altrömischen Datirung.

Consuetudo Bononiensis. 3) Die consuetudo Bononiensis, in Italien, von wo sie ausgieng — sie hat von der Stadt Bologna den Namen — kaum vor dem 11. Jahrhundert vorkommend. Der erste Theil des Monats vom 1. bis 16. (15. oder 14.) heisst *mensis intrans* und wird vorwärts gezählt, der erste Tag des Monats heisst *primo die mensis*, der zweite *secundo die mense intrante* etc. Der zweite Theil des Monats vom 17. (16. oder 15.) bis zum Schlusse heisst *mensis stans, restans, astans, exiens* und wird rücklaufend gezählt; in 31tägigen Monaten heisst z. B. der 17. *XV. die exeunte mense*, in 30tägigen Monaten heisst so der 16. etc. Der vorletzte Tag eines jeden Monats heisst *die penultimo*, der letzte *die ultimo mensis*.

Zur Erleichterung der Reduction der Daten *mensis exeuntis* möge folgende Tabelle dienen.

dies mensis exeuntis	15	14	13	12	11	10	9	8	7	6	5	4	3	penultimus	ultimus
im Monat von 31 Tagen	17	18	19	20	21	22	23	24	25	26	27	28	29	30	31
im Monat von 30 Tagen	16	17	18	19	20	21	22	23	24	25	26	27	28	29	30
im Monat von 28 Tagen	—	15	16	17	18	19	20	21	22	23	24	25	26	27	28

---

[1]) Originell ist das Datum einer Urkunde von 1367 (Günther): *ipso die beati Petri apostoli ad vincula in captivitate mensis Augusti.*

In Deutschland findet sich diese Rechnung selten und erst seit der Mitte des
13. Jahrhunderts in lateinischen[1]) und auch in einzelnen deutschen[2]) Urkunden.
Die leicht sich dem Gedächtniss einprägende Regel für die Reduction der Daten
mensis exeuntis lautet: Man addire 1 zur Tageszahl des Monats, und subtrahire von
der Summe das gegebene Datum *mensis exeuntis.*

§. 15.
Tagesbezeichnung
(durch Wochen- und Heiligentage).

Die vierte Art der Tagesbezeichnung ist nach Festen oder Heiligentagen, sei
es, dass die Datirung direct dem Feste oder Heiligentage selbst entnommen, sei es,
dass sie durch Bezeichnung der Wochentage vor oder nach einem grösseren Feste
oder Heiligentage beschafft wurde.

Die mittelalterliche Wochentagsbezeichnung ist zwiefachen, heidnischen und
christlichen Ursprungs; die christliche Wochentagsbezeichnung schliesst sich der
jüdischen, aus der sie hervorgegangen, in sofern an, als sie die Tage einfach zählt
und nur den Sabbath durch einen eigenen Namen hervorhebt; doch hat sie natürlich
auch für den Sonntag, den Tag des Herrn, eine eigene Bezeichnung. Die heidnische Bezeichnung ist eine doppelte, indem der lateinischen die römische, der
deutschen dagegen die germanische Mythologie zu Grunde liegt. Die mittelalterlichen Bezeichnungen der Wochentage sind folgende:

Sonntag ☉ *feria dominica, feria prima, dies Solis, lux Dei; Frohntag*[3]), Sun-   _{Wochen-}
        nuntag, Suntig.   _{tage.}

Montag ☾ *feria secunda, dies Lunae, Maendag, Manendag, Maindag, Mentag,*
        Meintag.

Dinstag ♂ *feria tertia, dies Martis, Eritag, Erchtag, Erichtag,* (Bayern) *Zistag,*
        Zinstag, Zeinstig, (Schwaben und Franken) *Diestag, Tistag, Tinstag, Dings-*
        tag, Dinxtag, Dinxscheday, Dinsckeday, Dingestenday, Dinssendach, Din-
        stentag; Aftermontag.

Mittwoch ☿ *feria quarta, dies Mercurii, Wuonsday, Wodensday, Wonestay,*
        Godenstay, Gutentag, Gudenstag, Goidestay, Odestag; media septimana
        Mitteweken, Mittwochen, Mittichen, Mittchen, Mittack, Mitche, Michten,
        Metach, Mechen.

---

[1]) *Quarto die intrante Junio,* 1250 (Mon. Zoller. II). *Quarto die exeunte Majo,* 1267 (Mon.
Zoller. II). *Die quarta intrante Marcio,* 1301 (Cod. dipl. Sil. IX).

[2]) *an s. Cecilientag, der da was der nwnden tages usgenten November,* 1287 (Pilgram). Ferner
an s. Petronellen Abend, der gewesen ist der letzte Tag des Maien ann ainen (Pilgram) *ond ze
ingaenden Maigen,* 1296 (Mon. Zoller. II).

[3]) Selten und meist nur bei Datirungen nach oder vor einem andern Tage, so: *feria prima post
festum S. Michaelis.* Nicht zu verwechseln mit der Abkürzung *proxima.* Ob auch das deutsche *am
irsten tage* in dem Datum *am irsten tage nach S. Gallentage* 1363 (Böhme, diplomatische Beiträge I, 57)
sich auf den Sonntag bezieht, ist ungewiss.

Donnerstag 4 *feria quinta, dies Jovis, Donrsdag, Dornsdag, Dorsdag, Dürstag; Phinstag, Pfinestag, Pfingstag.*

Freitag 2 *feria sexta, dies Veneris, Fro Venusdag, Friduch, Frütach.*

Sonnabend ♄ *dies Saturni, Saterdag, Satersdag; Sabbatum, Sabbatha, Sabbethstag, Sambestag, Sammiztag, Sambstag, Samstag; Sunnabend, Sunnunavend, Sunnobint.*

Festbezeich-nung.

Bei der Festbezeichnung sind noch folgende stehende Ausdrücke zu bemerken:

Festum, deutsch: *fest, hokyezite, hochtid, hoghtyd, dult, tult,* wird jeder grössere Feiertag genannt. Zu *hochtid* treten meist noch Epitheta wie *erbar, werd, heilig, hoch, vrolik.*

Vigilia.

Vigilia, pervigilium, deutsch *abend, avent, abnt, abund, afnt, vorabend, bannfasten, panfast[1]),* auch *dies pro festo[2]), profestum,* deutsch: *vorfest, vorfir, vorhochtid, der foddere dagh,* bedeutet den Tag vor einem Feste. Doch ist Vigilie als kalendarischer Begriff von der Vigilienfeier der Kirche wohl zu unterscheiden. Vigilia tritt in Datirungen bei vielen Tagen auf, die einer besondern kirchlichen Vigilienfeier völlig entbehren. Weidenbach's, nur auf die sungedruckten Ingelheimer Haderbücher sich stützende Annahme, bei Festtagen mit kirchlicher Vigilienfeier, die auf einen Montag fallen, weise der Ausdruck *vigilia* auch in Datirungen auf den Sonnabend, den Tag der kirchlichen Vigilienfeier, lässt sich daher als feste Regel nicht wohl hinstellen. Andererseits findet ja auch in den verschiedenen Kirchen die Feier von Vigilien auf Grund von besonderen Stiftungen (vielfach bei Seelmessen) statt, ohne dass der Tag ihrer Feier irgendwie den Charakter einer Vigilie in kirchlichem Sinne annähme. — Originell ist die Datirung: *in vigilia crastini festi Epiphanie* 1337 (Ludew. rel. msc. V, 516).

Vigilia vigiliae.

Vigilia vigiliae, praevigilia, deutsch *vorfirabend,* kommt regelmässig nur bei Weihnachten, Pfingsten und Allerheiligen vor, doch findet sich hie und da diese Bezeichnung auch bei anderen grösseren Festen. So Johannes der Täufer 1342 (Liegn. Urkb.), Lichtmess 1346 (Walkenried. Urkb.), Himmelfahrt 1350 (Ludew. rel. msc. VI, 412), Jacobus 1491 (Zeitschr. d. schles. Gesch.-Ver. II, 237). Steht *vigilia vigiliae* ohne nähere Bezeichnung (wie im Urkb. d. St. Hannover 1360), so ist darunter die *vigilia vigiliae Domini,* die Weihnachtsprävigilie, die bedeutendste der Prävigilien zu verstehen. Ebenso müssen wir auch das Datum *in dem hylghen avende des hylghen Kerstes avende* 1348 (Riedel, Cod. d. Br.) auf die Prävigilie zurückführen.

Crastinus dies.

Die crastino, cras festi, sequenti die, proximo die, feria proxima (mit *post* oder dem Genitiv eines Fest- oder Heiligentages) heisst stets am unmittelbar folgenden Tage nach diesem Feste. In deutschen Urkunden wird es mit *am*

---

[1]) So ursprünglich nur auf die Vigilien sich beziehend, an denen Fasten vorgeschrieben war, doch später auf alle ausgedehnt.

[2]) Verschieden davon ist der Gebrauch des östlichen Deutschlands im 15. und mehr noch im 16. Jahrhundert, von einer *diaeta pro festo....habita* zu sprechen, hergeleitet von dem typisch gewordenen Ausdrucke *diaetam pro festo....indicere.*

lateren dage, nicht Sonnabend, wie ältere Erklärer wollen[1]), *des neghesten dages, des nyesten dages, des andern dages*[2]), mit dem Genitiv des Festtages oder der Präposition *nach* verbunden. Auch kommt in süddeutschen Urkunden *morgens, mornentz, mornetz* dafür vor.

Octava, seltener *octavus* (sc. dies), deutsch *der achte tag, der achtede tag,* *achter, achtet, actentag, achtiste tag, anttag, antag*[3]), der achte Tag nach einem Feste, wobei aber immer, wie bei dem noch jetzt üblichen Ausdrucke in a c h t Tagen, Anfangs- und Endtermin gezählt werden. *Octava* bezeichnet den Endtermin, sowie den ganzen Zeitraum. Die Datirungen nach dem Endtermin geschehen durch *octava die, octavo, in octava* mit dem Genitiv oder *post*. Die Datirung i n n e r h a l b des Zeitraumes wird neben *in octava* auch durch *infra octavam*, seltener *sub octava* beschafft, oder *ante octavam*, denen *post octavam* zur Bezeichnung der Tage n a c h der Octave entgegen steht. So bezeichnete das Mittelalter die Sonntage zwischen Weihnachten und Epiphaniä officiell mit *dom. infra* und *post oct. nativ. Dni.* In deutschen Datirungen heisst es *in dem achten tage, zwischen dem achten tage* (meist im Singular). Selbstverständlich ist es, dass die Zweideutigkeit des Ausdrucks *in octava* die Beziehung auf Endtermin oder Zeitraum freistellt, meist pflegt aber der beigefügte Wochentag die Frage zu entscheiden. So *an dem montage in dem achtin tage der heyligen ezwelfboten sente Petirs unde sente Pauls* 1338 (Bresl. St.-Arch.), wo der 6. Juli eben ein Montag ist[4]). Steht *infra octavam* oder *sub octavis* ohne bestimmenden Wochentag, so hat man bei der Reduction den ganzen Zeitraum der Octave anzugeben. — Nicht selten ist es übrigens, dass man zur Bezeichnung der im Bereich des Zeitraums der Octave liegenden Tage, ja selbst zur Bezeichnung dieser Octave sich nicht des Ausdrucks *octava* bedient, sondern mit der einfachen Angabe des Wochentags nach dem Feste sich begnügt, ein Gebrauch, der sich gegen das Ende des Mittelalters hin stets vermehrt. — Der Unterschied in den Datirungen mit *septimana* und *octava* ist klar. Nehmen wir an, der Tag Michaelis fiele auf einen Dinstag. Dann ist *feria sexta in septimana post Michaelis* der

---

[1]) Folgende urkundliche Beweise streiten direct gegen die Annahme, dass es Sonnabend bedeute: *des lateren dages sente Vites* 1322 (Riedel, Cod. d. Br.), der 15. Juni 1322 war ein Dinstag; *in dem lateren daghe der elvenduzent meghede* 1367 (Sudendorf), der 21. October 1367 war ein Donnerstag; *des lateren dages der heiliger dryer koninghe* 1376 (Sudendorf), der 6. Januar 1376 war ein Sonntag; *am lateren daghe Processi et Martiniani* 1404 (Isenhag. Urkb.), der 2. Juli 1404 war ein Mittwoch; *am lateren dage s. Lucie* 1492 (Gütting. Urkb.), der 13. December 1492 war ein Donnerstag. Dagegen habe ich ausser dem von Weidenbach angeführten Beispiele, nur ein Beispiel finden können, wo es den Sonnabend bedeuten könnte, *des lateren daghes sunte Dyonisii* 1389 (Sudendorf).

[2]) Es ist natürlich, dass die Ausdrücke *des negesten daghes, des anderen dages* etc. auch zur Bezeichnung des Tages vor einem bestimmten Tage gebraucht werden können, *an dem andirn tage vor sente Simonis unde Jude tage der heiligen XII boten* 1373 (Bresl. St.-A.).

[3]) Ueber die Bedeutung von *antag* siehe statt weiterer Belege Grimm's Wörterbuch I, 495. — Lacomblet versteht fälschlich den Festtag selbst darunter.

[4]) Bei Ausdrücken, wie *feria sexta infra ascensionis*, ist das *octavam* nur aus Versehen ausgefallen, wie es das Beispiel lehrt. Zeitschr. d. schles. Gesch.-Ver. II, 235, Z. 15.

Freitag in der s. g. vollen Woche nach Michaelis, der 9. October, während *feria sexta infra octavam Michaelis* der Freitag nach Michaelis, der 2. October ist. Dass bei Sonntagen beide Ausdrücke gleichbedeutend sind, ist selbstverständlich.

Quindena   *Quindena*, deutsch — unserem über 14 Tage entsprechend — *vertheynacht, vierzehen tage*, ist der vierzehnte Tag (der heutigen Zählung) nach oder vor einem Feste, so: *an dem sonntag vierzehnnacht vor Ostern* 1311 (Weidenbach).

§. 16.

Tagesbezeichnung

(durch Wochen- und Heiligentage. Fortsetzung).

Construc-   Die Datirung nach den Fest- oder Heiligentagen selbst ist eine sehr einfache.
tion In lateinischen Urkunden gebrauchte man den Ablativ (oder *in* mit dem Ablative) von *dies*. Liess man *dies* fort, wie z. B. bei den Einzeichnungen der Heiligentage in die Kalendarien, so bewahrte der Name des Heiligen dennoch die Genitivform. In deutschen Urkunden setzte man das Wort *tag* entweder in den Genitiv so: *des tages s. Galli*[1]), oder — die häufigste Art der Datirung — man verband es mit den Präpositionen *an, auf* oder *in*, so: *an sand Franciscentage des heiligen beichtigers, in dem tage der heiligen martirer Gervasii und Protasii*. Oft trat die Angabe des Wochentags hinzu, so: *am mittwochen des tages sante Laurencien*.

Die Datirung nach einem grösseren Fest- oder Heiligentage mit Hülfe der Wochentage, geschah entweder dadurch, dass man den Wochentag vor oder nach dem Festtage, von dem aus man datiren wollte, einfach angab, z. B. *am mittwochen vor Lucia, am freitage nach exaltacio crucis*, oder indem man ihn durch die entsprechenden Formen des Adjectivums *der nächste*, seltener *der erste*, lateinisch *proximus, proxime venturus*, seltener *continuus*, ausdrücklich als den zunächst gelegenen Wochentag vor oder nach dem fraglichen Tage bezeichnete. So entstanden Ausdrücke wie: *an der nechsten mitewochen vor sand Peterstag Cathedra, an dem ersten freitage vor dem sontage Invocavit, ante dominicam Letare Jerusalem feria VI. continua* 1303 (Meckl. Urkbch. VI.) und ähnliche. Auch adverbialisch tritt dieser Beisatz auf, so: *des suntagis nehst noch sand Iohannis tage des torfers*, 1415; *am sonabund nach sante Lucien tage neste*, 1386; *am montag nastknmftig nach sanct Franciscus tage*, 1465; *an dem Dinstage nôch (= nahe) vur Pfingsten*, 1401.

Wenn nun einerseits diese Ausdrücke in einzelnen, besonders deutschen Daten, vollkommen pleonastisch erscheinen, so: *des nechsten mentags in der ersten vastwochen*, 1337 (Font. rer. Austr. II, XXI, 196); *an dem neesten guten fritage vor Ostern*, 1398 (Cod. dipl. Pruss. V); *feria secunda proxima infra octavas Epyph. Dni*, 1413, wo der Zusatz *nechsten (proxima)* eher das Verständniss hindert, als befördert, so finden sich andererseits auch Daten von einer das Verständniss bedrohenden Knappheit. So: *am nechsten fritag ahtag nach dem obersten tag*, 1348 (Mon. Zoller. III); *des nehsten mittwoches als man singet in der heiligen kirchen Letare*

---

[1]) Die Daten sind Urkunden des Breslauer Staatsarchivs entnommen, falls nicht eine andere Quelle bemerkt ist.

Jerusalem, 1401 (Riedel, Cod. d. Br.), wo beide Male das *nechsten* die Bedeutung des
nächstkünftig stillschweigend involvirt, also der Dinstag nach der Octava Epiphaniae,
respective der Mittwoch nach Lätare verstanden werden muss.

Eine andere Schwierigkeit in der Datenerklärung entsteht dadurch, dass man
(schon am Ende des 14. Jahrhunderts) statt des Worts *feria* sich hie und da des
Wortes *dies* zur Wochentagbezeichnung bediente, und diesen Gebrauch auch auf
deutsche Urkunden und das Wort *tag* übertrug. Derartige Daten: *am vierten tage
noch sente Mychils und aller engele tag*, 1358; *an dem dritten tage noch sente Lucien
tage*, 1347, sind entschieden als Ferienbezeichnungen aufzufassen, und nicht durch
Zählung der Tage von dem angegebenen Termine aus zu reduciren[1]). Geht doch das
15. Jahrhundert schon so weit, den Begriff Tag bei lateinischen Datirungen derart
ganz wegzulassen und beispielsweise zu datiren: *sexta ante Michaelis*.

Andererseits suchte man, ebenfalls schon seit dem 14. Jahrhundert, die Datirung
dadurch zu vereinfachen, dass man bei der Angabe des Wochentages, im Falle der-
selbe nach dem angegebenen Fest- oder Heiligentage fiel, das *nach* einfach wegfallen, und den Tag selbst, soweit er nicht schon in der Genitivform gebraucht
wurde, in Genitivform treten liess. Diese Datirungsart — erkennen kann man sie
nur durch die Reduction — lässt sich besonders im 15. Jahrhundert im Osten Deutschlands, in Brandenburg, Schlesien und Sachsen nachweisen. So hiess es zum Beispiel *feria quinta Alexis*, *am mitwochen conceptionis Marie*, während vielleicht die
genannten Tage auf einen Sonntag oder Montag fielen. Zum Beweise der Richtigkeit dieser Annahme mögen folgende Beispiele dienen.

1446, *Mittwoch Walburgis* bekennen die von Greifenberg, dass sie die Burg
Greifenberg von der Mark Brandenburg zu Lehn tragen (Raumer, Cod. d. Br. cont.
I, 201). Der Tag Walpurgis war 1446 ein Sonntag, dass aber hier der Mittwoch
nach Walpurgis gemeint sei, zeigt die Belehnungsurkunde selbst, die *feria IV. post
Walpurgis* ausgestellt ist (Riedel, Cod. d. Br.).

Andere Beispiele können wir den Baurechnungen des Dominikanerconvents
S. Adalbert zu Breslau (Zeitschr. d. Vereins für Gesch. u. Alt. Schlesiens II, 219 ff.)
entnehmen, deren Eintragungen durchweg in chronologischer Reihenfolge gemacht
sind. Hier heisst es z. B.: *Item fer. 3. dominice secunde post Trinitatis*... *Item
sabbato dominice secunde post Trinitatis*... *Item feria 4. dominice tercie post Trinitatis* etc., und an einer andern Stelle: *Item in die apost. Petri et Pauli*... *Item feria
4. visitacionis Marie*... *Item in octava visitacionis Marie* etc. und an einer dritten
Stelle: *Item sabbato ante Pentecosthes*... *Item feria quarta Pentecosthes*... *Item feria
quinta Pentecosthes*... *Item feria sexta Penthecosthes*... *Item in vigilia Trinitatis*.

Aus diesen Stellen ersehen wir zugleich, dass die Daten *sabbatum Jubilate*,
sonnabend Letare fälschlich auf den Sonnabend vor den angegebenen Tagen

Dies statt
feria

Kürzung.

---

[1]) obgleich eine derartige Zählung, natürlicherweise incl. der beiden Termine, bei Datirungen
nicht ohne Beispiel ist; so: *des sontags acht tage vor Pfingsten im May*, 1288 (Helwig); *des dreizehenden tages nach dem oster heiligen tage*, 1305 (Riedel, C. d. Br.); *Mariendagh do se gebothschup
ward, tein dage nach dem* 17. *Marcii* (Pilgram); *des* 10. *tages vor unser frauwen dage lychtmissen genannt zu latine purificatio*, 1383 (Publ. de la soc. arch. de Luxemb. XXV).

bezogen werden. Der Sonnabend wird nicht schlechthin als Abend des darauffolgenden Sonntags betrachtet, wie die ausdrückliche Beifügung dieses Begriffs in mehreren Urkunden es auch beweist, so: *am sonnabinde am obinde aller heiligen*, 1500, und *an dem sonnabunt und an dem obunt der uffdirstendunge unsirs herren Jhesu Cristi*, 1410.

Was den Ursprung dieser Datirungsweise betrifft, so ist zu bemerken, dass die ältesten Beispiele derselben sich bei Datirungen nach Sonntagen und grösseren, mit Octaven versehenen Festen vorfinden. Der Umstand, dass die ihnen folgenden Tage in ritueller Hinsicht in einer gewissen Abhängigkeit zu ihnen standen, wird wohl die Ursache der abgekürzten Datirungen sein, die erst nach und nach auch auf Tage Anwendung fanden, denen dieser rituelle Einfluss nicht innewohnte.

Wenn wir nun aber auch nach Daten wie: *dienstags des tages der heiligen zehentausent ritter*, 1418 (Cod. dipl. Sil. IX), und *montag des tages Kilianni*, 1485 (ebenda), wegen der Genitivform des Heiligentages noch vermittels der abgekürzten Datirung erklären können, so bleiben doch Daten wie: *am donerstage in sant Gallendage*, 1495 (Riedel, Cod. d. Br.), *des dintzedages in sunte Mauricius dage*, 1415 (ebenda), — die Richtigkeit der Lesung von Seiten der neueren oder älteren Abschreiber vorausgesetzt — Schreib- oder Berechnungsfehler der die Urkunden ausfertigenden Canzleibeamten. Es sind dergleichen Fälle eben nicht häufiger, als die oft noch gröberen Versehen derselben in den übrigen Formeln oder dem materiellen Theile der Urkunden.

§. 17.
Tagesbezeichnung
(Cisiojanus etc.).

Cisiojanus.   Eine besondere Art der Datirung nach Festen und Heiligentagen ist die Datirung mit Hülfe des Cisiojanus, d. h. aus den Anfangssilben der grösseren Festtage und willkürlichen Einschiebseln zusammengestoppelter Memorirverse. Wir begegnen ihnen seit dem 14. Jahrhundert in ganz Deutschland in lateinischen und deutschen Bearbeitungen in knapperer oder reicherer Form[1]). Für die Chronologie ist nur die hauptsächlichste Form der lateinischen Bearbeitung wichtig, die seit der zweiten Hälfte des 14. Jahrhunderts in Schlesien, Sachsen, Böhmen und Polen in Chroniken und Urkunden auftritt. Das früheste chronikalische Vorkommen der Datirung nach dem Cisiojanus ist in der Continuatio ann. Polon. (Mon. Germ. XIX, 662), wo es zum Jahre 1370 heisst: *et erat in hac sillaba bre videlicet omne Novembre*. Das früheste urkundliche Vorkommen derselben ist in einer Brieger Urkunde vom Jahre 1390: *feria tertia post Oculi, in hac sillaba de[coratur] Gregorio* (Cod. dipl. Sil. IX). Ihr folgt eine Reichenbacher Urkunde (Bresl. Staatsarchiv) vom Jahre 1404 mit: *die mensis Maji in hac sillaba In, hujus dictionis in hac serie*, und die alten Breslauer Signaturbücher. Diese enthalten auf den Umschlägen Vermerke

---

[1]) Von den deutschen Bearbeitungen hat Fr. Pfeiffer im Serapeum XIV, 145 eine Uebersicht gegeben. Die lateinischen finden sich in dem Anzeiger für Kunde der deutschen Vorzeit, 1870 Sp. 280 ff. und 1871 Sp. 308 ff. zusammengestellt.

darüber, auf welche Sylbe nach dem Cisiojanus jedesmal der Tag der Rathserneuerung, der Aschermittwoch traf, und zwar vom Jahre 1399 bis in die Mitte des 15. Jahrh. Daran schliesst sich zeitlich das Chronicon Bartossii (Dobner, mon. Boem. I) und die Ratiborer Chronik (Zeitschr. des Vereins f. schles. Gesch. IV, 118), beide aus der ersten Hälfte des 15. Jahrh., sowie die hinter dem Kalendarium des Kreuzstiftes zu Breslau gemachten Anniversar-Aufzeichnungen aus der zweiten Hälfte des 15. Jahrh. (Zeitschr. d. Vereins für schles. Gesch. VII, 311). Im 15. Jahrh. datirte man auch in Ober- und Niedersachsen nach dem Cisiojanus, wie sein Vorkommen in Kalendarien und einzelnen Daten zeigt. So findet sich auf dem Vorstossblatte des Scharnebecker Copiars (Hannov. St.-Arch.) die Nachricht, der Bruder Hoger habe dieses Copiar angefangen 1458 *in sillaba In post Petrum Matthiam*. Auch noch im 16. Jahrhundert benutzte man den Cisiojanus zu Datirungen, wie seine mehrfache Erwähnung als Unterrichtsgegenstand, seine Aufnahme in gemeinnützige Schriften, sowie der von Rethmeyer (Kirchenhistorie der Stadt Braunschweig II, 231) aus den Aufzeichnungen des ersten reformirten Predigers zu Braunschweig, Heinrich Lange, mitgetheilte Umstand beweist, dass das jährliche gemeinschaftliche Gastmahl der Braunschweigschen Geistlichkeit von der Sylbe *Fus* im Cisiojanus *Convivium Fus* genannt worden sei. — Einmal aus dem Gebrauch gekommen, war der Cisiojanus bald vergessen. Fehlte schon Rethmeyer in der Bestimmung des Tages *Fus*, den er auf den 20. Juni (statt Juli) setzte, so war Blumberg, der in seiner kurzen Abbildung des Kalenders (Chemnitz 1721, S. 159) die Rethmeyer'sche Angabe wiederholt, mit dem Cisiojanus noch weniger bekannt, da er aus der *Syllaba Fus* eine *Sibylla Fus* machen konnte.

Wir beschränken uns hier darauf, den Text des Cisiojanus, wie er in der Mehr- *Text* zahl der Bearbeitungen erscheint, wiederzugeben, und durch Anmerkungen die Abweichungen der Breslauer (B), Krakauer (K) und Prager (P) Diöcese anzuzeigen.

Januar.   *Cisio Janus Epi sibi vendicat Oc Feli Mar An*
           Prisca Fab Ag Vincen Ti Pau Po nobile lumen.

Februar.   *Bri Pur Blasus Ag Dor Febru Ap Scolastica Valent*
           Juli conjunge tunc Petrum Matthiam inde.

März.   *Martius Adria Per decoratur Gregorio Cyr[1])*
           Gertrud Alba Bene juncta Maria genetrice.

April.   *April in Ambrosii festis ovat atque Tiburci*
           Et[2]) Valer sauctique Geor Marcique Vitalis.

Mai.   *Philip[3]) Crux Flor Got Johan latin[4]) Epi Ne Ser et Soph*
           Majus in hac serie tenet Urban in pede Cris Can[5]).

Juni.   *Nic Marcelle Boni[6]) dat Jun Primi Ba Cyrini*
           Vitique Mar Prothas Al sancti Johan Jo Dor Le Pe Pau.

Juli.   *Jul Proces Udal Oc[7]) Wil Kili Fra Bene Margar Apost Al*
           Arnolfus Prax Mag Ap Christ Jacobique Sim Abdon.

---

[1]) *Martius translatio* (sc. Wenceslai) *decoratur Gregori Long Cyr.* P.   [2]) *Pet.* P.   [3]) *Phil Sig.* B. K. P.   [4]) *Stanis.* B. K. P.   [5]) *Cris Pan.* B. K. P.   [6]) *Bo Vin.* B. K. P.   [7]) *Procopi.* K.; *Procop. Hus* P.

August.	*Pe Steph Steph Protho*[1]) *Six Don Cyr Ro Lau Tibur Hip Eus Sumptio Agapiti Timo Bartholo Ruf Aug Coll Aucti.*
September.	*Egidium Sep habet Nat Gorgon Protique*[2]) *Crux Nic Eu*[3]) *Lampertique Mat Mauricius et Da*[4]) *Wen Mich Jer.*
October.	*Remique Franciscus Marcus Di Ger Arteque Calix*[5]) *Galle Lucas vel Und Se Seve Crispine Simonis Quin.*
November.	*Omne Novembre Leo Qua Theo Martin*[6]) *Bricciique Post haec Elisa Ce Cle Crys Katharina Sat An.*
December.	*December Barba Nico Concep et alma Lucia Sanctus abinde Thomas modo Nat Steph Jo Pu Thomae Sil. Sillaba quaeque diem, duo versus dant tibi mensem.*

Dies aegyptiaci.

Die Vollständigkeit verlangt, dass wir auch der *dies aegyptiaci* Erwähnung thun, die vom Aberglauben des Mittelalters für unheilbringend angesehen wurden, und deshalb, theils durch Verse der mannichfachsten Art, theils durch Bezeichnung der betreffenden Tage (durch D mit einem hindurchgehenden Pfeile ꝺ oder ähnlich) in die Kalendarien Aufnahme fanden. Es sind meist Jan. 1. 25.; Febr. 4. 26.; März 1. 28.; April 10. 21.; Mai 3. 25.; Juni 10. 16.; Juli 13. 22.; August 1. 30.; Sept. 3. 21.; Oct. 3. 22.; Nov. 5. 28.; Dec. 7. 22. Nicht selten wird die unheilstiftende Kraft dieser Tage auf besondere Stunden beschränkt.

Festgrad.

In vielen Kalendern, vorzüglich der Missale und Breviere, sind die Festtage durch die Beifügung eines höheren oder geringeren G r a d e s in ritueller Hinsicht charakterisirt. Diese Charakteristica sind nicht zu allen Zeiten und in allen Diöcesen dieselben, allein im Ganzen machen sich in den mittelalterlichen Kalendern folgende Reihen geltend: *festum triplex (summum), duplex, IX lectionum* (deutsch *neun letzen*), auch *plenum* (sc. *officium*) genannt, *III lectionum, commemoratio* oder *duplex majus, duplex minus, semiduplex, IX lect., III lect., commemoratio.* Für *duplex majus* und *minus* steht auch *totum duplex* und *duplex*, für *semiduplex* und *IX lectionum* steht auch *semiduplex majus* und *minus*. Die Commemoratio wird mitunter auch durch ein *ā* (*an* oder *an tantum*) wiedergegeben, welche Abkürzung vielleicht in *antiphona tantum* ihre Erklärung findet. Die neuere Zeit, die auch für den Ritus grosse Veränderungen herbeiführte, hat natürlicher Weise auch die aus dem Mittelalter überkommenen rituellen Bezeichnungen und Graduationen umgestossen.

§. 18.

Tageseintheilung.

Eintheilung des Tages.

Der Tag des deutschen Mittelalters währte, verschieden vom römischen Tage, der von Mitternacht zu Mitternacht gezählt wurde, von Sonnenuntergang zu Sonnenuntergang. Seine Eintheilung ist, wie das nicht anders bei dem Mangel an genauen Zeitmessern sein konnte, eine mannichfache, zudem da römische, germanische und specifisch christliche Elemente zusammenwirkten. Zuvörderst wurden zur allgemeinen

---

[1]) *Pro Do.* B. K.; *Proth. Os.* P. [2]) *Pro Jacin* B. K. P. [3]) *Lud(milla)* K. P. [4]) *Sta.* B. K. [5]) *Cat Hed(wig)* B. K. [6]) *The Lud* (sc. transl. Ludmillae) *Mart Fra* (sc. Quinque fratres) K. P.

Eintheilung die römischen populären Bezeichnungen verwandt *media nox*, Mitternacht, *gallicinium*, der erste Hahnenschrei, *diluculum*, Morgendämmerung, *primo mane*, frühmorgens, *mane*, morgens, *ad meridiem*, am Vormittag, *meridies*, Mittag, *de meridie*, am Nachmittag, *solis occasus*, Sonnenuntergang, *vespera*, Abend (bis zum Aufgehen des Abendsterns), *crepusculum*, Abenddämmerung, *luminibus accensis*, die Zeit des Lichtanzündens, *concubia*, der erste Schlaf, *intempesta nox*, *ad mediam noctem*, vor Mitternacht. Die Gränzen dieser Bezeichnungen sind natürlicher Weise sehr schwankend, und sind sie daher, ausser den Bezeichnungen für Mitternacht, Morgen und besonders Mittag[1]), in mittelalterlichen Quellen im Ganzen wenig anzutreffen.

Neben dieser, ihrem Ursprunge nach rein römischen, machten sich zwei andere, auf den christlichen Gottesdienst bezügliche Eintheilungen geltend, die *vigiliae* und die *horae canonicae*.

Erstere beziehen sich lediglich auf die Nacht und sind in Folge der zu gottes- *Vigiliae.* dienstlichen Zwecken dienenden klösterlichen Nachtwachen entstanden. Man theilte, der militärischen Vigilieneintheilung der Römer analog, die Nacht in 4 gleiche Theile, so dass die erste Vigilie von 6—9, die zweite von 9—12, die dritte von 12—3, die vierte endlich von 3—6 Uhr Morgens währte.

Die *horae canonicae* sind für das Mittelalter die eigentliche Eintheilung des *Horae* lichten Tages; sie beginnen ungefähr um 3 Uhr Morgens und reichen bis 6 oder *canonicae.* 7 Uhr Abends. Sie bilden die Fixpunkte für die meist alle 3 Stunden vorzunehmenden Stundengebete (*Tagzeiten*) der Geistlichen[2]), und werden in den Klöstern etc. durch Geläute verkündet[3]), welches sich, da das Eintreten des ersten und letzten Stundengebets sich je nach der Jahreszeit verfrühte oder verspätete, nie genau nach der wahren Zeit richtete. Die scrupulösen Notare des Mittelalters waren daher um so eher geneigt, ein *fere*, *vel quasi*, bynahe oder daby ihren Zeitangaben beizusetzen, das sich ohnehin schon wegen der langen Dauer der einzelnen Zeitabschnitte empfehlen musste.

1. *Matutina* (sc. *hora*), von dem *Matutinum* (sc. *officium*) so genannt. Dieses *Matutinum*, Mette, Frühmette, begann in Klöstern in der Regel um 3 Uhr Morgens, während die Weltgeistlichkeit den Anfang noch weiter in den Tag hinein verzog, ja endlich die ganze Mette am Tage vorher anticipirte. Die *hora matutina* währte, streng genommen, von der Mitternacht zur Prima. Die *Laudes*, auch *Aurora* genannt, die sich dem *Matutinum* anschlossen, sind kein integrirender Theil des Stundengebetes, und gelten daher nicht als *hora canonica*.

2. *Prima*, zur preim zit, umb prim zit, von 5, resp. 6 Uhr Morgens bis zur Tertia.

3. *Tertia*, zu terezen zit, von 8, resp. 9 Uhr Morgens bis zur Sexta. Zu dieser Stunde

---

[1]) hora meridiei vel quasi; umb mittem tag; hora quasi circa meridiem; in dem myddage effie daby etc.

[2]) So wird ein Seelgeräth „*mit allen tagzeiten*" gestiftet, wenn der Priester bei allen Stundengebeten des Verstorbenen gedenken soll. Gewöhnlich aber ist es eine Vigilie (mit neun letzen) am Abend (des Nachts) und eine Seelmesse am Morgen.

[3]) Daher die Erwähnung eines Geläutes in den betreffenden Datirungen, so: sub pulsu vesperarum; des abends tho dreen schlegen edder daby (Meckl. Jahrb. 27, 72); cum secunda vice nona pulsata fuerit apud fratres minores 1311 (Cod. dipl. Sil. VIII).

begann der Tag des öffentlichen Lebens und es kann daher nicht Wunder nehmen, in Notariatsinstrumenten und Schöffenurtheilen Ausdrücken zu begegnen wie: *mane hora terciarum* 1429 (Br. St.-A.), *hora terciarum de mane vel quasi* 1483 (Meckl. Jahrb. 33, 83)[1].

4. *Sexta, um sexte zit, zu sexten zit*, von 11, resp. 12 Uhr Mittags bis zur Nona.

5. *Nona, zu nonen zit*, von 2 oder 3 Uhr Nachmittags bis zur Vesper.

6. *Vespera, hora vesperarum* oder *vesperorum, hora vespertina, zu vesper zit*, von 4, resp. 5 Uhr bis zur zweiten Vesper. Die Ausdrücke *hora fere duodecima* 1499 (Br. St.-A.) und *to XII stunden* (Meckl. Jahrb. 3, 113) für diese Tageszeit gehören entschieden zu den Seltenheiten.

7. *Completorium, hora completa, umb complete zit*, Complet, selten und mit Unrecht zweite Vesper genannt[2]. Gleich nach Sonnenuntergang. Verwunderlich ist daher das Datum einer Urkunde des Breslauer Staatsarchivs vom 5. December 1408: *hora completorii ante occasum solis*. Es kann nur auf den cyclisch — des Tagesbeginns wegen — auf etwa 6 Uhr Abends festgestellten Sonnenuntergang bezogen werden.

Diesen dem täglichen Stundengebete entlehnten Zeitbestimmungen schliesst sich zunächt an das Ave-Maria-Läuten am Abend gleich nach Sonnenuntergang, meist mit dem Namen *die letzten Glocken* bezeichnet, und schon im Anfang des 14. Jahrhunderts vorkommend, ferner das dem Hochamt entnommene Datum: *hora immediate post summam* 1360 (Baur, hess. Urk.), das nach der ferneren Bezeichnung: *hora quasi terciarum infra summam missam* 1369 (Br. St.-A.) sich näher bestimmen lässt. Auch heute noch fällt ja das Hochamt auf etwa dieselbe Zeit. Auch das *gratias*, das Gebet nach dem Mittagsessen, wird erwähnt: *na dem gratias ofte na der nonen* (Meckl. Jahrb. 3, 111).

Mahlzeiten.   Von den übrigen Tagesmahlzeiten wird besonders häufig, ja fast allein das Frühstück erwähnt: *infra prandium* 1389 (Cod. d. Pruss. IV), *hora immediate post prandium* 1334 (Baur, hess. Urk.), *hora prandii de mane* 1330 (ebenda). Kein Wunder, da sowohl bei der Geistlichkeit (der nüchtern zu lesenden Messe wegen), als bei den Gerichten (mit denen meist ein gemeinsames Mahl verbunden war) das Frühstück etc. entschieden eine grosse Rolle spielte. Die Zeit desselben fällt nach dem *hora prandii de mane* ungefähr mit der ebenso bezeichneten *hora tercia* (s. oben) zusammen, also ungefähr auf die neunte Morgenstunde.

Das Abendessen, das in den Klöstern nach vollbrachtem *Completorium*, dem geistlichen Abschlusse des Tages, eingenommen wurde, wird nur hie und da erwähnt (z. B. zum *abundessen* 1396, Cod. dipl. Pruss. V). Seltener noch kommt eine Mahlzeit in den Quellen vor, die zwischen Mittag- und Abendessen eingeschoben, etwa die Stelle unseres Kaffee oder Vesperbrodes vertrat, und *undern* genannt wurde (Vgl. Müller-Benecke, Wörterbuch III, 189). Dieser Mahlzeit gehört z. B. die

---

[1] Der Name der Stunde (*tertia* etc.) tritt bei den lateinischen Bezeichnungen meist in den Gen. plur.

[2] Dieser Name kann leicht Missverständniss erregen, da grössere Feste mit der Vesper des Vortages anfangen, und mit der Vesper des Tages selbst schliessen, also zwei Vespern (*vesperae primae* und *v. secundae*) haben. Die geringeren Feste dauern nur von der Vesper bis zur None.

bei Baur (hess. Urkunden) corrumpirt gedruckte Zeitangabe an: *an der stunde bynah zu aftir undern* 1357. Der Zeit nach fällt sie ungefähr zwischen 3 und 4 Uhr Nachmittags.

Neben diesen ungefähren Zeitbestimmungen, die meist in Klosterchroniken und geistlichen Urkunden ihre Anwendung fanden, kannte das Mittelalter auch eine Eintheilung in Stunden, von 1 bis 24 fortlaufend, und dem Anfange des Tages mit Sonnenuntergang gemäss von Abends 6 Uhr unserer Rechnung ab, gezählt. An den Kirchthürmen und sonstigen hervorragenden Orten angebrachte Sonnenuhren, in der späteren Zeit vielleicht auch schon mechanische Uhren mit Schlagwerk, regulirten die Zählung. Erst im 15. Jahrhundert, nach und in Folge der Erfindung und Einführung der Penduluhren, bürgerte sich unsere heutige Stundenzählung ein, von Mitternacht bis Mitternacht in doppelter Reihe je von 1 bis 12 laufend. Die Einführungszeit dieser neuen Zählung ist provinciell von der grössten Verschiedenheit. Während in den Rheinlanden schon am Schluss des 14. Jahrhunderts ein Beispiel derselben auftaucht: *eyne ure na mittage zo gerichtzyt da die gerichtes glocke drywerne geluyt was* 1395 (Günther), und derartige Beispiele sich im ersten Viertel des 15. Jahrhunderts viele darbieten, begegnen wir im Osten noch 1439 in einer Urkunde König Albrecht des II. für die Stadt Schweidnitz der Bezeichnung: *wenn der zeiger 24 schlegt*, und hören von den Schweidnitzern, dass sie erst 1480 die ganze Sonnenuhr am Rathhausthurm mit einer halben Uhr ersetzt, und dadurch die letztere officiell eingeführt haben. Dass dieses bei der Breslauer Domuhr sogar erst ein volles Jahrhundert später geschah, ist wohl ein hinreichender Grund für die Erscheinung, dass wir in Breslauer bischöflichen Urkunden noch im Laufe des 16. Jahrhunderts die ganze Uhr in Anwendung finden. Auch in Liegnitz wurde die ganze Uhr erst 1568 durch eine halbe ersetzt. Ja selbst noch auf der Grenzscheide des 16. und 17. Jahrhunderts finden wir (z. B. in den Aufzeichnungen des Braunauer Schullehrers M. Bressler. Zeitschr. für schles. Gesch. X, 178) Beispiele der Rechnung nach der ganzen Uhr. Jedoch bildet hier das östliche Deutschland wohl mehr eine Ausnahme, und kann man, für Deutschland im Grossen und Ganzen annehmen, dass der Uebergang von der ganzen zur halben Uhr sich im Laufe des 15., spätestens des ersten Viertels des 16. Jahrhunderts vollzogen hat.

Neuer Styl.

§. 18.

Vorgeschichte.

**Begrün-
dung.** Der Kanon, den man der Osterberechnung im Mittelalter zu Grunde legte, war begründet auf die Voraussetzungen, dass das tropische Jahr 365 Tage 6 Stunden enthalte, und der Cyclus von 235 synodischen Monaten gerade 19 Julianische Jahre mit 6939 Tagen 18 Stunden gleich komme. Beide Voraussetzungen sind irrig. Das tropische Jahr enthält in Wirklichkeit nur 365 Tage 5 Stunden 48 Minuten 48 Secunden, der Cyclus von 235 synodischen Monaten aber nur 6939 Tage 16 Stunden 31 Minuten 45 Secunden. Es sind also 19 tropische Jahre (= 6939 Tage 14 Stunden 27 Minuten 12 Secunden) um 3 Stunden 32 Minuten 48 Secunden und der Cyclus von 235 synodischen Monaten um 1 Stunde 28 Minuten 15 Secunden[1]) kürzer, als 19 Julianische Jahre. Die wahren Nachtgleichen sowohl wie Neumonde traten daher immer früher im Julianischen Jahre ein, entfernen sich also immer mehr von den im Cyclus für sie angesetzten Stellen, und zwar häuft sich dieser Unterschied bei den Nachtgleichen in 19 (24^h: 3^h 32′ 48″) = 128 Jahren, bei den Neumonden aber in 19 (24^h: 1^h 28′ 15″) = 308 Jahren zu einem Tage an.

Geschichte. Es dauerte jedoch lange, ehe man über dieses allmähliche, erst nach Jahrhunderten auffallende Fortrücken der cyclischen (d. h. zum Zwecke der kalendarischen Berechnungen angenommenen) Nachtgleichen und Mondphasen von den wirklichen ins Klare kam. Zwar machten schon im 12. Jahrhundert einzelne gelehrte Astronomen auf das Fortrücken der Nachtgleichen, und im 13. Jahrhundert auch auf das Fortrücken der Mondphasen aufmerksam, doch da damals, nach dem Zeugniss des Computisten Johannes de Sacrobosco ein Concilsbeschluss jede Veränderung des Kalenderwesens verbot[2]), zog man erst im 15. Jahrhundert, nachdem man durch genauere astronomische Studien sich von der Richtigkeit der Thatsachen genügend überzeugt hatte, die Verbesserung der durch sie entstandenen Uebelstände ernstlich in Erwägung.

Man suchte zuerst durch neue unabhängige Mondberechnungen die Abweichungen der cyclischen von den wirklichen Neumonden genau kennen zu lernen, und

---

[1]) Dieselbe Differenz resultirte auch oben (S. 14) bei der Epaktenberechnung.

[2]) Joh. de Sacrob. schreibt in seinem computus ecclesiasticus (von 1232): *sed quia in concilio generali aliquid de calendario transmutare prohibitum est, oportet modernos adhuc sustinere hujusmodi errores.*

diese so gewonnene theoretische Kenntniss durch neue Mondkalender zu fixiren[1]). Allein für die kalendarische Praxis war dadurch noch nicht viel gewonnen, da ja wegen der Verschiebung der Neumonde die Angaben derselben nicht zur Berechnung des Osterfestes — der Summe aller kalendarischen Berechnung — verwendbar waren, und die Verfasser derartiger Mondkalender, wenn sie die Oster- und damit die ganze Festrechnung ermöglichen wollten, zu besonderen Tafeln, nach Art der *claves terminorum*, ihre Zuflucht nehmen mussten[2]). Man war daher gleichzeitig auf alle Weise bestrebt, eine wirkliche, kirchlich sanctionirte Kalenderreform ins Leben zu rufen. Schon die Cardinäle Petrus de Alliaco und Nicolaus de Cusa hatten, ersterer auf dem Konstanzer, letzterer auf dem Baseler Concil die Kalenderreform herbeizuführen und durch eigene Schriften zu begründen versucht. Auch die Päbste Sixtus IV. und Leo V. waren gleichmässig bemüht gewesen, eine Reform des Kalenderwesens zu Stande zu bringen, ersterer von dem bekannten Johannes Regiomontanus, letzterer von Paulus de Middelburg, dem Verfasser der an das Lateranische Concil gerichteten *exhortatio pro calendarii emendatione*, unterstützt. Erst Gregor dem XIII. aber, der die Kalenderreform in Folge eines Beschlusses des Tridentiner Concils übernahm, gelang es, unter der Mithülfe der gelehrtesten Astronomen seiner Zeit, Lilius, Clavius und anderer, die wichtige Reform zu Stande zu bringen.

§. 19.
Reform der Nachtgleichen. Ausschaltung.

Gemäss des doppelten Fehlers in den kalendarischen Berechnungen des Mittelalters musste auch die Reform in doppelter Richtung auftreten. Zuerst handelte es sich darum, die Nachtgleichen, die sich allmählich um 10 Tage verschoben hatten, wieder auf ihre eigentlichen Sitze zurückzuführen, nicht nur, um eine Uebereinstimmung der astronomischen Erscheinungen mit den kalendarischen Festsetzungen, sondern hauptsächlich, um eine gesicherte Osterberechnung herbeizuführen. Zu diesem Zwecke bestimmte Gregor, dass im October des Jahrs 1582 zehn Tage aus dem Kalender wegfallen sollten, so dass nach dem 4. sogleich der 15. gezählt werden sollte, durch welche Ausschaltung sich der Sonntagsbuchstabe für den Rest des Jahres 1582 (*annus correctionis*) von G auf C verschob. Um aber die Frühlingsnachtgleiche auf dem 21. März, zu welchem Tage sie hierdurch zurückgeführt war, für alle Zeit zu erhalten, sollten immer in einem Zeitraum von 400 Jahren 3 Schalttage ausfallen, und zwar aus den Säcularjahren, deren Jahrhunderte nicht durch 4

Ausschaltung.

---

[1]) So die Verfasser der deutschen Kalender bei Bachmann (über Archive, S. 139), aus der Kölner, und im Anzeiger für Kunde deutscher Vorzeit (1866, Sp. 257), aus der Konstanzer Diöcese, Verfasser und Bearbeiter des in den Mitth. aus dem Osterlande (XIX, 49) herausgegebenen, der Bamberger Diöcese entstammenden deutschen Kalenders und die Wiener Gelehrten Johannes de Gamundia und Johannes Regiomontanus in ihren Kalendern und Ephemeriden.

[2]) Es waren im Grunde die alten Lunarbuchstaben (S. 8), die man nunmehr als *literae tabulares* (Tafelbuchstaben) auf diese specielle Anwendung beschränkte. Siehe Sickel in Sitzungsber. d. Wien. Ak. 1862. S. 200.

theilbar sind; so dass die Jahre 1600 und 2000 Schaltjahre bleiben, die Jahre 1700, 1800 und 1900 dagegen Gemeinjahre werden.

Dieser Weglassung der 10 Tage, sowie der Schalttage derjenigen Säcularjahre, deren Jahrhunderte nicht durch 4 theilbar sind, entspricht der Unterschied der Gregorianischen und Julianischen Datirung. Vom 5./15. October 1582 bis zum 1. März 1700 beträgt nämlich der Unterschied, um den der Gregorianische Kalender dem Julianischen voraus ist, zehn Tage, bis dahin 1800 elf Tage, bis dahin 1900 zwölf Tage und bis wieder dahin 2100 dreizehn Tage.

Unterschied.

Reduction.

Sonntagsbuchstaben					
alten Styls	neuen Styls bei einem Unterschiede von Tagen				alten Styls
	10	11	12	13	
A	D	E	F	G	A
B	E	F	G	A	B
C	F	G	A	B	C
D	G	A	B	C	D
E	A	B	C	D	E
F	B	C	D	E	F
G	C	D	E	F	G

Dieser Verschiebung der Daten entspricht eine gleiche Verschiebung der Sonntagsbuchstaben, nach dem im nebenstehenden Täfelchen angegebenen Verhältnisse.

Die Reductionen von Daten alten Styls auf solche neuen (verbesserten) Styls und umgekehrt lassen sich nach dem jedesmaligen Unterschiede der beiden Style leicht bewerkstelligen. Vielfach ist in der Zeit des Ueberganges und des Nebeneinanderbestehens der beiden Style durch einen Beisatz, *stylo vetere* oder *antiquo*, *stylo novo* oder *correcto*, *secundum novum calendarium*, *des alten*, *neuen calendarii* oder dergleichen die angewandte Datirungsweise bezeichnet. Datirte man in Form eines Bruchs, was vielfach in den Akten und Druckschriften des 17. Jahrhunderts geschah, und auch noch heute in Geschichtswerken über jene Zeit beibehalten worden ist, so ist der Nenner der Neue Styl. In zweifelhaften Fällen muss natürlicher Weise das Datum der Einführung des Gregorianischen Kalenders in dem Bereiche des Ausstellers oder Schreibers des fraglichen Aktenstücks zu Rathe gezogen werden.

§. 20.

Reform der Mondberechnungen. Epakten.

Zur Erreichung des zweiten Zwecks, der Correction der Mondberechnungen, und der dadurch bewirkten Befestigung des Ostervollmonds, war an Stelle der sich immer verschiebenden güldenen Zahlen der von Lilius erfundene Epaktencyclus bestimmt. Dieser Epaktencyclus beruhte auf folgenden Principien:

Lilianische Epakten.

Trifft ein Neumond auf den 1. Januar, so kann man diesen Tag als den ersten des Mondmonats betrachten und ihm, mit den älteren Computisten, die der mittelalterlichen Zahlweise gemäss das Alter des Mondes nach laufenden Tagen zählten, die Epakte I geben. Man kann aber auch sagen, das Alter des Mondes sei gleich Null, und den Tag mit der Epakte o bezeichnen. Der Gregorianische Epaktencyclus folgt der letzteren Ansicht, setzt aber für o das Zeichen ∗.

Trägt man nun, wie bei dem immerwährenden Julianischen Kalender abwechselnd mit 30 und 29 weiterzählend, die Neumondstage aller 19 Jahre des Mondcyclus in den Kalender ein und füllt die dazwischen bleibenden Lücken aus, indem man bei den Mondmonaten von 29 Tagen 2 Zahlen (Lilius nahm willkürlich 25 und 24) auf einen Tag setzt, so entsteht ein immerwährender Gregorianischer (Mond-)Kalender, **Immerw. Greg. Kal.** dessen Gebrauch dem des immerwährenden Julianischen Kalenders (S. 8) gleichkommt. Der Gregorianische Epaktencyclus ist nun ebenso wie der Julianische ein 19jähriger. Jedem Jahre kommt eine Epakte zu, die jedesmal um 11 Einheiten grösser ist als die des Vorjahrs. Nur am Schlusse des Cyclus wächst die Epakte **Epakten.** um 12 Einheiten (*saltus lunae*), um die cyclische Wiederkehr zu ermöglichen, und zu gleicher Zeit, wie oben (S. 14) ausgeführt ist, einen annähernden Ausgleich zwischen Mondlauf und Kalender herbeizuführen. Jedesmal aber, wenn ein Schalttag weggelassen wird, um die Nachtgleichen an der ihnen gebührenden Stelle im Kalender zu erhalten, weicht der Anfang des Gregorianischen Jahres im Julianischen Jahre um Einen Tag zurück, und die Epakten vermindern sich demgemäss um eine Einheit. Dieses nennt man in der Epaktenrechnung die Sonnengleichung. Eine solche hatte im Jahre 1700 statt, wo also eine neue Epaktenreihe eintrat, die bis zum Jahre 1800 in Geltung geblieben wäre, wenn nicht die in diesem Jahre statthabende Mondgleichung die ebenfalls eintretende Sonnengleichung aufgehoben hätte. Die Mondgleichung, die alle 300 Jahre (genauer 308) stattfindet, vergrössert die Epakten um Eine Einheit, da sie, um die bei dem Ausgleich von Sonnen- und Mondlauf alle 19 Jahre noch bleibende Differenz von 1 St. 28 Min. 15 Sec. zu beseitigen, die Neumonde um Einen Tag im Kalender zurückweichen lässt. So geht also die zweite Epaktenreihe von 1700 bis 1900, wo durch die Sonnengleichung eine neue Verminderung der Epakten um Eine Einheit eintritt.

Um diese Gregorianischen Epakten bequemer berechnen zu können, stellte man eine Epaktenreihe auf, welche man Julianische Epakten nannte (Vgl. S. 14). Diese erhält man, wenn man die goldene Zahl eines Jahres mit 11 multiplicirt und von dem Producte, wenn es grösser ist als dreissig, so oft 30 subtrahirt, als es angeht. Zieht man nun den jedesmaligen Unterschied der Gregorianischen und Julianischen Epakten (nicht der Daten), der dem Einflusse der Mond- und Sonnengleichungen zufolge von 1582 bis 1700 zehn, von 1700 bis 1900 elf und von 1900 bis 2200 zwölf beträgt, von den Epakten ab, nachdem man sie nöthigen Falls um 30 Einheiten vergrössert hat, so erhält man die Gregorianische Epaktenreihe des betreffenden Zeitraums.

Ein weiteres Eingehen auf die Berechnung und kalendarische Anwendung der Gregorianischen Epakten ist nicht nöthig, da erstens die Handhabung des immerwährenden Gregorianischen Kalenders dem des Julianischen gleichkommt, zweitens die Gregorianischen Epakten und Ostergrenzen nicht zur Datirung benutzt worden sind, und drittens die unten gegebenen Tafeln jede Datenbestimmung neuen Styls

Tafeln. auch ohne diesen immerwährenden Kalender möglich machen. Tafel II (Wochentage) gilt auch für den neuen Styl und lässt sich mit Hülfe der Tafel IX (Sonntagsbuchstaben neuen Styls) ganz in der S. 6 u. 7 angegebenen Weise auch für den neuen Styl nutzbar machen. Ein gleiches gilt von den 35 Kalendern der Tafel XVI, sowie von Tafel XVII, der Uebersicht der beweglichen Feste; die Tafeln X und XVIII ergeben (erstere mit Hülfe von Tafel III und IX) die nöthigen Osterdaten.

§. 21.
Einführung des Gregorianischen Kalenders.

Einführung. Eingeführt wurde der Gregorianische Kalender zuerst in dem grössten Theile von Italien, in Spanien und Portugal, indem man der päbstlichen Bulle gemäss vom 4. October 1582 zum 15. October übergieng. Die übrigen Länder Europa's nahmen ihn erst nach und nach an und zwar zu folgenden Terminen:

Frankreich, Lothringen 1582, Dec. 9—20.
Holland, Brabant, Flandern, Hennegau 1582, Dec. 15—26.
Deutschland und die Schweiz (Katholiken) 1583 zu verschiedenen Terminen.
Böhmen 1584, 6—17. Jan. (das incorporirte Schlesien erst 12—23. Jan.).
Polen 1586.
Ungarn 1587.
Strassburg 1682, Febr. 5—16.
Deutschland (Protestanten) und Dänemark 1700, 18. Febr. — 1. März.
Geldern, Zütphen, Utrecht, Groningen, Friesland und Overyssel 1700, Dec. 1—12.
Schweiz (Evangelische Kantone) 1700, Dec. 31. — 1701, Jan. 12.
Glarus, Appenzell, St. Gallen (Stadt) 1724.
Pisa und Florenz 1750.
Grossbritannien 1752, Sept. 2—14.
Schweden 1753, 17. Febr. — 1. März.

In Russland wurde zwar 1700 die Jahresbezeichnung der christlichen Aera angenommen — bis dahin zählte man nach der byzantinischen Weltäre (S. 24) — allein der Julianische Kalender beibehalten. Die protestantischen Stände Deutschlands nahmen zwar 1700 den Gregorianischen Kalender (d. h. die Ausschaltung) an, verwarfen dagegen die cyclische Berechnung des Ostervollmonds (den Epaktencyclus) zu Gunsten der rein astronomischen Berechnung. Erst 1775 am 13. December nahmen sie auf Antrag Friedrich des Grossen auch die Gregorianische Osterberechnung an. Eine factische Abweichung in der Osterberechnung war seit 1700 nur zweimal eingetreten, 1724, wo die Protestanten am 9. April, die Katholiken am 16. April, und 1744, wo die Protestanten am 29. März, die Katholiken am 5. April Ostern feierten. Dem Beschlusse der Conformität in der Osterberechnung traten auch die evangelischen Cantone der Schweiz bei, die gleich den protestantischen Reichsständen bis dahin die astronomische Berechnung zur Anwendung gebracht hatten, während England schon gleich bei der Annahme des neuen Kalenders auch die Gregorianische Osterberechnung acceptirt hatte.

§. 22.
Revolutionskalender.

Es gilt zum Schlusse noch einer kalendarischen Verirrung zu gedenken, die wegen des grossen Einflusses der sie gebärenden politischen Bewegung auch für Deutschland von Interesse ist, des Kalenders der französischen Revolution.

Er wurde am 26. November 1793 unserer Zeitrechnung verkündet, reichte aber bis zum 22. September 1792, dem Gründungstage der Republik, zurück. Das Jahr sollte am 22. September beginnen, und folgende Monate, jeden zu 30 Tage gerechnet, enthalten:

1. *Automne*	*Vindémiaire* *Brumaire* *Frimaire*	3. *Printemps*	*Germinal* *Floréal* *Prairial*
2. *Hiver*	*Nivose* *Pluviose* *Ventose*	4. *Eté*	*Messidor* *Fervidor (Thermidor)* *Fructidor.*

Zur Vervollständigung des Jahres reihten sich dann noch die *5 jours complémentairs* (*sansculottides*) daran: *primidi, duodi, tridi, quartidi, quintidi*, denen in Schaltjahren noch ein sechster, der *sextidi*, sich anschloss. Ein solches Schaltjahr aber *an olympique* genannt, schloss immer eine gewisse Periode, eine *Franciade*, ab, deren Dauer allerdings nicht im Voraus bestimmt war, aber in der Praxis sich auf 4 Jahre (incl. des Schaltjahrs) fixirte. Das Verhältniss der Jahre der Republik zu den Jahren unserer Zeitrechnung, sowie die Anfänge der einzelnen Monate in den verschiedenen Jahren siehe auf Tafel XI, deren Gebrauch aus dem Gesagten sich erklärt.

Tafel XI.

Abgeschafft wurde der Revolutionskalender am 31. December 1805.

Tafel I.
Sonntagsbuchstaben alten Styls.

Jahre über Hundert.				Jahrhunderte nach Christus.						
				0 700 1400	100 800 1500	200 900 1600	300 1000 1700	400 1100 1800	500 1200 1900	600 1300 —
0	28	56	84	DC	ED	FE	GF	AG	BA	CB
1	29	57	85	B	C	D	E	F	G	A
2	30	58	86	A	B	C	D	E	F	G
3	31	59	87	G	A	B	C	D	E	F
4	32	60	88	FE	GF	AG	BA	CB	DC	ED
5	33	61	89	D	E	F	G	A	B	C
6	34	62	90	C	D	E	F	G	A	B
7	35	63	91	B	C	D	E	F	G	A
8	36	64	92	AG	BA	CB	DC	ED	FE	GF
9	37	65	93	F	G	A	B	C	D	E
10	38	66	94	E	F	G	A	B	C	D
11	39	67	95	D	E	F	G	A	B	C
12	40	68	96	CB	DC	ED	FE	GF	AG	BA
13	41	69	97	A	B	C	D	E	F	G
14	42	70	98	G	A	B	C	D	E	F
15	43	71	99	F	G	A	B	C	D	E
16	44	72		ED	FE	GF	AG	BA	CB	DC
17	45	73		C	D	E	F	G	A	B
18	46	74		B	C	D	E	F	G	A
19	47	75		A	B	C	D	E	F	G
20	48	76		GF	AG	BA	CB	DC	ED	FE
21	49	77		E	F	G	A	B	C	D
22	50	78		D	E	F	G	A	B	C
23	51	79		C	D	E	F	G	A	B
24	52	80		BA	CB	DC	ED	FE	GF	AG
25	53	81		G .	A	B	C	D	E	F
26	54	82		F	G	A	B	C	D	E
27	55	83		E	F	G	A	B	C	D

Anm. Die Anwendung der Tafeln I und II siehe auf S. 6 und 7.

Tafel II.
Wochentage.

		1	2	3	4	5	6	7
Januar. October.		1	2	3	4	5	6	7
		8	9	10	11	12	13	14
		15	16	17	18	19	20	21
		22	23	24	25	26	27	28
		29	30	31	1	2	3	4
Februar. März. November.		5	6	7	8	9	10	11
		12	13	14	15	16	17	18
		19	20	21	22	23	24	25
		26	27	28	29	30	31	1
April. Juli.		2	3	4	5	6	7	8
		9	10	11	12	13	14	15
		16	17	18	19	20	21	22
		23	24	25	26	27	28	29
		30	31	1	2	3	4	5
August.		6	7	8	9	10	11	12
		13	14	15	16	17	18	19
		20	21	22	23	24	25	26
		27	28	29	30	31	1	2
September. December.		3	4	5	6	7	8	9
		10	11	12	13	14	15	16
		17	18	19	20	21	22	23
		24	25	26	27	28	29	30
		31	1	2	3	4	5	6
Mai.		7	8	9	10	11	12	13
		14	15	16	17	18	19	20
		21	22	23	24	25	26	27
		28	29	30	31	1	2	3
Juni.		4	5	6	7	8	9	10
		11	12	13	14	15	16	17
		18	19	20	21	22	23	24
		25	26	27	28	29	30	—
Anordnung der Wochentage nach den Jahressonntagsbuchstaben.	A	So	Mo	Di	Mi	Do	Fr	Sd
	B	Sd	So	Mo	Di	Mi	Do	Fr
	C	Fr	Sd	So	Mo	Di	Mi	Do
	D	Do	Fr	Sd	So	Mo	Di	Mi
	E	Mi	Do	Fr	Sd	So	Mo	Di
	F	Di	Mi	Do	Fr	Sd	So	Mo
	G	Mo	Di	Mi	Do	Fr	Sd	So

Anm. Bei Schaltjahren gilt ausnahmsweise der erste Sonntagsbuchstabe bis zum 1. März excl.

Tafel III.
Goldene Zahlen.

Jahrhunderte.	Jahre über Hundert.				
	0 1 2 / 19 20 21 / 38 39 40 / 57 58 59 / 76 77 78 / 95 96 97	3 4 5 6 / 22 23 24 25 / 41 42 43 44 / 60 61 62 63 / 79 80 81 82 / 98 99 — —	7 8 9 10 11 / 26 27 28 29 30 / 45 46 47 48 49 / 64 65 66 67 68 / 83 84 85 86 87 / — — — —	12 13 14 15 / 31 32 33 34 / 50 51 52 53 / 69 70 71 72 / 88 89 90 91 / — — — —	16 17 18 / 35 36 37 / 54 55 56 / 73 74 75 / 92 93 94 / — — —
0	1 2 3	4 5 6 7	8 9 10 11 12	13 14 15 16	17 18 19
100	6 7 8	9 10 11 12	13 14 15 16 17	18 19 1 2	3 4 5
200	11 12 13	14 15 16 17	18 19 1 2 3	4 5 6 7	8 9 10
300	16 17 18	19 1 2 3	4 5 6 7 8	9 10 11 12	13 14 15
400	2 3 4	5 6 7 8	9 10 11 12 13	14 15 16 17	18 19
500	7 8 9	10 11 12 13	14 15 16 17 18	19 1 2 3	4 5 6
600	12 13 14	15 16 17 18	19 1 2 3 4	5 6 7 8	9 10 11
700	17 18 19	1 2 3 4	5 6 7 8 9	10 11 12 13	14 15 16
800	3 4 5	6 7 8 9	10 11 12 13 14	15 16 17 18	19 1 2
900	8 9 10	11 12 13 14	15 16 17 18 19	1 2 3 4	5 6 7
1000	13 14 15	16 17 18 19	1 2 3 4 5	6 7 8 9	10 11 12
1100	18 19 1	2 3 4 5	6 7 8 9 10	11 12 13 14	15 16 17
1200	4 5 6	7 8 9 10	11 12 13 14 15	16 17 18 19	1 2 3
1300	9 10 11	12 13 14 15	16 17 18 19 1	2 3 4 5	6 7 8
1400	14 15 16	17 18 19 1	2 3 4 5 6	7 8 9 10	11 12 13
1500	19 1 2	3 4 5 6	7 8 9 10 11	12 13 14 15	16 17 18
1600	5 6 7	8 9 10 11	12 13 14 15 16	17 18 19 1	2 3 4
1700	10 11 12	13 14 15 16	17 18 19 1 2	3 4 5 6	7 8 9
1800	15 16 17	18 19 1 2	3 4 5 6 7	8 9 10 11	12 13 14
1900	1 2 3	4 5 6 7	8 9 10 11 12	13 14 15 16	17 18 19

Anm. Die Anwendung dieser Tafel zur Osterberechnung siehe S. 11.

Tafel IV.

Ostertafel alten Styls.

Goldene Zahl	Sonntagsbuchstaben.							Goldene Zahl
	A	B	C	D	E	F	G	
1	A 9	A 10	A 11	A 12	A 6	A 7	A 8	1
2	M 26	M 27	M 28	M 29	M 30	M 31	A 1	2
3	A 16	A 17	A 18	A 19	A 20	A 14	A 15	3
4	A 9	A 3	A 4	A 5	A 6	A 7	A 8	4
5	M 26	M 27	M 28	M 29	M 23	M 24	M 25	5
6	A 16	A 17	A 11	A 12	A 13	A 14	A 15	6
7	A 2	A 3	A 4	A 5	A 6	M 31	A 1	7
8	A 23	A 24	A 25	A 19	A 20	A 21	A 22	8
9	A 9	A 10	A 11	A 12	A 13	A 14	A 8	9
10	A 2	A 3	M 28	M 29	M 30	M 31	A 1	10
11	A 16	A 17	A 18	A 19	A 20	A 21	A 22	11
12	A 9	A 10	A 11	A 5	A 6	A 7	A 8	12
13	M 26	M 27	M 28	M 29	M 30	M 31	M 25	13
14	A 16	A 17	A 18	A 19	A 13	A 14	A 15	14
15	A 2	A 3	A 4	A 5	A 6	A 7	A 8	15
16	M 26	M 27	M 28	M 22	M 23	M 24	M 25	16
17	A 16	A 10	A 11	A 12	A 13	A 14	A 15	17
18	A 2	A 3	A 4	A 5	M 30	M 31	A 1	18
19	A 23	A 24	A 18	A 19	A 20	A 21	A 22	19
	A	B	C	D	E	F	G	

Anm. Die Anwendung dieser Tafel zur Osterberechnung siehe S. 11.

Tafel V.

Immerwährender Julianischer Kalender. (Vgl. S. 8.)

Monats-Datum	Januar Lit. dom.	Januar Num. aur.	Januar	Februar Lit. dom.	Februar Num. aur.	Februar	März Lit. dom.	März Num. aur.	März	April Lit. dom.	April Num. aur.	April	Mai Lit. dom.	Mai Num. aur.	Mai	Juni Lit. dom.	Juni Num. aur.	Juni	Monats-Datum
1	A	3	Kal.	D		Kal.	D	3	Kal.	G		Kal.	B	11	Kal.	E		Kal.	1
2	B		IV	E	11	IV	E		VI	A	11	IV	C		VI	F	19	IV	2
3	C	11	III	F	19	III	F	11	V	B		III	D	19	V	G	8	III	3
4	D		Pridie	G	8	Pridie	G		IV	C	19	Pridie	E	8	IV	A	16	Pridie	4
5	E	19	Nonis	A		Nonis	A	19	III	D	8	Nonis	F		III	B	5	Nonis	5
6	F	8	VIII	B	16	VIII	B	8	Pridie	E	16	VIII	G	16	Pridie	C		VIII	6
7	G		VII	C	5	VII	C		Nonis	F	5	VII	A	5	Nonis	D	13	VII	7
8	A	16	VI	D		VI	D	16	VIII	G		VI	B		VIII	E	2	VI	8
9	B	5	V	E	13	V	E	5	VII	A	13	V	C	13	VII	F		V	9
10	C		IV	F	2	IV	F		VI	B	2	IV	D	2	VI	G	10	IV	10
11	D	13	III	G		III	G	13	V	C		III	E		V	A		III	11
12	E	2	Pridie	A	10	Pridie	A	2	IV	D	10	Pridie	F	10	IV	B	18	Pridie	12
13	F		Idibus	B		Idibus	B		III	E		Idibus	G		III	C	7	Idibus	13
14	G	10	XIX	C	18	XVI	C	10	Pridie	F	18	XVIII	A	18	Pridie	D		XVIII	14
15	A		XVIII	D	7	XV	D		Idibus	G	7	XVII	B	7	Idibus	E	15	XVII	15
16	B	18	XVII	E		XIV	E	18	XVII	A		XVI	C		XVII	F	4	XVI	16
17	C	7	XVI	F	15	XIII	F	7	XVI	B	15	XV	D	15	XVI	G		XV	17
18	D		XV	G	4	XII	G		XV	C	4	XIV	E	4	XV	A	12	XIV	18
19	E	15	XIV	A		XI	A	15	XIV	D		XIII	F		XIV	B	1	XIII	19
20	F	4	XIII	B	12	X	B	4	XIII	E	12	XII	G	12	XIII	C		XII	20
21	G		XII	C	1	IX	C		XII	F	1	XI	A	1	XII	D	9	XI	21
22	A	12	XI	D		XIII	D	12	XI	G		X	B		XI	E		X	22
23	B	1	X	E	9	VII	E	1	X	A	9	IX	C	9	X	F	17	IX	23
24	C		IX	F		VI	F		IX	B		VIII	D		IX	G	6	VIII	24
25	D	9	VIII	G	17	V	G	9	VIII	C	17	VII	E	17	VIII	A		VII	25
26	E		VII	A	6	IV	A		VII	D	6	VI	F	6	VII	B	14	VI	26
27	F	17	VI	B		III	B	17	VI	E		V	G		VI	C	3	V	27
28	G	6	V	C	14	Pridie	C	6	V	F	14	IV	A	14	V	D		IV	28
29	A		IV	—	—	—	D		IV	G	3	III	B	3	IV	E	11	III	29
30	B	14	III	—	—	—	E	14	III	A		Pridie	C		III	F		Pridie	30
31	C	3	Pridie	—	—	—	F	3	Pridie	—	—	—	D	11	Pridie	—	—	—	31
			Kal. Febr.			Kal. Mart.			Kal. April.			Kal. Majas.			Kal. Junias.			Kal. Julias.	

Tafel V.

Immerwährender Julianischer Kalender. (Vgl. S. 8.)

Monats-Datum	Juli Lit. dom.	Num. aur.		August Lit. dom.	Num. aur.		September Lit. dom.	Num. aur.		October Lit. dom.	Num. aur.		November Lit. dom.	Num. aur.		December Lit. dom.	Num. aur.		Monats-Datum
1	G	19	Kal.	C	8	Kal.	F	16	Kal.	A	16	Kal.	D		Kal.	F	13*	Kal.	1
2	A	8	VI	D	16	IV	G	5	IV	B	5	VI	E	13	IV	G	2	IV	2
3	B		V	E	5	III	A		III	C	13	V	F	2	III	A		III	3
4	C	16	IV	F		Pridie	B	13	Pridie	D	2	IV	G		Pridie	B	10	Pridie	4
5	D	5	III	G	13	Nonis	C	2	Nonis	E		III	A	10	Nonis	C		Nonis	5
6	E		Pridie	A	2	VIII	D		VIII	F	10	Pridie	B		VIII	D	18	VIII	6
7	F	13	Nonis	B		VII	E	10	VII	G		Nonis	C	18	VII	E	7	VII	7
8	G	2	VIII	C	10	VI	F		VI	A	18	VIII	D	7	VI	F		VI	8
9	A		VII	D		V	G	18	V	B	7	VII	E		V	G	15	V	9
10	B	10	VI	E	18	IV	A	7	IV	C		VI	F	15	IV	A	4	IV	10
11	C		V	F	7	III	B		III	D	15	V	G	4	III	B		III	11
12	D	18	IV	G		Pridie	C	15	Pridie	E	4	IV	A		Pridie	C	12	Pridie	12
13	E	7	III	A	15	Idibus	D	4	Idibus	F		III	B	12	Idibus	D	1	Idibus	13
14	F		Pridie	B	4	XIX	E		XVIII	G	12	Pridie	C	1	XVIII	E		XIX	14
15	G	15	Idibus	C		XVIII	F	12	XVII	A	1	Idibus	D		XVII	F	9	XVIII	15
16	A	4	XVII	D	12	XVII	G	1	XVI	B		XVII	E	9	XVI	G		XVII	16
17	B		XVI	E	1	XVI	A		XV	C	9	XVI	F		XV	A	17	XVI	17
18	C	12	XV	F		XV	B	9	XIV	D		XV	G	17	XIV	B	6	XV	18
19	D	1	XIV	G	9	XIV	C		XIII	E	17	XIV	A	6	XIII	C		XIV	19
20	E		XIII	A		XIII	D	17	XII	F	6	XIII	B		XII	D	14	XIII	20
21	F	9	XII	B	17	XII	E	6	XI	G		XII	C	14	XI	E	3	XII	21
22	G		XI	C	6	XI	F		X	A	14	XI	D	3	X	F		XI	22
23	A	17	X	D		X	G	14	IX	B	3	X	E		IX	G	11	X	23
24	B	6	IX	E	14	IX	A	3	VIII	C		IX	F	11	VIII	A	19	IX	24
25	C		VIII	F	3	VIII	B		VII	D	11	VIII	G	19	VII	B		VIII	25
26	D	14	VII	G		VII	C	11	VI	E	(19)	VII	A		VI	C	8	VII	26
27	E	3	VI	A	11	VI	D	(19)	V	F	19	VI	B	8	V	D		VI	27
28	F		V	B	(19)	V	E	19	IV	G	8	V	C		IV	E	16	V	28
29	G	11	IV	C	19	IV	F	8	III	A		III	D	16	III	F	5	IV	29
30	A	(19)	III	D	8	III	G		Pridie	B	16	III	E	5	Pridie	G		III	30
31	B	19	Pridie	E		Pridie	—	—	—	C	5	Pridie	—	—	—	A	13	Pridie	31
			Kal. Aug.			Kal. Sept.			Kal. Octbr.			Kal. Nov.			Kal. Dec.			Kal. Januar.	

Tafel VI.

Ostergrenzen, Epakten, Claves terminorum, Regulares paschae.

Goldene Zahl.	Epakten.	Claves terminorum.	Regulares paschae.	Ostergrenze.		Goldene Zahl.
1	o	26	5	Apr. 5	D	1
2	XI	15	1	Mrz. 25	G	2
3	XXII	34	6	Apr. 13	E	3
4	III	23	2	Apr. 2	A	4
5	XIV	12	5	Mrz. 22	D	5
6	XXV	31	3	Apr. 10	B	6
7	VI	20	6	Mrz. 30	E	7
8	XVII	39	4	Apr. 18	C	8
9	XXVIII	28	7	Apr. 7	F	9
10	IX	17	3	Mrz. 27	B	10
11	XX	36	1	Apr. 15	G	11
12	I	25	4	Apr. 4	C	12
13	XII	14	7	Mrz. 24	F	13
14	XXIII	33	5	Apr. 12	D	14
15	IV	22	1	Apr. 1	G	15
16	XV	11	4	Mrz. 21	C	16
17	XXVI	30	2	Apr. 9	A	17
18	VII	19	5	Mrz. 29	D	18
19	XVIII	38	3	Apr. 17	B	19

Anm. Die zu den einzelnen Jahren gehörenden goldenen Zahlen findet man mit Hülfe von Tafel III oder, bei Jahren von 800 bis 1500, leichter auf Tafel VIII.

Tafel VII.
Indictionen.

							0	100	200
							300	400	500
							600	700	800
							900	1000	1100
							1200	1300	1400
							1500	1600	1700
							1800	1900	2000
0	15	30	45	60	75	90	3	13	8
1	16	31	46	61	76	91	4	14	9
2	17	32	47	62	77	92	5	15	10
3	18	33	48	63	78	93	6	1	11
4	19	34	49	64	79	94	7	2	12
5	20	35	50	65	80	95	8	3	13
6	21	36	51	66	81	96	9	4	14
7	22	37	52	67	82	97	10	5	15
8	23	38	53	68	83	98	11	6	1
9	24	39	54	69	84	99	12	7	2
10	25	40	55	70	85	—	13	8	3
11	26	41	56	71	86	—	14	9	4
12	27	42	57	72	87	—	15	10	5
13	28	43	58	73	88	—	1	11	6
14	29	44	59	74	89	—	2	12	7

Anm. Obige Tafel ergiebt die Zahl der Indiction, die ganz oder mit ihrem grösseren Theile in das betreffende Jahr fällt. Ihr Gebrauch ist völlig wie der der Tafel I (S. 6), so dass sie auch zur Bestimmung der Jahre Christi, die zu einer gegebenen Indictionszahl allgemein oder in einem gegebenen Jahrhundert gehören, benutzt werden kann.

Tafel VIII.

Goldene Zahl, Indiction, Concurrente, Epakte von 800 bis 1500.

Jahreszahl	Goldene Zahl	Indiction	Concurrente	Epakte	Jahreszahl	Goldene Zahl	Indiction	Concurrente	Epakte	Jahreszahl	Goldene Zahl	Indiction	Concurrente	Epakte
800	–	VIII	–	XXII	845	12	VIII	3	IX	890	17	VIII	3	XXVI
801	4	IX	4	III	846	14	IX	4	XX	891	18	IX	4	VII
802	5	X	5	XIV	847	12	X	–	I	892	19	X	6	XVIII
803	6	XI	6	XXV	848	13	XI	–	XII	893	1	XI	1	o
804	–	XII	1	VI	849	14	XII	1	XXIII	894	2	XII	1	XI
805	2	XIII	2	XVII	850	15	XIII	2	IV	895	3	XIII	2	XXII
806	3	XIV	3	XXVIII	851	16	XIV	3	XV	896	4	XIV	4	III
807	12	XV	4	IX	852	17	XV	4	XXVI	897	5	XV	5	XIV
808	11	I	6	XX	853	18	I	6	VII	898	6	I	6	XXV
809	12	II	–	I	854	19	II	–	XVIII	899	–	II	–	VI
810	13	III	1	XII	855	1	III	1	o	900	8	III	2	XVII
811	14	IV	2	XXIII	856	2	IV	3	XI	901	9	IV	3	XXVIII
812	15	V	4	IV	857	3	V	4	XXII	902	10	V	4	IX
813	16	VI	5	XV	858	4	VI	5	III	903	11	VI	5	XX
814	17	VII	6	XXVI	859	5	VII	6	XIV	904	12	VII	–	I
815	18	VIII	–	VII	860	6	VIII	1	XXV	905	13	VIII	1	XII
816	19	IX	2	XVIII	861	–	IX	2	VI	906	14	IX	2	XXIII
817	1	X	3	o	862	8	X	3	XVII	907	15	X	3	IV
818	2	XI	4	XI	863	9	XI	4	XXVIII	908	16	XI	5	XV
819	3	XII	5	XXII	864	10	XII	6	IX	909	17	XII	6	XXVI
820	4	XIII	–	III	865	11	XIII	–	XX	910	18	XIII	–	VII
821	5	XIV	1	XIV	866	12	XIV	1	I	911	19	XIV	1	XVIII
822	6	XV	2	XXV	867	13	XV	2	XII	912	1	XV	3	o
823	–	I	3	VI	868	14	I	4	XXIII	913	2	I	4	XI
824	8	II	5	XVII	869	15	II	5	IV	914	3	II	5	XXII
825	9	III	6	XXVIII	8-0	16	III	6	XV	915	4	III	6	III
826	10	IV	–	IX	8-1	1-	IV	–	XXVI	916	5	IV	1	XIV
827	11	V	1	XX	8-2	18	V	2	VII	917	6	V	2	XXV
828	12	VI	3	I	8-3	19	VI	3	XVIII	918	–	VI	3	VI
829	13	VII	4	XII	8-4	1	VII	4	o	919	8	VII	4	XVII
830	14	VIII	5	XXIII	8-5	2	VIII	5	XI	920	9	VIII	6	XXVIII
831	15	IX	6	IV	8-6	3	IX	–	XXII	921	10	IX	–	IX
832	16	X	1	XV	8-7	4	X	1	III	922	11	X	1	XX
833	17	XI	2	XXVI	8-8	5	XI	2	XIV	923	12	XI	2	I
834	18	XII	3	VII	8-9	6	XII	3	XXV	924	13	XII	4	XII
835	19	XIII	4	XVIII	880	–	XIII	5	VI	925	14	XIII	5	XXIII
836	1	XIV	6	o	881	8	XIV	6	XVII	926	15	XIV	6	IV
837	2	XV	–	XI	882	9	XV	–	XXVIII	927	16	XV	–	XV
838	3	I	–	XXII	883	10	I	1	IX	928	17	I	2	XXVI
839	4	II	2	III	884	11	II	3	XX	929	18	II	3	VII
840	5	III	4	XIV	885	12	III	4	I	930	19	III	4	XVIII
841	6	IV	5	XXV	886	13	IV	5	XII	931	1	IV	5	o
842	–	V	6	VI	88-	14	V	6	XXIII	932	2	V	–	XI
843	8	VI	–	XVII	888	15	VI	1	IV	933	3	VI	1	XXII
844	9	VII	2	XXVIII	889	16	VII	2	XV	934	4	VII	2	III

Jahrzahl.	Goldene Zahl.	Indiction.	Concurrente.	Epakte.	Jahrzahl.	Goldene Zahl.	Indiction.	Concurrente.	Epakte.	Jahrzahl.	Goldene Zahl.	Indiction.	Concurrente.	Epakte.
935	5	VIII	3	XIV	983	15	XI	7	IV	1031	6	XIV	4	XXV
936	6	IX	5	XXV	984	16	XII	2	XV	1032	7	XV	6	VI
937	7	X	6	VI	985	17	XIII	3	XXVI	1033	8	I	7	XVII
938	8	XI	7	XVII	986	18	XIV	4	VII	1034	9	II	1	XXVIII
939	9	XII	1	XXVIII	987	19	XV	5	XVIII	1035	10	III	2	IX
940	10	XIII	3	IX	988	1	I	7	0	1036	11	IV	4	XX
941	11	XIV	4	XX	989	2	II	1	XI	1037	12	V	5	I
942	12	XV	5	I	990	3	III	2	XXII	1038	13	VI	6	XII
943	13	I	6	XII	991	4	IV	3	III	1039	14	VII	7	XXIII
944	14	II	1	XXIII	992	5	V	5	XIV	1040	15	VIII	2	IV
945	15	III	2	IV	993	6	VI	6	XXV	1041	16	IX	3	XV
946	16	IV	3	XV	994	7	VII	7	VI	1042	17	X	4	XXVI
947	17	V	4	XXVI	995	8	VIII	1	XVII	1043	18	XI	5	VII
948	18	VI	6	VII	996	9	IX	3	XXVIII	1044	19	XII	7	XVIII
949	19	VII	7	XVIII	997	10	X	4	IX	1045	1	XIII	1	0
950	1	VIII	1	0	998	11	XI	5	XX	1046	2	XIV	2	XI
951	2	IX	2	XI	999	12	XII	6	I	1047	3	XV	3	XXII
952	3	X	4	XXII	1000	13	XIII	1	XII	1048	4	I	5	III
953	4	XI	5	III	1001	14	XIV	2	XXIII	1049	5	II	6	XIV
954	5	XII	6	XIV	1002	15	XV	3	IV	1050	6	III	7	XXV
955	6	XIII	7	XXV	1003	16	I	4	XV	1051	7	IV	1	VI
956	7	XIV	2	VI	1004	17	II	6	XXVI	1052	8	V	3	XVII
957	8	XV	3	XVII	1005	18	III	7	VII	1053	9	VI	4	XXVIII
958	9	I	4	XXVIII	1006	19	IV	1	XVIII	1054	10	VII	5	IX
959	10	II	5	IX	1007	1	V	2	0	1055	11	VIII	6	XX
960	11	III	7	XX	1008	2	VI	4	XI	1056	12	IX	1	I
961	12	IV	1	I	1009	3	VII	5	XXII	1057	13	X	2	XII
962	13	V	2	XII	1010	4	VIII	6	III	1058	14	XI	3	XXIII
963	14	VI	3	XXIII	1011	5	IX	7	XIV	1059	15	XII	4	IV
964	15	VII	5	IV	1012	6	X	2	XXV	1060	16	XIII	6	XV
965	16	VIII	6	XV	1013	7	XI	3	VI	1061	17	XIV	7	XXVI
966	17	IX	7	XXVI	1014	8	XII	4	XVII	1062	18	XV	1	VII
967	18	X	1	VII	1015	9	XIII	5	XXVIII	1063	19	I	2	XVIII
968	19	XI	3	XVIII	1016	10	XIV	7	IX	1064	1	II	4	0
969	1	XII	4	0	1017	11	XV	1	XX	1065	2	III	5	XI
970	2	XIII	5	XI	1018	12	I	2	I	1066	3	IV	6	XXII
971	3	XIV	6	XXII	1019	13	II	3	XII	1067	4	V	7	III
972	4	XV	1	III	1020	14	III	5	XXIII	1068	5	VI	2	XIV
973	5	I	2	XIV	1021	15	IV	6	IV	1069	6	VII	3	XXV
974	6	II	3	XXV	1022	16	V	7	XV	1070	7	VIII	4	VI
975	7	III	4	VI	1023	17	VI	1	XXVI	1071	8	IX	5	XVII
976	8	IV	6	XVII	1024	18	VII	3	VII	1072	9	X	7	XXVIII
977	9	V	7	XXVIII	1025	19	VIII	4	XVIII	1073	10	XI	1	IX
978	10	VI	1	IX	1026	1	IX	5	0	1074	11	XII	2	XX
979	11	VII	2	XX	1027	2	X	6	XI	1075	12	XIII	3	I
980	12	VIII	4	I	1028	3	XI	1	XXII	1076	13	XIV	5	XII
981	13	IX	5	XII	1029	4	XII	2	III	1077	14	XV	6	XXIII
982	14	X	6	XXIII	1030	5	XIII	3	XIV	1078	15	I	7	IV

Jahrzahl	Goldene Zahl	Indiction	Concurrente	Epakte	Jahrzahl	Goldene Zahl	Indiction	Concurrente	Epakte	Jahrzahl	Goldene Zahl	Indiction	Concurrente	Epakte
1079	16	II	1	XV	1127	7	V	5	VI	1175	17	VIII	2	XXVI
1080	17	III	3	XXVI	1128	8	VI	7	XVII	1176	18	IX	4	VII
1081	18	IV	4	VII	1129	9	VII	1	XXVIII	1177	19	X	5	XVIII
1082	19	V	5	XVIII	1130	10	VIII	2	IX	1178	1	XI	6	o
1083	1	VI	6	o	1131	11	IX	3	XX	1179	2	XII	7	XI
1084	2	VII	1	XI	1132	12	X	5	I	1180	3	XIII	2	XXII
1085	3	VIII	2	XXII	1133	13	XI	6	XII	1181	4	XIV	3	III
1086	4	IX	3	III	1134	14	XII	7	XXIII	1182	5	XV	4	XIV
1087	5	X	4	XIV	1135	15	XIII	1	IV	1183	6	I	5	XXV
1088	6	XI	6	XXV	1136	16	XIV	3	XV	1184	7	II	7	VI
1089	7	XII	7	VI	1137	17	XV	4	XXVI	1185	8	III	1	XVII
1090	8	XIII	1	XVII	1138	18	I	5	VII	1186	9	IV	2	XXVIII
1091	9	XIV	2	XXVIII	1139	19	II	6	XVIII	1187	10	V	3	IX
1092	10	XV	4	IX	1140	1	III	1	o	1188	11	VI	5	XX
1093	11	I	5	XX	1141	2	IV	2	XI	1189	12	VII	6	I
1094	12	II	6	I	1142	3	V	3	XXII	1190	13	VIII	7	XII
1095	13	III	7	XII	1143	4	VI	4	III	1191	14	IX	1	XXIII
1096	14	IV	2	XXIII	1144	5	VII	6	XIV	1192	15	X	3	IV
1097	15	V	3	IV	1145	6	VIII	7	XXV	1193	16	XI	4	XV
1098	16	VI	4	XV	1146	7	IX	1	VI	1194	17	XII	5	XXVI
1099	17	VII	5	XXVI	1147	8	X	2	XVII	1195	18	XIII	6	VII
1100	18	VIII	7	VII	1148	9	XI	4	XXVIII	1196	19	XIV	1	XVIII
1101	19	IX	1	XVIII	1149	10	XII	5	IX	1197	1	XV	2	o
1102	1	X	2	o	1150	11	XIII	6	XX	1198	2	I	3	XI
1103	2	XI	3	XI	1151	12	XIV	7	I	1199	3	II	4	XXII
1104	3	XII	5	XXII	1152	13	XV	2	XII	1200	4	III	6	III
1105	4	XIII	6	III	1153	14	I	3	XXIII	1201	5	IV	7	XIV
1106	5	XIV	7	XIV	1154	15	II	4	IV	1202	6	V	1	XXV
1107	6	XV	1	XXV	1155	16	III	5	XV	1203	7	VI	2	VI
1108	7	I	3	VI	1156	17	IV	7	XXVI	1204	8	VII	4	XVII
1109	8	II	4	XVII	1157	18	V	1	VII	1205	9	VIII	5	XXVIII
1110	9	III	5	XXVIII	1158	19	VI	2	XVIII	1206	10	IX	6	IX
1111	10	IV	6	IX	1159	1	VII	3	o	1207	11	X	7	XX
1112	11	V	7	XX	1160	2	VIII	5	XI	1208	12	XI	2	I
1113	12	VI	2	I	1161	3	IX	6	XXII	1209	13	XII	3	XII
1114	13	VII	3	XII	1162	4	X	7	III	1210	14	XIII	4	XXIII
1115	14	VIII	4	XXIII	1163	5	XI	1	XIV	1211	15	XIV	5	IV
1116	15	IX	6	IV	1164	6	XII	3	XXV	1212	16	XV	7	XV
1117	16	X	7	XV	1165	7	XIII	4	VI	1213	17	I	1	XXVI
1118	17	XI	1	XXVI	1166	8	XIV	5	XVII	1214	18	II	2	VII
1119	18	XII	2	VII	1167	9	XV	6	XXVIII	1215	19	III	3	XVIII
1120	19	XIII	4	XVIII	1168	10	I	1	IX	1216	1	IV	5	o
1121	1	XIV	5	o	1169	11	II	2	XX	1217	2	V	6	XI
1122	2	XV	6	XI	1170	12	III	3	I	1218	3	VI	7	XXII
1123	3	I	7	XXII	1171	13	IV	4	XII	1219	4	VII	1	XIV
1124	4	II	2	III	1172	14	V	6	XXIII	1220	5	VIII	3	XV
1125	5	III	3	XIV	1173	15	VI	7	IV	1221	6	IX	4	XXV
1126	6	IV	4	XXV	1174	16	VII	1	XV	1222	7	X	5	VI

Jahreszahl	Goldene Zahl	Indiction	Concurrente	Epakte
1223	8	XI	6	XVII
1224	9	XII	1	XXVIII
1225	10	XIII	2	IX
1226	11	XIV	3	XX
1227	12	XV	4	I
1228	13	I	6	XII
1229	14	II	7	XXIII
1230	15	III	1	IV
1231	16	IV	2	XV
1232	17	V	4	XXVI
1233	18	VI	5	VII
1234	19	VII	6	XVIII
1235	1	VIII	7	0
1236	2	IX	2	XI
1237	3	X	3	XXII
1238	4	XI	4	III
1239	5	XII	5	XIV
1240	6	XIII	7	XXV
1241	7	XIV	1	VI
1242	8	XV	2	XVII
1243	9	I	3	XXVIII
1244	10	II	5	IX
1245	11	III	6	XX
1246	12	IV	7	I
1247	13	V	1	XII
1248	14	VI	3	XXIII
1249	15	VII	4	IV
1250	16	VIII	5	XV
1251	17	IX	6	XXVI
1252	18	X	1	VII
1253	19	XI	2	XVIII
1254	1	XII	3	0
1255	2	XIII	4	XI
1256	3	XIV	6	XXII
1257	4	XV	7	III
1258	5	I	1	XIV
1259	6	II	2	XXV
1260	7	III	4	XVII
1261	8	IV	5	XVII
1262	9	V	6	XXVIII
1263	10	VI	7	IX
1264	11	VII	2	XX
1265	12	VIII	3	I
1266	13	IX	4	XII
1267	14	X	5	XXIII
1268	15	XI	7	IV
1269	16	XII	1	XV
1270	17	XIII	2	XXVI
1271	18	XIV	3	VII
1272	19	XV	5	XVIII
1273	1	I	6	0
1274	2	II	7	XI
1275	3	III	1	XXII
1276	4	IV	3	III
1277	5	V	4	XIV
1278	6	VI	5	XXV
1279	7	VII	6	VI
1280	8	VIII	1	XVII
1281	9	IX	2	XXVIII
1282	10	X	3	IX
1283	11	XI	4	XX
1284	12	XII	6	I
1285	13	XIII	7	XII
1286	14	XIV	1	XXIII
1287	15	XV	2	IV
1288	16	I	4	XV
1289	17	II	5	XXVI
1290	18	III	6	VII
1291	19	IV	7	XVIII
1292	1	V	2	0
1293	2	VI	3	XI
1294	3	VII	4	XXII
1295	4	VIII	5	III
1296	5	IX	7	XIV
1297	6	X	1	XXV
1298	7	XI	2	VI
1299	8	XII	3	XVII
1300	9	XIII	5	XXVIII
1301	10	XIV	6	IX
1302	11	XV	7	XX
1303	12	I	1	I
1304	13	II	3	XII
1305	14	III	4	XXIII
1306	15	IV	5	IV
1307	16	V	6	XV
1308	17	VI	1	XXVI
1309	18	VII	2	VII
1310	19	VIII	3	XVIII
1311	1	IX	4	0
1312	2	X	6	XI
1313	3	XI	7	XXII
1314	4	XII	1	III
1315	5	XIII	2	XIV
1316	6	XIV	4	XXV
1317	7	XV	5	VI
1318	8	I	6	XVII
1319	9	II	7	XXVIII
1320	10	III	2	IX
1321	11	IV	3	XX
1322	12	V	4	I
1323	13	VI	5	XII
1324	14	VII	7	XXIII
1325	15	VIII	1	IV
1326	16	IX	2	XV
1327	17	X	3	XXVI
1328	18	XI	4	VII
1329	19	XII	6	XVIII
1330	1	XIII	7	0
1331	2	XIV	1	XI
1332	3	XV	3	XXII
1333	4	I	4	III
1334	5	II	5	XIV
1335	6	III	6	XXV
1336	7	IV	1	VI
1337	8	V	2	XVII
1338	9	VI	3	XXVIII
1339	10	VII	4	IX
1340	11	VIII	6	XX
1341	12	IX	7	I
1342	13	X	1	XII
1343	14	XI	2	XXIII
1344	15	XII	4	IV
1345	16	XIII	5	XV
1346	17	XIV	6	XXVI
1347	18	XV	7	VII
1348	19	I	2	XVIII
1349	1	II	3	0
1350	2	III	4	XI
1351	3	IV	5	XXII
1352	4	V	7	III
1353	5	VI	1	XIV
1354	6	VII	2	XXV
1355	7	VIII	3	VI
1356	8	IX	5	XVII
1357	9	X	6	XXVIII
1358	10	XI	7	IX
1359	11	XII	1	XX
1360	12	XIII	3	I
1361	13	XIV	4	XII
1362	14	XV	5	XXIII
1363	15	I	6	IV
1364	16	II	1	XV
1365	17	III	2	XXVI
1366	18	IV	3	VII

Jahrzahl	Goldene Zahl	Indiction	Concurrente	Epakte	Jahrzahl	Goldene Zahl	Indiction	Concurrente	Epakte	Jahrzahl	Goldene Zahl	Indiction	Concurrente	Epakte
1367	19	V	4	XVIII	1412	7	V	5	VI	1457	14	V	5	XXIII
1368	1	VI	6	0	1413	8	VI	6	XVII	1458	15	VI	6	IV
1369	2	VII	7	XI	1414	9	VII	7	XXVIII	1459	16	VII	7	XV
1370	3	VIII	1	XXII	1415	10	VIII	1	IX	1460	17	VIII	2	XXVI
1371	4	IX	2	III	1416	11	IX	3	XX	1461	18	IX	3	VII
1372	5	X	4	XIV	1417	12	X	4	I	1462	19	X	4	XVIII
1373	6	XI	5	XXV	1418	13	XI	5	XII	1463	1	XI	5	0
1374	7	XII	6	VI	1419	14	XII	6	XXIII	1464	2	XII	7	XI
1375	8	XIII	7	XVII	1420	15	XIII	1	IV	1465	3	XIII	1	XXII
1376	9	XIV	2	XXVIII	1421	16	XIV	2	XV	1466	4	XIV	2	III
1377	10	XV	3	IX	1422	17	XV	3	XXVI	1467	5	XV	3	XIV
1378	11	I	4	XX	1423	18	I	4	VII	1468	6	I	5	XXV
1379	12	II	5	I	1424	19	II	6	XVIII	1469	7	II	6	VI
1380	13	III	7	XII	1425	1	III	7	0	1470	8	III	7	XVII
1381	14	IV	1	XXIII	1426	2	IV	1	XI	1471	9	IV	1	XXVIII
1382	15	V	2	IV	1427	3	V	2	XXII	1472	10	V	3	IX
1383	16	VI	3	XV	1428	4	VI	4	III	1473	11	VI	4	XX
1384	17	VII	5	XXVI	1429	5	VII	5	XIV	1474	12	VII	5	I
1385	18	VIII	6	VII	1430	6	VIII	6	XXV	1475	13	VIII	6	XII
1386	19	IX	7	XVIII	1431	7	IX	7	VI	1476	14	IX	1	XXIII
1387	1	X	1	0	1432	8	X	2	XVII	1477	15	X	2	IV
1388	2	XI	3	XI	1433	9	XI	3	XXVIII	1478	16	XI	3	XV
1389	3	XII	4	XXII	1434	10	XII	4	IX	1479	17	XII	4	XXVI
1390	4	XIII	5	III	1435	11	XIII	5	XX	1480	18	XIII	6	VII
1391	5	XIV	6	XIV	1436	12	XIV	7	I	1481	19	XIV	7	XVIII
1392	6	XV	2	XXV	1437	13	XV	1	XII	1482	1	XV	1	0
1393	7	I	2	VI	1438	14	I	2	XXIII	1483	2	I	2	XI
1394	8	II	3	XVII	1439	15	II	3	IV	1484	3	II	4	XXII
1395	9	III	4	XXVIII	1440	16	III	5	XV	1485	4	III	5	III
1396	10	IV	6	IX	1441	17	IV	6	XXVI	1486	5	IV	6	XIV
1397	11	V	7	XX	1442	18	V	7	VII	1487	6	V	7	XXV
1398	12	VI	1	I	1443	19	VI	1	XVIII	1488	7	VI	2	VI
1399	13	VII	2	XII	1444	1	VII	3	0	1489	8	VII	3	XVII
1400	14	VIII	4	XXIII	1445	2	VIII	4	XI	1490	9	VIII	4	XXVIII
1401	15	IX	5	IV	1446	3	IX	5	XXII	1491	10	IX	5	IX
1402	16	X	6	XV	1447	4	X	6	III	1492	11	X	7	XX
1403	17	XI	7	XXVI	1448	5	XI	1	XIV	1493	12	XI	1	I
1404	18	XII	2	VII	1449	6	XII	2	XXV	1494	13	XII	2	XII
1405	19	XIII	3	XVIII	1450	7	XIII	3	VI	1495	14	XIII	3	XXIII
1406	1	XIV	4	0	1451	8	XIV	4	XVII	1496	15	XIV	5	IV
1407	2	XV	4	XI	1452	9	XV	6	XXVIII	1497	16	XV	6	XV
1408	3	I	7	XXII	1453	10	I	7	IX	1498	17	I	7	XXVI
1409	4	II	1	III	1454	11	II	1	XX	1499	18	II	1	VII
1410	5	III	2	XIV	1455	12	III	2	I	1500	19	III	3	XVIII
1411	6	IV	3	XXV	1456	13	IV	4	XII					

Tafel IX.
Sonntagsbuchstaben neuen Styls.

Jahre über Hundert.				Jahrhunderte.				Jahre über Hundert.			
				— 1700 2100	— 1800 2200	1500 1900 2300	1600 2000 2400				
				C	E	G	BA				
1	29	57	85	B	D	F	G	1	29	57	85
2	30	58	86	A	C	E	F	2	30	58	86
3	31	59	87	G	B	D	E	3	31	59	87
4	32	60	88	FE	AG	CB	DC	4	32	60	88
5	33	61	89	D	F	A	B	5	33	61	89
6	34	62	90	C	E	G	A	6	34	62	90
7	35	63	91	B	D	F	G	7	35	63	91
8	36	64	92	AG	CB	ED	FE	8	36	64	92
9	37	65	93	F	A	C	D	9	37	65	93
10	38	66	94	E	G	B	C	10	38	66	94
11	39	67	95	D	F	A	B	11	39	67	95
12	40	68	96	CB	ED	GF	AG	12	40	68	96
13	41	69	97	A	C	E	F	13	41	69	97
14	42	70	98	G	B	D	E	14	42	70	98
15	43	71	99	F	A	C	D	15	43	71	99
16	44	72		ED	GF	BA	CB	16	44	72	
17	45	73		C	E	G	A	17	45	73	
18	46	74		B	D	F	G	18	46	74	
19	47	75		A	C	E	F	19	47	75	
20	48	76		GF	BA	DC	ED	20	48	76	
21	49	77		E	G	B	C	21	49	77	
22	50	78		D	F	A	B	22	50	78	
23	51	79		C	E	G	A	23	51	79	
24	52	80		BA	DC	FE	GF	24	52	80	
25	53	81		G	B	D	E	25	53	81	
26	54	82		F	A	C	D	26	54	82	
27	55	83		E	G	B	C	27	55	83	
28	56	84		DC	FE	AG	BA	28	56	84	

Anm. Die Anwendung dieser Tafel ist ganz wie die S. 6 und 7 beschriebene der Tafel I.

Tafel X.
Ostertafel neuen Styls.

Sonntagsbuchstaben neuen Styls.

Goldene Zahl	A bis 1699	A bis 1899	A bis 2199	B bis 1699	B bis 1899	B bis 2199	C bis 1699	C bis 1899	C bis 2199	D bis 1699	D bis 1899	D bis 2199	E bis 1699	E bis 1899	E bis 2199	F bis 1699	F bis 1899	F bis 2199	G bis 1699	G bis 1899	G bis 2199	Goldene Zahl
1		A 16			A 17			A 18			A 19		A 13		A 20	A 14		A 21		A 15		1
2	A 2		A 9	A 3		A 10		A 4			A 5			A 6			A 7			A 8		2
3		M 26			M 27			M 28		M 22		M 29	M 23		M 30		M 24			M 25		3
4		A 16		A 10		A 17	A 11		A 18		A 12			A 13			A 14			A 15		4
5		A 2			A 3			A 4			A 5		M 30		A 6	M 31		A 7		A 1		5
6		A 23			A 24		A 18		A 25		A 19			A 20			A 21			A 22		6
7		A 9			A 10			A 11			A 12			A 13		A 7		A 14	A 8		A 15	7
8		A 2		M 27		A 3	M 28		A 4		M 29			M 30			M 31			A 1		8
9	A 16		A 23		A 17			A 18			A 19			A 20			A 21		A 15		A 22	9
10		A 9			A 10		A 4		A 11	A 5		A 12		A 6			A 7			A 8		10
11		M 26			M 27			M 28			M 29			M 30		M 24		M 31	M 25		A 1	11
12		A 16			A 17			A 18		A 12		A 19	A 13		A 20		A 14			A 15		12
13	A 2		A 9		A 3			A 4			A 5			A 6			A 7		A 1		A 8	13
14	A 23		M 26	A 24		M 27	A 25		M 28	A 19	M 22	M 29	A 20		M 23	A 21		M 24	A 22		M 25	14
15	A 9		A 16	A 10		A 17		A 11			A 12			A 13			A 14			A 15		15
16		A 2			A 3			A 4		M 29		A 5	M 30		A 6		M 31			A 1		16
17		A 23		A 17		A 24		A 18			A 19			A 20			A 21			A 22		17
18		A 9			A 10			A 11			A 12		A 6		A 13	A 7		A 14		A 8		18
19	M 26		A 2	M 27		A 3		M 28			M 29			M 30			M 31			A 1		19

Anm. Goldene Zahlen (Tafel III) und Sonntagsbuchstaben neuen Styls (Tafel IX) ergeben, unter eventueller Berücksichtigung der oben und unten angegebenen Zeiträume, in gleicher Weise, wie bei Tafel IV. das Osterdatum. Um Osterdaten über 1999 hinaus zu berechnen, braucht man nur die erste Columne der Tafel III über 1900 hinaus fortzuführen, wobei zu bemerken ist, dass die Reihe o und 1900 identisch sind, also 2000 neben 100 zu setzen wäre.

Tafel XI.
Revolutionskalender.

	I 1792 II 1793 III 1794 V 1796 VI 1797 VII 1798	IV 1795 VIII 1799 IX 1800 X 1801 XI 1802 XIII 1804 XIV 1805	XII 1803		I 1793 II 1794 III 1795 IV 1796 V 1797 VI 1798 VII 1799	VIII 1800 IX 1801 X 1802 XI 1803 XII 1804 XIII 1805
Vindémiaire	22. Sept.	23. Sept.	24. Sept.	Germinal	21. März	22. März
Brumaire	22. Oct.	23. Oct.	24. Oct.	Floréal	20. April	21. April
Frimaire	21. Nov.	22. Nov.	23. Nov.	Prairial	20. Mai	21. Mai
Nivose	21. Dec.	22. Dec.	23. Dec.	Messidor	19. Juni	20. Juni
				Thermidor (Ferridor)	19. Juli	20. Juli
	I 1793 II 1794 III 1795 V 1797 VI 1798 VII 1799	IV 1796 VIII 1800 IX 1801 X 1802 XI 1803 XIII 1805	XII 1804	Fructidor	18. Aug.	19. Aug.
				Die Schaltjahre sind mit * bezeichnet.	I 1793 II 1794 III 1795 *IV 1796 V 1797 VI 1798 VII 1799	*VIII 1800 IX 1801 X 1802 XI 1803 *XII 1804 XIII 1805
Pluviose	20. Jan.	21. Jan.	22. Jan.			
Ventose	19. Febr.	20. Febr.	21. Febr.			
				Pridi	17. Sept.	18. Sept.

Anm. Es ist selbstverständlich, dass bei der Umrechnung der Jahre der Revolution in Jahre unserer Zeitrechnung in Betreff der Angabe der Jahreszahl das Uebergreifen des Monats Nivose in das neue Jahr zu beachten ist.

Tafel XII.
Regierungsjahre der Kaiser.

	Namen.	Anni regni. Wahl.	Krönung.
1	Conrad I.	—	911. Nov. 8.
2	Heinrich I.	—	919. April 9./14.
3	Otto I.	—	936. Aug. 8.
4	Otto II.	—	961. Mai 26.
5	Otto III.	—	983. Dec. 24.
6	Heinrich II.	—	1002. Juni 6.
7	Conrad II.	Ordinatio.	1024. Sept. 8.
8	Heinrich III.	1028. April 4.	1039. Juni 4.
9	Heinrich IV.	1053. Juli 17.	1056. Oct. 5.
10	Rudolph von Schwaben.	1077. März 15.	—
11	Hermann von Luxemburg.	1081. Dec. 26.	—
12	Conrad, Heinrich IV. Sohn.	1087. Nov.	—
13	Heinrich V.	1099. Jan. 6.	1106. Jan. 6.
14	Lothar von Sachsen.	—	1125. Sept. 13.
15	Conrad III.	—	1138. März 13.
16	Heinrich, Conrad III. Sohn.	—	1147. März 30.
17	Friedrich I.	—	1152. März 9.
18	Heinrich VI.	Wahl.	1169. Aug. 15.
19	Philipp.	1198. März 6.	1198. April 5.
20	Otto IV.	—	1198. Juli 12.
21	Friedrich II.	—	1212. Dec. 9.
22	Heinrich (VII.), Sohn Fried.II.	—	1221. Mai 8.
23	Heinrich Raspe.	1246. Mai 22.	—
24	Conrad IV.	1237. Febr./März.	—
25	Wilhelm von Holland.	—	1248. Nov. 1.
26	Richard von Cornwall.	—	1257. Mai 17.
27	Alphons von Castilien.	1257. April 1.	—
28	Rudolph I.	—	1273. Oct. 24.
29	Adolph von Nassau.	1292. Mai 6.	—
30	Albrecht I.	1298. Juli 27.	1298. Aug. 24.
31	Heinrich VII.	1308. Nov. 27.	1309. Jan. 6.
32	Friedrich der Schöne.	—	1314. Nov. 25.
33	Ludwig der Baier.	—	1314. Nov. 26.
34	Karl IV.	1346. Juli 11.	—
35	Günther von Schwarzburg.	1349. Jan. 1.	—
36	Wenzel.	—	1376. Juni 10.
37	Ruprecht.	1400. Aug. 20.	—

Tafel XII.
Regierungsjahre der Kaiser.

	Anni imperii.	Tod.	
1	—	918. Dec. 23.	
2	—	936. Juli 2.	
3	962. Febr. 2.	973. Mai 7.	
4	967. Dec. 25.	983. Dec. 7.	
5	996. Mai 21.	1002. Jan. 23.	
6	1014. Febr. 14.	1024. Juli 13.	Lombardei: 1004, Mai 14.
7	1027. März 26.	1039. Juni 4.	Burgund: 1033, Febr. 2.
8	1046. Dec. 25.	1056. Oct. 5.	
9	1084. März 31.	entsetzt 1105. Dec. 31.	† 1106, August -.
10	—	1080. Oct. 15.	
11	—	entsagt 1088.	
12	—	entsetzt 1093.	† 1101, Juli.
13	1111. April 15.	1125. Mai 23.	
14	1133. Juni 4.	1137. Dec. 3.	
15	—	1152. Febr. 15.	
16	—	1150.	
17	1155. Juni 18.	1190. Juni 20.	Burgund: 1178, Juli.
18	1191. April 14.	1197. Sept. 28.	Sicilien: 1194, Dec. 25.
19	—	1208. Juni 21.	Meist von der Wahl ab zählend.
20	1209. Oct. 4.	1218. Mai 19.	
21	1220. Nov. 22.	1250. Dec. 13.	Sicilien: 1198, Mai; Jerusalem: 1225, Nov.
22	—	entsetzt 1235.	Sicilien: 1212. † 1242, Febr. 12.
23	—	1247. Febr. 16.	
24	—	1254. Mai 20.	Nennt sich stets rex electus. Sicilien: 1250.
25	—	1256. Jan. 28.	
26	—	1272. April 2.	
27	—	1284. April 4.	
28	—	1291. Juli 15.	
29	—	1298. Juli 2.	Stets von der Wahl abzählend.
30	—	1308. Mai 1.	Zwischen Krönung und Wahl schwankend.
31	1312. Juni 29.	1313. Aug. 24.	Vor der Krönung rex electus.
32	—	1330. Jan. 13.	
33	1328. Jan. 17.	1347. Oct. 11.	Lombardei: 1327, Mai 31.
34	1355. Apr. 5.	1378. Nov. 29.	Zählt die anni regni von der Wahl ab. Böhmen: 1346, Aug. 26; Lombardei: 1355, Jan. 6; Burgund: 1365.
35	—	1349. Juni 18.	
36	—	entsetzt 1400. Aug. 20.	† 1419, Aug. 16.
37	—	1410. Mai 18.	Zählt von der Wahl ab.

	Namen.	Anni regni.	
		Wahl.	Krönung.
38	Jobst von Mähren.	1410. Oct. 1.	—
39	Sigismund.	1410. Sept. 20.	—
40	Albrecht II.	1438. März 18.	—
41	Friedrich III.	1440. April 6.*	—
42	Maximilian I.		1486. April 9.
43	Karl V.	1519. Juni 28.	—
44	Ferdinand I.	1531. Jan. 5.	—
45	Maximilian II.	1562. Nov. 22.	—
46	Rudolf II.	1575. Oct. 27.	—
47	Matthias.	1612. Juni 3.	—
48	Ferdinand II.	1619. Aug. 28.	—
49	Ferdinand III.	1636. Dec. 12.	—
50	Ferdinand IV.	1653. Mai 24.	—
51	Leopold I.	1658. Juli 18.	—
52	Joseph I.	1690. Jan. 24.	—
53	Karl VI.	1711. Oct. 12.	—
54	Karl VII.	1742. Jan. 24.	—
55	Franz I.	1745. Sept. 13.	—
56	Joseph II.	1764. März 27.	—
57	Leopold II.	1790. Sept. 30.	—
58	Franz II.	1792. Juli 5.	—

	Anni imperii.	Tod.	
38	—	1411. Jan. 18.	
39	1433. Mai 31.	1437. Dec. 9.	Zählt von seiner ersten Wahl. Gekrönt 1414, Nov. 8; Ungarn: 1387, März 31; Böhmen: 1420, Juli 28; Lombardei: 1431, Nov. 25.
40	—	1439. Oct. 27.	Ungarn: 1438, Jan. 1; Böhmen: 1438, Jan. 29.
41	1452. März 16.	1493. Aug. 19.	*Der Tag der Wahlannahme. Krönung 1442, Juni 17; Ungarn: 1459. März 4.
42	—	1519. Jan. 12.	1508. Febr. 10. erw. röm. Kaiser; Burgund: 1477; Ungarn: 1490. April.
43	(1530. Febr. 24.)	entsagt 1556. Aug. 23.	† 1558. Sept. 21. 1520. Oct. 26. erw. röm. Kaiser; Lombardei: 1530. Februar 22.; Spanien etc.: 1516. Die anni imperii zählten nicht von der Krönung, sondern nur seit der Krönung von der Wahl ab.
44	1556. Febr. 24.	1564. Juli 25.	Böhmen: 1527. Febr. 24; Ungarn: 1527. Oct. 28.
45	1564. Juli 25.	1576. Oct. 12.	Ungarn: 1563. Sept. 8.; Böhmen: 1562. Sept. 20. (zählt seit 1548), nennt sich nach dem Tode des Vaters, wie alle seine Nachfolger, erw. röm. Kaiser.
46	1576. Oct. 12.	1612. Jan. 20.	Ungarn: 1572. Sept. 25.; Böhmen: 1575. Sept. 22.
47	—	1619. März 20.	Ungarn: 1608. Novbr. 19.; Böhmen: 1611. Mai 23.
48	—	1637. Febr. 15.	Ungarn: 1618. Juli 1.; Böhmen: 1617. Juni 29.
49	1637. Febr. 15.	1657. April 2.	Böhmen: 1627. Novbr. 25.; Ungarn: 1625. Dec. 7.
50	—	1654. Juli 9.	Ungarn: 1647. Juni 16.; Böhmen: 1646. August 15.
51	—	1705. Mai 5.	Ungarn: 1655, Juni 27.; Böhmen: 1656. Sept. 14.
52	1705. Mai 5.	1711. April 17.	Ungarn: 1687. Dec. 9.
53	—	1740. Oct. 20.	Ungarn: 1712. Mai 22.
54	—	1745. Jan. 20.	
55	—	1765. Aug. 18.	
56	1765. Aug. 18.	1790. Febr. 20.	Ungarn und Böhmen: 1780, März 29.
57	—	1792. März 1.	Toscana: 1765. Aug. 18.
58	—	entsagt 1806. Aug. 6.	† 1835. März 2.

Tafel XII[b].

Regierungsjahre der Päbste.

N a m e n.	Erwählt.	Geweiht oder gekrönt.	Gestorben.
Anastasius III.	911.	c. Sept.	913. c. Nov.
Lando.	913.	c. Nov.	914. c. Mai.
Johannes X.	914.	Mai 15.	928.
Leo VI.	928.	c. Juli.	929. c. Febr.
Stephanus VIII.	929.	c. Febr.	931. c. März.
Johannes XI.	931.	c. März.	936. Januar.
Leo VII.	936.	vor Jan. 9.	939. c. Juli.
Stephanus IX.	939.	vor Juli 19.	942. c. Oct.
Marinus II.	942.	vor Nov. 11.	946. c. April.
Agapitus II.	946.	c. April.	955. c. Nov.
Johannes XII.	955.	Dec. 15.	963. Dec. 4 abges.
Leo VIII.	963. Dec. 4.	Dec. 6.	965.
Benedictus V.	964. Mai.	Mai.	964 abgesetzt.
Johannes XIII.	965. c. Sept.	Oct. 1.	972. Sept. 6.
Benedictus VI.	972. Sept. Dec.	973. Jan. 19.	974 Juli.
Benedictus VII.	974.	Oct. 2—28.	983. Oct.
Johannes XIV.	983. Nov. Dec.		984. Aug. 20.
Bonifacius VII.	974[1].		985. Juli.
Johannes XV.	985.	6. Aug. — 19. Oct.	996. April.
Gregorius V.	996.	Mai 3.	999. Febr.
Johannes XVI. (XVII.) antip.	997.	c. Mai.	998 abgesetzt.
Silvester II.	999.	April.	1003. Mai 12.
Johannes XVII. (XVIII.)	1003.	Juni 3.	1003. Dec. 7.
Johannes XVIII. (XIX.)	1003.	Dec. 25.	1009. Juni.
Sergius IV.	1009.	c. Juli.	1012. Juni 16.—22.
Benedictus VIII.	1012.	Juni 22.	1024 April 7.
Gregorius antip.	1012.	Juni.	1012 verjagt.
Johannes XIX. (XX.)	1024.	Juni 24.—Juli 15.	1033. Januar.
Benedictus IX.	1033.	Januar.	1044. Jan. abges. [2].
Silvester antip.	1044. c. Febr. 22.		1046. Dec. 20. abges.
Gregorius VI.	1045. Mai 1.		1046. Dec. 20. res.

[1] Wurde im August 974 aus Rom vertrieben und gieng nach Constantinopel, von wo er 984 zurückkehrte.

[2] Bemächtigt sich April 10. des Pontificats aufs neue und verkauft ihn 1045. Mai 1. an Gregorius VI., nimmt ihn aber 1047. Nov. 8. wieder in Besitz und wird 1048. Juli 16. aus Rom vertrieben.

Namen.	Erwählt.	Geweiht oder gekrönt.	Gestorben.
Clemens II.	1046. Dec. 24.	Dec. 25.	1047. Oct. 9.
Damasus II.	1047. Dec. 25.	1048. Juli 17.	1048. Aug. 9.
Leo IX.	1048. Dec.	1049. Febr. 12.	1054 April 19.
Victor II.	1054. Nov.	1055. April 13.	1057. Juli 28.
Stephanus X.	1057. Aug. 2.	Aug. 3.	1058. März 29.
Benedictus X.	1058. Apr. 5.	April 5.	1059. April abgesetzt.
Nicolaus II.	1058.	1059. Januar 24.	1061. Juli 27.
Alexander II.	1061. Oct. 1.	Oct. 1.	1073. April 21.
Cadalus (Honorius II.) antip.	1061. Oct. 28.		1064. Mai 31. abges.
Gregorius VII.	1073. April 22.	April 22.	1085. Mai 25.
Wibertus (Clemens III.) antip.	1080. Juui 25.	1084. März 24.	1100. Sept.
Victor III.	1086. Mai 24.	1087. Mai 9.	1087. Sept. 16.
Urbanus II.	1088. März 12.	März 12.	1099. Juli 29.
Paschalis II.	1099. Aug. 13.	August 14.	1118. Jan. 21.
Theodoricus antip.	1100. Sept.	Sept.	1100. Dec. verjagt.
Albertus antip.	1102. Febr. März.		1102. Febr. Mrz. abges.
Maginulfus (Silvester IV.) antip.	1105. Nov. 18.		1111. c. Apr. 12. abges.
Gelasius II.	1118. Jan. 24.	März 10.	1119. Jan. 29.
Calixtus II.	1119. Febr. 2.	Febr. 9.	1124. Dec. 13./14.
Burdinus (Greg. VIII.) antip.	1118. März 8.	März 8.	1121. abgesetzt.
Thebaldus Buccapec. (Coelestin.) antip.	1124. Dec. 15/16.		1124. resignirt.
Honorius II.	1124. Dec. 15/16.	Dec. 21.	1130. Febr. 14.
Innocentius II.	1130. Febr. 14.	Febr. 23.	1143. Sept. 24.
Anacletus II. antip.	1130. Febr. 14.	Febr. 23.	1138. Jan. 25.
Gregorius (Victor IV.) antip.	1138. März.		1138. Mai 29. resigu.
Coelestinus II.	1143. Sept. 26.		1144. März 8.
Lucius II.	1144.	März 12.	1145. Febr. 15.
Eugenius III.	1145. Febr. 15.	Febr. 18.	1153. Juli 8.
Anastasius IV.	1153.	Juli 12.	1154. Dec. 3.
Hadrianus IV.	1154. Dec. 4.	Dec. 5.	1159. Sept. 1.
Alexander III.	1159. Sept. 7.	Sept. 20.	1181. Aug. 30.
Victor IV. (Octavianus) antip.	1159. Sept. 7.	Oct. 4.	1164. April 20.
Paschalis III. (Guido Cremonens.) antip.	1164. Apr. 22.	April 26.	1168. Sept. 20.
Calixtus II. antip.	1168. c. Sept.		1178. Aug. 29. res.
Innocentius antip.	1178. Sept. 29.		1180. Jan. deportirt.
Lucius III.	1181. Sept. 1.	Sept. 6.	1185. Nov. 25.
Urbanus III.	1185. Nov. 25.	Dec. 1.	1187. Oct. 20.
Gregorius VIII.	1187. Oct. 21.	Oct. 25.	1187. Dec. 17.

Namen.	Erwählt.	Geweiht oder gekrönt.	Gestorben.
Clemens III.	1187. Dec. 19.	Dec. 20.	1191. März 20.
Coelestinus III.	1191. März 21.	April 14.	1198. Jan. 8.
Innocentius III.	1198. Jan. 8.	Febr. 22.	1216. Juli 16.
Honorius III.	1216. Juli 18.	Juli 24.	1227. März 18.
Gregorius IX.	1227. März 19.	März 21.	1241. Aug. 21.
Coelestinus IV.	1241. Sept. 23/24.		1241. Oct. 8. (?)
Innocentius IV.	1243. Juni 25.	Juni 28.	1254. Dec. 7.
Alexander IV.	1254. Dec. 12.		1261. Mai 25.
Urbanus IV.	1261. Aug. 29.	Sept. 4.	1264. Oct. 2.
Clemens IV.	1265. Febr. 5.	Febr. 22.	1268. Nov. 29.
Gregorius X.	1271. Sept. 1.	1272. März. 27.	1276. Jan. 10.
Innocentius V.	1276 Jan. 21.	Febr. 22.	1276. Juni 22.
Hadrianus V.	1276. Juli 10.		1276. Aug. 18.
Johannes XXI. [1]	1276. Sept. 15.	Sept. 20.	1277. Mai 16.
Nicolaus III.	1277. Nov. 24.	Dec. 26.	1280. Aug. 22.
Martinus IV.	1281. Febr. 22.	März 23.	1285. März 28.
Honorius IV.	1285. April 2.	April 25.	1287. April 3.
Nicolaus IV.	1288. Febr. 22.	Febr. 22.	1292. April 4.
Coelestinus V.	1294. Juli 5.	Aug. 29.	1294. Dec. 13. resign.
Bonifacius VIII.	1294. Dec. 24.	1295. Jan. 16.	1303. Oct. 11.
Benedictus XI.	1303. Oct. 22.	Oct. 25.	1304. Juli 7.

In Avignon seit 1309.

Clemens V.	1305. Juni 5.	Nov. 14.	1314. Apr. 20.
Johannes XXII.	1316. Aug. 7.	Sept. 5.	1334. Dec. 4.
Nicolaus V. antip.	1328.		1330. resign.
Benedictus XII.	1334. Dec. 20.	Dec. 26.	1342. April 25.
Clemens VI.	1342. Mai 7.	Mai 19.	1352. Dec. 6.
Innocentius VI.	1352. Dec. 18.	Dec. 23.	1362. Sept. 12.
Urbanus V.	1362. Sept. 28.	Nov. 5.	1370. Dec. 19.
Gregorius XI.	1370. Dec. 30.	1371. Jan. 5.	1378. März 27.
Clemens VII.	1378. Sept. 21.		1394. Sept. 16.
Benedictus XIII.	1394. Sept. 22.	Oct. 11.	1409. Juni 5. abges. vom Conell zu Pisa. 1416. Juli 26. vom Conell zu Constanz.

[1] Er müsste eigentlich Johannes XX. heissen, allein von manchen wird fälschlich bald vor bald nach Johannes XV. ein urkundlich nicht nachweisbarer Johannes, Sohn Roberts, als Pabst eingeschaltet und dadurch die Numerirung bis zu diesem Johannes, der jetzt allgemein als Johannes XXI. angenommen wird, in Unordnung gebracht.

N a m e n.	Erwählt.	Geweiht oder gekrönt.	Gestorben.
In Rom.			
Urbanus VI.	1378. April 9.	April 18.	1389. Oct. 15.
Bonifacius IX.	1389. Nov. 2.	Nov. 9.	1404. Oct. 1.
Innocentius VII.	1404. Oct. 17.		1406. Nov. 6.
Gregorius XII.	1406. Dec. 2.	Dec. 19.	1409. Juni 5. abges. vom Concil zu Pisa, entsagt 1415. Oct. 7.
In Pisa.			
Alexander V.	1409. Juni 26.	Juli 7.	1410. Mai 4.
Johannes XXIII.	1410. Mai 17.	Mai 25.	1415. Mai 29. abges. vom Concil zu Constanz, † 1419. Dec. 22.
In Rom.			
Martinus V.	1417. Nov. 11.	Nov. 11.	1431. Febr. 20.
Clemens VIII. antip.	1424.	nicht anerkannt.	1429. Juli 26. resign.
Eugenius IV.	1431. März. 5.	März 12.	1447. Febr. 23.[1]
Felix V. antip.	1439. Nov. 5.	1440. Juli 24.	1449. April 7. resign.
Nicolaus V.	1447. März 6.	März 19.	1455. März 24.
Calixtus III.	1455. April 8.	April 20.	1458. Aug. 6.
Pius II.	1458. Aug. 19.	Sept. 3.	1464. Aug. 14.
Paulus II.	1464. Aug. 31.	Sept. 16.	1471. Juli 26.
Sixtus IV.	1471. Aug. 9.	Aug. 25.	1484. Aug. 12.
Innocentius VIII.	1484. Aug. 29.	Sept. 12.	1492. Juli 25.
Alexander VI.	1492. Aug. 11.	Aug. 26.	1503. Aug. 18.
Pius III.	1503. Sept. 22.	Oct. 8.	1503. Oct. 18.
Julius II.	1503. Oct. 30.	Nov. 26.	1513. Febr. 21.
Leo X.	1513. März 14.	April 19.	1521. Dec. 1.
Hadrianus VI.	1522. Jan. 9.	Aug. 31.	1523. Sept. 14.
Clemens VII.	1523. Nov. 18.	Nov. 26.	1534. Sept. 25.
Paulus III.	1534. Oct. 13.	Nov. 1.	1549. Nov. 10.
Julius III.	1550. Febr. 7.	Febr. 22.	1555. März. 23.
Marcellus II.	1555. April 9.	April 10.	1555. April 30.
Paulus IV.	1555. Mai 23.	Mai 26.	1559. Aug. 18.
Pius IV.	1559. Dec. 25.	1560. Jan. 6.	1565. Dec. 9.
Pius V.	1566. Jan. 7.	Jan. 17.	1572. Mai 1.
Gregorius XIII.	1572. Mai 13.	Mai 25.	1585. April 10.

[1] 1439. Juni 25. hatte ihn das Baseler Concil abgesetzt.

Namen.	Erwählt.	Geweiht oder gekrönt.	Gestorben.
Sixtus V.	1585. April 24.	Mai 1.	1590. Aug. 27.
Urbanus VII.	1590. Sept. 15.		1590. Sept. 27.
Gregorius XIV.	1590. Dec. 5.	Dec. 8.	1591. Oct. 15.
Innocentius IX.	1591. Oct. 29.	Nov. 2.	1591. Dec. 30.
Clemens VIII.	1592. Jan. 30.	Febr. 2.	1605. März 3.
Leo XI.	1605. April 1.	April 10.	1605. April 27.
Paulus V.	1605. Mai 16.	Mai 29.	1621. Jan. 28.
Gregorius XV.	1621. Febr. 9.	Febr. 12.	1623. Juli 8.
Urbanus VIII.	1623. Aug. 6.	Sept. 29.	1644. Juli 29.
Innocentius X.	1644. Sept. 15.	Oct. 4.	1655. Jan. 5.
Alexander VII.	1655. April 7.	April 28.	1667. Mai 22.
Clemens IX.	1667. Juni 20.	Juni 27.	1669. Dec. 9.
Clemens X.	1670. April 29.		1676. Juli 22.
Innocentius XI.	1676. Sept. 21.		1689. Aug. 11.
Alexander VIII.	1689. Oct. 6.		1691. Febr. 1.
Innocentius XII.	1691. Juli 12.	Juli 15.	1700. Sept. 27.
Clemens XI.	1700. Nov. 23.	Dec. 18.	1721. März 19.
Innocentius XIII.	1721. Mai 8.	Mai 18.	1724. März 7.
Benedictus XIII.	1724. Mai 29.	Juni 4.	1730. Febr. 21.
Clemens XII.	1730. Juli 12.	Juli 16.	1740. Febr. 6.
Benedictus XIV.	1740. Aug. 16.	Aug. 25.	1758. Mai 3.
Clemens XIII.	1758. Juli 6.	Juli 16.	1769. Febr. 2
Clemens XIV.	1769. Mai 19.	Juni 4.	1774. Sept. 22.
Pius VI.	1775. Febr. 15.	Febr. 22.	1799. Aug. 20.
Pius VII.	1800. März 13.	März 21.	1823. Aug. 20.
Leo XII.	1823. Sept. 28.	Oct. 5.	1829. Febr. 10.
Pius VIII.	1829. März 31.	April 5.	1830. Nov. 30.
Gregorius XVI.	1831. Febr. 2.	Febr. 6.	1846. Juni 1.
Pius IX.	1846. Juni 16.	Juni 21.	?

Tafel XIII.

Lateinisches Glossar.

Bezeichnungen für Sonntage suche unter **dominica**, für Wochentage zunächst unter **dies, feria.** festum.

Accipite jucunditatem, Dinstag nach Pfingsten.

Adoratio magorum, 6. Januar.

Alleluja claudere, dimittere, Sonnt. Septuagesimae.

Angaria cinerum, angaria pentecostes, angaria Crucis, angaria post Luciae, die vier Quatember. (Angaria, Frohndienst, daher hier = Frohnfasten.)

Angelorum festum, 29. September.

Annunciatio Mariae, 25. März.

Ante pascha siehe 8. 29.

Antipascha, Sonntag nach Ostern.

Apostolorum festum, octava, vigilia, bezieht sich stets auf den Tag der heiligen Peter und Paul, 29. Juni, nicht etwa auf die divisio apostolorum.

Apparitio Domini, 6. Januar.

— S. Michaelis, 8. Mai.

Aqua sapientiae, Dinstag nach Ostern.

Ascensio Domini, Himmelfahrt, Donnerstag vor Exaudi.

Assumpta est Maria in coelum, 15. August.

Assumptio b. Mariae virginis, 15. August.

Assumptio Domini, Christi Himmelfahrt.

Audivit Dominus, Freitag und Sonnabend nach Aschermittwoch (Introitus).

Aurea missa, Sonnabend nach Trinitatis.

Baptismus Christi, 6. Januar.

Baptista necatus, 29. August.

Candelaria, candelatio, 2. Februar.

Caput jejunii, Mittwoch vor Reminiscere, Aschermittwoch.

— kalendarum, nonarum, iduum siehe S. 34.

— quadragesimae, Aschermittwoch.

Cara cognatio, 22. Februar.

Caritas Dei, Quatember-Sonnabend vor Trinitatis.

Carnisprivium, der Aschermittwoch. Auch der Fastnachts-Dinstag wird darnach bezeichnet: feria tertia in carnisprivio 1337 (Dogiel IV.),

Carnisprivium novum, Aschermittwoch.

— sacerdotum, Sonntag Quinquagesimae, Estomihi.

— vetus, Sonntag Quadragesimae, Invocavit.

Carnivora, Fastnachtsdinstag.

Cibavit eos, Pfingstmontag und Frohnleichnam.

Circumcisio Domini, 1. Januar.

Clausum pascha, Sonntag nach Ostern.

Coecus natus, Mittwoch nach Laetare (Evangelium).

Coena Domini, Gründonnerstag.

Commemoratio adventus spiritus, 15. Mai.

— ascensionis dominicae, 5. Mai.

— assumptionis Mariae, 23. September.

— passionis dominicae, 25. März.

— resurrectionis dominicae, 27. März.

Communis septimana, die Woche nach Michaelis.

Compassio b. Mariae virginis, Freitag nach Judica, 1727 für die ganze Kirche eingeführt, früher auch der Freitag nach Jubilate (in Cöln seit 1423), nach Exaudi (Lübeck). Auch fest am 19. Juli (Halberstadt, Meissen) oder 18. Juli (Merseburg).

Conceptio b. Mariae virginis, 8. December.

Conductus paschae, Sonntag nach Ostern und der zwischen beiden liegende Zeitraum[1].

— pentecostes, Sonntag nach Pfingsten.

Confessio et pulchritudo, Donnerstag nach Invocavit.

Consilium Judaeorum, Freitag vor Palmsonntag (Evangelium).

Corpus Christi, Frohnleichnamsfest, auch mit dem Beisatze vivificum.

Correctio fraterna, Dinstag nach Oculi.

Cruces (auch in deutschen Urkunden), die Bettage

---

[1] feria sexta in conductu paschae 1373, feria quarta infra conductum paschae 1489 ist der Freitag resp. Mittwoch davor, wie ja auch Octava beides, Endtermin und Zeitraum, bedeutet.

vom Sonntag Vocem jucunditatis bis Dinstag in der mit ihm beginnenden Woche.

Cum sanctificatus fuero, Mittwoch nach Laetare.

Dedicatio s. Mariae ad martyres, 13. Mai.

— s. Mariae ad nives, 5. August, vgl. Taf. XV.

— ecclesiae oder templi, Kirchweihtag.

— ecclesiae SS. Petri et Pauli, 18. Nov.

— ecclesiae S. Salvatoris, 9. November.

Depositio, Todestag eines Bekenners (confessor).

Deus dum egrederis, Mittwoch nach Pfingsten.

— in nomine tuo, Montag nach Laetare.

Dies absolutionis, Gründonnerstag.

— adoratus, Charfreitag.

— animarum, 2. November.

— apostolorum, 29. Juni.

— architriclinii, der 2. Sonntag nach Epiphania.

— ascensionis dominicae, Christi Himmelfahrt.

— ater, Aschermittwoch.

— caniculares, Hundstage, siehe dieses Wort im deutschen Glossar.

— cinerum, Aschermittwoch.

— crastinus, der folgende Tag, siehe S. 36.

— dominicus / felicissimus \ Ostersonntag.

— florum et ramorum, Palmsonntag.

— focorum, Sonntag Invocavit.

— Hosanna, Palmsonntag.

— incarnationis, 25. März.

— indulgentiae, Gründonnerstag.

— Johannis parvi / Johannis in dolio \ 6. Mai.

— Jovis albus, sanctus, Gründonnerstag.

— lamentationum, die drei Tage unmittelbar vor Ostersonntag.

— lavationis, Charsonnabend.

— litaniarum, die ersten 3 Tage der fünften Woche nach Ostern, die Bettage.

— magnae festivitatis, Gründonnerstag.

— magni scrutinii, Mittwoch nach Laetare.

— magnus, Ostertag.

— Mariae cerealis, 2. Februar.

— Martini aestivalis, 4. Juli, translatio Martini.

— Martini hiemalis, 11. November.

-- Nicolai aestivalis, 9. Mai, translatio Nicolai.

— Nicolai hiemalis, 6. December.

— mysteriorum / passionis lugubris \ Charfreitag.

— palmarum, Palmsonntag.

— pingues, die 3 Tage vor Aschermittwoch.

— reconciliationis, Gründonnerstag.

Dies rogationum, die ersten 3 Tage der fünften Woche nach Ostern, die Bettage.

— sanctus, Ostersonntag.

— sex sanctissimi, die Woche vor Ostersonntag.

— viridium, Gründonnerstag.

Dimissio apostolorum / Divisio apostolorum \ 15. Juli.

Domine refugium, Dinstag nach Invocavit.

Dominica adorate Dominum, 3. Sonntag nach Epiphania.

— adorate secundum, III, IV, die auf den 3. Sonntag nach Epiphania bis Septuagesimae etwa folgenden Sonntage.

— ad te levavi, 1. Adventssonntag.

— adventus Domini I, II, III, IV. die vier Adventssonntage.

— alleluja qua clauditur (dimittitur), Sonntag Septuagesimae.

— ante candelas, Sonntag vor 2. Februar.

— ante caput jejuniorum, Sonntag Quinquagesimae.

— ante natale Domini prima, IIda, IIIa, IVa, die 4 Adventssonntage.

— architriclinii, 2. Sonntag nach Epiphania.

— aspiciens a longe, 1. Adventssonntag.

— aurea / benedicta \ Sonntag Trinitatis.

— Cananea, Sonntag Reminiscere.

— cantate (Domino canticum novum) 4. Sonntag nach Ostern.

— circumdederunt me, Sonntag Septuagesimae.

— competentium, Palmsonntag.

— cum clamarem ad Dominum, 10. Sonntag nach Pfingsten.

— da pacem Domine, 18. Sonntag nach Pfingsten.

— daemon mutus, Sonntag Oculi.

— de passione, Sonntag Judica, vgl. dom. passionis.

— de rosa, Sonntag Laetare.

— Deus in adjutorium, 12. Sonntag nach Pfingsten.

— Deus in loco sancto, 11. Sonntag nach Pfingsten.

— dicit Dominus ego cogito, 23. Sonntag nach Pfingsten und alle etwa folgenden bis zum Advent.

— Domine in tua misericordia, 1. Sonntag nach Pfingsten.

-- Domine ne longe, Palmsonntag.

— Dominus fortitudo, 6 Sonntag nach Pfingsten.

Dominica Dominus illuminatio, 4. Sonntag nach Pfingsten.

— dum clamarem ad Dominum, 10. Sonntag nach Pfingsten.

— dum medium silentium, Sonntag nach Weihnachten, sofern er auf den 29., 30. December oder den 5. Januar fällt.

— duplex, Sonntag Trinitatis.

— ecce Deus adjuva me, 9. Sonntag nach Pfingsten.

— esto mihi, Sonntag Quinquagesimae.

— exaudi, 6. Sonntag nach Ostern.

— exaudi II., 5. Sonntag nach Pfingsten.

— exsurge, Sonntag Sexagesimae.

— exsurge Domine quare obdormisti, 4. Adventssonntag.

— factus est Dominus protector meus, 2. Sonntag nach Pfingsten.

— focorum, Sonntag Invocavit.

— gaudete in Domino semper, 3. Adventssonntag.

— hebdomadationis, Sonntag nach Michaelis.

— Hierusalem, Sonntag Laetare.

— in albis, 1. Sonntag nach Ostern, nach neuerer Bezeichnung[1]).

— in capite quadragesimae, Sonntag Invocavit.

— inclina Domine aurem, 15. Sonntag nach Pfingsten.

— indulgentiae, Palmsonntag.

— in excelso throno, 1. Sonntag nach Epiphania.

— infra 8um circumcisionis Domini, Sonntag zwischen 1 und 6. Januar.

— infra 8um epiphaniae Domini, 1. Sonntag nach Epiphania.

— infra 8um natalis Domini, Sonntag nach Weihnachten.

— in media quadragesima, Sonntag Laetare.

— in ramis palmarum, Sonntag Palmarum.

— Invocavit, 1. Fastensonntag.

— in voluntate tua, 21. Sonntag nach Pfingsten.

— isti sunt dies, Sonntag Judica.

— jubilate omnis terra, 3. Sonntag nach Ostern.

— judica me Deus, 5. Fastensonntag.

— justus es Domine, 17. Sonntag nach Pfingsten.

— laetare Hierusalem, 4. Fastensonntag.

Dominica lavantium capita, Palmsonntag.

— mapparum albarum, 2. Sonntag nach Ostern.

— medine quadragesimae, Sonnt. Laetare[1]).

— mediana, Sonntag Laetare.

— memento nostri Domine, 4. Adventssonntag.

— mensis paschalis, 1. Sonntag nach Ostern.

— miserere mei Domine quoniam ad te clamavi, 16. Sonntag nach Pfingsten.

— misericordias Domini, 2. Sonntag nach Ostern.

— missae Domini alleluja, 1. Sonntag nach Ostern.

— munera oblata quaesumus, Pfingstsonntag.

— oculi, 3. Fastensonntag.

— omnes gentes, 7. Sonntag nach Pfingsten.

— omnia quae fecisti, 20. Sonntag nach Pfingsten.

— omnia terra, 2. Sonntag nach Epiphania.

— palmarum, Palmsonntag.

— passionis, Sonntag Judica (die Martis proxima post dominicam de passione quae fuit dies sexta mensis Aprilis 1378. Helwig).

— poenosa, Palmsonntag.

— populus Sion, 2. Adventssonntag.

— post albas, 1. Sonntag nach Ostern. vgl. dom. in albis.

— post ascensionem, 6. Sonntag nach Ostern.

— post novum annum, Sonntag zwischen 1. und 6. Januar.

— post 8am epiphaniae, 2. Sonntag nach Epiphania.

— post ostensionem reliquiarum, 2 Sonntag nach Ostern.

— post strenas, Sonntag zwischen 1. und 6. Januar.

— prima, quae est caput jejuniorum, Sonntag Invocavit.

— privilegiata, 1. Fastensonntag.

— protector noster, 14. Sonntag nach Pfingsten.

— publicani et pharisaei, 10. Sonntag nach Pfingsten (Evangelium).

— quadragesima, 1. Fastensonntag.

— quadragesimalis, jeder Fastensonntag, z. B. dominica quadragesimalis reminiscere 1334 (Sommersberg).

---

[1]) Es ist deshalb zweifelhaft ob das Datum: Sabbato die in Albis 1374 (Bresl. Staats-Arch.) auf den Sonnabend nach Ostern oder vor Invocavit zu beziehen ist.

[1]) Wohl die ersten Anwendungen dieser Bezeichnung: Otto Fris., Gesta I. c. 47, und Ann. S. Disibodi 1138. In deutschen Urk. (Sonntag zu Mitfasten) häufiger.

Dominica quasi modo geniti, 1. Sonntag nach Ostern.
— quinquagesima, der 7. Sonntag vor Ostern.
— quinque panum, Sonntag Laetare (Evangelium).
— quo allelujah clauditur, Sonntag Septuagesimae.
— ramis palmarum, Palmsonntag.
— reddite caesari quae sunt caesaris. 22. Sonntag nach Pfingsten.
— reminiscere miserationum, 2. Fastensonntag.
— repositus (repus, reprus beruhen bloss auf falscher Lesung), 5.Fastensonntag, Judica.
— respice Domine, 13. Sonntag nach Pfingsten.
— respice in me, 3. Sonntag nach Pfingsten
— resurrexi, Ostersonntag.
— rogate, 5. Sonntag nach Ostern (nach der neueren Bezeichnung).
— rosae / rosata \ 4. Fastensonntag, Laetare.
— salus populi ego sum, 19. Sonntag nach Pfingsten.
— sancta, Ostersonntag.
— septuagesima, 9. Sonntag vor Ostern.
— sexagesima, 8. Sonntag vor Ostern.
— si iniquitates, 22. Sonntag nach Pfingsten.
— spiritus Domini, Pfingstsonntag.
— suscepimus Deus, 8. Sonntag nach Pfingsten.
— suscipe Domine fidelium preces, 5. Sonntag nach Ostern.
— transfigurationis, 2. Fastensonntag (von dem älteren Evangelium dieses Tages).
— trinitatis, 1. Sonntag nach Pfingsten.
— vocem jucunditatis, 5. Sonntag nach Ostern.
Dominus dixit, erste Messe beim Weihnachtsfeste.
Dominus Mariae, 15. August.
Dormitio Mariae, 15. August.
Ecce advenit, 6. Januar.
Eductio Christi ex Aegypto, 11. Januar.
Eduxit Dominus, Sonntag nach Ostern.
— eos, Freitag nach Ostern.
Ego autem cum justitia, Freitag nach Reminiscere.
Ego autem in Domino, Mittwoch nach Oculi.
Ego clamavi, Dinstag nach Oculi.
Egressio Noe ex arca, 28. April.
Episcopatus puerorum, 28. December.
Exaudi Deus orationem meam, Dinst. nach Laetare.
Exaudivit de templo, Montag und Dinstag nach Rogate.

Ex ore infantium, 28. December (allgemein seit 1573).
Exspecta Dominum, Dinstag nach Judica.
Expectatio Mariae, 18. December.
Exultate Deo, Mittwoch der Quatember Crucis.
Fac mecum Domine, Freitag nach Oculi.
Feria ad angelum, Quatember Luciae.
— bona quinta, Gründonnerstag.
— — sexta, Charfreitag.
— coeci nati, Mittwoch nach Sonntag Laetare.
— introduxit nos Dominus, Ostermontag.
— judicii extremi, Montag nach Invocavit.
— largum sero, Weihnachtsvigilie, 24. Decbr.
— magnificat, Donnerstag nach Oculi.
— magni scrutinii, Mittwoch nach Laetare.
— quarta cinerum, Aschermittwoch.
— salus populi, Donnerstag nach Sonntag Oculi.
— statuit, Kathedra Petri, 22. Febr. (Introitus).
Feriae communes, Woche nach Michaelis.
Festorum omnium metropolis, 25. December.
Festum angelorum, 29. September.
— apostolorum, 29. Juni.
— architriclinii, 2. Sonntag nach Epiphania (Evangelium).
— armorum Christi, (seit 1354) Freitag nach Quasimodogeniti.
— assumptionis Domini, Christi Himmelfahrt.
— — Mariae, Mariae Himmelfahrt 15. August.
-- coenae Domini, Gründonnerstag.
— compassionis Mariae, siehe Compassio Mariae.
— coronae spineae, 4. Mai, nur Meissen 2. Sept., Dominikaner 7 Mai, Cistercienser 11. August.
-- corporis Christi, Frohnleichnamstag, Donnerstag nach Trinitatis.
— de nomine Jesu, 15. Januar Dominikaner, 15. März Meissen.
— herbarum, 15. August, Mariae Himmelfahrt.
— innocentum, 28. December.
— lancearc et clavorum Domini (seit 1354), Freitag nach Quasimodogeniti.
-- luminum, 2. Februar, Lichtmess.
— magorum, 6. Januar.
-- novem, trium lectionum, rituelle Festgrade, die von den Lectionen des Morgengottesdienstes ihren Namen haben. S. 42.
-- s. Petri epularum, 22. Februar.
— reliquiarum et armorum, (seit 1354) Freitag nach Quasimodogeniti.

Festum sacramenti, Frohnleichnamsfest.

— sanguinis, 19. Juni (Baseler Missale von 1480); reportatio sanguinis, 3. Juni (Hildesheimer Missale, 1491).

— septem gaudiorum Mariae, 23. September.

— spasmi Mariae, siehe Compassio Mariae.

— stellae, 6. Januar.

Gaudeamus omnes, 29. December (Thomas ep. Cantuar.).

Hebdomada anthentica, Woche vor Ostern.

— communis, Woche nach Michaelis.

— crucis, Woche nach Sonntag Rogate.

— duplex, Woche nach Sonntag Trinitatis.

— expectationis, Woche nach Christi Himmelfahrt.

— ferialis

— indulgentiae

— magna

— muta ⎫ die Charwoche.

— poenosa

— sancta

— mediana, Woche nach Sonntag Laetare.

— paschae, Woche nach Ostersonntag.

— passionis, Woche nach Sonntag Judica.

Hodie scietis, Weihnachtsvigilie.

Illatio Mariae, siehe Heiligenverzeichniss unter Praesentatio Mariae.

In Deo laudabo, Montag nach Oculi.

Infernus factus est, 13. Februar.

In medio ecclesiae, 27. December.

In nomine Jesu, Mittwoch nach Palmsonntag.

Inter duo carnisprivia, zwischen Estomihi und Invocavit.

Intret oratio mea, Sonnabend nach Invocavit.

Introduxit nos Dominus, Ostermontag.

Johannes albus, 24. Juni.

Johannes in captivitate, 2. Sonntag im Advent (Evangelium).

Johannes parvus, 6. Mai.

Johannis sanctificatio, 24. Sept., conceptio Joh. bapt.

Judica Domine nocentes, Montag nach Palmsonntag.

Judicium extremum, Montag nach Invocavit.

Laetetur cor quaerentium, Freitag in der Quatember Crucis und Donnerstag nach Laetare.

Largum sero, Weihnachts-Vigilie, 24. December.

Liberator meus, Mittwoch nach Judica.

Litania major, 25. April.

Litaniae minores, Woche mit und nach Sonnt. Rogate.

Luna ipsius diei, luna paschae, siehe N. 9.

Lux Dei, Sonntag.

Lux fulgebit, zweite Messe des Weihnachtsfestes.

Mater noctium, Weihnachten.

Media quadragesima, Sonntag Laetare oder die ungefähre Mitte der Fastenzeit [1]).

Mediana dominica, Sonntag Laetare.

Mediana octava, Sonntag Judica.

Meditatio cordis, Freitag nach Laetare.

Mensis intrans, exiens 8. 34.

Misereris omnium Domine, Aschermittwoch.

Missa aurea, Sonnabend nach Sonntag Trinitatis.

Mulier adultera, Sonnabend vor Laetare.

Munera oblata quaesumus, Pfingstsonntag.

Natale Domini, 25. December.

Natale Petri, 22. Februar.

Natalis stets der Todestag eines Märtyrers. Vgl. Nativitas.

— calicis, Gründonnerstag.

— infantum ⎫
                28. December.
— innocentum ⎭

— Mariae ad martyres, 14. Mai.

— reliquiarum, Sonntag Quasimodogeniti.

Nativitas, der wirkliche oder vermeintliche Geburtstag.

Nativitas Domini, 25. December.

— Johannis baptistae, 24. Juni.

— Mariae, 8. September.

Ne autem gloriari, Dinstag nach Palmsonntag und der grüne Donnerstag.

Ne derelinquas me, Mittwoch nach Reminiscere.

Ne necessitatibus meis, Freitag nach Invocavit.

Nox passionis, Nacht vom Gründonnerstag zum Charfreitag.

— sacrata, Nacht vor Ostersonntag.

— sancta, Weihnachten.

Oblatio Mariae. Siehe Illatio Mariae.

Octava Apostolorum, die Octave des 29. Juni, der 6. Juli.

Octava Domini, 1. Januar, die Weihnachtsoctave.

Omnia quae fecisti, Donnerstag nach Judica, siehe Dominica omnia quae fecisti.

O sapientia, quae mihi indicat nativitatem Domini, die erste der 7 grossen Weihnachtsantiphonen

---

[1]) media quadragesima = Laetare; Ann. S. Benigni Divion. 1178; Ann. Aquenses (vgl. Ann. S. Petri Erph. und Ann. Hranwil.) 1138, 1147 und 1153; Ep. Wib. ed. Jaffé Nr. 33 und 373, (In) media quadragesima = ungefähre Mitte der Fastenzeit: Ann. Erph. (Pegav., Bosav., Chron. Nampeir.) und Ann. Magdeburg. Laetare 1135; Ann. Pegav. (Bosav., Chron. Nampeir.) und die Ann. Magdeburg. Montag nach Oculi 1133; Ann. Magdeb. (Pegav., Bosav., Chron. Mont. Ser.) und Chron. Nampeir. Mittwoch nach Oculi 1153. Otto Frising (Chron. VII. c. 19 und 21) wendet circa mediam quadragesimam zur Bezeichnung der ungefähren Mitte der Fastenzeit an. Vgl. die Anm. auf S. 79 und das deutsche Glossar sub v. Mittfasten.

und darum öfters in Kalendern erwähnt. Sie fiel auf den 17. Dec. Die Anfänge der übrigen Antiphonen lauten: O Adonai, O Radix Jesse, O Clavis David, O Oriens, O Rex gentium, O Emanuel.

Ostensio reliquiarum s. festum reliquiarum.

Parasceve, Charfreitag.

Pascha, Ostersonntag.

— annotinum, Sonnabend nach Ostern.

– clausum, 1. Sonntag nach Ostern.

— competentium, Palmsonntag.

– de Medio, Pfingsten.

— epiphaniae, 6. Januar.

— floridum, Palmsonntag.

— medium, Mittwoch nach Ostern.

-- novum, Sonnabend vor Ostern.

— pentecostes, Pfingsten.

— petitum, Palmsonntag.

— primum, der 22. März als der Tag auf den das früheste Osterfest fällt.

— rosarum, Pfingstsonntag.

— ultimum, der 25. April als der Tag auf den das späteste Osterfest fällt.

Paschae conductus, Sonntag nach Ostern.

Pastor bonus, 2. Sonntag nach Ostern.

Pausatio Mariae, 15. August.

Peccatrix poenitens, Donnerstag nach Sonntag Judica.

Pentecoste media, Mittwoch nach Pfingsten.

Praesentatio domini Jesu Christi in templo, 2. Februar.

Praesentatio Mariae, 26. Novbr. Siehe Heil.-Verz.

Privicarnium. Siehe Carnisprivium.

Prope es tu Domine, Freitag nach dem dritten Adventssonntage.

Puer natus, dritte Messe des Weihnachtsfestes (Introitus) und Neujahr als Weihnachtsoctave.

Purificatio Mariae, 2. Februar.

Quadragesima, entweder der 1. Sonntag in den Fasten oder die ganze Fastenzeit. Letzteres z. B. bei Datirungen wie: dominica quadragesimarum qua cantatur Laetare, dominica Laetare in quadragesima, quadragesimae ante tempus. Auch bezeichnet wohl in quadragesima ante diem resurrectionis domini nostri Jesu Christi 1315 (Bresl. Staatsarch.) die Fastenzeit vor Ostern im Gegensatz zu den Adventsfasten.

— intrans, Aschermittwoch.

— Martini, die Adventszeit vom 14. November bis Weihnachten.

— media, Sonntag Laetare oder die ungefähre Mitte der Fastenzeit[1]).

[1]) Vergl. die Anmerkungen auf Seite 79b und 81b.

Quarentana, Quadragesimae.

Quatuor tempora, Quatember, die Fasten am Mittwoch, Freitag und Sonnabend vor Reminiscere und Trinitatis, nach Kreuzerhöhung (14. September) und Lucia (13. December).

— tempora intret, Quatember Reminiscere.

— — caritas Dei, Quatember Trinitatis.

— — venite adoremus, Quatember Crucis.

— — rorate coeli, Quatember Luciae.

Quintana, Quinquagesimae.

Redime me, Montag nach Reminiscere.

Repleatur os meum, Freitag nach Pfingsten.

Requies Mariae, 15. August.

Revelatio Michaelis, 8. Mai.

Rex dominicarum, Sonntag Trinitatis.

Rogationes, die drei Tage vor Himmelfahrt, an denen die Bittgänge stattfanden; die dominica proxima ante rogationes 1390 (Bresl. St.-A.) ist der Sonntag vocem jucunditatis.

Rupti sunt fontes abyssi, 12. April.

Sabbatum audivit Dominus, Sonnabend nach dem Aschermittwoch.

— caritas Dei, Sonnabend vor Trinitatis.

— duodecim lectionum, der Sonnabend in den Quatembern (Weidenbach).

— filii prodigi, Sonnabend nach Reminiscere.

— intret, Sonnabend vor Reminiscere.

— luminum et magnum, Charsonnabend.

— quo alleluja clauditur, Sonnabend vor Septuagesimae.

— sanctum, Charsonnabend.

— sitientes venite ad aquas, Sonnabend vor Judica.

Sacerdotes tui, 31. December.

Salax dies lunae, Montag vor Aschermittwoch.

Salus populi, Donnerstag nach Oculi, s. Dominica salus populi.

Salutatio Mariae, 19. December (Calend. eccl. Verdensis saec. XIV).

Samaritana, Sonnabend nach Oculi.

Sancta dies in hebdomade paschatos, Ostersonntag.

Sarcophaga festa, Fastnachtstage.

Sederunt principes, 26. December (Stephanus protomartyr).

Septimana, siehe Hebdomada.

Sicut oculi servorum, Montag nach Invocavit[1]).

Sitientes venite ad aquas, Sonnabend vor Judica.

Solennitas solennitatum, Ostern.

[1]) an dem ersten montage in der vasten als man singet sicut oculi 1388 (Br. St.-A.).

Statuit, Introitus des 22. Februar (Petri Kathedra).

Strena, Neujahrstag.

Tibi dixit, Dinstag nach Reminiscere.

Traditiones, Mittwoch nach Oculi (Evangelium).

Transfiguratio Domini, 6. August[1]).

Transfigurationis dominica, 2. Fastensonntag.

Triumphus corporis Christi, Frohnleichnamsfest.

Veni et ostende, Sonnabend nach dem 3. Adventssonntag.

Venite adoremus, Samstag der Quatember Crucis.

Venite benedicti, Mittwoch nach Ostern.

Verba mea, Sonnabend nach Oculi.

Victricem manum, Donnerstag nach Ostern.

Vigilia apostolorum, der 28. Juni.

Vigilia Domini /
— Christi \ die Weihnachtsvigilie.

Vinicolae, Freitag nach Reminiscere[1]) (vom Evangelium).

Viri Galilaei, Christi Himmelfahrt.

---

[1]) Die Abweichungen hiervon siehe im Heiligen-Ver-
zeichnisse Tafel XV.

[1]) Danach ist das Datum: Sonntag nach Vinicolae
(Raumer, Codex dipl. Br. cont. I, 338) zu reduciren.

Anm. zu Dominica. Die Introitus missarum der Sonntage nach Pfingsten sind nach dem alten und durch Pius V. 1570 wieder eingeführten Missale angegeben. In der zweiten Hälfte des 15. Jahr- hunderts theilte man dem Trinitatissonntage nur eine Messe zu, und setzte den Introitus Domine in tua misericordia auf den zweiten Sonntag nach Pfingsten, wodurch sich die Messen sämmtlicher Sonn- tage nach Pfingsten um einen Sonntag verschoben. Dass diese Berechnung auch in die Datirung übergegangen, ist nicht nachweislich.

Deutsches Glossar.

A.

Abend, abunt, abot, *Vigilie*, siehe S. 36.

Ablasswoche, *siehe* antlaßwoche.

Abrollen, abrello, abrille, abrnlle, *April.*

Achtotag, aetintag, actentag, achtiste tag, achter, achtet, achtode tag, achtede tag, achtoste tag, *die Octave, siehe S. 37.*

Aehte tag unsers heren, *die Weihnachtsoctave*, 1. *Januar.* An deme achten tage unsers heren den man nennet den tak des jares 1364 (*Sudendorf*).

Achtet des heiligen blutes, *Frohnleichnamsoctave.*

Acht tage vor (nach), *der achte Tag (Anfangs- und Endtermin mitgezählt) vor (nach) einem Feste oder Heiligentage.*

Achzehnte tag, achezentag, achtegeden dag, 13. *Januar, die Epiphaniasoctave.* Uff den nechsten dornstag vor dem achtezehensten tag den man nennet zu latin octava epiphanie Domini 1408 (*Helwig*).

Aebztag, *wohl Achatius*, 22. *Juni.*

Ackermond, *März.*

Adamtag, *Aschermittwoch (Zinkernagel).*

Aetentag, *Agatha*, 5. *Februar.*

Afent, afint, *Vigilia*, siehe S. 36.

Aferntag, Afruntag, *Afra*, 7. *August.*

Affertstag, affterstag, *Christi Himmelfahrt.*

Aflat der barfoten, der broder, *Sonntag Cantate.* To der broder aflat arende im Stadt Hannoverschen Lohnregister von 1492 zwischen des sunnavendes na sunte Johannis dage vor der gulden porten und das sonnavendes na sunte Urbanes dage.

Aftermontag, Dinstag (*schwäbisch*), *siehe* S. 35.

Agapt, *Agapitus*, 18. *August (Zinkernagel).*

Agent, Agat, *siehe* Angst.

Agetentag, Agthentag, Agtuntag, Aetentag, Aytentag, Actentag, *Agatha*, 5. *Februar.*

Aguetentag, Agnitentag, Angnesentag, Angnetentag, *Agnes*, 21. *Januar.*

Agnttag, *noch unerklärt.* Des mitiken in dem agstag in der vasten 1377.

Ailfte, aindlefte tag nach Christen unsers lieben herren und heylandes geburt, *wird auf den 6. Januar bezogen.*

Aitontag, *Agatha*, 5. *Februar.*

Aleizzentag, *Elisabeth*, 19. *November.*

Aleke, Alheide, *Adelheid*, 16. *December.*

Allechsentag, 1437 (*Helwig*), *Alexius*, 17. *Juli.*

Allelujah niderlegung, *Sonntag Septuagesimae, oder Sonnabend vorher.* Von dem Tage an bis zum Osterfeste fiel das Allelujah im Gottesdienste aus, zu gleicher Zeit aber waren alle öffentlichen Festlichkeiten (meyde, hochgezite) verboten. An sand Eulalientach des samztages so man laet das vraeuden gesanch alleluja 1278 (*Helwig*); an dem suntage circumdederunt, als man die meyde verbutet 1355 (*Haltaus*); sontag da man das alleluja legt und hochzeit verbent (*Pilgram*); sontag da man das alleluja hinlegt bis angehent den ostern (*Helwig*).

Aller aposteln tag, *siehe* Aposteltheilung.

Aller gläubigen seelen dag, *siehe* Aller seelen tag.

Aller gots heiligen tag, aller heiligen tag, 1. *November.* An dem avende der leven weerden alle gades billigenn 1412 (*Lisch, Behr*); an dem heylign abent aller heyling mit ayn ander 1425 (*Pilgram*).

Aller heiligen mond, *November.*

Aller kindlein tag, *siehe* Kindertag.

Aller mann fastnacht, *siehe* Vasten.

Allerseelentag, aller selen gedechtnustag, aller gläubigen seelen tag, seltag. 2. *November.* Commemoratio animarum.

Aller zwölf boten tag, *siehe* Aposteltheilung.

Alte Vassnacht, *siehe* Vassnacht.

Ambrosientag, Ambrosiatag, *Ambrosius*, 4. *April.*

Anburtnng Marie, *siehe* Frauentag erer anburtung.

Andag, *siehe* Antdag.

Andreis, Andres, Andristag, *Andreas*, 30. *November.*

Andreasmond, *December.*

Angeenden monat, *siehe S. 34.*

Angeende vasten, *siehe* Vasten.

Augnesentag, Augnetentag, *Agnes*, 21. *Jan.*

Antdag, antag, andagh, andargh, *Octave. Siehe S. 37. Auffallend ist es immerhin, dass man bei der Formulirung der Daten mit antdag den Octavenbegriff des ant- ganz ignorirt und z. B. schreibt* des saterdaichs na nuser vrouwen andage *dat man* heiszit purificacio 1327 (*Lacomblet*).

Antlasstag (*fälschlich* anclasstag *gelesen*), Grüadonnerstag. An dem heiligen antlosstag als nnser herro Jesus Cristus mit seinem leichnam speiszth sein jünger (*Ziukernagel*): phincztags an dem antlaztag iu der vasten 1365 (*Brandl, Teufenbach*). *Siehe* Blutstag.

Antlasswoche, der antlass, *die Woche vor Ostern.* Pfincztag vor Ostern in der antlasswoche (*Helwig*); der Erchtag in dem antlass 1344 (*Mon. boica I, 445*).

Antouientag *ohne nähere Bezeichnung, stets der* 17. *Januar.*

Antonientag des heiligen abts, des einsiedlers, des heiligen heren, des bekenners, des bichtigers, *stets der* 17. *Januar, leiztere trotz der irrigen Epitheta, wie sich aus vielen Beispielen ergiebt.*

Antonientag der do gefelt vor send Johannis tag 1407 (*Bresl. St.-A.*), *Antonius von Padua,* 13. *Juni.*

Aposteltheilung, apostelscheidungstag, aller apostel tag, 15. *Juli.* An aller heiligen apostolen tage als so in die werlt aursand worden, 1363 (*Sudendorf*): in dem hiligen daghe der delinghe der tswolf aposteln 1395 (*Hoyer Urkbch.*).

Aren, arne, eren, erne, *bezeichnet nicht einen bestimmten Monat, sondern die Zeit der Erndte, Juli und August. Vorzugsweise wird dann später der August der* Arnemond (*Erndte-monat*) *genannt.*

Artzetag, *siehe* Drei artzetag.

Ascentientag, 1340 (*Cod. dipl. Warm.*), Christi Himmelfahrt.

Aschtag, aschermittwoch, aschentag ze fasten, ascheriger mittwoch, *Mittwoch vor Invocavit. Den Ursprung des Namens giebt folgendes Datum des Urkundenbuches der Stadt Lüneburg an:* des ersten midwekens in der vasten, also men aschen uppe de borede nimt, 1353.

Aswolcztag, *Oswald*, 5. *August.*

Anbend, aubund, anbet, *Vigilie, siehe S. 36.*

Anffartstag, anffertstag unsers hern, Himmelfahrt Christi.

Anfrontag, 1351 (*Mon. Zoll. III.*), Afra, 7. Aug.

Augenstanstag, *Augustinus*, 28. *August.*

Angst, auwest, agest, agst, ouwest, owest, ongst, ogst, oist *ist alleinstehend meint der Monat August, obwohl hie und da — durch die schon früh dem Worte untergeschobene Bedeutung „Erndte" — auch der Juli darunter verstanden wird. So heisst auch der Juli der* erste augst, *der August der* ander augst.

Augstin, oogstn, auwestin *ist der September.*

Angstmond *ist ausschliesslich der August.*

Augustinstag des heiligen lerer, des heiligen beders, 28. *August.*

Ausgeender monat, *siehe S. 34.*

Ausgehende osterwoche, pfingstwoche, *siehe* Oster-, Pfingstwoche.

Auwest, *siehe* Augst.

B.

Bannfasten, *Vigilie, siehe S. 36.*

Barmherzigkeit des herrn, Sonntag *misericordias Domini*, der 2. *Sonntag nach Ostern.*

Bartilmes, Bartillmes, Barthel, *Bartholomaeus*, 24. *August.*

Bastian, *Sebastianus*, 20. *Januar.*

Beclibunge, *siehe* Frauentag.

Bela, Sibylla, 10. September (*Weidenbach*).

Belaken plnxten, *siehe* Pfingstwoche.

Benedictus, 21. *Mürz.* An sente Benedictes daghe in der vasten 1400 (*Marienwerd. Urkb.*) *zum Unterschiede von der* Translatio Benedicti *am* 11. *Juli, die in einer wohl nicht gleichzeitigen Uebersetzung 1267, an* sente Benedictus tage *der* ymme somer *wird genannt* (*Ludew. rel. msc. I, 96*).

Berchtag, Berhtag, 6. *Januar, siehe* Perchtag.

Bertelmes, Berthel, *Bartholomaeus*, 24. *Aug.*

Beschneidung unsers herrn, 1. *Januar.* In dem dage der bosnydynge unsers heren Christi 1439 (*Lisch, Behr*): an dem tage also unser herre besnitten wart 1390 (*Bresl. St.-A.*)

Betwoche, bettwoche, bittwoche, betfartswoche, betbtage, *die Woche nach dem Sonntag vorem jocunditatis* (5. *Sonntag nach Ostern*), *eigentlich Sonntag, Montag, Dinstag dieser Woche.*

Bewerunge, Canonisation, so Cunigundis bewerunge am 29. *März.*

Bittwoche, *siehe* Betwoche.

Blasentag, Blesentag, *Blasius*, 3. *Februar*.

Blaue ostertag (*Corruption von* blumostertag), *Palmsonntag*.

Blaumostertag, *Palmsonntag*.

Blntstag, Gründonnerstag. *Hierfür wenigstens zeugt nach dem oben bei Antlasswoche gesagten, das Datum püncztag in dem antlezz an unsers herren plutez tag* 1321 (*Mon. boica VIII*).

Bodeschup, *siehe* Frauentag erer bodeschup.

Bolnigentag, *siehe* Polnigentag.

Brachmonat, braemaend, bramaynt, brachet, brachot, brache, *Monat Juni*.

Bratesonntag, *der Sonntag Estomihi* (*Weidenbach*).

Brebentag, Brechentag, 6. *Januar, siehe* Perchtag.

Breidentag, Bridentag, *Brigitta*, 1. *Februar*.

Briccentag, Bricentag, Brickentag, Briczentag, Brizentag, Bruttius, Britlus, *Briccius*, 13. *November*.

Broder aflat, *siehe* Aflat.

Brosck, Brosi, *Ambrosius*, 4. *April*.

Brüder Kirchweih, *das Portiunculafest der Franziscaner* (*nach Helwig, der eine Urkunde aus dem Wiener Hausarchiv anführt*. Geben Lynncz, freitag nach bruederchirchweich 1434).

Bruttius, *siehe* Briccentag.

C.

Die Wörter bei denen C wie K gesprochen wird, sowie Ch siehe unter K.

Cervais, Cirvais, Cirbis, *Servatius*, 13. *Mai* (*Weidenbach*).

Cistag, Cinstag, *Dinstag, siehe S.* 35.

D.

Dartienstag, dartiende dag, dertientag, druttiende dag, drusehende dag, drntzeyn misse. 6. *Januar. Epiphania Domini.* Na dem druttienden dage gebeiten epiphania Domini 1393 (*Lacomblet*).

Dinschedag, Dinstedag etc., *Dinstag, siehe S.* 35.

Dinstag, fetter, feister, *siehe* veister Sonnabend.

Dionisentag, *Dionysius*, 9. *October*.

Dobroschken, *siehe* Drauschken.

Dominike, *Sonntag*.

Dorentage, Dorledage, *Montag und Dinstag vor Aschermittwoch*. Unde was in dem vastel avende den mandages in den dorletagen 1483 (*Chron. pict. Bothonis*). In festo conversionis b. Marie Magdalene quod peragitur feria 3. post Estomihi, hoc est in den duren

dagen. Dorlen, *wirbeln* (*vgl. Grimm Wörterbuch II*, 1287). *Siehe auch* Torkeltage.

Dorothentag, Dorthentag, *Dorothea*, 6. *Febr.*

Dorstag, Dorndag, Donrdag, *Donnerstag, siehe S.* 35.

Drauschkenmontag, drauschken woche, dobroschken, *in Schlesien der Montag, die Woche nach Quasimodogeniti, und dieser Sonntag selbst, so Sonntag am drewzgen tage* (*Br. St.-A.*).

Drei artzetag, *nach Zinkernagel der 6. Januar, wohl der 28. Juli* Pantaleon (medicus), *Nazarius et Celsus*.

Dreifaltigkeitsonntag, dryfaldikeitsontag, *Sonntag Trinitatis*.

Drei königstag, 6. *Januar*.

Drei nagel tag, *der zweite Freitag nach Ostern.* Am montag nach der heyligen drey nägel tag nach Ostern 1426 (*Helwig*).

Dreissigste tag unser frauen. *Der dreissigste Tag nach Assumptio Mariae, der 13. September, woron auch der ganze Zeitraum zwischen Marine Himmelfahrt und Kreuzerhöhung die dreissigte genannt wird.*

Dreizehnte tag, druttiende dag, *siehe* Dartiens tag.

Dult, tult *ist eine Bezeichnung für höhere Festtage, siehe S.* 37.

Dustermette, *siehe* Finstermette.

E.

Ebenweichtag, ebenwihtag, ebwichtag, ebenweichtag, *Neujahrstag*. An den ebenweichtag den man nennet in latin circumcisio Domini 1359 (*Helwig*); des nahsten montages nach dem ewenweichtage ze weihnachten 1290 (*Helwig*), *siehe* Ewigtag.

Echtzcendertag, echtzindir taig, *rheinisch für achtzehender tag*, 13. *Januar*.

Eychter tag, echtertag, *Octave* (*rheinisch*).

Elspet, Elseben, Else, *Elisabeth*, 19. *Norbr.* Uff den dag der heil. frauwen s. Elyzabeth lautgraviune vortzyden zu Thuryngen 1383 (*Baur, Arnsb. Urkb.*); an sand Elspeten tag in dan winter 1313 (*Font. rer. Austr. II. XXI*), *im Gegensatz zu der in den Sommer fallenden Translatio*.

Emoharstag, *Hermagoras*, 12. *Juli* (*Pilgram*).

Empfängniss Mariae, *siehe* Frauentag erer emphohunge.

Endris, *Andreas*, 30. *November* (*rheinisch*).

Engelweihtag, *Michaelis*, 29. *September, von dem au diesem Tage begangenen festum angelorum*.

Entscheynung unsers herrn 1502 (*B. St.-A.*), 6. *Januar*.

Erbar, erlik, ersam, *Beiworte, die hervorragenden Festen gegeben werden.*

Erbland, *Ermelandus,* 25. *März.*

Erdraudt, *Erintrudis,* 4. *September.*

Erhartstag, Erharestag, *Erhard,* 8. *Januar.*

Eritag, ertag, erchtag, erichtag, *Dinstag (bairisch), siehe S. 35.*

Erne, eren, ernemonat, *siehe* aren.

Eschtag, eschemittewochen, eschrige mitweken, *der Mittwoch vor Invocavit.*

Evenmaend, *September,* Der dreizehenden dages in dem evenmaende genant zu latine September 1359 *(Günther).*

Ewigtag, ewigabend, *Neujahrstag, Neujahrsabend.* An dem tage des ingenden jars den man nennet ewigtag 1377 *(Lünig, Reichsarch. p. spec. cont. IV, 503), siehe* Ebenweichtag.

F siehe V.

G.

Gangwoche, Gangtage, *die Bittage, Montag, Dinstag und Mittwoch vor Himmelfahrt, siehe* Bettage, Kreuztage.

Ganze vastenwoche, *siehe* Vastenwoche.

Gebundene Zeit, *die Zeit von Septuagesimae bis zum Ostersonntage, so:* am nehisten sonnabunde vor dem sontag Exurge quare etc. In der gebunden czeit 1451 *(Bresl. St.-A.). Siehe* Alleluja.

Geburt Mariae, *siehe* Frauentag irer geburt.

Gedechtniss der himelfart Christi 1532 *(Bresl. St.-A.), die Commemoratio ascensionis, die am 5. Mai begangen wird.*

Gedechtnuss unser frawen schidung nach Bartholomaei 1407 *(Font. rer. Austr. II, XXI.), ist wohl weniger der mit dem Namen* dreissigster unser frauen *bezeichnete 13. September, der in mehreren Diöcesen begangen wird, als der 23. September, der 40. Tag nach der assumptio Mariae, der im Passauer Missalkalender als commemoratio assumtionis erwähnt wird.*

Gedenke widder Sontag, *der Sonntag Reminiscere, der 2. Fastensonntag.*

Gebügnüts Pauli, *Pauli Gedächtniss,* 30. *Juni.*

Geiler montag, *Montag nach Estomihi:* Geben an dem gayllen montag in der vasnacht *(Weidenbach).*

Gemeine woche, gemelnde woche, meinweken, meyndweken, *die volle Woche nach dem Michaelisfeste, ein Ueberrest der heidnischen Bedeutung dieses Tages als Erndtefest und Jahresbeginn.* An deme Dinstage an sente Franzisci abend in der gemeynen wochen, uf den sonntag ausgehende der gemeinde wochen *(Haltaus). Letzteres ist der Sonntag am Schluss dieser Woche, dagegen* ist der soudag in der myndweken 1411 *(Riedel, c. d. Br.), da der Sonntag die Woche beginnt, der Sonntag nach Michaelis, der auch einfach woeben sonntag genannt wird.*

Gengolfstag, *Gangulphus,* 13. *Mai.*

Georgentag, Georientag, Gergentag, Gerientag, *oft mit dem Zusatze des heiligen mertelers, des heiligen ritters, Georg,* 23./24. *April.*

Geperchtentag, *wie Perchtentag der 6. Januar.* An dem geperchtentag den man haizet der zwelfte 1334 *(Innicher Stifts-Arch.).*

Gerbontag, *Gereon,* 10. *October, oder wohl der an demselben Tage in südlichen Gegenden gefeierte Cerbonius.*

Gertrudontag, Gertrawdtentag, Gerdrawentag, *Gertrud,* 17. *März.* Vor sand gertrauwtentag in der vasten 1392 *(Helwig);* une sent Gertruden dage der heiliger jonefruwe toe halben meerte 1394 *(Lacomblet).*

Geschworner montag, *siehe S. 32, Anm. 1.*

Gewer, Gewar, *Goar,* 8. *September.*

Ghurgbenstag, *Georg,* 23./24. *April.*

Gilgentag, Gilingtag, Gyliestag, Gilgestag, Gillistag, *Egidius,* 1. *September.*

Glänz, Glänzen, Glens, *Lenz (allemannisch).*

Glaristag, *Hilarius,* 13. *Januar (allemannisch).*

Gloytag, Gloytag, *Eligius oder Elogius,* 25. *Juni oder 1. December.*

Godenstag, Goenstag, *Mittwoch, siehe S. 25.*

Goldene messe, goldenes ampt, *Samstag in der gemeinen Woche, der vollen Woche nach Michaelis.*

Goldfasten, *Quatember. Siehe S. 32.*

Gorgentag, Gürgentag, Göratag, Goeristag, *Georg,* 23./24. *April.*

Gotramyn, Gontramyn, *Guntramus,* 28. *März.*

Gottatracht, *in der Diöcese Köln der zweite Mittwoch nach Ostern.*

Gots geburt, *für Christi Geburt, wie denn überhaupt das Mittelalter es liebte, für Christus Gott zu setzen. Siehe S. 22.*

Gotsleichnamtag, Gotsleichamtag, *Frohnleichnamsfest.*

Goychkentag, *noch unerklärt. Helwig hat folgendes Datum:* der prief ist geben des mentags nach dem Goychkentag am newnten tag nach ostern 1377 *(Wiener Hausarchiv), was auf den Montag nach Quasimodogeniti führt. Sollte es ein Lesefehler für drauschken tag oder dem ähnliches sein. Siehe dieses.*

Grasmaend, *April.* Imme Aprile de men noemt Graesmaent 1420 *(Weidenbach).*

Gregorientag, Gregorntag, Grejorgentag, Grigorientag, Gregurgentag, *oft* mit dem Zusatze des hilligen pawesen, des hilligen leren oder beders. *Gregorius, 12. März.* S. Gregoriustag in der heiligen vasten 1459 (*Rein, Thur. sacra, Ettersburg*).

Grosser sonntag in der vasten, *Sonntag Invocavit;* den grossen sonntag als man singet Invocavit me in der vasten (*Haltaus*), aus dem Ausdrucke grosser vastelavend entstanden. *Siehe das letzte Wort.*

Grosser vastelavend, grosse vastnacht, *siehe das letzte Wort.*

Grosse woche, *die Woche vor Ostern.*

Grossfasten *scheint nach den Beispielen bei Narrenkirchweih, Veister Sonnabend, Frassgerdag und Schurtag die Fasten vom Aschermittwoch an zu bedeuten. Siehe dagegen grosse Vastnacht und grosser Vastelavent.*

Grüner donnerstag, *Donnerstag vor Ostern. Auch der Palmsonntag führte den Namen Grüner sonntag, die Passionswoche Grüne woche. Siehe Guter donnerstag.*

Gumbrecht. *Sowohl Cuthbertus, 20. März, als Cunibertus, 12. November, werden in deutschen Kalendern mit diesem Namen bezeichnet.*

Gumpete donnerstag, *die Weiber-Fassnacht in Köln, der Donnerstag vor Estomihi (Weidenbach).*

Gut, *ein Beiwort, das ohne weitere Bedeutung vielen Heiligen beigelegt wird.*

Gutentag, Godenstag, *Mittwoch, siehe S. 35.*

Guter donnerstag, *der Donnerstag vor Ostern. Am guden donredage vor Paschen 1459 (Lisch, Oertzen); op eynen gooden donnersdach in die passie woche die man noembt die groene 1210 (Weidenbach). Wohl eine Uebersetzung).*

Guter freitag, *Freitag vor Ostern. An dem neesten guten fritage vor Ostern 1398 (Cod. d. Sil. IX.).*

Gute mittwochen, *Mittwoch nach Ostern. An dem guden middeweke in der martelweke 1383 (Riedel, c. d. Brand.).*

Gutprecht, *Cuthbertus, 20. März.*

H.

Haberschnitt, *eine Bezeichnung für August und September. Auch der Jacobstag (25. Juli) fällt noch hinein (siehe diesen). Der September heisst auch Haberougst.*

Hagelfeier, *der Tag der Wetterherren Johannes und Paulus, 26. Juni.*

Haimbramstag, Haymeranstag, *Emmerammus, 22. September.*

Halbfasten, *wie Mittfasten, der Sonntag Laetare.*

Hartmaend, hardmaind, harremand, *eine Bezeichnung für Januar, vereinzelt auch für December.*

Heiliger abend *ohne weitere Bezeichnung ist stets die Weihnachtsvigilie. Allgemein werden mit heiliger abend die drei Vigilien von Weihnachten, Neujahr und Epiphanias bezeichnet, denen die Zeit der zwölf tage (siehe weihnachten) eine besondere Heiligkeit verlieh. Das Datum: an dem mittern heiligen abend ze weihnachten 1391 (Helwig) ist daher der Neujahrsabend, wie dieser auch aus dem Datum: an dem andern heyligen abent in circumcisione 1371 (Steyerm. Arch.) sich ergiebt.*

Heiligmond, heligmond, helmaent, *December. Op Thomas dag imme helmaent, dorin unser trost geboren wart 1415 (Weidenbach).*

Heilthumsfest, *festum reliquiarum. (Siehe S. 80.)*

Herbst, *eine Bezeichnung für die drei Monate September, October, November.*

Herbstmonat, *ebenfalls September, October und November, doch mit Vorliebe für den September verwandt. Man unterschied die 3 Monate auch mit der erste, der andere, der dritte herbstmonat.*

Herr, hero, *wird häufig hervorragenden Heiligen beigesetzt. Alleinstehend bezeichnet es die Apostel in dem Datum: op den zwelf herentag den man noembt divisio (Weidenbach). Sonst bezeichnet es besonders mit dem Beisatze unser Christus, analog dem lateinischen Dominus, so: am achten tage der entscheynunge unsrs herrn 1502 (Bresl. St.-Arch.), octava epiphaniae Domini.*

Herren Vassnacht, *siehe Vassnacht.*

Herrmesse, hermisse, *soll nach Pilgram den Mauritiustag, 22. September, bezeichnen.*

Heumond, hawmonat, houmanot, holmaent, hoemanot, *der Monat Juli.*

Heuwet, heuet, hoewat, howet, houwet, *die Heuernte, speciell den Monat Juli bezeichnend.*

Hieronymustag des heiligen beders, *Hieronymus, 30. September.*

Himmelfahrt Christi, gottes unsers herren, *Donnerstag nach dem 5. Sonntage nach Ostern. Das Gedächtnis der Himmelfahrt wird am 5. Mai begangen.*

Himmelfahrt Mariae, *siehe Frauentag irer himmelfahrt.*

Hochgelobt, *ein Beiwort, das nur hervorragenden Festen zugetheilt wird.*

Hochtid, hochtyd, hochzeit, *eine Bezeichnung für höhere Feste. Siehe S. 36.*

Hochzeit verbieten, *siehe Alleluja niederlegung.*

Hohe mittwochen, *Mittwoch nach Pfingsten. Des hohen mitchens in der pincbetwochen 1377 (Font. Austr. II, XXI).*

Hoher samstag, *Sonnabend vor Ostern.* Von
der krummen mittwochen unck an den hohen
samstag (*Helwig*).

Hornung, horner, *Februar.*

Hoewat, houwat, houwotse, *siehe* Heuwet.

Hundstage, *dies caniculares, erst rom 6. Juli
bis 17. August, später rom 14. Juli bis
15. August, jetzt rom 22. Juli bis 22. August
gerechnet.*

I. J. Y.

Jacobstag, Jacoffstag, des groteren, des
meren, *Jacobus,* 25. *Juli.* In dem bilghen
daghe sunte Jacobi des groteren des bilghen
Apostoles 1362 (*Lüneb. Mich. Klost.*); nanch
s. Jacobstage des merren zwülfbotten 1410
(*Mon. Zoll. I.*); nach sant Jacobstage der da
gevellet in die eren (*Mon. Zoll. III.*); sant
Jacobstag zo hoewat 1370 (*Mon. Zoll. I.*);
sant Jacobstag im snitt 1414 (*Helwig*); sant
Jacobstag in dem bawersnitt 1347 (*Weinhold,
Mon* 39)1 an sand Jacobstag in dem augst
1340 (*Helwig*); an sente Jacobsdach in deme
somer 1393 (*Riedel, c. d. Br.*); na sunte
Jacobesdaghe des hilgen apostoles de na
middensomere kumt 1351 (*Sudendorf*).

Jaresdag newen, nyen jaresdag, jares-
avent, *der Neujahrstag und seine Vigilie.*
Uf jarestag den man nennet in latyne circumcisio 1344 (*Sudendorf*); na nyenjayradaighe
geheiten circumcisio Domini 1393 (*Lacomblet*).

Jengernng, *siehe* Frauentag erer jengerung.

Jenner, jener, jänner, *Januar.*

Ilientag, Ylgentag, Yllientag, *Egidius,*
1. *September.*

Ilsebeen, Ilsebeen, Ilsebeten, Ilse,
Elisabeth, 19. *November.* Siehe Elspet.

Ingebenden monats *siehe* S. 34.

Jobst, Jost, Joist, *Jodocus,* 13. *December.*

Johannstag mit dem goldein munde,
Johannes der goldin mund, *Johannes
Chrysostomus,* 27. *Januar.*

Johannstag vor dem wälschen thor,
vorm goldein thor, to den porten,
vor der latinisch porten, *Johannes
(erang.) ante portam latinam,* 6. *Mai.*

Johannstag nach ostern, nach Walpur-
gen, *Johannes ante portam latinam,* 6. *Mai.*
Nach sand Johannstage evangelist als man
in beget noch hostern 1305 (*Font. rer. Austr.
II, XXV.*); an sunte Johannes daghe des
hilghen evangelisten do dar komet na sunte
Walburge daghe 1362 (*Sudendorf*).

Johannstag, als he ward in dem oley
gebraten, also he ward ghesoden in
der oleye buddene, 1321 (*Riedel, c. d.
Br.*), *Johannes ante portam latinam,* 6. *Mai.*

Grotefend. Handb. d. histor. Chronologie.

Johannstag baptisten des dopffers
unsers hern, des gotatenffers, (*ohne
Beisatz ist stets der* 24. *Juni* [1]).

Johannstag zo sonnwonden, sunbenden,
sunngichten, sunnich, *Johannes baptista,*
24. *Juni.*

Johaunstag zu mitten sommer, vor der
erne, da dem korn die worzel bricht,
Johannes baptista, 24. *Juni.* Sunte Johannis
baptiste to myddensommere als he geboret
wart 1378 (*Lisch, Meckl. Urk.*).

Johannstag des lichten, *siehe* Johannes und
Paulus.

Johannstag als er enthanptet ward, im
herbste, *decollatio Johannis baptistae,* 29. *Aug.*
In s. Johannis babtisten daghe, alse em syn
hoft afghehowen ward an dem herveste 1434
(*Lisch, Meckl. Urk.*) [2].

Johannstag zu weihnachten, ze wün-
gichten, ze winigichten, *Johannes
evangelista,* 27. *December.* In sunto Johannis
evangelisten daghe de in den winachten kumt
1348 (*Sudendorf*).

Johannstag des evangelisten als er sci-
nen namen verschenkte, 27 *December*
(*Haltaus*).

Johannis minne, liebe, 27. *Decbr.*

Johannes und Paulus die lichten, 26. *Juni.*
An des lychten sente Johannis unde sente
Pauli der merterer tak 1361 (*Cod. dipl. Sil.
II,* 162). Eine Halberstädter Urkunde von
1389 *sagt:* to sinte Johannis daghe des lich-
ten als me under de kronen waket (= *sich
bewegt, eine Beziehung auf das statthabende
Sommer- und Erndtefest.) Dass die Beziehung
dieses Datums, sowie des Datums bei Korn
(Bresl. Urkh.) in sante Johannestage des
lichten* 1263, *auf den* 26. *Juli berechtigt ist,
zeigt ein niederdeutscher Cisiojanus (Meckl.
Jahrb. XXIII,* 126), *Johan johan licht Pe
Pau.*

Jorgentag, Jorgstag, Joringtag, Joren-
tag, *Georg,* 23./24. *April.*

Ypolitentag, *Hippolytus,* 13. *August.*

Julianentag, *ohne Beisatz stets der Tag der
heiligen Juliane,* 16. *Februar.*

Junge vassnacht, *siehe* Vassnacht, junge.

Jurgentag, Jurionstag, Jurigenstag,
Georg, 23./24. *April.*

---

[1] *Auch das Datum:* an sunte Johannes abend baptisten
des heiligen zweifboten 1343 (*Lacomblet*) *ist wohl auf den
24. Juni zu reduciren.*

[2] *Vielleicht gehört diesem Tage auch das Datum an:
am sondage der affindunge (wohl afsnidunge) Johannes
baptisten* 1484 (*Riedel, c. d. Br.*), *da der Wochentag mit der
inventio capitis Joh. bapt. nicht stimmt.*

12

K. C. Ch.[1])

Caiphas freitag, *Freitag vor Palmar.* (*Helwig*).

Kallentag, *Gallus*, 16. *October.*

Candelmess, *siehe* Frauentag der Lichtmess.

Canndentag, Candidus, 1. *December* (*Helwig*).

Cantianstag, Canciaustag, 31. *Mai, Cantius, Cantianus, und Cantianilla.*

Charfreitag, karfridag, carenfreitag, *Freitag vor Ostern.*

Charwoche, *Woche vor Ostern.*

Karst, *Christus.* In das hyllyghen Karstens avonde 1497 (*Lisch, Meckl. Urk.*).

Katreintag, Catreitag der heiligen nothelferin, *Katharina*, 25. *November.*

Cherls, Cherist (*alleman.*), Kerst, Kersten (*niederdeutsch*), *Christus.*

Kerzweihe, kerzmesse, kerzentag, *siehe* Frauentag der Lichtweih.

Ketrawttentag, Ketrandtentag, *Gertrud*, 17. *März.*

Kette, Kettherin, Ketterlein, *Katharina*, 25. *November.*

Kettenfeier, kettenlose, 1. *August, Petri ad vincula.*

Kindertag nae mitwinter, aller kindleintag, unschuldiger kindertag, chindlintag, 28. *December.* Op Chindelentag do de unscholdige kindere alle geschindelet wurden (*Weidenbach*); am sonnabinde aller kindelein tage in den wynach heyligen tagen 1438 (*Riedel, c. d. Br.*); an dem heiligen tage der kindlein die do gethodith wurden um gotis willen 1405 (*Bresl. St.-Arch.*)[2]).

Kirchweihtag, kirchmess, kirmess, *die dedicatio ecclesiae. Siehe auch* Brüder Kirchweih, Prediger Kirchweich.

Kirst, Kirs (*rhein.*), *Christus.* Na Kirstis daghe den man nennit in latine nativitas Domini 1334 (*Günther*); op ten heiligen kirsavont nativitatis Domini 1360 (*Lacomblet*).

Chlaruntag, Klaruntag, *Clara* († 1253), 12. *August.*

Clementuntag, *Clemens*, 23. *November.*

Klibeltag, *siehe* Frauentag der cliben.

Clitentag, *Cletus*, 26. *April.*

Cholmannstag, *Colomannus*, 13. *October.*

Kopseliger montag, kopsaliger mandag, kopshillige mandag, *in Mecklenburg der Montag nach Estomihi.*

[1]) Die mit Ch beginnenden Worte sind nicht zusammengestellt, sondern nach den darauffolgenden Buchstaben mit eingeordnet worden.

[2]) Die Daten Weidenbachs für den 27. Dec. Born sich sämmtlich durch Berücksichtigung des Jahresanfangs mit Weihnachten.

Chotember, *Quatember, siehe S. 32.*

Krautweihe, *siehe* Frauentag Wurzweihe.

Krenstag, ohne nähern Beisatz ist, falls nicht Gründe — z. B. Ferienbezeichnung — den 3. Mai erfordern, auf den 14. September zu beziehen, da dieser Tag wegen der von ihm abhängigen Quatember stets mehr beachtet zu werden pflegte. Das Datum: am montage des heiligen creuzestag in der creuzwochen 1434 ist durch das zufällige Zusammentreffen der inventio crucis mit dem Montag vor Himmelfahrt entstanden.

Kreuztage, kreuzwoche, chreuzfahrt, crucen, krenzen. Die Tage vom Sonntag vocem jucunditatis bis Himmelfahrt, die Litaniae minores (der minneste Krenzgang), während die Litaniae majores (der moreste Kreuzgang), wenn auch liturgisch bedeutender, wegen des auf denselben Tag fallenden Marcusfestes, diplomatisch von fast gar keiner Wichtigkeit sind. Des donredages vor crucen also alse nae here ghot to hemele varet 1351 (*Lüneb. Urkundenb. Michael. Kloster*[1]); des maindages in den crucedagen 1263 (*Weidenbach*); am sontag in der crewzwochin 1379 (*Bresl. St.-A.*); der erst montag so ist die crewsvart vor der anffart unsers hern (*Helwig*). Der sontag vor den creuzwochen 1402 (*Cod. d. Sil. VI.*) ist der Sonntag voc. juc. selber.

Krenzerfindung, krenzestag als es gevunden ward, 3. *Mai.*

Krenztag im Mai, chrenzestag sam man in beget nach ostern (1309), 3. *Mai.*

Krenz erhöhung, als es erhöhet (gehoghet, vorheven) wart, 14. *September.* Uf des heyligen cruces dag als id ward irhaven das man nennet exaltatio zu latine 1330 (*Günther*).

Kreustag im herbst, der vor Michaelis tage kommt, 14. *September.* Nach des hallgen crutsdag se herpst als es erhöhet ward 1397 (*Mon. Zoll. I.*).

Christabend, 24. *December, Weihnachtsvigilie.*

Christtag, 25. *December, Weihnachtsfest.* Am freitage vor des heiligen crist tage seyner hylgen gebard 1446 (*Bresl. St.-A.*).

Christi himmelfahrt, *Donnerstag nach dem Sonntage vocem jucunditatis. Ihr Gedächtniss wird am 5. Mai begangen.*

Christmond, *December.*

Krumme mitwochen, *Mittwoch vor Ostern;* an der mittewoche vor ostirn den man den krummen mittewoche nennt 1425 (*Riedel, c. d. Br.*).

Crucen, *siehe* Kreuztage.

Chuermisse, *siehe* Frauentag erer Bodeschap.

[1]) Dadurch erklärt sich auch das Datum bei Budradorf: des mondages vor crucen als id to himmele vor 1343.

Kümmerniss, die heilige, *Liberata alias Wilgefortis*, 20. Juli.

Kündung, kündigung. *siehe Frauentag ze der Chündung.*

Kündung in *deutschen Uebersetzungen von Urkunden für Kalendae.*

Chunigund, Chungen, Kungolt, *Kunigunde, siehe Tafel XV.* Vor sand Chunigundentag in der vasten 1408; nach Chunigunden in der ersten vastwochen 1365 (*Helwig*), *zum Unterschiede von der translatio Kunigundis* (9. oder 10. Sept.), *die sich vorfindet unter der Bezeichnung:* sant Chungund tag in dem herbst (*Mon. boica. XXIX*[b], 537).

Kurin, *Quirinus, Cyrinus* (*Pilgram*).

L.

Lambrectag, Lampertstag, *Lambertus:* am leerden tage sant Lamberti 1423 (*Riedel, c. d. Br.*), *wo entschieden werden zu lesen ist.*

Lanz, länzen, *Lenz, Frühling.*

Laesmaend, *Januar,* sante Agnetendag en den mande der da heisset Lasmand 1343 (*Lünig, corp. jur. feud. III,* 107).

Latere dag, *identisch mit crastinus dies, der Tag nach einem Feste, siehe S. 37.*

Laubreise, laubrost, *Herbst, speciell October. Auch wird das jüdische Laubhüttenfest damit bezeichnet.*

Laumaend, louwmaend, (*niederdeutsch*), *Januar. Koppmann* (*Hanserecesse II, no. 196. 197*) *liest fälschlich* Lanmaend. Vgl. *Weinhold, Monatsnamen, S. 46.*

Laurenzentag, Larenczentag, *Laurentius,* 10. *August.* An sand Larenczen abenth des heilligenn notthelffer und marttrer 1511 (*Brandl, Teuffenbach*).

Leichamstag, leichnamstag unsers hern, *Frohnleichnamstag, siehe Lichamstag.*

Leonhardttage, *baierische Bezeichnung des Juli* (*Schmeller II,* 473; *Bavaria I,* 383).

Lenzmonat, *März.*

Lesen (*ntr.*), *die Weinlese (im September)* so: an sand Ruoprechtestag in dem lesen (24. *Sept.*).

Letzte vastelavend, *siehe* Vastelavend, *letzter.*

Lichamstag, lichnamstag, lyghamestag, leychamentag, *Frohnleichnamsfest.* In des werden hilghen lichames avende na pinxten des hochgeloveden ffestes 1440 (*Lisch, Behr*). *Dass das Datum in dem frydag der hochtiet des hilligen lichnames 1322 (Riedel, c. d. Br.) sich auf den Freitag nach dem Feste bezieht, braucht wohl kaum gesagt zu werden.*

Licht, liecht, *siehe* Johannes *und* Paulus.

Lichtweih, liechtmesse, *siehe* Frauentag der Lichtweih.

Loupreise, *siehe* Laubreise.

Loytag, Gloytag, *Eligius,* 1. *December,* so z. B. in dem *deutschen Kalender bei Bachmann (über Archive S.* 139). *Vergleiche das Heiligenverzeichniss, Tafel XV.*

Lucentag, Luxentag, Luchsentag, *Lucas,* 18. *October.*

Lucientag, Luceintag, Lucsentag, *Lucia,* 13. *December. Doch findet sich auch ein Datum:* am dienstage nach Lucie evangeliste 1343 (*Henneb. Urkb. V.*), *wie auch umgekehrt Georgisch das Datum anführt:* freitag nae Luce der heiligen junkfrauen tage 1473.

Lütke vastelavent, *siehe* Vastelavent, lütker.

M.

Magdalenentag, Magdalentag, *Maria Magdalena,* 22. *Juli.*

Maitag, Maientag, Mayertag, der grosse Maiertag, Meigentag, *der* 1. *Mai, das alte deutsche Maifest.*

Mandag, etc., *Montag, siehe S.* 35.

Mangentag, *Magnus, siehe Tafel XV.*

Mannfasten, *siehe* Vasten, aller manne.

Marchsentag, Marchstag, Marchentag, *Marcus,* 25. *April.* Marcustag des evangelisten nach Ostern als man die crame treget (*Haltaus*), *nach den Litaniae majores* so bezeichnet, *die auf diesen Tag fielen.*

Marientag, *siehe* Frauentag.

Marientag von Egypten, *Maria Egyptiaca, siehe Tafel XV.*

Marien schneefeier, *siehe* Frauentag als der Schnee fiel.

Marien Magdalenen der büsserin tag, 22. *Juli.*

Marien Magdalenentag da sie bekehrd ward 1383 (*Helwig*), *conversio Mariae Magdalenae, siehe Tafel XV.*

Marterwoche, martirweken, mertelweke, auch hillige mertelweken, *die Woche vor Ostern.*

Martinstag, Marteinstag, Morteinstag, Merteinstag, Mertynsdach, Martisdach, *Martinus,* 11. *November.* An sand Mertynstag vor weihnachten 1320 (*Font. rer. Austr. II, XXI.*); sonte Mertynsdach in den berwist 1344 (*Lacomblet*); np sente Mertyns avend in den wyntere 1370 (*Sudendorf*), *im Gegensatz zu dem Martinus aestivalis, der am* 4. *Juli gefeierten Translatio Martini*[1]).

---

[1] Ueber die Identität der Ausdrücke Martinstag im herbst und im winter siehe S. 32, Note 2.

Martinsmant, *November.*

Marzanasonntag, in *Polen und Ober-Schlesien der Sonntag Laetare an dem als Anfang des Sommers der Winter ausgetrieben wurde.*

Märzmesse, *siehe* Frauentag im Merz und Quatember (*Seite* 32).

Mathias, Mathies, Matheis, Mattheus *sind in den Urkunden schwer zu unterscheiden und sind in ihnen selbst offenbar mit einander verwechselt. Der Zusatz: evangelista bezeichnet stets den Mattheustag (21. September) so:* am s. Matthisabende des heiligen evangelisten 1414 (*Cod. d. Sil. IX.*).

Mathyastag, Matheistag in der vasten, *vor* vaschanges, *Mathias,* 24. *Februar.*

Mattheustag, Mathiestag im herbst, *Mattheus,* 21. *September.*

Mauricientag, 22. *September. Nach* sente Mauricii und seiner gesellschaft des stiffts zu Magdeborg heubtherren tage 1472 (*Ludew. rel. Mse. V,* 199).

Meide verbuten, *siehe* Alleinjah niderlegung.

Meindwochs, meinweken, mendweken, mentweke, *die volle Woche nach dem Michaelisfeste. Siehe* gemeine woche.

Meinden (1452), meludentag (1369), *beide Ausdrücke lässt Riedel unerklärt. Ich möchte sie auf die Meindwoche und den Meindentag auf den Sonnabend in derselben, den Tag der aurea missa beziehen.*

Mendeltag, *Gründonnerstag, vom Austheilen der Mandelbrote Vgl. Müller-Beneeke, Wörterbuch III,* 6.

Montag, Meintag, *Montag, siehe S.* 35.

Merteinstag, Mertynstag, Merttentag *des heiligen peychtiger, Martinus,* 11. *November.*

Mertelweke, *die Woche vor Ostern.*

Metach, Mechen, *Mittwoch, siehe S.* 35.

Michelstag, *Michaelis,* 29. *September. An* sand Michelsabend des heyligen furstenengel 1394 (*Mon. Zoll. I.*). An sand Michelstag in dem herbst 1313 (*Fontes rer. Austr. II, XXI.*), *wohl im Gegensatz zur apparitio Michaelis am* 8. *Mai. Helwigs* Michelstag zu dem liecht, *sowie* sand Michelstag im schnee *ist* 1416 (*Gleispacher Archiv*) *sind mir unerklärlich.*

Miehten, *Mittwoch, siehe S.* 35.

Milde, *ein Beiwort der mehr hervorragenden Heiligen.*

Mindere Zahl, *siehe S.* 22.

Mittfasten, Mitterfasten, Midfasten, Middevasten *bedeutet alleinstehend den Sonntag Laetare, sonst auch die ungefähre Mitte der Fastenzeit, die Woche von Oculi bis Laetare. Ersteres bezeugen unter andern die Daten:* donerstag vor mittvasten als die kirche

singet Laetare 1405 (*Cod. dipl. Sil. IX.*) und donirstag nach mittevastin also man singit Letare Jerusalem 1327 (*Korn, Bresl. Urkb.*): sonndach mydfasten 1436, 1443 (*Riedel, c. d. Br.*). *Die Daten:* am doursdag vor mittervasten 1353 (*Mon. Zoll. III.*) und des donredages tho midvasten 1369 (*Riedel, c. d. Br.*) *zielen daher auf einen Tag, den* Donnerstag vor Laetare. — Sonntag zu mittvasten *bedeutet stets Laetare.*

Mittichen, Mittach, Miehten, *Mittwoch, siehe S.* 35.

Mittsommer, middensomer, *das Sommersolstitium, siehe S.* 32.

Mittwinter, Midwinter, *das Wintersolstitium siehe S.* 32.

Morentag, 15. *Oct., Mauri martyres.*

Mornendes, mornetz, *crastinus dies, so:* geben Wien mittwochen oder mornendes nach Elisabethentag 1359 (*Wiener Geh. Staats-Archiv*). *Siehe S.* 37.

Morteinstag, *Martinus,* 11. *November.*

N.

Nacht. *Die Zählung nach Nächten statt nach Tagen ist altgermanisch, Ueberreste finden sich noch im spätesten Mittelalter: vierzehen nacht etc. Der mittelalterliche Sprachgebrauch setzte es auch oft in der Bedeutung von Abend, dem Morgen gegenüber: zu nacht analog dem englischen to night.*

Nägeltag, *siehe* drei Nägeltag.

Nameloser Sonntag, *Sonntag Judica. Freitag vor judica das man nennet den namelosen* suntag 1407 (*Cod. d. Sil. IX*). *Vgl. Mittheilungen des Geschichtsvereins in Frankfurt a./M. IV. Jahrg.* 1. *Heft. S.* 174 *ff.*

Narrenkirchweih, *der Sonntag Estomihi.* op maendag na narren kirchwichendach vor beginn der grossevasten 1394 (*Weidenbach*).

Neujahrstag, 1. *Januar, siehe* Jarstag und *S.* 25.

Neujahr, grosses, hohes, zweites, *Epiphania,* 6. *Januar.*

New (*masc.*), niuwe (*fem.*), *Neumond. Vergl. Müller-Beneeke Wörterbuch II.* 1, 388 *b. Geben des nechsten miehten mach* S. Jacobstag in dem new des snittes 1345 (*Wiener Haus-Archiv*).

Nichlastag, Nyclostag, Nicklastag *vor* weihnachten, *ja auch ze* weihnachten. *Nicolaus,* 6. *December. Dagegen zu* sand Niclastag im summer translacionis 1452 (*Steyerm. Archiv*) *bestimmt die Translatio Nicolai (siehe Tafel XV) anzeigt.*

Nicomediatag in der fronleichnamswoche 1314. 1499. (*Helwig*) *deutet entschieden auf den* 1. *Juni als Tag des Nicomedes, siehe Tafel XV.*

Niuwe, *siehe* new.

Nontag, der heilige, schöne, schönnontag, *Christi Himmelfahrt (die in der Nome stattfand).* Geschreven op Nontag as unser erloiser gen hemmel fur 1391 (*Weidenbach*).

Nothhelfer vierzehn, *die heiligen Blasius, Georgius, Erasmus, Vitus, Christophorus, Pantaleon, Cyriacus, Egidius, Eustachius, Achatius, Dionysius, Margaretha, Katharina und Barbara.*

O.

Obend, obint, *Vigilie, siehe S. 36.*

Oberster tag, obristertag, uberster tag, 6. Januar, *epiphania Domini.* Nach dem obristen tage der weyhennachten den man in latin nennet epiphania Domini 1404 (*Mon. Zoll. VI.*); an dem obristen tag der heiligen dreyen knnig 1427 (*Oefele II, 307*).

Odestag, Odenstag, *Mittwoch, siehe S. 35.*

Offenbarung unsers herrn, 6. *Januar, epiphania Domini.*

Offert unsers herrn, *Christi Himmelfahrt.*

Offmia, Offmey, Offmia, *Euphemia.*

Osterblnemtag, *Palmsonntag.*

Ostern, oistern, osterfest, paschen, palschen, paisken, *Das Osterfest dauerte nach dem Gebrauch des Mittelalters 8 Tage (siehe Osterwoche), daher auch das Datum:* in den achte dagen der vroliken hochtyd to paschen 1360 (*Walsroder Urkb.*). *Daten wie* des middewekens an den billigen dagen to paschen 1330 (*Meckl. Jahrb. XIV, 204*), des negesten donnerstages in den oster bilgen tagen *sind häufig. Auch kommt die Datirung* in den oster heiligen tagen vor, *die sich entweder auf die ganze Osterwoche, oder auf die kirchlich gefeierten vier Ostertage bezieht. Letztere erscheinen auch in Datirungen so:* am dingesdage in den veber billigen dagen des paschen 1532 (*Mecklb. Jahrb. XV, 196*).

Ostermonat, April.

Ostertag des peichttages, *nach Pilgram der Donnerstag vor Ostern z. B.* 1309 (*Mon. boica I, 234*).

Osterwoche, die Woche nach Ostern. Am donerstage in der heiligen osterwochen 1409 (*Mon. Zoll. III.*); am freytage in der heiligen osterwochenn 1511 (*Ludew. rel. msc.*); sonnabend in der osterwoche 1315 (*Henneberger Urkbch. V, fälschlich auf Sonnabend vor Ostern reducirt*). *Die Osterwoche schliesst ab mit dem achten tage des heiligen ostertages, wie er 1349 bei Ludew. rel. msc. II, 308 heisst. Daten wie* zinstag nach umgehender osterwochen 1336 (*Pilgram*) *finden sich vielfach.*

Oswaldestag als der snefil, Onschwalds des heiligen künigstag, *Oswaldus,* 5. *August.*

Owend, owand, *Vigilie, siehe S. 36.*

P.

Paeschen, paischen, *Ostern, siehe dieses.*

Palmtag, palemtag, palbentag, palmostertag, als man die palmen wihet, nedeilt, *Palmsonntag.* An dem sontage also man in der heiligen christenheit palmen wihet unde singet: Domine ne longe 1442 (*Rein, Thuring. sacra, Ichtershausen*).

Pangrecsentag, Panngratzntag, *Pancratius,* 12. *Mai.*

Pannfast, *Vigilie, siehe S. 36.*

Panthileonstag, Panteleymonistag des ritters, *Pantaleon,* 28. *Juli.*

Pascha, paschen, paischen, paeschen, Paisken, *Ostern, siehe* Ostern.

Paulstag *alleinstehend ist meist auf das ältere Paulsfest, den* 25. *Januar, zu beziehen. Vorzüglich sind Daten wie* an sand Paulsobent 1410 (*Font. rer. Austr. II, XXI.*) *nicht auf den* 29. *Juni zu reduciren, da ja das grössere Fest Peter und Paul auf diesen Tag fällt.*

Paulstag des einsiedlers, 10. *Januar, Paulus eremita.*

Paulstag der becherons, becherung, kerung, des bekerers, des wecherers, Pauls kertag, 25. *Januar, Pauli conversio.* In deme dage sunte Pawels des bilgen apostels also he bekerd ward von unsem horn Cristo 1428 (*Riedel, c. d. Br.*).

Paulstag vor liechtmessen, 25. *Januar, conversio Pauli, ebenso ist auch wohl*

Paulstag nach weihnachten, in dem baerdemaende *auf die conversio Pauli, den* 25. *Januar zu beziehen.*

Pauls gedechtniss, gehugnuts, dechtnisse, 30. *Juni, commemoratio Pauli.* In dem dage als me begheyt de dechtnisse des bilgen apostels sunte Paules 1388 (*Sudendorf*).

Perchtag, perchtentag, perchttag, perichtag, prechtag, prechentag, prehentag, perchtnachten, 6. *Januar, epiphania Domini.* Montags nach dem prechentag das ist nach dem oberisten 1337 (*Helwig*). *Dass auch perchtnachten den* 6. *Januar selbst bedeute, zeigt das Datum:* an der dreyer chunige tage ze perchtnahten 1331 (*Steyerm. Archiv*).

Pertelmestag, Perdelmistag des heiligen zwelffbotten, *Bartholomäus,* 24. *Aug.*

Peternel der junkfrouentac, *Petronella,* 31. *Mai.*

Peterstag ohne Heisatz ist auf den 1. August, Petri ad vincula, zu beziehen.

Peterstag ad cathedram, stulfyrtag, 22. Februar.

Peterstag als he paves wart, also he up den stol quam, 1437 (Hoyer Urkbch.), 22. Februar, Cathedra Petri. Als hye untewelt is te einen pavese 1432 (Fam. Kröcher); in sunte Petersdage alse he heget wart 1383 (Walkenried. Urkb.); am dage sancti Petri in der verhoginge 1456 (Riedel, e. d. Br.); iu sinte Peterstaghe also he gekrönt wart 1352 (Ludw. rel. msc. I, 353. gleichzeitige Ueberselzung).

Peterstag, als or gesetzt wart auf den stuel zu Rom 1351 (Helwig) ist gleichfalls der 22. Februar, da die Scheidung zwischen der Stuhlfeier zu Antiochia (22. Febr.) und Rom (18. Jan.) erst im XV. Jahrh. in Deutschland vorkommt. Siehe Tafel XV.

Peterstag in der vasten, vor vaschang, 22. Februar. An sand Peterstag in der vasten als er auf seinen pabstleichen stul gesaczt ward 1431 (Font. rer. Austr. II, XXI.).

Peterstag im lenssen, im winter, 22. Febr. An sand Peterstag kathedra im lenncsen 1395 (Pilgram); uf sente Petrus avende in deme wintere 1337 (Günther). Vgl. S. 32, A. 2.

Peterstag als men den plog utwerpet 1357 (Sudendorf). Nach Weinhold, Monatsnamen S. 29 und Serapeum XIV, 151 scheint sich dieses Datum auf den 22. Februar zu beziehen.

Peterstag fogelgeniste erscheint in Urkunden des Breslauer Staats-Archivs von 1472 und 1506, so dass die fogelgriuste in Schirrmacher's Liegnitzer Urkb. (Urk. vom Jahre 1446) danach zu verbessern ist. Der Tag ist wohl als Petri ad cathedram (22. Februar) zu erklären, da das Datum am mentagk vor Piter vogelgeniste 1513, das in den sonst chronologisch geordneten Gerichtsbüchern des Brieger Hedwigstifts zwischen feria post corpus Christi 1512 und feria VI. post. oct. corp. Chr. 1513 steht, eine Beziehung auf Petri ad vincula oder Petri et Pauli nicht zulässt.

Peterstag des heiligen martyrers 1505 (von Weidenbach fälschlich auf den 25. Nov. Petrus ep. Alexandr. bezogen) ist unzweifelhaft Petrus novus martyr (Peter von Mailand), der am 29. April besonders vom Dominikanerorden, dem er angehörte, gefeiert wurde.

Peterstag nach sunwenden 1356. Helwig, der dieses Datum anführt, erklärt es, wohl richtig, durch den 29. Juni (Peter und Paul).

Peterstag ad vincula, to den benden, seiner bende, 1. August. An den hilghen avende sunte Peters to den benden und is an dem herveste 1332 (Sudendorf).

Peterstag alse he in den banden sat und gevangen was 1356 (Sudendorf), 1. Aug. Sunte Petersdagh alse he in den kerkennere wart gesat 1359 (Hoyer Urkb., fälschlich auf den 22. Febr. reducirt); in dem irsten sweetdage alze me begheyt s. Peters den versten der apostel alze he was gevangen 1308 (Riedel, e. d. Br.).

Peterstag kettenlose, entbindung, alse eme de bande untsprungen, 1. August. In sunte Petersdage alse eme de bande affsprungen des hilghen apostels 1349 (Sudendorf); an dem hilghen daghe s. Peters alse he van den banden gheloet wart 1357 (Hoyer Urkb.).

Petirstag zewrochirs. In einer schlesischen Urkunde von 1459 heisst es: an der methewochen an synthe Potirstag zewrochirs. Ferienbezeichnung und Ausdruck (Zerbrecher der Bande) passen auf den 1. August, die Kettenfeier.

Peterstag zu ingeenden angste, als der anwest angel, 1. August.

Peterstag in der erne, 1. August, am dage vincula Petri in der erne 1503 (Lisch, Meckl. Urkunden); in sanct Petersdaghe vor deme arne 1349 (Sudendorf).

Peters des krenterstag. Spiess in seinen archivischen Nebenarbeiten führt dieses Datum aus einer Elsässischen Urkunde an und zur Erklärung die Notiz, dass sich in einem Strassburger deutschen Kalender zum 30. Juli die Bemerkung finde: dominica ante festum b. Petri so man das crat wihet. Es ist also der 1. August gemeint, auf den sich demnach auch das von Pilgram dem 22. Februar zugewiesene Datum: 8. Peters tag als man meerrettig weihet, beziehen wird.

Peters und Paulstag als dem Korn die worsel bricht 1404 (Bresl. St.-A.), 29. Juni. Noch heute in Schlesien sprichwörtlich: Peter Porzel bricht dem Korn die Worsel.

Pfaffen vasznacht, siehe Vasznacht, Pfaffen.

Pfincztag des heiligen antlass tag, siehe antlasstag.

Pfingsten wurde im Mittelalter, wie auch Ostern, durch volle 8 Tage (siehe Pfingstwoche) gefeiert. Daher auch Daten wie: an der mitwochen yn den achtagen der heiligen pfingstfeyertage 1474 (Bresl. St.-Arch.). Kirchlich wurden dagegen nur 4 Tage begangen, was zu Daten wie: am donnerstage nach den heiligen phinigist feiertagen 1499 (Bresl. St.-A.) Anlass gab.

Pfingstag, Pfincztag etc., Donnerstag, siehe S. 36.

Pfingstag der weichen, Pfingsten, von der am Pfingstabend stattfindenden Taufwasserweihe.

Am avent vor pfingstag da man das wasser weichet 1423; op den avend vor pfingsdag der weichen 1442 (*Weidenbach*).

Pfingstwoche, *Woche nach Pfingsten.* Usgehende pfingstwoche, *der Sonntag nach Pfingsten* (conductus pentecostes); samstag zu ausgehender pfingstwochen 1388 (*Helwig*). *Der Ausdruck* belaken pinxten *in dem Datum:* op den sonnendag to belaken pinxten 1447 (*Lacomblet*) *bezeichnet ebenso die verflossene, die ausgehende Pfingstwoche. Vgl.* belûchen == *schliessen in Müller-Benecke's Wörterbuche I,* 1023*[a].

Plum ostertag, plum oesterecontag, plumostern, *Palmsonntag.* Judenburg des nasten mentages nach dem palmtag zu plumostern 1320 (*Helwig*); pluemostern in der vasten 1369 (*Helwig*).

Poeltentag, Poltentag, *Hippolytus,* 13. *Aug.*

Poleygentag, Bolayentag, *Pelagius,* 28. *Aug.*

Pottschaft unser frawen, *siehe* Frauentag der bodschup.

Praxentag, Praxedellentag, *Praxedes,* 21. *Juli.*

Prechtag, Preebentag, Prehentag, 6. *Jan. siehe* Perchtag.

Prediger kirchweih. *Nach Helwig, der Daten von 1445 und 1491 anführt, der Sonntag misericordia Domini, die Kirchweih der Dominikaner.*

Preldentag, *Brigitta,* 1. *Februar.*

Preimtag, Preims und Feliciantag, *Primastag, Primus und Felicianus,* 9. *Juni.*

Prischkentag, Prissentag, Priesentag, *Prisca,* 18 *Januar.*

Pülletag, *nach Weidenbach ein Maitag zu Ehren des germanischen Gottes Phol; dem entspricht auch das von ihm angeführte Datum:* uf den pülletag nach sant Walburgestage.

Q.

Quatember, quatertemper, quotember, chotember, quartal, *die vier Mittwoche und die darauf folgenden Tage vor Reminiscere, vor Trinitatis, nach Kreuz Erhöhung und nach Lucia siehe S.* 32.

R.

Radgunden der junkfrawen tag, *Radegundis,* 11. *August.*

Rebmonat, Redmonat, *Februar.*

Rechte vassnacht, *siehe* Vassnacht, rechte.

Reinigung Marie, *siehe* Frauentag erer reinigung.

Remeismaint, *October.*

Remigentag, Remelstag, *Remigius,* 1. *Octbr.*

Rinnabend, der wenige, *Donnerstag vor Estomihi.* *Vgl.* Gumpete, unsinnige donnerstag, Vastelavent, lütker.

Rinnsonntag, der *Sonntag Estomihi.*

Rosensonntag, *Sonntag Laetare.* Der heilige sonnentag zu mittevasten Laetare Jerusalem, genannt der rosensonnentag (*Hallaus*).

Rumpelmette, *siehe* Finstermette.

Ruprechtstag in den vasten, *Rupertus,* 27. *März.*

Ruprechtstag in dem herbst, in dem lesen, *translatio Ruperti,* 24. *September.*

Rusttag, der *Charfreitag* == *Parasceue.*

S.

Sabbathstag, sabbistag, *Sonnabend, siehe Seite* 36.

Sacramentstag, *Frohnleichnumsfest.* Op des heyligen sacraments avent dat is op den tyenden dagh van den maenden Junio 1411 (*Lacomblet*).

Salvatorstag, der *Trinitatissonntag.* Samstages in der pfingstwochen an S. Salvators abent 1316 (*Seckau, St.-A., Wien*).

Sambestag, sammistag etc., *Sonnabend, siehe Seite* 36.

Samstag der alten vassnacht, *siehe* Vassnacht, alte.

Samstag, hoher, schmalziger, *siehe* hoher, schmalziger samstag.

Saterdag, satersdag, *Sonnabend, siehe S.* 36.

Sauwels bekerunge tag 1386 (*Bresl. St.-A.*), *für Pauli Bekehrung,* 25. *Januar.*

Schaffdonnerstag, *Donnerstag nach Aschermittwoch* (*Weidenbach*).

Schiedung unser lieben frauen, *siehe* Frauentag erer schiedung.

Schlachtmond, *November, seltener December.*

Schmalziger samstag, *Sonnabend vor Estomihi* (*Pilgram*), *siehe* Veister Sonnabend.

Schnitt wie arne und augst, *Zeit der Getreideerndte, Juli und August, siehe* Jacobstag und Stephanstag.

Schönnonetag, *siehe* Nontag.

Schurtag, schürtag, *Aschermittwoch.* Geven op schurtag den ersten mitweg in der grossfasten (*Weidenbach*); *siehe auch* Vassnacht, rechte.

Schwarzer sonntag, *Sonntag Judica.* Am sontag Judica oder schwarzen sontag 1427 (*Pol, Jahrbücher*); an dem swartzen sontag in der vasten 1300 (*Font. rer. Austr. II, XXI.*).

Sebastianstag des hilgen marterers, 20. *Januar, sonst* Fabian und Sebastian.

Seligen und Gemeren, *Felix und Adauctus,* 30. *August.* Donrstag Seligin und Meren 1436 (*Riedel, e. d. Br.*).

Selle, Zelle, *niederdeutsche Bezeichnung für Februar.*

Seltag, *siehe Aller selen tag.*

Servacientag, Servaczentag, Servaistag, 13. *Mai.* An sand Servaciustage in dem Mayen 1349 (*Helwig*).

Severinstag *ist meist, selbst mit der Bezeichnung des h. abtes, der* 23. *October, wie*

Severstag *der* 22. *October.*

Symonstag des heil. herren 1362 *ist* (*mit Helwig*) *auf den* 28. *October, Simon und Judas, zu beziehen.*

Singihten, *siehe Sonnwende.*

Sixtstag des heil. paweses, 6. *August.*

Snit, *siehe Schnitt.*

Sommer, sommermond, *die Monate Juni, Juli und August. Siehe Johannes baptisten-, Jacobs- und Stephanstag.*

Sommertag, sommersonntag, *Sonntag Laetare, von dem an ihm stattfindenden Sommerfeste.*

Sommerquartal, *siehe S.* 32.

Sonntag als sich unsers herrn zuchunft anhebt, *der erste Adventssonntag.*

Sonntag ausgehender gemeinwochen, siehe Gemeinwoche.

Suntag barmherzigkeit des herrn, *Misericordia Domini.*

Sonntag domine in der vasten, *Palmsonntag, nach dem Introitus: Domine ne longe.*

Sonntag gedenke widder, *Reminiscere.*

Sonntag Jerusalem, *Laetare.*

Sonnwenden, sonnabenden, sunbenden, sunnewenttag, sunwende, sunstede, sungihten, singihten, sunlich, *das Sommersolstitium. Siehe S.* 32.

Sonnwende der ander in der vasten, 21 *März* (*Weidenbach*).

Speerfeyer, speerfreitag, *Freitag nach Quasimodogeniti.*

Speltmaent, *September.*

Sporkel, spurkel, sporkelmaent, *niederrheinisch für Februar.*

Stenczlawentag, Stenczolstag, Stenzelintag, *ohne nähere Bezeichnung der* 8. *Mai.*

Stenczilstag nach ostern 1444 (*Bresl. St.-A.*), *der* 8. *Mai.* Noch sente Stenczlawen tage des lieben helligen merteros alx man yn veygirt nach ostirn 1389 (*ebenda*).

Stenczilstag im herbst, 27. *September,* am tage Stanislai vor Michaelis archangeli 1498 (*Cod. d. Sil. IX.*).

Stephanstag des ersten mertelers. *Für die meisten Daten wird eine Beziehung auf den* 26. *December durch die in die Nähe fallenden grossen Feste unmöglich gemacht, so besonders bei Datirung mit Stephans abend. Diese sind dann auf den* 3. *August zu reduciren.*

Stephanstag in den osterfeyrtagen 1438 (*Steyerm. Arch.*) *ist der am* 17. *April gefeierte Abt Stephan von Citeaux.*

Stephanstag siner vyndingbe, als er erfunden wart, 3. *August, Inventio Stephani.* In des hilghen heren daghe sinte Stephanes als sin beynte ghefunden wart 1379 (*Isenhag. Urkbch.*); an sant Stephanstag des helligen martrer, als er derhebt ist worden 1401 (*Helwig*).

Stephanstag im schnitt, in des oeren, im angst, im somer, 3. *August, inventio Stephani.* Sand Stephanstag im snit als er erfunden ist 1468 (*Font. rer. Austr. II, XXI.*); an des hilghen daghe sunte Stephanes negest sunthe Peters in dem arne 1439 (*Hoyer Urkundenbuch*) *wohl auf den* 2. *August Stephanus papa zu beziehen.*

Stephanstag zu weihnachten, in den hilgen wihenachten, 26. *December, Stephanus protomartyr.*

Stiller freitag, *Freitag vor Ostern, siehe Gute mittwochen.*

Stille woche, *die Woche vor Ostern.*

Sungihten, sunlich, sunbenden, sunnstede, siehe Sonnwenden.

Sunnonavond, sunnobint etc., *Sonnabend, siehe S.* 36.

T. Th.

Tamanstag, Thamanstag, *siehe* Thomanstag.

Taufsamstag, *der Sonnabend vor Ostern* (*nach einem Augsburger Kalender von* 1657). *An dem heyligen taufsamcstage* 1366 (*Steyerm. Arch.*).

Teyburezentag, *siehe* Tiburtientag.

Teyn dusent mertelern dag, 22. *Juni, siehe* Zehen tausent rittertag.

Tertulenstag, *Tertullianus,* 31. *Juli.*

Tiburtientag, Tiburezentag, Teyburezentag *ist nicht immer der* 11. *August. So ist das Datum Montags nach sant Tiburtientag im Aprillen* 1415 (*Helwig*) *durch den Zusatz bestimmt dem Tage Tiburtius und Valerianus* (14. *April*) *zugewiesen, ebenso auch das Datum dominica Quasimodogeniti, vigilia Tiburtii* 1371 (*Cod. d. Sil. IX.*). *Die Ferienbezeichnung kann hier nicht entscheiden, da beide stets auf denselben Wochentag fallen.*

Tistag, tinstag, *Dinstag. siehe S.* 35.

Todsonntag, todtensonntag (aus vorigem
verderbt), Laetare in Polen und Schlesien, von
dem an diesem Sonntage begangenen Volks-
feste des Todaustreibens (Leisketod). Vergl.
Marzanasonntag.

Thomastag, ohne nähere Bezeichnung ist stets
auf den 21. December zu reduciren.

Thomastag des heiligen zwölfboten, des
heiligen heren, 21. December.

Thomastag vor weihnachten, 21. Decbr.
An sente Tomasdage die heiligen apposteln
de dar homed vor dem heiligen Cryste 1383
(Wolf, Eichsfeld. Urkbch.), siehe Thomastag
ze Weihnachten.

Thomastag genannt Didymus, 21. December.
Des neghesten daghes des werden apposteln
sunthe Thomas ghenoemed Didimus . . . .
(Lisch, Behr III, 139), dazu als Parallele
Vers 387 aus der Laurea sanctorum des Hugo
von Trimberg: Thoma diu mussans Didymus
qui jure vocaris (Anz. für Kunde deutscher
Vorz. 1870, No. 10).

Thomastag des bischofs von Kantel-
berge, 29. December, Thomas episcopus
Cantuariensis.

Thomastag ze weihnachten, in weih-
nachtsfeiertagen, 29. December. Sand
Thomastag ze weihnachten in den veyertagen
1354 (Helwig); Wienn an sand Thomastage
des heiligen bischoffs und mertrers ze weihnachten 1395 (ebenda).

Torathentag 1394 (Helwig), Dorothea, 6. Febr.

Torkeltage, Montag und Dinstag vor Aschermittwoch. Torkeln — dorien — wirbeln.

Tult, Bezeichnung für höhere Feste, siehe S. 36.

Twölftentag, siehe Zwölftentag.

U.

Übersten tag, siehe Obersten tag.

Uffartstag, uffertstag, ufvartstag, Christi
Himmelfahrt.

Uffelre, Uffrelle, April.

Ulrichstag im hewet, Ulreichstag noch
sunnewenden, 4. Juli.

Undern, eine Vespermahlzeit zwischen 3 und 4
Uhr Nachmittags, siehe S. 44.

Unschuldiger kindertag, unnosel kindertag, siehe Kindertag.

Unsinniger donnerstag, Donnerstag vor
Estomihi 1526, den 8. Februar was der unsinnige donstag, wie man in in Turgow ge-
nennt hat (Pilgram), siehe Gumpete dormstag
und Vastelavend, lütker.

Urstende, ufdirstendunge unsirs herren
Ihesu Cristi, Ostern.

Usgeender monat, siehe S. 35.

Usgeende osterwoche, usgeende pfingstwoche, siehe Osterwoche, Pfingstwoche.

V.

Valentinstag, Valtenstag, Valenteinstag, Valteinstag ohne nähere Bezeichnung
ist mit Ausnahme der Daten aus der Passauer
und Salzburger Diöcese auf den 14. Februar
zu beziehen. In den angegebenen Diöcesen ist
die grössere Wahrscheinlichkeit für den 7.
Januar, den Tag des heiligen Valentin, Bischofs
von Passau, der dort mit grosser Feierlichkeit
begangen wird. Eigenthümlich ist die Bezeichnung Dreusechenhundert jar und zwelfte halbe
jar an sant Valenteinstage (Seitenstett. Urkbch.),
was auf die in der Passauer Diöcese solenn
begangene Translatio s. Valentini ep. Patav.,
den 4. August 1311, zu reduciren ist.

Valentinstag des marterers ist stets der
14. Februar, dagegen

Valentinstag des heiligen bischoffs,
Valtenstag pisschoffs, der 7. Januar.

Valenteinstag nach dem obristen, nach
dem heiligen prehentage 1451 (Helwig),
selbst in den weihnachten feirtagen
1449 (Steyerm. Arch.) ist der 7. Januar, im
Gegensatze zu dem

Valentelnstag in dem hornung 1333 (Innicher Stifts-Arch.), nach der lichtmesse
1321 (Seitenstett. Urkbch.), vor der tumben
wuetten vasnacht (Pilgram), die den 14.
Februar bezeichnen.

Vandinghe unser lieben vrawen, siehe
Frauentag oder vandinghe.

Varleichnam, Frohnleichnam, siehe Warleichnam.

Vasabend, grosser, siehe Vastelabend, grosser.

Vasangtag, vaschang, vasching, Dinsta g
vor Aschermittwoch An dem fasangtag, der
ist gewesen an dem achtedem tag nach unser
frauen der lichtmess und ist sand Apolonie
tag an dem selben fasangtag gewesen 1440
(Helwig).

Vaschangtag, aller manne, siehe Vasten,
aller manne.

Vasnacht, vasnacht, vastnacht, Dinstag
vor Aschermittwoch, so am dinstag der fastnacht 1439 (Scr. rer. Sil. VI); am suntage
Estomihi vor der fasthenacht 1391 (Breslauer
Staats-Archiv).

Vasnacht, alte, Sonntag Invocavit (Haltaus).
Samstag der alten fassnacht, Sonnabend vor
Invocavit (Pilgram).

Vasnacht, ganze, siehe Vastenwoche, ganze.

Vasnacht, gemeine, Aschermittwoch. An dem
zehenden tage vor der gemeinen fasnaht, in
der lateinischen Ausfertigung die decima ante

carnisprivium 1332 (*Böhmer, Urkbch. d. Stadt Frankfurt*).

Vassnacht, grosse, *Invocavit, auch grosser sonntag in der vasten (siehe dieses) genannt.* Sontag invocavit genant die gross vastnacht 1483 (*Weidenbach*); op den grossen sontag als man singt invocavit me in der fassnacht 1454 (*Weidenbach*). *Ein drittes Beispiel siehe bei Vassnacht, rechte. Vgl. dagegen Vastelavend, grosser, und Grossfasten.*

Vassnacht, der herren, der pfaffen, der *Sonntag Estomihi. Vor dem sontag als man in der hailigen roemschen kirchen singet Estomihi genant herren vassnacht 1469 (Zinkernagel). Vgl. Vassnacht, rechte.*

Vassnacht, junge, *Aschermittwoch. Als 1384 die junge fassnacht auf s. Matthias des apostels ahend gefallen (Haltaus).*

Vassnacht, rechte, *Aschermittwoch, bei Haltaus ist folgende Zeitfolge angeführt.* Pfaffen vassnacht — rechte vassnacht — mornende uf den schürtag — donerstag — vritag zu abend vor der grossen vassnacht.

Vassnacht, Weiber-, *der Donnerstag vor Aschermittwoch.*

Vastelabend kommt *den Tagen vom Donnerstag vor bis Dinstag nach Estomihi zu. Des vridages vor deme sondage in dem vastelavende wan men singet Esto mihi in Deum protectorem 1386 (Riedel, c. d. Br.); des sonnabendes in deme vastelavende 1416 (ebenda).*

Vastelabend, grosser, vasabend, grosser, *Estomihi. Op den sondag so gross vastabend den man nent Estomihi 1569 (Lünig, corp. jur. feud I, 1989); op den sontag so gross vasavent den man nent Estomihi 1473 (Weidenbach). S. dagegen Vassnacht, grosse und Grossvasten.*

Vastelabend, letzter, *Montag und Dinstag vor Aschermittwoch, die letzten Tage der Faschingsfeierlichkeiten. Des mondages in den lasten fastelavende 1402 (Riedel, c. d. Br.); des dinxedages im lesten vastelavende (Helwig).*

Vastelavend, lütker, *Donnerstag vor Estomihi, in Köln die Weibervassnacht, Gumpete donnerstag, in Schwaben unsinniger donnerstag genannt, ein Vorspiel der grossen Faschingsfeste der folgenden Woche. Des donredaghes to lutke vastelavend 1470 (Lisch, Oertzen[1]); am dornstage zum fastelavende 1465 (Riedel, c. d. Br.).*

Vasten, *die Zeit von Aschermittwoch bis zum Osterfeste. Alle Tage, die in diese Zeit fallen,*

können den Beisatz in der vasten erhalten. *Vergl. Grossvasten.*

Vasten, aller manne, mannvasten, mannvassnacht, *Sonntag Invocavit.* Zonntag thu aller manne vasten 1369 (*Sudendorf*); sunndags an aller mann vaschangtag 1330 (*Helwig*); to manue vastelavende 1252 (*Obernkirch. Urkbch*)[1]; an dem sechsten tag in dem Merzen das was am freytag vor der mannfasten 1416 (*Helwig*).

Vasten, vier tage zu angehenden, *bezeichnet die vier Tage von Aschermittwoch bis Invocavit.* Uff donnerstag in den viertagen zu angeender vasten 1505; auff die quatember nach den vier tagen zu angeender vasten (*Haltaus*); des suntages als man die vier tage gevastet hat so' man singet Invocavit 1314 (*Helwig*). *Den Anfangstermin bezeichnet das Datum:* an der ersten Mittewochin so man in dy vasten gehet 1329 (*Henneb. Urkbch. V*).

Vasten, zehen tage in der, *die zehn Tage von Aschermittwoch bis Reminiscere (mit Ausschluss des Sonntags Invocavit, an dem nicht gefastet wird).* Suntags so man die zehentag gevast hat in der vasten (*Helwig*); *das Datum* des freitags in den zehen tagen in der vasten (*Helwig*) *lässt einen Zweifel zwischen Freitag vor Invocavit und vor Reminiscere.*

Vastenwoche, erste, zweite etc., *die Woche nach Invocavit, Reminiscere etc.*

Vastenwoche, ganze, *die Woche nach Invocavit. Von dieser Bezeichnung leitet sich auch wohl das Datum (bei Schaab, Städtebund II, 83) 1317 an der ganzen fastnacht her, das danach auf Invocavit zu reduciren wäre.*

Veiestag, Veychtstag, *Vitus, 15. Juni.*

Veister sonnabend, sonntag, dinstag, *auch fetter sonntag etc. Sonnabend etc. vor Aschermittwoch. Geschain op eynen fetten denstag ob die kirch die gross vaesten beginnt 1430 (Weidenbach).*

Veitstag, Veisstag, Veytstag, Veychtstag, *Vitus, 15. Juni.*

Felicen und gemerentag, *Felix und Adauctus, 3. August. Vgl. Seligen und gemeren.*

Veltenstag, Veltinstag, *siehe Valentinstag.*

Verboten zeit, *von Circumdederunt (Septuagesimae) bis zum Ostersonntage. Siehe Alleluja niderlegung.*

Verentag, Verenentag, Frenentag, *Verena, 1. September.*

Verkorener, verschworener montag, *siehe Seite 32, Anm. 1.*

Fetter dinstag, *siehe Veister sonnabend.*

Fey, Fie, *Sophie 15. Mai (Weidenbach).*

---

[1] von Lisch irrthümlich als Donnerstag nach Invocavit erklärt.

[1] fälschlich als Vigilie von Laetare reducirt.

Fidentag, Fiduntag, *Fides*, 6. *October*.

Vier tage in den vasten, *siehe* vasten.

Viersehen tage, viersehn nacht, *allgemein zwei Wochen später oder früher*; 1298 nach weihnachten uber viersehen tag (*Helwig*), *ist daher nicht der Dreikönigstag, sondern 8 Tage nach Neujahr, während dagegen* viersehen tag vor dem monn der da haisset Abril 1890 (*Pilgram*) *wohl eine Uebertragung von* XIV. Kal. Apr. (19. *März*) *ist*.

Vierzelten, veertiden, *Quatember*. *Siehe Seite* 32.

Viersig tage, *die Fasten*. Am sondage der hilgen vertich dage alse men singeth in der hilgen kerken Oculi 1449 (*Lüneb. Urkb. VII*).

Vigilitag als er gehaben worden ist 1418 (*Mon. boica I,* 243), 16. *September, elevatio Virgilii aep. Salisb. Virgilius und Vigilius werden im Mittelalter häufig verwechselt*.

Vincencientag ohne Beseichnung ist der 22. *Januar, Vincentius levita*.

Vincencii tag nach weihnachten, *in einer Urkunde des Breslauer St. - Archives von* 1352 *der* 22. *Januar, Vincentius levita*.

Vincencientag der neste noch phingisten 1369 (*Bresl. St.-A.*), *Vincentius ep. m.* 6. *Juni*.

Vincsendtag als sich die vögelein swaybnd 1385 (*Steyerm. Arch.*), *ebenfalls wohl der* 6. *Juni*.

Finstermette, düstermette, rumpelmette, *die Messe am Charfreitag, da während derselben beim Benedicius die Altarkersen gelöscht wurden zur symbolischen Beseichnung der biblisch überlieferten Finsterniss bei dem Tode Christi*.

Vitalstag, Vitaelsdach, 28. *April, Vitalis*.

Vitestag, Vitztag, 15. *Juni, Vitus*.

Fluristag, *Florianstag*, 4. *Mai*.

Foddere tag, vordere tag, *der Tag vor einem Feste*. *Siehe S.* 36.

Volborn, *Februar*.

Volmanod, Fulmand, *September*.

Vorabend *ist gleich der Vigilie*.

Vorfirabend *dagegen gleich der vigilia vigiliae* (*praevigilia*). *Siehe S.* 36.

Franckentag, Franciscentag in dem herbste, 4. *October*.

Franciscentag der entfanginge der hilgen fünf wunden 1510 (*Meckl. Jahrb. III,* 109), 17. *September, stigmata Francisci*.

Frassmaendag, frassgerdag, *Montag oder Dinstag nach Estomihi*. Op den frassgerdag vor beginn der gross vasten 1386 (*Weidenbach*).

Frauentag lichtwih, kerswihe, lichtmesse, kersmesse, candelmess, lichtfewer, so man die kers weihet, do man die kersen in die hand nimmt, 2. *Februar, purificatio Mariae*. Uff unser lieben frauwen obent alse man dye lyechte wyhet su latine purificacio 1390 (*Baur, Arnsb. Urkb.*); unsere liebe frawe tag lichtfewer ader purificacionis 1478 (*Bresl. St.-Arch.*); unser lieben frauen kersewyhetag den man noembt purificacio 1401 (*Weidenbach*).

Frauentag der reinignng, 2. *Februar, purificatio Mariae*. In dem avende unser lyfen vrowen erer reynygheit 1386 (*Riedel, c. d. Br.*); am freidage der reyninge Marie 1473 (*Lisch, Oertzen*).

Frauentag se der chündung, khiudung chundunge, verkündunge, unser frauen kündungstag, 25. *März, annunciatio Mariae*.

Frauentag erer bodeschnp, der potschaft, als se gebodeschepet wart, 25. *März, annunciatio Mariae*. In unser vrowen daghe alse se de bodescop untfieng von des engele 1367 (*Scheidt mant. doc.*); unser lieber frawentag in der vasten als ir der almechtig got verkundt ward 1425 (*Oefele II,* 318). Mariendach do se gebothschap ward sein dagen nach dem 17. *Martii* (*Pilgram*).

Frauentag dat sy geboytschaft ward, das man nennit chnermisse (*Weidenbach*) 25. *März, annunciatio Mariae*.

Frauentag der cliben, klybeln, becliber, cliebeltag, irer bekleibung, 25. *März, annunciatio Mariae*. Uff unser frawen dag klybeln in der heil. fasten 1371 (*Baur, Arnsb. Urkb.*); uff unser lieben frouwen dag den man nennet su dussche becliber su latine annunciacio b. virginis 1378 (*ebenda*); an unser frauwen tage der cliben den man nennet caw latine annnnciacionis 1387 (*Sudendorf*); unser franen cliebeltag in der vasten den man nennet amnunclaciouem 1436 (*Lünig, Reichsarchiv, p. spec. cont. II, VI,* 73).

Frauentag als sie gottes mutter wardn ist 1365 (*Steyerm. Arch.*), 25. *März, annunciatio Mariae* [1]).

Frauentag in der vasten, 25. *März, annunciatio Mariae*. An unser vrmwen daghe annunciacionis in der vasten 1442 (*Wülfingh. Urkbch.*).

Frauentag der stillen, 25. *März, annunciatio Mariae*. An unser franwen tage der stillen in der vasten 1357 (*Wolf, Eichsfeld. Urkb.*).

Frauentag im Mers, unser frauen Mersmesse, Märstag.

Frauentag erer besuchunge, als sie auf das gebirge gieng, 2. *Juli, visitatio*

---

[1]) Dagegen bausche ich auf den 8. Sept. an unser frawen tag der parulari 1415 (*Steyerm. Arch.*).

Mariae. An unser liben frawen tage der besuchunge sente Elisabeth 1403 (*Liegnitz. Urkb.*); an dem neoten suntage noch unser liben frawen tag als aye auf daz gebirge giuk daz man nennet visitacionis Marie 1405 (*Bresl. St.-A.*); nha visitacionis Marie mydden deme szomere 1492 (*Lisch, Behr*).

Frauentag der neuen feier, 2. *Juli, visitatio Mariae, da sie erst seit* 1389 *gefeiert wurde.* Uff unser frawen abend der nuwe fier, daz man nennet visitacio Marie (*Helwig*).

Frauentag Processi (*Pilgram*), **frawentag Processin genannt** 1477 (*Steyerm. Arch.*), 2. *Juli, visitatio Mariae, von dem auf denselben Tag fallenden Feste des heiligen Processus und Martinianus.*

Frauentag nivis, als der schnee fiel, 5. *August (die Abweichungen siehe bei Mariae nivis im Heiligenverzeichnisse)*, an der mitewoche Marie in nivis 1506 (*Bresl. St.-Arch.*), unser frauentag den man nivis nennt und kempt und gevellet uf sant Oswaldi des heil. küniges und marteres (*Haltaus*). *In Schilters Cal. Alem. ist der Tag verzeichnet als s. Oswaldertag als der sne vil.*

Frauentag irer himmelfahrt, in assumpcione, als si se himmel gefürt wart, 15. *August, assumptio Mariae.* In dem hilghen daghe unser leven vrowen also se to himele gehvord ward myd live nade myd sele 1364 (*Wunstorfer Urkb.*); an dem tage der hochzeit unser frowen sante Marien als sie enu himel fur der do ist in dem achsenden Calenden des Septembris 1321 (*Cod. dipl. Pruss. II.*).

Frauentag der schiedung, der schydamb, als sie verschied, 15. *August, assumptio Mariae, nach unser frowen tage als sy vorschide den man nennet wurcsewyhe* 1399 (*Mon. Zoll. VI.*).

Frauentag der ersten, der ereren, erren, eren, 15. *August, assumptio Mariae[1]*). In unser vrowen abende der ersten also se in den himmel wart entphangen 1354 (*Sudendorf*); unser frowentag der erren in der arnd den man so latin heisst assumpcionis (*Zimkernagel*); to sente Marienmissen der eren (*Eccard, scr. I*, 1393).

Frauentag im sommer, 15. *August, assumptio Mariae.* Des achteden dages unser vronwen

der ersten in dem somere 1325 (*Lamey, Grafen v. Rarensberg*, 89).

Frauentag in der erne, 15. *August, assumptio Mariae.* Unser frauentag der ersten in der erno 1344 (*Lünig, corp. jur. feud. I*, 1836); unser frawentag der erren in der arnd den man so latin heisst assumpcionis (*Zimkernagel*).

Frauentag se mittem augste, zu halfme auste maende 1357 (*Lacomblet*), 15. *Aug., assumptio Mariae.* Unser lieben frowen tag se mittem ougsten als si se himmel fuor 1401 (*Mon. Zoll. I.*).

Frauentag wurtzweihe, wortewie, wortemisse, worcswyunge, krutwigingk, kruidwyunge, wischwoihe, als man die sangen wihet 1350 (*Mon. Zoll. I.*), 15. *Aug., assumptio Mariae.* An deme hilghen daghe unser leven vrowen der ersten also men de worthe wiget 1370 (*Sudendorf*); an unser leven frowen krutwiginge ofte assumpcionis 1440 (*Riedel, c. d. Br.*).

Frauentag erer geburt, der purd, als sie geboren wart, 8. *September, nativitas Mariae.* Nach unsir liben frawen tage als man erst und vieret ere gebort in der heylegen christenheyt 1389 (*Riedel, c. d. Br.*); also nnse vrawe van hemelriken geboren wart 1323 (*Gerken, c. d. Br.*). *Vielleicht gehört auch hieher das Datum:* an unser frawen tag der parnfart 1425 (*Steyerm. Arch.*).

Frauentag der jungerung, als sie jung ward, 8. *September, nativitas Mariae.*

Frauentag der lateren, letzteren, lasseren, lesten, hindern, hintersten, jungeren, junglisten[1]), 8. *September, nativitas Mariae.* In unser vrouwen daghe de lateren also se gheboren ward 1363 (*Sudendorf*): to user vrowen daghe der lateren dat is also so gheboren wart 1350 (*Diepholzer Urkbch.*); an dem abinde unsir liebin frouwen der leczirn dil man nennet nativitatis 1385 (*Sudendorf*); an unser vronwen abende der lassir den man heizt in latine nativitas 1275 (*Günther*); of unser frauen abende der lesten als sie geboren wart 1361 (*Baur, hess. Urk.*); nff unser lieben frowen tag der hündern zu latine nativitatis (*Haltaus*); unser frouun tag der jungerun als su geborn ward 1355 (*Mon. Zoll. I.*).

Frauentag se herbste, im herbstmonat, im evenmanot, 8. *September, nativitas Mariae.* An unser frowen abend se herbst als si geborn ward 1367 (*Helwig*); unser frauen dult tag in dem ersten herbstmanode (*ebenda*).

Frauentag der reichen, 8. *September, nativitas Mariae.* Des nehsten mentages vor unser frawentag der reichen das ist se unser frawen

---

[1]) *Der Zeitraum zwischen den beiden Frauentagen der ersten und der lateren wird so häufig als Termin verwandt, dass gerade dieser Umstand diese Benennung hervorgerufen haben mag.* Zwischen den zweyen unser frawn tag der erre und der junger (*Helwig*; zwischen den zwayen festen unser lieben frawen tagen assumptio und nativitas 1473 (*Baur, hess. Urk*); zwischen den zwein unser frauwen dage als si geborn wart und zu himmel fur 1333 (*ebenda*). *Letzteres Datum muss wohl als Hysteronproteron aufgefasst werden.*

[1]) *nämlich der beiden Herbst-Marienfeste, siehe die vorige Anmerkung.*

geburt 1328 (*Innicher Stifts-Arch.*); an unser
frawen tag der reichen im herbst 1360 (*Helwig*).

Frauentag der dienstzeit, ze phenning
dienst 1312 (*Seitenstett. Urkb.*) österreichische
Bezeichnung des 8. September, *nativitas Mariae*,
*durch die Eigenschaft des Tages als Zins-
termins zu erklären.*

Frauentag der mustmesse, *nach Weidenbach
der 8. September, nativitas Mariae.*

Frauentag erer anbtutung im tempel,
als sie in den tempel quam, 21. *Novbr.
praesentatio Mariae.* Uff sonnabend unser
frauen tage als sie in dem tempel geantwurt
wart 1478 (*Scheffer - Haltaus*). *Weidenbach
hat fälschlich anbetung wohl in Folge falschen
Verständnisses des Compendiums für ur.*

Frauentag erer entphonnge, als sie
emphangen ward, 8. *December, conceptio
Mariae.* An dem abende der jungfrawen
Marie der entphohunge 1490 (*Bresl. St.-A.*);
an unser leven frawen daghe alse se ond-
phangen ward 1390 (*Göttinger Urkb.*). *Dagegen ist unser vrowentag also ze himele
wart entpfanghen* 1359 (*Sudendorf*) *Mariae
Himmelfahrt siehe* Frauentag erer himmelfart.

Frauentag der verholnen, verpargen,
8. *December, conceptio Mariae.* User vrowen
der verholern in dem advente 1340 (*Hoyer
Urkbch.*); an unser vrowen daghe der ver-
holenen alse se nndvanghen ward 1366
(*Lüneburg. Mich. Kl. Urkbch*); unser frawen
tag conceptio die man noemmt verhoelen 1367
(*Lünig, Reichsarch. p. sp. cont. IV, 1445*);
verpargen unser frawentag im advent 1394
(*Steyerm. Arch.*).

Frauentag im winter, vor wihenachten,
8. *December, conceptio Mariae.* Am daghe
unser lieven frowen entfangunghe vor wynachten 1446 (*Märkische Forsch. XII.*).

Frauentag (unser lieben) der vandinghe,
als sy fonden wart, *erstes Datum in
einer von mir mehrfach eingesehenen mecklenb.
Urk. des Staatsarchivs zu Hannover von 1416;
letzteres von 1403 bei Baur, hess. Urk. abge-
druckt. Die Wahrscheinlichkeit ist für annunciatio Mariae, nativitas Mariae, wie Baur sein
Datum erklärt, ist wohl unzutreffend.*

Frauentag, Vrenentag der heiligen
mayde 1444 (*Helwig*), Verena, 1. *September.
Der mehrfach angeführte Fronentag ist wohl
Frauentag zu lesen, sonst müsste es auf
Veronica (schwäbisch Vroni), 4. Februar, zu-
rückgeführt werden.*

Fritag, frytach, vro Venusdag etc., Freitag, *siehe S. 36.*

Fronfasten, *Quatember, siehe S. 32.*

Fronleichnamtag, *Donnerstag nach dem Trinitatissonntag.*

Frontag, Sonntag (*feria dominica*), *siehe S. 35.*

Fulmaent, volmaneyd, *September.*

Funkentag, *in Süddeutschland der Sonntag
Invocavit, als Fest des eingehenden Sommers.
Nach Weidenbach soll es am Rhein auch den
Martinstag bedeuten, das Fest des scheidenden
Sommers.*

W.

Wadel, *siehe* Wedel.

Walburgentag, Walperntag, Wilbirgentag, Walborghendach, Wolthres-
tesdag *ohne nähere Bezeichnung drückt
stets den 1. Mai aus.*

Walpurgentag in dem Meyghe da der
gouch guchset (*Weisthümer I, 524*), 1. *Mai.*

Waltinstag, *siehe* Valentinstag.

Warleichnam, Frohnleichnam. *Wohl wie worleichnam, varleichnam eine Corrumpirung dieses Ausdrucks und nicht für der ware leichnam stehend. Doch wird auch in Datirungen
dieses Beiwort für das Fest benutzt an des
heiligen warin lichnam tage unsers herrn
Ihesu Cristi 1428 (*Ludewig, rel. msc. X, 634*).

Wartolomestag des heil. zwölfboten
1368 (*Helwig*), 24. *August, Bartholomäus.*

Wedel, wadel, *jede Mondphase ausser Neumond,
meist aber für Vollmond stehend, vgl. Müller-
Beneke, Wörterbuch III, 454³.*

Weerd, werd, *sein Beiwort, das einigen hervorragenden Festen und Heiligentagen beigelegt
wird. Auch die Bezeichnung bei am leerden
tage sant Lamberti 1423 (*Riedel, c. d. Br.*)
scheint für werden verlesen zu sein.*

Weiberfassnacht, *siehe* Vasnacht, Weiber-.

Weibermonat, *Februar.*

Weicherpfincztag, *Donnerstag vor Ostern, an
dem heiligen weichen pincztag id est viridium (Weidenbach).*

Weichfasten, wichfasten, *Quatember, siehe
Seite 32.*

Weihnachten, wynachten, winchten,
wingichten, winlgichten, 25. *December,
nativitas Domini. Ausserdem wird mit diesem
Ausdrucke auch der Zeitraum vom Weihnachtstage bis zum Tage der heil. drei Könige (ja
manchmal bis zu der Octave dieses Tages) bezeichnet und die dazwischen fallenden Feste
daher häufig mit dem Zusatze ze weihnachten,
in dem weihnachten versehen (siehe Valentinstag und Zwanzigste tag).*

Weihnachts abend, 24. *December, die vigilia
nativitatis Domini. Siehe* Heiliger abend.

Weihnachts quatember, *siehe S. 32.*

Weinmond, *October.*

Weisser donnerstag, *Donnerstag vor Ostern* (*Haltaus*).

Weisser sonntag, *Sonntag Invocavit*. Nach dem weyssen sonntag in der vasten als man singet Invocavit 1418 (*Mon. Zoll. I.*); sondag als man singet Invocavit genant den wissen sontag 1425 (*Baur, hess. Urk.*).

Weitestag, 15. *Juni, Vitus.*

Wenigere sal, *siehe S. 22.*

Werenbardintag, 1454 (*Helwig*), *Bernhardus*, 20. *August.*

Werfeier, *festum ornorum Christi (seit 1354), Freitag nach Quasimodogeniti.*

Wetterfreitag, *Freitag nach Himmelfahrt* (*Zinkernagel*).

Wetterherren, 26. *Juni, Johannes u. Paulus.* An sand Johanns und Paulstag der wetterherren 1198 (*Pilgram*); an sand Johanns und sand Pauls der wetterherren tage 1361 (*Helwig*); Johann und Paulstag der heiligen wetterherren 1456 (*Steyerm. Arch.*).

Wihenachten, winachten, winchten, wungichten, *siehe* Weihnachten.

Wilbirgentag, 1. *Mai, Walburgis.*

Wimmet, *die Weinlese, bezeichnet als Zeitangabe also ebensoviel wie*

Winmond, *October.*

Winter, wintermond, *eine Bezeichnung für die Monate November, December und Januar, und zwar für erstern am häufigsten.*

Wischweihe, *siehe* Frauentag wurtzweihe.

Wiwermond, olle wiwermand, *Februar.*

Wlasytag 1362, Wlasentag 1383 (*Helwig*), 3. *Februar, Blasius.*

Wochensonntag, *siehe* Gemeinwoche.

Wodenstag, wuonstag *etc., Mittwoch, s. S. 35*

Wolborghentag, Wolporgstag, Woltbrestestag, 1. *Mai, Walburgis.*

Wolfmond, *Bezeichnung für November, December und Januar.*

Worleichnam, *Frohnleichnam, Landek, am* montag nach Nicomedes in des heiligen worleichnams wochen 1499 (*Helwig*).

Wurtsweihe, wurswye, worsumesse, wortemisse, *siehe* Frauentag wurtzweihe.

Z.

Zehentage in den vasten, *siehe* vasten.

Zehntausend rittertag, teyndtnsent merteler dag, 22. *Juni.*

Zeichen, zaichen, *Indiction, siehe S. 17.*

Zelnstig, *Dinstag, siehe S. 35.*

Zelle, selle, *Februar (niederdeutsch).*

Zimen und Judas 1347 (*Helwig*), 28. *October.*

Ziatag, Zinstag *etc., Dinstag, siehe S. 35.*

Zukunft unsers herrn, *Advent.* Geben des suntag als sich unsers herren zuchunft anhebt 1356, am ersten Adventssonntage, nicht wie es *Helwig* fälschlich erklärt am 18. *December* (*exspectatio Domini*).

Zwansigste tag, zwenzigste tag, 13. *Januar, octave epiphaniae Domini.* An sand Hilarientag den man noempt den zwenzigosten zen wienchten 1435 (*Hergott, Austr. dipl. III.*).

Zwölfboten theilung, zwölfboten tag, zwölfherrentag, *siehe* Aposteltheilung.

Zwölfte tag, zwelffte tag, twölften tag, twölften, 6. *Januar, epiphania Domini.* Am tage der hilgen drier koninghe de ghenomed is de hochtid to twolften 1368 (*Walsroder Urkb.*); in dem zwelften tage der in der schrift epyphania ist genant 1286 (*Cod. d. Warm.*); nach dem XII. dage nach wihenachten der zu latyn heisset epiphania Domini 1355 (*Baur, hess Urk.*). An dem zwölften abende ze wihnachten 1319 (*Helwig*) bedeutet den 5. *Januar, die vigilia epiph. Dni.* Zwölften kann aber auch den Zeitraum zwischen *Weihnachten und Epiphania bedeuten, so in dem Datum bei Riedel, c. d. Br.: in dem sonentage binnen den twelfften 1305, das den 3. Januar bezeichnet.*

Tafel XV.

Heiligenverzeichniss[*]).

Anmerkungen.

1. Das folgende Heiligenverzeichniss ist mit Berücksichtigung der bisher bekannt gewordenen Urkundendaten und unter Zugrundelegung mittelalterlicher Kalender der deutschen Diöcesen und der verschiedenen geistlichen Orden angefertigt, da man nur so den provinciellen Eigenthümlichkeiten der Datirung einigermassen gerecht werden kann. Was die Angabe der Diöcesen betrifft, so ist als Princip festgehalten worden, dass die Angabe der Erzdiöcese jedesmal die Geltung des betreffenden Datums auch für die Suffragandiöcesen einschliesst. Liess sich eine Ausnahme von dieser Regel constatiren, oder auch nur vermuthen, so sind neben der Erzdiöcese auch die Namen der einzelnen Suffragandiöcesen verzeichnet, in deren Kalendern das betreffende Datum sich vorfand. Uebrigens soll die Angabe der Diöcesen einer stricten Beschränkung der Verehrung der Heiligen gerade auf diese Diöcesen nicht gleichkommen, vielmehr bringen eines Theils locale Gebräuche und individuelle Zuneigung ein grosses Schwanken in die Verehrung der Heiligen, anderes Theils aber ist die Verzeichnung oder Nichtverzeichnung eines Heiligentages in den mittelalterlichen Kalendern gar oft dem Zufalle unterworfen.

2. Im Falle, dass mehrere gleichnamige Heilige aufgeführt sind darf nur in den zwingendsten Fällen von dem erstgenannten Heiligentage abgesehen werden. Das deutsche Glossar, siehe Tafel XIV, enthält eine Anzahl solcher Fälle.

3. i und y, u und o, e = und œ, c und ch (vor a, o, u), c und t (vor i mit nachfolgendem Vokal), s und x, t und th, f und ph, v und b werden im Mittelalter häufig vertauscht, ebenso qu und c (vor i und y) und W und Gu am Anfange der Namen. Der Gebrauch des H im Anfang ist ein schwankender, oft steht ein H bei Namen, die mit einem Vokal beginnen sollten, oft fehlt es im umgekehrten Falle. H vor l und r am Anfange der Namen ist eine seltenere, dem älteren Mittelalter angehörende Schreibart.

A.

Abachus
Abacus } s. Marius, Habacuc.

Abdon und Sennen mm. 30. Juli.

Abraham, Isaac und Jacob patr. 6. Oct.

Abrunculus ep. Trev. 22. Apr.

Abundius s. Habundius.

Abundus s. Secundus, Carpophorus.

Achatius c. soc. 22. Juli.

Achilleus s. Nereus.

Adalbertus ep. Prag. m. 23. Apr.

— Transl. 26. Aug. Bresl.; 20. Oct. Gnesen, Krakan.

Adalbertus diac. conf. Trevir. 25. Juni.

Adauctus s. Felix.

Adelhardus ep. Mog. 20. April.

Adelheidis imp. 16. Dec.

Ado ep. Trev. 14. Nov.

Adolfus (Adelfus) ep. Met. 29. Aug.

Adrianus m. 4. März, ausserdem

Adrianus c. soc. 8. Sept.; nur Brandenb. 18. Sept.

---

*) Ein Verzeichniss der deutschen und einiger für die deutsche Geschichte wichtiger angrenzender Bisthümer nach ihrem mittelalterlichen Diöcesanverbande folgt am Schlusse dieses Verzeichnisses.

Adulfus s. Odulfus.

Aedesius 8. Apr.[1]).

Aegidius abb. 1. Sept.

Afer m. 5. Aug. Augsb.

Afra virgo m. 7. Aug. — Conversio 26. Oct. Augsb.

Agape c. soc. 1. Apr. Salzb.

Agapitus m. 18. Aug.

Agapitus s. Sixtus.

Agatha v. m. 5. Febr.

Agilolfus ep. Colon. 9. Juli.

Agnes v. m. 21. Jan.

Agnes secundo oder octava Agnetis 28. Jan.

Agnes de Bohemia 6. März Clariss. Prag.

Agnus et Magnus 19. Aug. Würzb.

Agricola et Vitalis 4. Nov. Salzb.; 27. Nov. Cisterc.

Agritius ep. Trev. 13. Jan.

Albanus m. Mog. 21. Juni.

Albericus abb. 26. Jan. Cisterc.

Albertus magnus ep. Ratisb. († 1280) 15. Nov. Domin.

Albinus m. 22. Juni Cöln, Trier.

Albinus ep. 1. März Salzb., Gnesen, Deutschorden, Praemonstr. und Cisterc.

Albinus ep. et cf. 6. Sept. Meissen.

Albuinus s. Ingenuinus.

Aldegundis virg. 30. Jan.

Alexander ep. Alex. 26. Febr.

Alexander m. 16. Juli Paderb.

Alexander, Eventius et Theodulus 3. Mai.

Alexander et Secundus 26. Febr. Lausanne. Vgl. Secundus.

Alexander s. Constans.

Alexius ep. cf. 17. Juli.

Alto abb. cf. 9. Febr. Salzb., Augsb.

Amalbergis vid. 26. Sept. Brandenbg.

Amandus, ep. Wormat., 26. Oct., in einigen Diöcesen, so z. B. Brandenbg., Salzbg., Halberst., als Translatio Vedasti et Amandi gefeiert.

Amandus s. Vedastus.

Amantius ep. cf. 4. Nov., Salzb.

Amarinus 25. Januar Basel.

Ambrosius aep. Mediol. 4. Apr. — Ordinatio 7. Dec. Aquileja, in Regensburg Translatio genannt.

Anacletus pp. 13. Juli Augustin.

Anacletus s. Cletus.

Ananias, Azarias, Misahel 16. Dec.

Anastasia v. m 25. Dec., aber 15. Jan. Brandenb., 22. Jan. Paderb. — Commem. 29. Jan. Augsb.

Anastasius pp. 27. Apr., ausserdem

Anastasius 26. Aug. Cöln, Paderb.

Ancia s. Eleutherius.

Andochius, Thyrsus und Felix 24. Sept. Cisterc.

Andreas ap. 30. Nov. — Octava 7. Dec. — Translatio 9. Mai Mainz (Thüring.); 11. Mai Magdebg., Halbst.

Andreas et Benedictus Poloni 16. Juli Gnesen.

Andronicus s. Tracus.

Anianus ep. Aurel. 17. Nov.

Anicetus pp. 17. Apr. Francisc., August.

Anna mater Mariae, 26. Juli.

Anno ep. Colon. († 1075) 4. Dec. Cöln, Magdeb. — Translatio 29. Apr. Cöln.

Annunciatio Mariae 25. März.

Anselmus ep. cf. 18. März Francisc.

Ansgarius aep. Hamburg. 3. Febr. Bremen, Schwerin, Ratzeburg. — Elevatio 9. Sept. Brem.

Answerus ep. 17. oder 18. Juli Schwerin, Ratzeb.

Antia s. Eleutherius.

Antonius, mon. (erem. abb.) 17. Jan.

Antonius m. Patavinus (canon. 1232) 13. Juni. — Translatio (1340) 15. Febr. Francisc.

Antonius (Antoninus) m. 2. Sept., nur Merseb., Brandenb., Mainz (Thüring.) 3. Sept.

Aper ep. Tull. 14. Sept.

Apollinaris ep. Rav. (sacerd.) 23. Juli, ausserdem

Apollinaris, ep. Valent. 5. Oct. Hamburg.

Apollinaris s. Timotheus.

Apollonia v. m. 9. Febr.

Apostolorum divisio (dimissio) 15. Juli.

Apulejus s Marcus.

Arbogastus ep. Argent. 21. Juli.

Archelaus m. 23. Aug. Augsb.

Arimalius cf. 9. Oct. Trier.

Armogastus m. (nicht ep.) 29. März Lausanne, Constanz.

Arnulfus, ep. (Arnoldus cf.) 18. Juli (ausser den Diöcesen Salzburg, Breslau, Bamberg, Minden, Würzburg, Halberst., wo überwiegend der 16. Aug. so bezeichnet wird. Der 15. Aug. kommt in mittelalterlichen Kalendern nie vor).

Arsacius cf. 12. Nov. Salzb.

Arsenius diac. 19. Juli.

Arthemius e. fam. 6. Juni Trier.

Arthemius s. Justus.

Asterius m. 30. Oct. Carmel.

Athala vgo. 3. Dec. Carthus.

Athanasius ep. Alex. 2. Mai Salzbg., Eichst., Verd., Mind., Hild., Gnesen; 13. Oct. Brandenbg.

Anctor ep. Trev. 20. Aug. — Translatio Dominica Laetare.

Andactus s. Felix.

Audebertus s. Autbertus.

Audentius cf. 25. Nov. Magdeburg.

Audifax s. Marius.

Augustinus ep. Hipp. 28. Aug. — Translatio II⁺ 11. Oct. (die erste am 28. Febr. nur bei den Augustinern gefeiert). — Conversio 5. Mai Augustiner; 15. Mai Dominicaner.

Augustinus ep. Cant. 26. Mai Trier, Salzb.

Aurea v. m. 27. Aug. Breslau.

Aurelia v. Argentor. 15. Oct.

Aurens et Justina, 16. Juni (ausser Salzb. und Bresl.).

Auspicius ep. Trev. 8. Juli.

Autbertus ep. Camerac. cf. 13. Dec. Trier, Paderb., Magdebg., auch Praemonst.

Autor s. Auctor.

Avitus abb. 17. Juni Trier.

Azarias, Ananias, Misahel 16. Dec.

B.

Babilas ep. 24. Jan. Augsb.

Bacchus s. Marcus.

Balbina v. m. 31. März.

Baldericus ep. Leod. 19. Apr.

Balthasar rex 11. Jan. Cöln

Bantus et Beatus, pb. Trev. et Confluent. 31. Juli.

Barbara v. 4. Dec. (nur Cisterc. 16. Dec.).

Bardo ep. Mog. 10. Juni († 1051).

Barnabas ap. 11. Juni.

Bartholomaeus ap. 24. Aug.

Basilides, Cyrinus, Nabor, Nazarius 12. Juni.

Basilius ep. Caes. 14. Juni Mainz, Basel, Brandenbg., Meissen.

Basilla v. 20. Mai.

Basinus ep. Trev. 4. März.

Bavo cf. 1. Oct. Trier, Cöln.

Beatrix s. Felix.

Beatus s. Bantus.

Beda Venerabilis pbr. 26. Mai; nur Breslau 28. Mai.

Benedicta v. m. 8. Oct. Cöln, Brandenbg. und Praemonstr.

Benedictus abb. Casin. 21. März. — Translatio (Commem.) 11. Juli.

Benedictus et socii s. Quinque fratres erem.

Benedictus s. Andreas.

Benignus 6. Juni. — Translatio 17. Febr. Cöln.

Benignus 1. Mai Magdebg.

Benno ep. Osnabrug. 27. Juli.

Grotefend, Handb. d. histor. Chronologie.

Bernhardinus Senensis (canon. 1450) 20. Mai, Franciscaner.

Bernhardus abb. Clarav. (canon. 1174) 20. Aug.; nur das Brandenburger Missal vou 1494 legt ihn anf den 12. Aug., das Prämonstratenser Missal von 1508 auf den 27. Aug. (Erst seit Pius V. allgemein.)

Bernhardus aep. Vienn. 23. Jan. Lausanne.

Bernwardus ep. Hildesheim. 20. Nov. — Translatio 16. Aug. — Consecratio 4. Nov. Hildesh.

Bibiana v. m. 2. Dec. Salzb., Aquil., Trier.

Bilhildis abbat. 27. Nov. Mainz, Constanz.

Blasius ep. m. 3. Febr.

Bodardus cf. 25. Juni Metz.

Bonaventura cf. 14. Juli. — Translatio 14. März Franciscanor.

Bonifacius aep. Mog. 5. Juni. — Translatio 1. Nov.

Bonifacius (pp.) m. 14. Mai Francisc., Aug.

Bonifacius ep. Laus. 19. Febr.

Bonosius ep. Trev. 17. Febr.

Bonosus s. Eutropius.

Brandanus abb. 16. Mai Const., Basel.

Braxedis v. 21. Juli.

Briccius ep. cf. 13. Nov.; daneben

Briccius ep. (patronus eccl. Misn.) 11. Juli Meissen; 9. Juli Magdebg., Brandenbg., Merseb.

Brigitta v. 1. Febr. — Translatio 9. Juni.

Brigitta vid. 23. Juli Würzb., Halberst., Münster; 24. Juli Krakan, 20. Juli Gnesen, 28. Mai Prag, 6. Oct. Cöln, 7. Oct. Deutschorden, Schwer.

Britonius ep. Trev. 5. Mai.

Bruno aep. Colon. 11. Oct. Cöln.

Bruno ep. m. 8. Febr. Halberst.

Bruno ep. 14. Apr. Salzb., 23. Apr. Mainz.

Bruno fund. ord. Carthus. 6. Oct.

Burchardus ep. Wirceb. 14. Oct. Würzb., Eichstädt, Bamb., Salzb., Meissen; 11. Oct. Mainz, Basel.

Burgundofora abbat. 3. Apr. Freis., Regensb.

C.

Caecilia v. 22. Nov.

Caecilia s. Fabianus.

Caesareus 4. Febr. Bresl.; 9. Mai Mainz (Thür.).

Caesarius m. 1. Nov.

Cajus s. Gajus.

Calixtus pp. 14. Oct. (nur Lausanne 3. März).

Candida s. Sabinus.

Candidus 1. Dec. Salzb., Trier. — Translatio 23. oder 24. Mai Brixen[1]).

¹) In vesperie translationis s. Candidi, hoc est X⁺ exeunte Mayo 1331 und in die translationis b. Candidi quod est VIII⁺ exeunte Mayo 1281 (Innicher Stiftsarch.).

14

Cantius, Cantianus, Cantianilla mm. 31. Mai. — Adventus reliquiarum 1. Apr. Hildesh.

Caprasius m. 6. Oct. Bamb.; 19. Oct. Praemonstr.

Carissimus et Dulcissimus 19. Apr. Bamb.

Caritas s. Fides.

Carpophorus et Abundus 10. Dec. Minden.

Cassianus m. 13. Aug. Ratzeb., Magdeb.

Cassianus ep. m. 1. Febr. Freis.

Cassius et Florentius 10. Oct. — Translatio 2. Mai Cöln.

Castor pbr. Confl. 13. Febr.

Castulus m. 26. März Salzb., Gnesen.

Catharina s. Katharina.

Cecilia s. Caecilia.

Celestinus s. Coelestinus.

Celsus ep. Trev. 23. Febr.

Celsus et soc. 28. Juni Cöln.

Cerbonius ep. cf. 10. Oct. Augustiner.

Cealaus cf. Praed. Wratislaviae 16. Juli Dominik.

Chlodeswindis abb. Meteus. 25. Juli Trier; 14. oder 15. März Salzb.

Chlodoaldus pbr. 7. Sept. Speyer, Metz.

Chlodulphus ep. Met. 7. Juni Metz.

Christina m. 24 Juli (nur Augsb. und Paderborn 19. Juli).

Christina cum quinque fratribus 17. Nov. Prag, Krak., Olm.

Christophorus m. 25. Juli (nur in Gnosen, Naumb., Paderb., Regensb. 27. Juli, wohl erst seit dem XV. Jahrh.; Brandenb. 19. Oct.).

Chrodegangus ep. Met. 6. März.

Chrysanthus et Daria 25. Oct. Salzb. Sonst (auch in Passau, Freis., Regensb.) mit Saturninus s. diesen.

Chrysogonus m. 24. Nov.; nur Brandenb. 14. Nov.

Chrysostomus s. Johannes.

Chunialdus s. Gunialdus.

Chunradus s. Conradus.

Clara v. 12. Aug.; nur Brandenbg. 4. Aug. — Translatio 2. Oct. Francisc.

Claudius aep. (ep. Vesont.) 6. Juni Mainz, Basel.

Claudius et socii (Nicostratus) 7. Juli Breslau.

Claudius et socii (Simplicius) 8. Nov. Bremen.

Clemens papa 23. Nov.

Clemens et Felicitas 23. Nov.

Clemens s. Justus.

Cleophas, discip. Christi 25. Sept. Deutschorden.

Cletus (Anacletus) pp. et Marcellinus 26. Apr.

Coelestinus pp 6. Apr.

Colomannus m. 13. Oct. Salzb.

Columba cf. 7. Juni Salzb.

Columba v. m. 31. Dec. Cöln.

Columbanus abb. 21. Nov., ausserdem

Columbanus ep. cf. 24. Oct. Mainz, Trier, Bresl.

Concordia 18. Febr. Würzb.

Conradus ep. Constant. 26. Nov.

Constans et Alexander 5. Oct. Const.

Constantinus ep. m. 29. Jan. Magdeb., Brandenb.; 30. Jan. Halberst.

Corbinianus ep. Fris. 8. Sept. — Translatio 20. Nov. Freis., Regensb.

Cordula v. m. 22. Oct. Cöln, Olmütz, Krakau.

Cornelius et Cyprianus mm. 14. Sept.

Cosmas et Damianus mm. 27. Sept. (nur Breslau 26. Sept. wegen der Translatio Stanislai).

Crescentia s. Vitus.

Crispinus et Crispinianus mm. 25. Oct. — Translatio 20. Juni Bamb., Würzb.

Crucis exaltatio 14. Sept.

Crucis inventio 3. Mai.

Cnenfas m. 25. Juli Cisterc.

Cunera v. m. 12. Juni Utrecht.

Cunibertus (Gumbertus) ep. Colon. 12. Nov.

Cuthbertbus (Gutbertus, Gumpertus) 21. März Mainz, Trier, Salzb., Bresl., Krakau.

Cyprianus s. Cornelius.

Cyprianus et Justina 26. Sept.

Cyriacus, Largus et Smaragdus 8. Aug. (die Translatio); der 16. März, der eigentliche Todestag der Heiligen, tritt selten in Kalendern, so in Halberstädtern, Merseburgern u. Paderbornern neben dem 8. Aug. auf.

Cyriacus 9. Mai Aquileja.

Cyricus et Julitta 16. Juni Salzb., Aquil., Bresl., auch Deutschorden, Cistercienser, Praemonstr., Carthäuser und Augustiner.

Cyrillus ep. 9. Juli Mainz, Bamberg.

Cyrillus ep. 6. März Carmel.

Cyrillus et Methodius 9. März Prag, Gnesen.

Cyrinus s. Basilides.

Cyrus et Johannes 31. Jan. Cisterc., August.

D.

Damasus pp. 11. Dec.

Damianus s. Cosmas.

Daria s. Saturninus.

David rex 30. Dec.

Decem milia militum 22. Juni.

Dedicatio basilicae Salvatoris 9. Nov.

" " Petri et Pauli 18. Nov.

---

1) 12.—11 Kal. Febr. . . in die Cyri et Johannis feria sexta (Ann. Cracov. comp. Mon. Germ. XVIIII.).

Dedicatio capellae S. Wenceslai 10. Sept. Prag.
- " chori S. Godehardi 7. Sept. Hildesh.
- " eccl. August. 28. Sept.
- " " Aureatensis 29. Oct.
- " " Bamberg. 6. Mai.
- " " Basileens. 11. Oct.
- " " Constant. 9. Sept.
- " " Eistettensis 29. Oct.
- " " Fritzlariensis 28. Mai Mainz.
- " " Goaris 25. Oct. Trier.
- " " Halberstadensis 16. Oct. (Dedic. cryptae Halberst. 5. Nov.; ded. eccl. Mariae 9. Sept.; ded. eccl. Kunigundis 24. Oct.; ded. eccl. Katharinae 27. Nov.).
- " " Herbipol. 24. Oct. (antiqua 27. Juli).
- " " Hildesheim. 5. Mai.
- " " Krakov. 20. Apr.
- " " Lausann. 20. Oct.
- " " Mariae angelorum 2. Aug. Franciac.
- " " Mariae ad martires 13. Mai.
- " " Mariae ad nives 5. Aug.; nur Passau 12. Aug.; Meissen 31. Aug.
- " " Mariae Cisterciensis 17. Octbr. Cisterc.
- " " Mariae Claravallensis 13. Octbr. Cisterc.
- " " Merseburg. Dominica post crucis exaltacionis.
- " " Misnensis Dominica post nativitatis Mariae.
- " " Pataviensis 5. Aug.
- " " Praemonstratensis 4. Mai. — loci restaurati Praemonstr. 7. Juli.
- " " Pragensis 1. Oct.
- " " Ratisbonens. 30. Juni.
- " " Salisburg. 25. Sept.
- " " Trevir. 1. Mai.
- " " Wirzeburgensis s. Herbipolensis.
- " " Wratislav. 12. Nov.

Demetrius m. 8. Oct. Lütt., Halbst.
Deocarus abb. Herrnried. 7. Juni Augsburg.
Deodatus ep. 20. Juni Mainz, Constanz, Basel.
Desiderius ep Vienn. 23. Mai. — Translatio 11. Febr.
Desiderius ep. in Alsatia 17. Sept. Basel.
Didacus cf. 12. Nov. Franciac.
Didymus s. Thomas.
Digna et Merita 23. Sept Hildesh.
Dionysius (Rusticus et Eleutherius) 9. Oct. — Inventio 22. März Trier.
Disibodus ep. cf. 8. Sept. Maius.

Domini circumcisio 1. Jan.
- — corona spinea 4. Mai; nur Meiss. 2. Sept.; Cisterc. 11. Aug.; Domin. 7. Mai.
- — eductio ex Egypto 11. Jan., nur Brandenbg. 19. Febr. Inductio in Egyptum 11. Febr. Brandenbg.
- — inventio in templo 21. Febr. Breslau [1].
- — nativitas 25. Dec. — Oct. 1. Jan.
- — quinque vulnera Freitag nach der Frohnleichnamsoctave Mainz.
- — sanguinis festum 19. Juni Basel, Const.; 16. März Mainz; sanguinis reportatio 3. Juni Hildesh.
- — transfiguratio 6. Aug.; nur Pass. 26. Aug.; Halberst. 3. Sept.; Meiss. 17. März; Merseburg 31. Juli [2].

Dominicus cf. (canon. 1234) 5. Aug. — Translatio (1233) 24. Mai. — Commemoratio in Surriano 15. Sept. Domin.
Donatianus et Rogatianus 24. Mai.
Donatus ep. (et Afra) 7. Aug., ausserdem
Donatus m. 1. März Trier.
Dorothea v. m. 6. Febr.
Dorotheus pbr. 30. Apr. Hamburg.
Dulcissimus et Carissimus 19. Apr. Bamberg.
Duo Ewaldi s. Ewaldi.
Duodecim fratres mon. 1. Sept.

E.

Eberhardus aep. Salisburg. 22. Juni.
Ebregisilus ep. Traj. 24. Oct. Cöln.
Ediltrudis reg. 23. Juni Trier, Mainz.
Edmundus ep. Cantuar. 16. Nov. Cisterc.
Eduardus cf. 13. Oct. Dominic.
Egidius abb. 1. Sept.
Eilardus 15. Febr. Hamb.
Einbeta, Vilbeta, Worbeta vv. Argentor. 16. Sept.
Eleosippus s. Speosippus.
Eleutherius ep. et Ancla 18. Apr. Magdebg., Brandenburg; 24. Nov. Magdeburg, Brandenburg (Translatio).
Eleutherius pp. 26. Mai Augustiner.
Eleutherius s. Dionysius.
Eligius ep. Noviom. 1. Dec, siehe Elogius.
Eliphius abb. 16. Oct. Cöln.
Elisabeth vid. landgravia Thuringiae (canon. 1235) 19. Nov. — Translatio 2. Mai Salzb, Naumb., Mainz (Thür.), Halberst., Deutschorden.

---

[1] Meissner Brevier von 1517: Fest. inv. pueri Jesu quinta feria post dom. Exurge peragetur.
[2] Dominica transfigurationis wird nach dem älteren Evangelium dieses Tages der 2. Fastensonntag genannt.

14*

Elisah proph. 14. Juni Carmel.

Elogius (Eulogius) ep. 25. Juni Salzb., Augsb., Meissen.

Emerentiana v. m. 23 Jan.

Emericus dux Hungariae 4. Nov. Bamberg.

Emmeramus ep. Ratisb. 22. Sept.

Engilbertus aep. Colon. Nov. 7.

Eobanus ep. 26. Juli Mainz.

Epimachus s. Gordianus.

Epiphania 6. Jan. — Octava 13. Jan.

Epiphanius ep. 22. Jan. Hildesh.

Erasmus ep. 3. Juni; nur in Mersebg. und bei den Augustinern 2. Juni und in Meissen am Sonntag nach Corpus Christi.

Erhardus ep. Ratisb. 8. Jan. — Translatio 8. Oct. Regensburg, Passau.

Erintrudis abbat. Salzb. 30. Juni. — Translatio 4. Sept. Salzb.

Eucharius ep. Trev. 8. Dec. Trier, Cöln, Mainz, Basel, später der Conc. Mariae halber auf den 9. Dec. transferirt.

Eucharius ep. Taugr. 20. Febr. Cöln, Bremen.

Energislus ep. Colon. 24. Oct.

Eufemia, Lucia, Geminianus 16. Sept., daneben

Eufemia vg. 13. Apr. Trier, Cöln, Salzb., Bresl., Paderb.

Eufrazia 11. Febr. Trier.

Eulalia v. m., meist 10. Dec.; aber Mainz, Minden, Breslau, Prag 12. Febr.

Eulogius s. Elogius.

Euplus diac. 12. Aug.

Eusebius pbr. 14. Aug., ausserdem

Eusebius ep. Vercell. 1. Aug. Cisterc.

Eusebius m. 30. Oct. Magdebg., Brandenbg.

Eustachius c. soc. 2. Nov.; in späterer Zeit mehrfach auf den 3. Nov. transferirt, in Krak. auf den 27. Oct., ausserdem

Eustachius m. 20. Sept. Salzb., Aquil., auch Augustiner.

Eutropius, Zosimus et Bonosus 15. Juli Cisterc.

Eventius s. Alexander.

Evortius ep. Aurel. 7. Sept. Cisterc.

Ewaldi duo mm. 3. Oct. — Adventus reliqu. 29. Oct. Münster.

Exuperantius 11. Sept. Const.

Exuperantius s. Sabinus.

F.

Fabianus et Sebastianus mm. 20. Jan. — Adventus reliq. Fabiani 23. Juli Verden.

Faustinus ep. m. 11. Juli Camm. — Adventus reliquiarum 29. Oct. Cammin.

Faustinus s. Nicomedes.

Faustinus (pbr.) et Jovita mm. 15. Febr. Salzb.

Faustus et Beatrix mm. 29. Juli.

Felicianus ep. 20. Oct. Mind., Osn., Brem.

Felicianus s. Primus.

Felicissimus s. Sixtus.

Felicola s. Valentinus.

Felicitas s. Perpetua et Clemens.

Felix pbr. in pincis 14. Jan.; ausserdem

Felix pp. 30. Mai Mainz, Cöln, Trier, auch August.

Felix pbr. 5. Nov. Mind, Brem.

Felix m. 23. März Brem.

Felix m. 12. Oct. Minden.

Felix ep. Trev. 27. März Trier.

Felix m. 13. Juni Halberst.

Felix ep. Met. cf. 21. Febr. Metz, Magdeb., Brandenburg.

Felix et Adauctus (Audactus, Auctus) 30. Aug.

Felix et Nabor 12. Juli.

Felix et Regula 11. Sept.

Felix et Simplicius mm. 29. Juli.

Felix s. Andochius.

Ferreolus ep. m. 18. Sept. Trier.

Ferrucius m. 28. Oct. Mainz.

Ferrucius et Ferreolus 17. Juni Mainz; 5. Sept. Trier.

Fibicius ep. Trev. 5. Nov.

Fides v. m. 6. Oct.

Fides, Spes, Caritas filiae Sophiae 1. Juli Minden.

Filastrius ep. Brix. 18. Juli.

Firminus ep. 25. Sept., ausserdem

Firminus ep. Virdun. 4. Mai Trier.

Firmus ep. 3. Nov. Laus.

Flavianus s. Oct. Cöln.

Flobargisus ep. Salisb. 12. Febr.

Florentinus ep. Trev. 17. Oct.

Florentius m. 3. Apr. Mainz, Basel.

Florentius ep. 19. Sept. Cammin, Magdeb., Brandenburg.

Florentius m. 10. Oct. Mersebg.

Florentius et Sisinnius mm. 23. Juli Magdeb.

Florentius ep. Argent. 7. Nov. Strassb., Basel.

Florentius s. Cassius.

Florianus m. 4. Mai.

Florinus ep. m. 17. Nov.

Focas ep. m. 5. März Salzb.

Foillanus (Follianus) m. 31. Oct. Lüttich und Praemonstr.

Fortunatus ep. 26. Febr. Trier, Const., Basel.

Fortunatus ep. cf. 7. Juni Trier; 6. Juli Magdeb.

Fortunatus s. Hermagoras.

Francha v. 26. Apr. Cisterc.

Franciscus cf. (canon. 1228) 4. Oct. — Translatio (1230) 25. Mai. — Impressio stigmatum (seit 1303) 17. Sept. Francisc.

Franciscus Salesii ep. et cf. 29. Jan. Dominik.

Fridolinus abb. Säcking. 6. März; nur Paderb. 14. Nov. — Translatio 25. Juni Const.

G.

Gabriel archang. 23. März Gnesen.

Gajus pp. (et Sother) 22. Apr.; nur Bamb. 1. Juli.

Galganus erem. 3. Dec. Cisterc.

Gallicanus m. 25. Juni Münster, Regensb.

Gallus abb. cf. 16. Oct.

Gallus et Lullus 16. Oct.

Gamaliel et Nicomedes 3. Aug. Trier, auch Praemonstr.

Gangolfus m. 13. Mai, nur Basel 11. Mai.

Gaudentius aep. Gnesn. 29. Oct. Prag.

Gaugericus ep. Camerac. 11. Aug. Magdeb., Brandenbg., Paderb., auch Praemonstr.

Gebehardus ep. Constant. 27. Aug. Const., Basel, Mainz.

Gelasius pp. 19. Nov. Trier.

Gelasius ep. m. 3. Febr. Brandenbg.

Geminianus ep. 31. Jan. Mainz.

Geminianus s. Eufemia.

Genebaldus ep. 5. Sept. Praemonstr.

Genesius m. 25. Aug.; ausserdem

Genesius m. 20. Apr. (für Senesius).

Genofeva v. 3. Jan.; aber Breslau 9. Jan.

Genuinus s. Ingenuinus.

Georgius m. 23. Apr., auch Bresl., Olmütz und Eichst.; aber Salzb., Aquil., Prag, Gnes., Krak., Augsb. 24. Apr.

Geraldus cf. 13. Oct. Carmel.

Gereon c. soc. (Victor) mm. 10. Oct.

Germanus ep. cf. 31. Juli; ausserdem

Germanus ep. 3. Nov. Brem.; 4. Nov. Braudeubg.

Germanus ep. 28. Mai Cöln, Trier, Salzb., Laus.

Germanus abb. 21. Febr. Basel, Mainz.

Germanus et Vedastus epp. 1. Oct.

Gerontius m. 9. Mai Magdeb., Merseb., Brandenb.

Gertrudis v. 17. März. — Elevatio 10. Febr. — Translatio 4. Sept. — Consecratio 2. Dec.; ausserdem

Gertrudis v. 6. Oct. Bamberg[1]).

Gervasius et Protasius 19. Juni.

Getulius m. 10. Juni Trier.

---

[1]) Nur in deutschen Cisiojanen. Serapeum XIV. heisst es in einem solchen: zu Bobenberg ltt Gertruw.

Gilbertus abb. (canon. 1202) 4. Febr. Francisc., August.

Gildardus et Medardus 8. Juni Praemonstr.

Giselarius s. Gunialdus.

Goar cf. 6. Juli Mainz, Trier, Salzb. — Translatio 25. Mai. Vgl. Dedicatio.

Godehardus ep. Hilden. (canon. 1131) 5. Mai; in Hildesh., Verd., Bambg., Meissen, Mersebg., Prag wird statt dessen die Translatio (1132) 4. Mai begangen. Vgl. Dedicatio.

Goericus ep. Met. 19. Sept.

Gondulphus et Monulphus ep. Ultraject. 16. Juli.

Gordianus et Epimachus mm. 10. Mai.

Gorgonius m. 9. Sept. — Adventus reliqu. 11. März Minden.

Gregorius pp. 12. März. — Ordinatio 3. Sept. Salzb.; ausserdem

Gregorius ep. 11. Jan. Salzb.

Gregorius ep. Thuronensis 17. Nov. Brandenbg.

Gregorius pp. 28. Nov. Trier.

Gregorius pbr. Spolet. 22. Dec. Cöln, Trier.

Grison m. 24. Nov. Cisterc.

Gudila v. cf. 8. Jan. Praemonstr.

Guido abb. Spirens 31. März.

Guilhelmus ep. 10. Jan. Cisterc., August.

Gumbertus ep. Colon. s. Cunibertus.

Gumbertus häufig auch für Cuthbertus.

Gumbertus fundator S. Gumberti Onold. (Translatio solemnis) 15. Juli Würzb. — Obitus 11. März Würzb., Strassb., Bamb.

Gummarus cf. 11. Oct. Lütt.

Gunialdus et Giselarius pbri. Salzb. 25. Sept. (in Salzburg selbst wegen der dedic. eccl. an dem 24. Sept. anticiplrt).

Gunthildis v. 28. Sept. Eichst.

Guntramnus rex Burg. 28. März Bamb., Passau.

Gutpertus s. Cuthbertus.

H.

Habacuc proph. 15. Jan. Mainz.

Habacuc s. Marius.

Habundus et Hironaeus 26. Aug.

Hadrianus s. Adrianus.

Hartwicus aep. Salzb. 5. Dec. Salzb.

Hedwigis duc. Siles. (canon. 1267) 15. Oct. — Transl. 25. Aug. Gnesen, Meissen.

Heinricus imp. (canon. 1152) 13. Juli; nur Trier, Mainz, Magdeb., Mersebg., Bresl. 14. Juli; Augsb. 18. Juli. — Canonisatio 12. März Bamb.; 14. März Brandenbg.

Heinricus de Bolzano 10. Juni Aquil.

Helena virgo 22. Mai; nur Krak. 21. Mai als regina, ebenso Prag am 22. Mai.

Helena reg. electa 8. Febr. Mainz, Salzb., Gnes., Bresl., Minden, Basel, Bambg., Magdebg., Brandenbg., Cammin; 15. Apr. Const.; 18. Aug. Trier, Cöln.

Helisaeus proph. 14. Juni Carmel.

Helprardus (Helmvardus) ep. Mind. 17. Juni.

Heraclianus m. 24. Oct. Magdebg., Brandenbg.

Herculanus ep. 1. März Aquil.

Herculianus ep. m. 7. Nov. Magdebg., Brandenbg.

Herculianus et Victorinus (Taurinus) 5. Septbr. Bambg., Paderb.

Heribertus aep. Colon. 16. März. — Translatio 30. Aug. Cöln.

Hermagoras et Fortunatus 12. Juli Merseb., Paderb., Salzb., Aquil.

Hermes m. 28. Aug.

Hermolaus pbr. 27. Juli Mainz, Cöln, Brandenbg.

Hieronymus pbr. 30. Sept.

Hilaria mater Afrae 12. Aug. Augsb.

Hilarion abb. 21. Oct. Carmel.

Hilarius (pp.) cf. 13. Jan.; ausserdem

Hilarius ep. m. Mog. 26. Febr.

Hilarius ep. Aquil. 16. März.

Hilarius ep. m. 16. Juli Magdeb., Bresl.

Hilarus pp. 21. Febr. Trier — Depos. 10. Sept. Trier.

Hildegardis abb. 17. Sept. Mainz.

Hildulfus aep. Trevir. 11. Juli.

Himerius ep. 12. Nov. Mainz, Basel, Laus.

Hiob proph. 10. Mai Cöln; 22. Mai Krak.; 15. Nov. Gnesen.

Hippolytus m. 13. Aug.

Hirenaeus s. Habundus.

Honestus s. Justus.

Honorata v. 11. Jan. Minden.

Hormisda pp. (6. Aug.) 5. Aug. Bambg.

Hubertus ep. Leod. 3. Nov. Cöln, Trier, Mainz, auch Praemonstr.

Hucbertus mon. (ep.) 30. Mai Magdeb.

Hugo ep. Gratianopolitanus conf. 1. Apr. Carthus.

Hugo ep. Lincoln. cf. 17. Nov. Carthus.

Hugo abb. Clun. 29. Apr. Cisterc.

Hus, Johannes. 6. Juli Prag (Hussiten).

Hyacinthus s. Protus, Scholastica.

Hyacinthus praed. Cracoviae 16. Aug. Domin.

Hyginus pp. 11 Jan. Francisc.

J.

Jacinctus s. Protus.

Jacobus maj. ap. 25. Juli; ausserdem

Jacobus Alphaei ap. 22. Juni Trier.

Jacobus s. Philippus, Abraham.

Jannarius ep. Benev. c. soc. 19. Sept. Trier, Metz, Brem., Camm., Magdebg., Bresl.; 19. Oct. Cöln, Bambg., Augsb., Würzb., Hildesh., Prag; 19. Sept. und 19. Oct. Mainz, Const., Strassb., Basel, Verden, Salzb., Passau, Regensburg.

Jeronimus s. Hieronymus.

Ignatius ep. m. 17. Dec. Salzb., Augsb., Würzb., Trier, Hildesh., Brem.; 1. Febr. Cöln, Münster, Mind., Mainz, Strassb., Const., Basel, Prag, Deutschorden, Praemonstr.; 31. Jan. Gnesen, Bresl.; 20. Nov. Brandenb., wo der 17. Dec. als Translatio begangen wird.

Ingenuinus et Albuinus ep. Brix. 5. Febr. Freis., Eichst.

Innocentes mm. 28. Dec. — Octava 4. Jan.

Innocentius pp. 28. Juli Hildesh.

Innumerabiles mm. apud Tyrum 20. Febr. Trier.

Innumerabiles mm. Trevirens. 6. Oct. Trier.

Joachim avus Domini 9. Dec. Mainz, Basel; 22. März Gnesen.

Jodocus cf. 13. Dec.

Johannes bapt. 24. Juni. — Octava 1. Juli. — Decollatio 29. Aug. — Conceptio (sanctificatio) 24. Sept. — Inventio capitis 24. Febr.

Johannes evangelista 27. Dec. — Octava 3. Jan. — Ante portam latinam (Joh. parvus, in dolio) 6. Mai. — Commem. 25. Juni Bresl.

Johannes pp. 27. Mai Augustiner.

Johannes Chrysostomus 27. Jan.

Johannes Elemosyn. ep. 14. Nov. Krakau.

Johannes Gualberti abb. fundator ord. Vallumbros. 12. Juli.

Johannes et Cyrus 31. Jan. Francisc.

Johannes et Paulus 26. Juni.

Josephus nutritor Domini 19. März.

Jovita s. Faustinus.

Ipolitus s. Hippolytus.

Irenaeus c. soc. 28. Juni Cisterc., Carthäus.

Irenaeus s. Scholastica, Habundus.

Irmina v. Trev. 24. Dec.

Isaac mon. 11. Apr. Bambg.

Isaac s. Abraham.

Isidorus ep. 7. Jan. Mainz, Trier, Cöln.

Jucundus (et Quirinus oder Quinctinus) 9. Jan. Merseb., Bresl.[1]).

Judas s. Simon.

Juliana v. m. 16. Febr.; nur Laus. 11. Febr.

Julianus m. 9. Jan. Salzb.; 8. Jan. Brem.

Julianus m. 17. Febr. Bresl.

---

1) Am Montage Jucundi 144- (Liegnitzer Urkb.).

Julianus ep. 29. Jan. Cisterc.

Julitta s. Cyricus.

Julius pp. 12. Apr. Salzb., Trier.

Julius ep. 31. Jan. Magdebg., Brandenbg.

Justina vrg. m. 25. Sept. Goesen.

Justinus pbr. 4. Aug.; daneben

Justinus ep. 2. Sept. Mainz, Bresl.

Justus cf. Trev. 14. Juli Trier.

Justus ep. 2. Sept. Cöln.

Justus, Arthemius, Honesta 11. Oct. Hildesheim, Paderb., Halberst, Minden.

Justus et Clemens cf. 31. Aug. Magdeb., Brandbg.

Juvenalis m. 7. Mai.

Juventius s. Syrus.

Ivo pbr. cf. 19. Mai Cisterc. (Mainz), 18. Mai Gnesen.

Ivo cf. 26. Oct. Francisc. (Trier).

K.

Kanutus (Laward) dux Schlesw. 7. Jan. Schwer.

Kanutus rex Daniae 10. Juli Schwer.

Karolus magnus Imp. (canon. 1164) 28. Jan. — Translatio (1165) 27. Juli Trier, Lüttich; 4. Aug. Halberst.

Katharina v. 25. Nov — Translatio 5. Juli Regensb. — Inventio corporis 13. März.

Katharina Senensis (can. ca. 1460) 30. April Domin. — Impressio stigmatum 1. Apr. Domin.

Kazaria s. Caesarea.

Kilianus ep. Herbipol. 8. Juli; nur Schwer. 12. Juli.

Konradus s. Conradus.

Kunegundis Imp. (can. 1200) 3. März (depositio); nur Brandcnbg. 15. März; Mersebg. 25. Febr.; Paderb. (mit Heinricus imp.) 14. Juli. — Transl. 9. Sept.[1]).

L.

Ladislaus rex Hung. conf. 27. Juni Gnesen.

Lambertus ep. Leod. 17. Sept. — Translatio 21. oder 22. Juni Salzb. — Translatio 28. Apr. Lüttich.

Landolinus m. 28. Nov. Paderb.

Largus s. Cyriacus.

Latinus s. Sabinus.

Laurentius m. 10. Aug. — Advent. reliq. 15. Nov. Merseb. — Octava 17. Aug.

Lazarus Christi disc. ep. Massil. m. 17. Dec ; nur Meissen 4. Sept.

Leander ep. 27. Febr. Trier.

Lebuinus vgl. Livinus.

Legontius ep. Trevir. 19. Febr.

Leo I. pp. 28. Juni[1]); weniger häufig in Kalendern, aber doch bei Datirungen wegen der auf den 28. Juni fallenden vigilia Apost., vorzuziehen ist der 11. Apr. (nur Bresl. 9. Apr); ausserdem kommen vor

Leo pp. (?) 14. März Basel.

Leo pp. IX. (qui et Bruno dicitur) 19. Apr. Salzb., Bambg., Augsb., Brandenbg.

Leo pp. (?) 27. Febr. Laus.

Leo pp. (?) 1. März Bresl.

Leodegarius ep. Augustodun. 2. Oct.

Leodowinus aep. Trevir. (Liudwinus) 29. Sept.

Leonardus abb. cf. 6. Nov. (in Krakau am 30. Oct. anticipirt).

Leopardus m. 30. Sept. Lüttich (mit Octave).

Leopoldus dux Austr. (canon. 1484) 15. Nov. Salzb. — Transl. 15. Febr. Passau.

Liafwinus s. Livinus.

Liberalis cf. 27. Apr. Aquil.

Liborius ep. 23. Juli Mainz, Cöln, Camm.; 1. März Brandenbg. — Transl. 28. Apr. Paderb. — Adventus 28. Mai Paderb.

Linus pp. 26. Nov.; nur Brandenbg. 17. Novbr.; Halberst. 23. Sept.

Lioba abbat. 28. Sept. Speyer.

Liudwinus s. Leodowinus.

Livinus (Liafwinus, Lebuinus) ap. Frisionum 12. Nov. Cöln, Mainz, Magdeb., Camm.; ausserdem 25. Juni Cöln (Elevatio).

Longinus m. 15. März; nur Paderborn 2 Dec.

Lubentius pbr. Trev. 13. Oct. Trier, Mainz.

Lucas evang. 18. Oct.

Lucia v. m. 13. Dec.

Lucia s. Eufemia.

Lucianus pbr. od. ep. 8. Jan.

Lucius cf. 3. Dec. Salzb., Mainz.

Ludgerus ep. Monast. 26. März, Mainz, Cöln, Trier, Magdeb. — Depositio 24. Apr. Münst. — Translatio 3. Sept. Münst.

Ludmilla duc. Bohem. 16. Septbr. (passio.) — Translatio 10. Nov. Gnesen, Prag.

Ludowicus ep. 19. Aug. Francisc.

Ludowicus rex Gall. 25. Aug. Cistere., August., Praemonstr.

Lullus aep. Mog. 16. Oct.

Lupus ep. 29. Juli Const.

Lutgardis v. 16. Juni Cisterc.

Lutrudis v. 22. Sept. Hildesh., Paderb.

---

[1] Die Translation ohne das Hauptfest kommt in Prager, Olmützer, Naumb. u. Bresl. Kalendern vor, wurde aber in letztern beiden Diöcesen am 10. Sept begangen Ein Regensb. Kalender von 1487 legt sie auf den 7. Sept.

[1] Wohl die solenne Translation Leo I. 698, 28. Juni, nicht der Todestag Leo II.

M.

Macedonius pbr. 13. März.

Machabaei fratres 1. Aug.

Macbarius m. 23. Jan.; nur Salzb. 15. Jan.

Madelberta abbat. 7. Sept. Trier, Cöln, Magdeb., Gnesen.

Magdalena s. Maria.

Magnericus ep. Trev. 25. Juli.

Magnulfus s. Meinolfus.

Magnus abb. cf. 6. Sept.; in dem nördlichen Deutschland jedoch (auch in Bresl., Krakau) überwiegt

Magnus ep. m. 19. Aug.

Majolus abb. Clun. 11. Mai Trier.

Malachias proph. 20. Aug. Cöln.

Malachias ep. 5. Nov. Cisterc.

Mamertus ep. 11. Mai.

Mammes mon. 17. Aug. Cisterc.

Mansuetus ep. Tull. 3. Sept. Trier, Mainz.

Marcellianus s. Marcus.

Marcellinus pp. 26. April [1]).

Marcellinus et Petrus mm. 2. Juni.

Marcellus pp. m. 16. Jan.; ausserdem

Marcellus pp. ep. Trevir. 4. Sept. Trier, Cöln, Strassb.

Marcellus s. Marcus.

Marcianus s. Marcus.

Marcus evang. 25. Apr.

Marcus pp. (Marcellus, Apulejus, Sergius et Bachus) 7. Oct.

Marcus ep. Hieros. 22. Oct. Carmel.

Marcus et Marcellianus mm. 18. Juni.

Marcus et Marcianus mm. 4. Oct.

Margaretha v. m. 13. Juli; nur Salzb. 12. Juli; Basel, Strassb., Const., Laus 15. Juli; Cisterc., Carth., Praemonstr. wie auch jetzt meist 20. Juli.

Maria ad martires 13. Mai.

Maria ad nives 5. Aug.; nur Pass. 12. Aug.; Meiss. 31. Aug.

Mariae annunciatio 25. März (ohne Octava).

— assumptio 15. Aug. — Octava 22. Aug. — XXX⁰⁰ dies 13. Sept. Augsb., Strassbg., Regensb. — XL⁰⁰ dies auch comm. 23. Sept. Mainz, Passau, Augsb., Regensb., Brandenb. — Comm. Mariae 10. Nov. Naumb., Merseb.; 26. Oct. Meissen.

— compassio meist Freitag vor Palmarum; nur Halberst., Meissen 19. Juli; Mersebg. 18.

Juli. — Octava (Salzb. seit Clem. IX. allgemein) 15. Dec.

Mariae conceptio 8. Dec., nicht erst unter Sixtus IV. (1471—84) aufgekommen, sondern nur allgemeiner verbreitet.

— desponsatio (seit 1416) 22. Jan.; Dominik. am 11. Febr.

— exspectatio (partus) 18. Dec.

— nativitas 8. Sept. — Octava (seit 1234) 15. Sept.

— praesentatio (seit 1374) 21. Nov.; nur Verd., Hildesh. als Illatio M. am 26. Nov. [1]).

— purificatio 2. Febr. — Octava (selten) 9. Febr.

— septem gaudia 24. Sept. Meissen.

— transfixio Mariae 7. Juni Halberst.

— visitatio (seit ca. 1380) 2. Juli — Octava (selten) 9. Juli.

Maria Egyptiaca 9. Apr.; nur Brandenbg. 27. Apr.; Gnesen 2. Apr.; Trier, Cöln (ausser Lüttich) 7. Aug.

Maria Jacobi et Maria Salome 25. Mai Mainz.

Maria Magdalena v. 22. Juli. — Conversio 1. März Salzb., Hildesh.; 10. März Augsb., Brandenb.; 1. Apr. Bambg. — Translatio 6. Nov. Halbst.; 20. März Krakau.

Marianus m. 3. Nov. Verden.

Marius et Martha (Audifax et Habacuc) 19. Jan.

Martha 27. Juli Würsb., Camm., Basel, Salzbg., Prag, Olmütz; 29. Juli Mainz, Strassb., Const., Bambg., Augsb., Halberst., Naumbg., Merseb., Regensb., Gnesen, Bresl., Krak., Brem.; 20. Juli Brandenbg.; 31. Juli Meissen. — Translatio 17. Oct. Cöln, Trier, Salzb., Passau, Deutschorden.

Martialis m. 30. Juni.

Martina v. 2. Jan. Francisc.

Martinianus s. Processus.

Martinus ep. 11. Nov. — Transl. (Ordinatio) 4. Juli, ausserdem

Martinus pp. 10. Nov.; nur Aquil. 12. Nov.

Martinus ep. Trev. 19. Juli.

Martinus mon. cf. 15. Nov. Trier.

Marus ep. Trev. 26. Jan.

Maternianus m. 7. Juli Mind., Osn., Verd, Paderb., Brem.

Maternus ep. Trev. 14. Sept. Trier; 13. Sept. Cöln, Hresl., Merseb., Meissen, Paderb.; 12. Sept. Camm.; 19. Sept. Halberst. — Transl 23. Oct. Trier.

Maternus ep. Mediol. 18. Juli Basel, Const.

Mathelberta s. Madelberta.

---

[1]) Auf welchen Marcellinus das Datum einer Urkunde von 1266, Wizzenhusen, XIIII. Kal. Novembris vigilia Marcellini mart. sich bezieht, ist mir unerfindlich.

[1]) Brem.: Festum praesentationis Mariae peragitur dominica sub octava Martini, quae si in dominicam incidat, octava anticipatur sabbato. Missale Hamburgense 1509.

Mathias apost. 24. Febr. (im Schaltjahr 25. Febr.) — Inventio capitis 1. Sept. Trier. — Transl. 5. Sept. Halberst.
Matthaeus ap. et evang. 21. Sept.
Maurelius ep. cf. 13. Sept. Deutschorden.
Mauri mm. 15. Oct.
Mauricius m. 22. Sept. — Advent. reliqu. 25. Febr. — Adventus capitis 28. Sept. Magdeb.
Maurinus abb. 10. Juni. — Inventio 13. Oct. Cöln.
Maurus abb. 15. Jan.
Maurus s. Saturninus.
Maximilianus ep. Lauresc. 12. Oct. Salzb., Bresl, Prag.
Maximinus ep. Trev. 29. Mai. — Depositio 12. Sept. Trier.
Maximinus ep. Tung. 20. Juni Trier.
Maximus m. 20. Oct. Magdebg., Brandenbg.; 20. Aug. Paderb.
Maximus s. Tiburtius.
Medardus ep. cf. 8. Juni.
Meinolfus diac. 5. Oct. Minden, Paderb.
Meinradus erem. 21. Febr. Const.
Meleblades pp. 10. Dec. Mainz.
Meleosippus s. Speosippus.
Mennas m. 11. Nov.
Mercurius m. 25. Nov.
Merita s. Digna.
Methudius s. Cyrillus.
Metranus 31. Jan. Trier.
Metropolus ep. Trevir. 8. Oct.
Michael archang. 29. Sept. — Octava 6. Oct. — Apparitio (victoria, revelatio) 8. Mai.
Miletus ep. Trev. 19. Sept.
Minias m. 25. Oct. Magdebg.
Misahel s. Ananias.
Modesta v. Trevir. 4. Nov.
Modestus s. Vitus.
Modualdus ep. Trevir. 12. Mai.
Monica vid. electa 4. Mai August.; 28. Febr. Brandenbg. — Translatio y. Apr. Augustiner.
Monulfus s. Gondulfus.
Morandus mon. 3. Juni Mainz, Basel.

N.

Nabor s. Basilides, Felix.
Nanscentus ep. 3. Sept. Aquil.
Narcissus ep. 29. Oct. — Octava 5. Nov. Augsb.
Natuitus ep. Trevir. 7. Juli.
Nazarius s. Basilides.
Neon m. 20. Oct. Trier.

Nereus, Achilleus et Pancratius 12. Mai.
Nereus s. Habundus.
Nicasius ep. Remens. 14. Dec. Trier, Bresl., auch Praemonstr.; 27. Nov. Meissen.
Nicetius ep. Trevir. 1. Oct. Trier; 2. Oct. Merseb.
Nicodemus s. Nicomedes.
Nicolaus ep. 6. Dec. — Translatio. 9. Mai; nur Halberst. 10. Mai (wegen des Adv. rel. Steph.); Salzbg. am 9. Juli; Bremen am Montag nach Cantate.
Nicolaus Tolentinas 10. Sept. Augustiner.
Nicomedes m. 1. Juni, daneben doch nicht so viel erwähnt
Nicomedes m. 15. Sept.
Nicomedes et Faustinus 1. Juni Magdebg., Camm.
Nicomedes s. Gamaliel.
Nonnosus abb. 2. Sept. Salzbg.
Norbertus aep. Magdebg. 6. Juni Praemonst.
Nothburgae commem. 30. Oct. Trier.
Numerianus ep. Trevir. 5. Juli.

O.

Oda virgo 27. Nov. Lüttich.
Odalfus pbr. cf. Ultraject. (Adulfus) 12. Juni Cöln.
Olaus rex Norw. 29. Juli Schwerin, Ratzeb.
Omnes sancti 1. Nov. — Octava 8. Nov.
Omnes sancti ordinis Cisterc. 13. Nov.
Omnes sancti ordinis Praedicat. 9. Nov.
Omnium animarum commemoratio 2. Nov.
Onufrius 10. Juni Strassbg., Augsbg., Bambg.; 13. Juni Basel; 15. Juni Mainz, Const.
Optatus ep. 27. Nov. Trier, Strassb.
Oswaldus rex. 5. Aug.
Othmarus abb. 16. Nov.
Otilia v. 13. Dec.; nur Brandenbg. (virgo non martir) 17. Febr. Meissen (vgo.) 29. Jan.
Otto ep. Bamb. ap. Pommer. cf. (das Fest s. Juli in Bambg. wegen der vis. Mar. nicht gefeiert, in Hildesh. auf den 30. Juni verschoben). Translatio 30. Sept. Bambg., Eichst.; 1. Oct. Cammin[1]); 2. Oct. Meissen

P.

Pachomius abb. 14. Mai.
Palmatius m. 5. Oct. Trier.
Pamphilus s. Vitalis.
Pancratius m. 12. Mai.
Pantaleon m. 28. Juli.
Pantalus primus ep. Basil. 12. Oct.

1) Die Remigii et Ottonis (Riedel cod d Br. A. XXI, 171).

Pastor pbr. 29. März Brem.; cf. 27. Juli August.

Paternianus ep. 10. Juli Salzb.

Patricius m. 17. März.

Patroclus m. 21. Jan. Cöln.

Pauli conversio 25. Jan. — Eine zweite am 7. Aug. in Paderb.

Pauli commemoratio 30. Juni. — Eine zweite am 24. Oct. in Meissen.

Paulinus ep. Trevir. 31. Aug.

Paulinus ep. 22. Juni Salzbg., Prag, Aquil., Augsb., Const.

Paulus primus eremita 10. Jan.; ausserdem

Paulus ep. Virdun. 8. Febr. Trier.

Paulus s. Petrus, Johannes.

Pavaclus ep. 24. Juli Paderb.

Pelagia peccatrix 8. Oct. Augsb.

Pelagius m. 28. Aug.

Peregrinus ep. 16. Mai Hildesh.

Pergentinus et Laurentinus mm. 3. Juni Magdeb.

Perpetua et Felicitas 7. März.

Perpetuus ep. m. 30. Dec.

Petri cathedra 22. Febr.[1]).

Petri ad vincula 1. Aug.

Petronella v. 31. Mai.

Petronius ep. cf. 27. Febr. Gnesen.

Petrus et Paulus 29. Juni[2]). — Octava 6. Juli. — Dedicatio basilicae 18. Nov.

Petrus novus martir (ord. Praedic. canon. 1253) 29. April. — Transl. 4. Juni Domin.

Petrus diaconus 17. Apr.

Petrus ep. cf. (canon. 1191) 8. Mai Cisterc. — Transl. 10. Sept. Cisterc.

Petrus Coelestinus pp. (Petrus de Murrano canon. ca. 1300) fundator ord. Coelestinorum 19. Mai.

Petrus s. Marcellinus.

Philippus et Jacobus apost. 1. Mai.

Pinnosa v. (Translatio) 28. Febr. Cöln, Bresl.

Pirminins ep. oder abb. 3. Nov. Trier, Mainz, Salzb. — Ordinatio 23. Juli Metz.

Pius I. pp. 11. Juli Augustiner.

Placidus m. 5. Oct. Salzb.

Placidus et Sigibertus 11. Juli Const.

Polycarpus ep. 26. Jan.; ausser bei Brem., wo

Polycarpus pbr. 23. Jan. vorzuziehen ist. Ausser diesen kommt vor

Polycarpus cf. 27. Oct. Trier.

Polychronius ep. m. 17. Febr. Salzb., Gnes.

Pontianus m. 14. Jan. Cöln; 19. Jan. Magdebg., Brandenbg.

Portiuncula 2. Aug. (Kirchweih der Francisc.).

Potentiana v. 19. Mai.

Potentianus (Pontianus) pp. 20. Nov.

Praejectus m. 25. Jan.

Praxedes v. 21. Juli.

Primus et Felicianus mm. 9. Juni.

Prisca v. m. 18. Jan.

Priscus ep. m. 1. Sept.

Privatus ep. m. 21. Aug. Trier.

Probus s. Tracus.

Processus et Martinianus mm. 2. Juli.

Procopius abb. Prag. 4. Juli Prag, Guesen; daneben

Procopius m. 8. Juli Trier, Prag; 9. Juli nur Würzb. (wegen Kilian).

Projectus s. Praejectus.

Protasius s. Gervasius.

Protasius ep. cf. 6. Nov. Laus.

Protus et Hyacinthus 11. Sept.

Pusinna vgo. 23. Apr. Paderb., Minden.

Q.

Quadraginta milites mm. 9. März; nur Krakau 11. März.

Quadraginta tres mm. 11. März Mainz (nur Thür.).

Quatuor coronati mm. 8. Nov.

Quatuor milia martirum 12. Oct. Halberst.

Quatuordecim auxiliatores 8. Aug. Hildesh.; 14. Nov. Halberst.

Quinque fratres heremitae (Poloni) 12. Nov. Prag, Krak. — Allatio 25. Aug. Prag.

Quinque sancti 17. Juni Hildesh.

Quintianus m. 1. Apr. Brem.

Quintinus m. 31. Oct.

Quiriacus m. 6. März Trier; daneben

Quiriacus ep. Trev. 20. Sept.

Quiriacus m. 17. Juni Brem.

Quiriacus ep. m 4. Mai Carmel., Deutschorden.

Quiricus s. Cyricus.

Quirilla v. 27. Oct. Carmel.

Quirinus m. 30. Apr.; ausserdem

Quirinus m. 24. März Salzb., Cöln.

Quirinus s. Jocundus.

R.

Radegundis reg. 11. Aug. Salzb.

Regenfledis v. 20. Nov. Cöln.

---

[1] Die Kathedra Petri Romae 18. Jan. wurde erst durch Pabst Paul IV. 1558 allgemein eingeführt. Neben 1480 wird sie in einem gedruckten Missale der Magdeburger, 1494 der Brandenburger Diöcese aufgeführt.

[2] Das Mindener Missale von 1513 führt ausser diesem Tage noch ein festum apostolorum Petri et Pauli am 17. Juli auf.

Regina v. m. 7. Sept.
Reginardus ep. Leod. 18. Sept.
Reginswindis v. 15. Juli Mainz, Salzb.
Regula s. Felix.
Reimbertus aep. Brem. 11. Juni.
Reinoldus m. Colon. 7. Jan.
Remaclus ep. Traject. 3. Sept.
Remigius ep. 1. Oct., ausserdem
Remigius (Remedius) ep. 13. Jan. Strassb.
Reparata v. 8. Oct. Würzb.
Richarius abb. 26. Apr. Bened.
Robertus abb. 29. Apr. Cisterc.
Rochus cf. (can. 1414) 16. Aug. Cöln, Strassb.,
    Augsb., Paderb., Gnesen, Prag.
Rogatianus s. Donatianus.
Romanus m. 9. Aug., ausserdem
Romanus abb. 28. Febr. Cöln, Trier, Laus.
Romericus abb. 13. Sept. Mainz.
Romualdus abb. fundator ord. Camaldul. 7. Febr.
Rufus m. 27. Aug.
Rufus et Secunda 10. Juli Augustiner.
Rufus s. Valerius.
Rumoldus ep. m. 27. Oct. Lütt.; 12. Juli Utr.;
    25. Juni Praemonstr.
Rupertus ep. Salisb. 27. März. — Transl. 24. Sept.
Rusticianus m. 17. Oct. Mind.
Rusticus ep. Trevir. 14. Oct.; daneben
Rusticus m. 14. Juni Trier.
Rusticus s. Dionysius.

S.

Sabaudus ep. Trevir. 26. Nov.
Sabbas abb. 5. Dec. Prag.
Sabina v. m. 29. Aug.
Sabina v. m. 31. März Laus.
Sabinus, Latinus, Candida 1. Dec. Magdeb., Bran-
    denbg.
Sabinus m. 9. Juli Camm.
Sabinus et Exuperantius mm. 30. Dec. Brandenb.
Salvenius s. Victorinus.
Sanguinis festum 19. Juni Basel, Const.; 26. März
    Mainz.
Sanguinis reportatio 3. Juni Hildesh.
Saturnina v. 20. Mai Paderb., Hildesh.
Saturninus, Chrysanthus, Maurus et Daria 29. Nov.
    (vgl. Chrysanthus et Daria).
Scholastica v. (Sother, Zoticus, Irenaeus) 10. Febr.
Sebaldus cf. 19. Aug. Mainz, Bamberg, Meissen.
Sebastianus s. Fabianus.
Secunda s. Rufus.

Secundus, Alexander et Abundus 26. Aug. Magde-
    burg, Brandenbg.
Secundus s. Alexander.
Sennen s. Abdon.
Septem dormientes 27. Juni; nur Gnesen, Bresl.
    28. Juli und Passau, Regensb., Krakau 13. Sept.
Septem fratres mm. 10. Juli.
Septem fratres Franciscanorum 13. Oct.
Septem fratres Machabaei 1. Aug.
Septem virgines mm. 9. Apr.
Sequanus abb. 19. Sept. Cisterc.
Sergius et Bacchus mm. 7. Oct.
Servatius ep. 13. Mai. — Transl. 7. Juni Cöln.
Severa v. 20. Juli Trier; 25. Juni Paderb.
Severinus ep. Colon. 23. Oct.; daneben
Severinus ep. ap. Noricor. 5. Jan. Salzb.
Severus ep. cf. 22. Oct., ausserdem
Severus ep. 1. Febr. Salzb., Aquil.
Severus ep. Trevir. 15. Oct. — Transl. 18. Nov. Trier.
Severus pbr. 15. Febr. Trier.
Sigibertus s. Placidus.
Sigismundus rex m. 2. Mai.
Sigolina abbat. 24. Juli Metz.
Silas apost. 28. Nov. Carthäus.
Silverius pp. 20. Juni Salzb., Aquil., Laus., auch
    Augustiner.
Silvester pp. 31. Dec. — Commem. 7. Jan. Hil-
    desheim.
Simeon ep. 18. Febr. Trier, Cöln, Mainz.
Simeon mon. Trevir. 1. Juni Trier.
Simon et Judas apost. 28. Oct.
Simplicianus ep. cf. 13. Aug. Augustiner.
Simplicius s. Felix.
Sinnicius s. Sixtus.
Sisinnius s. Florentius.
Sixtus pp. (Felicissimus et Agapitus) 6. Aug.
Sixtus et Sinnicius ep. 1. Sept. Brem., Verden,
    Mind., Osnab., Hildesh.
Smaragdus s. Cyriacus.
Solus abb. cf. 3. Dec. Eichst.
Sophia v. 15. Mai; nur Minden am 3. Sept. S. Fides.
Sother virgo s. Scholastica.
Sother pp. s. Gajus.
Speciosa v. 15. Oct. Hild., Halberst, Mind.
Speosippus, Eleosippus, Melcosippus 17. Jan.
Speratus m. 17. Juli.
Spes s. Fides.
Stanislaus ep. Cracov. 8. Mai[1]). — Transl. 27. Sept.
    Bresl., Krak. — Occisio 11. Apr. Krak.

— [1]) Von Clemens VIII. der appar. Mich. wegen auf den
7. Mai verlegt. Stan. † 1079, can. 1253; transl. 1254.

Stephanus protomartyr 26. Dec. — Octava 2. Jan.
— Inventio 3. Aug. — Transl. 7. Mai Passau.
Adventus reliquiarum 9. Mai Halberst.

Stephanus pp. 2. Aug.

Stephanus rex Ungar. cf. (elevatio) 20. Aug. Gnes.,
Prag, Bambg. — Inventio dextrae 30. Mai.

Stephanus abb. 16. Juli Cisterc.

Sturmus abb. Fuld. 17. Dec. Mainz.

Sulpicius et Servilianus 3. Oct. Bambg., Augsb.,
Würzb., Bresl.

Susanna v. 11. Aug. Mainz.

Swibertus ep. Verden. 1. März Verden, Cöln. —
Adv. reliqu. 9. Mai Verden.

Symphorianus s. Timotheus.

Symphorosa cum 7 filiis 18. Juli.

Syrus ep. cf. (et Juventius) 12. Sept. Augsb.

T.

Tatianus m. 16. Jan. Bambg.

Taurius s. Herculianus.

Terentius m. 29. Oct. Trier; 28. Sept. Paderb.

Tertii regis obitus 11. Jan. Cöln.

Tertullinus m. 31. Juli Salzb.

Thebaeorum adventus 14. Juli Magdeb.

Thebaeorum commem. 24. Nov. Cöln.

Thecla v. 23. Sept.

Theganus ep. 20. März Trier.

Theobaldus ep. 1. Juli Const., Basel, Trier.

Theobaldus cf. 3. Oct. Cammin.

Theodardus ep. Leod. 10. Sept.

Theodericus ep. 23. Oct. Mainz; 30. Oct. Meissen.

Theodolus ep. Sedun. 16. Aug. Mainz, Const.,
Basel, Laus.; nur Praemonstr. 26. Aug.

Theodolus s. Alexander.

Theodora v. 1. Apr. Laus., Bresl., Prag.

Theodorus m. 9. Nov, ausserdem

Theodorus cf. 19. Sept. Minden.

Theodosia v. 3. Apr. Cöln, Trier.

Theodula 26. März Mainz (Thür.).

Theonestus ep. m. 30. Oct. Mainz.

Theophila v. 12. Nov. Carmel.

Thomas ap. 21. Dec. — Transl. 3. Juli; nur Mind.
14. Juli.

Thomas p. Cantuar. (canon. 1173) 29. Dec. — Adventus reliquiarum 7. Juni Paderb.

Thomas ab Aquino (canon. 1323) 7. März. —
Transl. 28. Jan. Dominic.

Thomas ep. m. 7. Juli Halberst.

Thyrsus c. soc. 4. Oct. Cöln, Trier.

Thyrsus s. Andochius.

Tiburtius m. 11. Aug.; häufiger aber noch

Tiburtius et Valerianus (et Maximus) mm. 14. Apr.

Tillo m. 7. Jan. Mind.

Timotheus ap. 24. Jan. — Adventus reliqu. 5. März
Mind.

Timotheus et Symphorianus mm. 22. Aug.

Timotheus et Apollinaris mm. 23. Aug.

Torpes m. 17. Mai.

Tracus, Probus et Andronicus 11. Oct. Trier.

Tres pueri in Babilon 16. Dec. Trier, Mainz.

Tres reges 6. Jan. — Translatio 23. Juli Cöln,
Mersebg. — Obitus tertii regis 11. Jan. Cöln.

Trudbertus ep. 26. Apr. Salzb.

Trudo cf. 23. Nov. Trier, Lüttich, auch Praemonstr.

Turribius 24. Juli und 25. Aug. Paderb.

U.

Udalricus ep. August. (canon. 993) 4. Juli.

Undecim millia virginum mm. 21. Oct. — Transl.
28. Jan. Cöln.

Urbanus pp. m. 25. Mai.

Ursacius cf. 16. Aug. Krak.

Ursinus (Ursicinus) cf. 20. Dec. Mainz, Basel.

Ursula v. m. 21. Oct.

Ursus (et Victor) m. 30. Sept. Mainz, Const., Basel,
Laus., Bambg.

V.

Valens pbr. 21. Mai Mainz, Brem.

Valentinus m. c. soc. (Vitalis, Zenon et Felicula)
14. Febr., ausserdem

Valentinus ep. Patav. 7. Jan. — Transl. 4. Aug.
Salzb.

Valentinus ep. cf. 15. Febr. Brandenbg.

Valentinus m. 4. Nov. Magdebg.

Valerianus s. Tiburtius.

Valerius ep. Trevir. 29. Jan.

Valerius et Rufus (Rufinus) mm. 14. Juni.

Vedastus et Amandus ep. 6. Febr. — Transl. 26.
Oct. s. Amandus.

Vedastus s. Germanus.

Venantius cf. 1. Apr. Salzb.

Verena v. 1. Sept.

Vicelinus ep. Aldenb. († 1154) 12. Dec. Schwer.,
Ratzeb.

Victor m. 10. Oct. — Transl. 31. Oct. Cöln. Neben
diesem

Victor m. 8. Mai (ist der apparitio Michaelis halber zu Datirungen nicht verwandt).

Victor m. 23. Sept. Meissen.

Victor s. Ursus.

Victoria v. 23. Dec. Cöln, Mainz, Bambg.

Victorinus m. 25. Febr. Mainz.

Victorinus m. 5. Sept. Münster, Magdebg., Brandenbg., Prag.

Victorinus et Salvenius mm. 17. Oct. Brandenbg.

Vigilius ep. Trid. 31. Jan. Salzb., Trier.

Viginti tres martires 5. Aug. Lüttich. Publ. de la soc. archeol. de Luxembg. XXVI.

Vilbet s. Einbet.

Vincentius levita (diac.) m. 22. Jan , ausserdem

Vincentius ep. 6. Juni Gnes., Prag, Magdebg.

Vincentius Ferrerius pbr. cf. (canon. 1455) 5. Apr. Domin., auch Brandenbg. und Gnesen (als Vincentius de Valencia).

Virgilius aep. Salisb. (depositio) 27. Nov. — Transl. (elevatio) 26. Sept. — Inventio 16. Febr. Salzb.

Vitalis m. 28. Apr.

Vitalis et Agricola 27. Nov. Mainz.

Vitalis et Pamphilus 28. Apr.

Vitalis s. Valentinus.

Vitus (Modestus et Crescentia) m. 15. Juni. — Transl. 10. März Verd., Halberst.; 13. Juni Paderborn.

Volmarus ep. cf. 17. Juni Bresl.

W.

Walafrid abb. Palatioli 8. Juli Metz.

Waldetrudis vid. 9. Apr. Lüttich.

Walericus cf. 12. Dec. Mind., Osn., Augsb., Bambg.

Walpertus ep. 2. Mai Mainz, Basel.

Walpurgis v. 1. Mai. — Transl. 25. Febr. Salzb., Laus., Prag, Münster, Mainz (nur Eichst., Augsb. u. Thür.) — Adventus reliqu. 4. Aug. Münster.

Wattonis Transl. 31. Juli Freis.

Wenceslaus dux Boh. 28. Sept. — Transl. 4. März Prag, Gnesen. — Recollectio ossium 27. Juni Prag. Vgl. Dedicatio.

Wendalinus 24. Apr. Mainz; 21. Oct. Trier, Const.; 3. Febr. Meissen. — Transl. 5. Juli Trier.

Wiborada reclusa 2. Mai Const.

Wigbertus (Wipertus) abb. Fritzlar. 13. Aug. Mainz. — Transl. 15. Mai Mainz (Thür.).

Wiho ep. Osnab. 20. Apr.

Willehadus ep. Brem. 8. Nov.

Willibaldus ep. Eichst. 7. Juli. — Elevatio 22. Apr. — Ordinatio 22. Juli Eichst.

Willibrordus ep. Utraject. 7. Nov. — Transl. (1031) 19. Oct. Utr.

Wiro ep. 8. Mai Lüttich.

Wladislaus rex Ungar. 27. Juni Gnesen.

Wolfgangus ep. Ratisb. (canon. 1052) 31. Oct.; nur Brandenbg. 20. Juni. — Transl. 7. Oct. Regensb., Passau.

Worbet s. Einbet.

Wunnibaldus abb. 18. Dec. Salzb., Mainz, Bambg., Mersebg.

X.

Xistus s. Sixtus.

Y.

Ypolitus s. Hippolitus.

Yrmina v. Trevir. 24. Dec.

Z.

Zachaeus ep. 23. Aug. Deutschorden.

Zenon ep. 8. Dec. Salsb., Aquil.; 12. Apr. Trier, Cöln; 23. Juni Gnesen.

Zenon s. Valentinus.

Zephyrinus pp. 26. Aug. Francisc., Augustiner.

Zosimus s. Eutropius.

Zoticus s. Scholastica.

Verzeichniss

der

deutschen und einiger für die deutsche Geschichte wichtiger angränzender Bisthümer nach ihrem mittelalterlichen Diöcesanverbande.

Aquileja.
  Trient.
  Triest (Tergestinus).
Besançon (Vesontinensis, Chrysopolitanus).
  Basel.
  Belley.
  Lausanne.
Bremen (Hamburg).
  Lübeck (Lubicensis).
  Ratzeburg.
  Schwerin (Magnopolitanus).
Cöln.
  Lüttich (Leodiensis).
  Minden.
  Münster.
  Osnabrück.
  Utrecht (Ultrajectensis).
Gnesen.
  Breslau (Wratislaviensis).
  Culm (bis 1468 Suffr. v. Riga).
  Krakau.
  Leslau (Wladislaviensis oder Cujaviensis).
  Plock (Masoviensis).
  Posen.
Lund.
  Reval (seit 1374 Suffr. v. Riga).
  Schleswig (bis 1104 Suffr. v. Bremen).
Magdeburg.
  Brandenburg.
  Havelberg.
  Lebus (Lubucensis).
  Meissen.
  Merseburg.
  Naumburg (Zeitz).
Mainz.
  Augsburg (Augustanus).
  Chur (Curiensis).
  Constanz.
  Eichstädt (Aureatensis).
  Halberstadt.
  Hildesheim.
  Paderborn.
  Prag (seit 1344 Erzbisth.).
  Speyer.

Strassburg (Argentinensis).
  Verden (Verdensis).
  Worms.
  Würzburg (Herbipolensis).
Prag (bis 1344 Suffr. v. Mainz).
  Leitomischl.
  Olmütz.
Rheims.
  Cambray (Cameracensis, seit 1559 exemt).
  Tournay (Tornacensis).
Riga.
  Culm (seit 1466 Suffr. v. Gnesen).
  Dorpat (Tarbatensis).
  Ermland (Warmiensis, seit 1384 exemt).
  Oesell.
  Pomesanien.
  Reval (bis 1374 Suffr. von Lund).
  Samland (Sambiensis).
  Curland (Curonensis, früher Selonensis oder Semgallensis).
Salzburg.
  Brixen (Brixiensis, Brizinensis).
  Chiemsee.
  Freising.
  Gurk.
  Lavant.
  Passau (Pataviensis).
  Regensburg (Ratisbonensis).
  Seckau.
Tarantaise.
  Sitten (Sedunensis, seit 1513 exemt).
Trier.
  Metz.
  Toul.
  Verdun (Virdunensis, Virodunensis).
Vienne.
  Genf.
Exemt.
  Bamberg.
  Cambray (Cameracensis, bis 1559 Suffr. v. Rheims).
  Cammin (Pommern).
  Ermland (Warmiensis, bis 1354 Suffr. v. Riga).
  Laibach.
  Sitten (Sedunensis, bis 1513 Suffr. v. Tarantaise).

Die 35 Kalender.

A. S. 851. 946. 1041. 1136 R. 1303. 1478. 1573.

Januar.	Februar.	Märs.

N.S. 1598. 1693. 1761. 1818.

Juni.	Juli.	August.	September.	October.	November.	December.
1	1	1 Vinc. Petri.	1 Egidius.	1 Remigius.	1 Omn. sanct.	1
2	2 Visit.Mariae	2 Steph. pp.	2	2	2 Comm. ani-	2
3	3	3 Inv. Steph.	3	3	marum.	3
4	4 Udalricus.	4	4	4 21. post Pent.	4	4 Barbara.
5 Bonifacius.	5 8. post Pent.	5 Oswaldus.	5	5	5	5
6	6	6	6 17. post Pent.	6	6	6 II. Nicolaus.
7 4. post Pent.	7	7	7	7	7	7
8	8 Killanus.	8	8 Nat. Mariae	8	8 8ª Omnium	8 Conc. Mar.
9	9	9 13.post Pent.	9	9 Dionysius.	sanct.	9
10	10 VII fratres.	10 Laurentius.	10	10	10	10
11 Barnabas.	11	11	11	11 22.post Pent.	11 Martinus ep.	11
12	12 9. post Pent.	12	12	12	12	12
13	13	13	13 18 post Pent.	13	13 Briccius	13 III. Lucia.
14 5. post Pent.	14	14	14 Exalt. Cruc.	14	14	14
15 Vitus.	15 Div. Apost.	15 Ass. Mariae	15	15	15 27.post Pent.	15
16	16	16 14.post Pent.	16 Quatember.	16 Gallus.	16	16 Quatember.
17	17	17	17 Lambertus.	17	17	17
18	18	18	18	18 Lucas.	18	18
19 Gervas. et	19 10.post Pent.	19	19	19	19 Elisabeth.	19
Prot.	20	20	20 19.post Pent.	20	20	20 IV. Advent.
20	21	21	21 Matthaeus.	21 Und. mil.	21	21 Thomas ap.
21 6. post Pent.	22 Mar. Magdl.	22 8ª Ass. Mar.	22 Mauritius.	virg.	22 Caecilia.	22
22	23	23 15.post Pent.	23	22	23	23
23	24	24 Bartholom.	24	23	24	24
24 Joh. bapt.	25 Jacobus.	25	25	24	25 Katharina.	25 Nativ. dni.
25	26 Anna.	26	26	25 24.post Pent.	26	26 Steph. prot.
26	27	27	27 Cosmas et	26	27	27 Johannes ev.
27	28	28	Damianus.	27	28	28 ss. Innocent.
28 7. post Pent.	29	29 Dec.Joh.bpt.	28	28 Simon et	29 I. Advent.	29
29 Petri et Pauli	30 Abdon et	30 16.post Pent.	29 Michael.	Judas.	30 Andreas.	30
30 Comm. Pauli	Sennen.	31	30	29		31 Sylvester.
	31			30		
				31		

A. S. 783. 794. 878. 889. 973. 984 B. 1068 B. 1231. 1315. 1326. 1410. 1431. 1505. 1516 B.

#	Schaltjahr Januar.	Schaltjahr Februar.	Januar.	Februar.	März.	April.	Mai.
1	Circum. dni.		Circum. dni.				Phil. et Jac Ascens. dni.
2	8a Stephani.	Pur. Mariae.	8a Stephani.		IV. Laetare.		
3	3a Johannis.	Esto mihi.	3a Johannis.	Pur. Mariae.			Inv. Crucis.
4	8a Innocent.		8a Innocent.			Ambrosius.	VI. Exaudi.
5		Agatha.		Agatha. Cap. jejunii.			
6	Epiphania.	Cap. jejunii.	Epiphania.			II. Misericordia dom.	Job. ante port. latin.
7							
8							
9		Apollonia.		I. Invocavit.	V. Judica.		
10	Paul erem.	I. Invocavit.	Paul. erem.	Scholastica.			
11							Pentecoste.
12				Quatember.	Gregorius.		Pancratius.
13	8a Epiphan.	Quatember.	8a Epiphan.			III Jubilate.	
14		Valentinus.		Valentinus.		Tiburt. et Valerian.	Quatember.
15							
16		Juliana		II. Reminisc.	VI. Palmar.		
17	Anton.erem.	II. Reminisc.	Anton.erem.		Gertrud.		
18							Trinitatis.
19			Circumded.				
20	Fab. et Seb.		Fab. et Seb.		Coena dom.	IV. Cantate.	
21	Agnes.		Agnes.		Parasceve.		
22	Vincentius.	Cath. Petri.	Vincentius.	Cath. Petri.			Corp.Christi.
23				III. Oculi.	Pascha.		
24		III. Oculi.		Matthias.			
25	Conv. Pauli	Matthias.	Conv. Pauli		Ann.Mariae.	Marcus.	Urbanus.
26			Exsurge.				
27	Exsurge.					V. Rogate.	
28							
29							
30					I. Quasimod.		
31							Petronella.

N. S. 1636 B. 1704 B. 1788 B. 1845. 1856 B. 1913.

Juni.	Juli.	August.	September.	October.	November.	December.
1 3. post Pent.	1	1 Vinc. Petri.	1 Egidius.	1 Remigius.	1 Omn. sanct.	1
2	2 Visit.Mariae	2 Stephan. pp.	2	2	2 Comm.anim.	2
3	3	3 Inv. Steph.	3	3	3	3
4	4 Udalricus.	4	4	4	4	4 Barbara.
5 Bonifacius.	5	5 Oswaldus.	5	5 21. post Pent.	5	5
6	6 5. post Pent.	6	6	6	6	6 Nicolaus.
7	7	7	7 17. post Pent.	7	7	7 II. Adventus.
8 4. post Pent.	8 Killanus.	8	8 Nat. Mariae.	8	8 8ª Omn. sct.	8 Conc. Mar.
9	9	9	9	9 Dionysius.	9 26. post Pent.	9
10	10 VII fratres.	10 Laurentius.	10	10	10	10
11 Barnabas.	11	11	11	11	11	11
12	12	12	12	12 22. post Pent.	12 Martinus ep.	12
13	13 9. post Pent.	13	13	13	13	13 Lucia.
14	14	14	14 Exalt. Cruc.	14	14 Briccius.	14 III. Advent.
15 Vitus.	15 Div. Apost.	15 Ass. Mariae.	15	15	15	15
16	16	16	16	16 Gallus.	16 27. post Pent.	16
17	17	17 14. post Pent.	17 Lamb. Quat.	17	17	17 Quatember.
18	18	18	18	18 Lucas.	18	18
19 Gerv.etProt.	19	19	19	19 23. post Pent.	19 Elisabeth.	19
20	20 10. post Pent.	20	20	20	20	20
21	21	21	21 Matthaeus.	21 Und. mil. vg.	21	21 IV. Thomas apost.
22 6. post Pent.	22 Mar.Magdal.	22 8ª Ass. Mar.	22 Mauritius.	22	22	22
23	23	23	23	23	23 Clemens.	23
24 Joh. bapt.	24	24 Bartholom.	24	24	24	24
25	25 Jacobus.	25	25	25	25 Katharina.	25 Nativ. dni.
26	26 Anna.	26	26	26 24. post Pent.	26	26 Steph. prot.
27	27 11. post Pent.	27	27 Cosmas et Damianus.	27	27	27 Johannes ev.
28	28	28	28 20. post Pent.	28 Simon et Judas.	28	28 ss. Innocent.
29 Petr.et Paul.	29	29 Dec.Joh.bpt.	29 Michael.	29	29	29
30 Comm.Pauli	30 Abdon et Sennen.	30	30	30	30 I. Andreas.	30
	31	31 16. post Pent.		31		31 Sylvester.

A. 8. 821. 832 B. 916 B. 1079. 1163. 1174. 1258. 1269. 1353. 1364 B. 1448 B.

Schaltjahr		Januar.	Februar.	März.	April.	Mai.
Januar.	Februar.					
1 Circum. dni.		1 Circum. dni.	1	1	1	1 Phil. et Jac.
2 8ª Stephani.	2 Pur. Mariae.	2 8ª Stephani.	2 Pur. Mariae	2	2	2 Inventio dni.
3 8ª Johannis.	3	3 8ª Johannis.	3 Esto mihi.	3 IV. Laetare.	3	3 Inv. Crucis.
4 8ª Innocent.	4 Esto mihi.	4 8ª Innocent.	4	4	4 Ambrosius.	4
5	5 Agatha.	5	5 Agatha.	5	5	5 VI. Exaudi.
6 Epiphania.	6	6 Epiphania.	6 Cap. jejunii.	6	6	6 Joh. ante port. latin.
7	7 Cap. jejunii.	7	7	7	7 II. Misericordia domini.	7
8	8	8	8	8	8	8
9	9 Apollonia.	9	9 Apollonia.	9	9	9
10 Paul. erem.	10 Scholastica.	10 Paul. erem.	10 I. Invocavit	10 V. Judica	10	10
11	11 I. Invocavit	11	11	11	11	11
12	12	12	12	12 Gregorius.	12	12 Pentecoste.
13 8ª Epiphan.	13	13 8ª Epiphan.	13 Quatember.	13	13	13
14	14 Valent. Quat.	14	14 Valentinus.	14	14 III. Tiburt. et Valerian.	14
15	15	15	15	15	15	15 Quatember.
16	16 Juliana.	16	16 Juliana.	16	16	16
17 Anton. erem.	17	17 Anton. erem.	17 II Reminisc.	17 VI. Palmar.	17	17
18	18 II. Reminisc.	18	18	18	18	18
19	19	19	19	19	19	19 Trinitatis.
20 Fab. et Seb.	20	20 Fab. et Seb.	20	20	20	20
21 Agnetis.	21	21 Agnes.	21	21 Coena dom.	21 IV. Cantate.	21
22 Vincentius.	22 Cath. Petri.	22 Vincentius.	22 Cath. Petri.	22 Parasceve.	22	22
23	23	23	23	23	23	23 Corp. Christi.
24	24	24	24 III. Oculi. Matthias.	24 Pascha.	24	24
25 Conv. Pauli.	25 III. Oculi. Matthias.	25 Conv. Pauli.	25	25 Ann. Mariae.	25 Marcus.	25 Urbanus.
26	26	26	26	26	26	26 2. post Pent.
27	27	27 Exurge.	27	27	27	27
28 Exurge.	28	28	28	28	28 V. Rogate.	28
29	29	29	29	29	29	29
30		30		30	30	30
31		31		31 I. Quasimod.		31 Petronella.

N. 8. 1799. 1940 B.

Juni	Juli.	August.	September.	October.	November,	December.
1	1	1 Vinc. Petri.	1 Egidius.	1 Remigius.	1 Omn. sanct.	1 I. Adventus.
2 3. post Pent.	2 Visit. Mar.	2 Steph. pp.	2	2	2 Comm. anim.	2
3	3	3 Inv. Steph.	3	3	3 25. post Pent.	3
4	4 Udalricus.	4 12. post Pent.	4	4	4	4 Barbara.
5 Bonifacius.	5	5 Oswaldus.	5	5	5	5
6	6	6	6	6 8ª Michaelis.	6	6 Nicolaus.
7	7 6. post Pent.	7	7	7	7	7
8	8 Kilianus.	8	8 Nativ. Mar.	8	8 8ª Omn. sct.	8 II. Conc. Mariae.
9 4. post Pent.	9	9	9	9 Dionysius.	9	9
10	10 VII fratres.	10 Laurentius.	10	10	10 26. post Pent.	10
11 Barnabas.	11	11 13. post Pent.	11	11	11	11
12	12	12	12	12	12 Martinus ep.	12
13	13	13	13	13 22. post Pent.	13	13 Lucia.
14	14 9. post Pent.	14	14 Exalt. Cruc.	14	14 Briccius.	14
15 Vitus.	15 Div. Apost.	15 Ass. Mariae.	15 18. post Pent.	15	15	15 III. Advent.
16 5. post Pent.	16	16	16	16 Gallus.	16	16
17	17	17	17 Lambertus.	17	17 27. post Pent.	17
18	18	18 14. post Pent.	18 Quatember.	18 Lucas.	18	18
19 Gervas et Prot.	19	19	19	19	19 Elisabeth.	19
20	20	20	20	20 23. post Pent.	20	20
21	21 Praxedes.	21	21 Matthaeus.	21 Und. mil. vg.	21	21 Thomas ap.
22	22 Mar. Magd.	22 8ª Ass. Mar.	22 Mauritius.	22	22	22 IV. Advent.
23 6. post Pent.	23	23	23	23	23	23
24 Joh. bapt.	24	24 Bartholom.	24	24	24 28. post Pent.	24
25	25 Jacobus.	25 15. post Pent.	25	25	25 Katharina.	25 Nativ. dni.
26	26 Anna.	26	26	26	26	26 Steph. prot.
27	27	27	27 Cosmas et Damianus.	27 24. post Pent.	27	27 Johannes ev.
28	28 11. post Pent.	28	28	28 Simon et Judas.	28	28 ss. Innocent.
29 Petr. et Paul.	29	29 Decoll. Joh. bapt.	29 Michael.	29	29	29
30 Comm. Pauli	30 Abdon et Sennen.	30	30	30	30 Andreas.	30
	31	31		31		31 Sylvester.

A. S. 753. 764 B. 848 B. 927. 1011. 1022. 1095. 1106. 1117. 1190. 1201. 1212 B. 1285. 1396 B. 1380 B. 1459. 1543. 1554.

Schaltjahr Januar	Schaltjahr Februar	Januar	Februar	März	April	Mai
1 Circum. dni.	1	1 Circum. dni.	1	1	1 I. *Quasimodogeniti.*	1 Phil. et Jac.
2 8ª Stephani.	2 Pur. Mariae.	2 8ª Stephani.	2 Pur. Mariae.	2	2	2
3 8ª Johannis.	3	3 8ª Johannis	3	3	3	3 *Ascensio dni.*
4 8ª Innocent.	4	4 8ª Innocent.	4	4	4 Ambrosius.	4
5	5 Agatha.	5	4 *Esto mihi.*	4 IV. *Laetare.*	5	5
6 Epiphania.	6	6 Epiphania.	5 Agatha.	5	6	6 VI. Joh. ante port. lat.
7	7	7	6	6	7	7
8	8 *Cap. jejunii.*	8	7 *Cap. jejunii.*	7	8 II. *Mis. dni.*	8
9	9 Apollonia.	9	8	8	9	9
10 Paul. erem.	10 Scholastica.	10 Paul. erem.	9 Apollonia.	9	10	10
11	11	11	10 Scholastica.	10	11	11
12	12 I. *Invocavit.*	12	11 I. *Invocavit.*	11 V. *Judica.*	12	12 Pancratius.
13 8ª Epiph.	13	13 8ª Epiph.	12	12 Gregorius.	13	13 *Pentecoste.*
14	14 Valentinus.	14	13	13	14 Tib. et Val.	14
15	15 *Quatember.*	15	14 Valent. *Quat.*	14	15 III. *Jubilate.*	15
16	16 Juliana.	16	15	15	16	16 *Quatember.*
17 Anton. erem.	17	17 Anton. erem.	16 Juliana.	16	17	17
18	18	18	17	17 Gertrud.	18	18
19	19 II. *Reminisc.*	19	18 II. *Reminisc.*	18 VI. *Palmar.*	19	19
20 Fab. et Seb.	20	20 Fab. et Seb.	19	19	20	20 *Trinitatis.*
21 Agnes.	21	21 Circumded.	20	20	21	21
22 Vincentius.	22 Cath. Petri.	22 Vincentius.	21	21 Benedictus.	22 IV. *Cantate.*	22
23	23	23	22 Cath. Petri.	22 *Coena dni.*	23	23
24	24	24	23	23 *Parasceve.*	24	24 Corp. Christi
25 Conv. Pauli.	25 Matthias.	25 Conv. Pauli.	24 Matthias.	24	25 Marcus.	25 Urbanus.
26	26 III. *Oculi.*	26	25 III. *Oculi.*	25 *Pascha.*	26	26
27	27	27	26	26	27	27 2. post Pent.
28	28	28 *Exsurge.*	27	27	28	28
29 *Exsurge.*	29	29	28	28	29 V. *Rogate.*	29
30		30		29	30	30
31		31		30		31 Petronella.
				31		

Juni.	Juli.	August.	September.	October.	November.	December.
1	1 7. post Pent.	1 Vinc. Petri.	1 Egidius.	1 Remigius.	1 Omn. sanct.	1
2	2 Visit. Mariae	2 Steph. pp.		2	2 Comm. ani-	2 I. Adventus.
		3 Inv. Steph.	2 16. post Pent.	3	marum.	3
3 3. post Pent.	3		3	4	3	
4	4 Udalricus.	4	4	5	4 25. post Pent.	4 Barbara.
5 Bonifacius.	5		5	6	5	5
6	6	5 Oswaldus.	6		6	6 Nicolaus.
7	7	6	7	7 21. post Pent.	7	7
8	8 Kilianus.	7	8 Nat. Mariae.	8	8 8ª Omnium	8 Conc. Mar.
9	9	8		9 Dionysius.	sanct.	
10 4. post Pent.	10 VII fratres.	9	9 17. post Pent.	10	9	9 II. Adventus.
11 Barnabas.	11	10 Laurentius.	10	11	10	10
12	12	11	11	12	11 Martinus ep.	11
13	13	12 13. post Pent.	12	13	12	12
14	14	13	13		13 Briccius.	13 Lucia.
15 Vitus.	15 Div. Apost.	14	14 Exalt. Crucis	14 22. post Pent.	14	14
16	16	15 Ass. Mariae	15	15	15	15
17 5. post Pent.	17	16	16 18. post Pent.	16 Gallus.	16	16 III. Advent.
18	18	17	17 Lambertus.	17	17	17
19 Gervas. et	19	18	18	18 Lucas.	18 27. post Pent.	18
Prot.	20	19 14. post Pent.	19 Quatember.	19	19 Elisabeth.	19 Quatember.
20	21	20	20	20	20	20
21	22 Mar. Magd.	21	21 Matthaeus.	21 Und. mil.	21	21 Thomas ap.
22	23	22 8ª Ass. Mar.	22 Mauritius.	virg.	22	22
23	24	23	23 19. post Pent.	22	23	23 IV. Advent.
24 Joh. bapt.	25 Jacobus.	24 Bartholom.	24	23	24	24
25	26 Anna.	25	25	24	25 Katharina.	25 Nativ. dni.
26		26 15. post Pent.	26	25	26	26 Steph. prot.
27	27	27	27 Cosmas et	26	27	27 Johannes ev.
28	28	28	Damianus.	27	28	28 ss. Innocent.
29 Petri et Pauli	29 11. post Pent.	29 Dec. Joh. bpt.	29 Michael.	28 Simon et	29	29
30 Comm. Pauli	30 Abdon et	30	30 20. post Pent.	Judas.	30 Andreas.	30
	Sennen.			29		31 Sylvester.
	31	31		30		
				31		

A. S. 775. 780 B. 859. 870. 943. 954. 965. 1037. 1038. 1049. 1060 B. 1122. 1133. 1144 B. 1217. 1228 H. 1307. 1313 D. 1391. 1402. 1475. 1486. 1497. 1559. 1570. 1581.

Schaltjahr. Januar.	Schaltjahr. Februar.	Januar.	Februar.	März.	April.	Mai.
1 Circum. dni.	1	1 Circum. dni.	1	1	1	1 Phil. et Jac.
2 8ª Stephani.	2 Pur. Mariae.	2 8ª Stephani.	2 Pur. Mariae.	2	2 I. Quasimod.	2
3 8ª Johannis.	3	3 8ª Johannis.	3	3	3	3 Inv. Crucis.
4 8ª Innocent.	4	4 8ª Innocent.	4	4	4 Ambrosius.	4 Ascensio dni.
5	5 Agatha.	5	5 Agatha.	5 IV. Laetare.	5	5
6 Epiphania.	6 Esto mihi.	6 Epiphania.	6	6	6	6 Joh. ante port. latin.
7	7	7	7	7	7	7 VI. Exaudi.
8	8	8	8 Cap. jejunii	8	8	8
9	9 Cap. jejunii.	9	9 Apollonia.	9	9 III. Miseri- cordia dni.	9
10 Paul. erem.	10 Scholastica.	10 Paul. erem.	10 Scholastica.	10	10	10
11	11	11	11	11	11	11
12	12	12	12 I. Invocavit.	12 V. Judica.	12	12 Pancratius.
13 8ª Epiph.	13 I. Invocavit.	13 8ª Epiph.	13	13	13	13
14	14 Valentinus.	14	14 Valentinus.	14	14 Tiburt. et Valerian.	14 Pentecoste.
15	15	15	15 Quatember.	15	15	15
16	16 Quatember.	16	16 Juliana.	16	16 III. Jubilate.	16
17 Anton. erem.	17	17 Anton. erem.	17	17 Gertrud.	17	17 Quatember.
18	18	18	18	18	18	18
19	19	19	19 II. Reminisc.	19 VI. Palmar.	19	19
20 Fab. et Seb.	20 II. Reminisc.	20 Fab. et Sab.	20	20	20	20
21 Agnes.	21	21 Agnes.	21	21 Benedictus.	21	21 Trinitatis.
22 Vincentius.	22 Cath. Petri.	22 Vincentius.	22 Cath. Petri.	22	22	22
23 Circumded.	23	23	23	23 Coena dni.	23 IV. Cantate.	23
24	24	24	24 Matthias.	24 Parascere.	24	24
25 Conv. Paali.	25 Matthias.	25 Conv. Paali.	25	25 Ann. Mariae.	25 Marcus.	25 Corp. Christi.
26	26	26	26 III. Oculi.	26 Pascha.	26	26
27	27 III. Oculi.	27	27	27	27	27
28	28	28	28	28	28	28 2. post Pent.
29	29	29 Exsurge.		29	29	29
30 Exsurge.		30		30	30 V. Rogate.	30
31		31		31		31 Petronella.

N. S. 1595. 1606. 1617. 1690. 1758. 1769. 1780 B. 1815. 1826. 1837. 1967. 1978. 1989.

Juni.	Juli.	August.	September.	October.	November.	December.
1	1	1 Vinc. Petri.	1 Egidius.	1 Remigius.	1 Omn. sanct.	1
2	2 Visit. Mariae	2 Steph. pp.	2	2	2 Comm. animarum.	2
3	3	3 Inv. Steph.	3 16. post Pent.	3	3	3 I. Adventus.
4 3. post Pent.	4 Udalricus.	4	4	4	4	4 Barbara.
5 Bonifacius.	5	5 Oswaldus.	5	5	5 25. post Pent.	5
6	6	6 12. post Pent.	6	6	6	6 Nicolaus.
7	7	7	7	7	7	7
8	8 Kilianus.	8	8 Nativ. Mar.	8 21. post Pent.	8 8ª Omnium sanct.	8 Conc. Mar.
9	9 8. post Pent.	9	9	9 Dionysius.	9	9
10	10 VII fratres.	10 Laurentius.	10 17. post Pent.	10	10	10 II. Adventus.
11 Barnabas.	11	11	11	11	11 Martinus ep.	11
12	12	12	12	12	12 26. post Pent.	12
13	13	13 13. post Pent.	13	13	13 Briccius.	13 Lucia.
14	14	14	14 Exalt. Crucis	14	14	14
15 Vitus.	15 Div. Apost.	15 Ass. Mariae.	15	15 22. post Pent.	15	15
16	16 9. post Pent.	16	16	16 Gallus.	16	16
17	17	17	17 Lambertus.	17	17	17 III. Advent.
18 5. post Pent.	18	18	18	18 Lucas.	18	18
19 Gervas. et Prot.	19	19	19	19	19 Elisabeth.	19
20	20	20 14. post Pent.	20 Quatember.	20	20	20 Quatember.
21	21	21	21 Matthaeus.	21 Und. m. virg.	21	21 Thomas ap.
22	22 Mar. Magd.	22 8ª Ass. Mar.	22 Mauritius.	22 23. post Pent.	22	22
23	23 10. post Pent.	23	23	23	23	23
24 Joh. bapt.	24	24 Bartholom.	24 19. post Pent.	24	24	24 IV. Advent.
25 6. post Pent.	25 Jacobus	25	25	25	25 Katharina.	25 Nativ. dnl.
26	26 Anna.	26	26	26	26 28. post Pent.	26 Steph. prot.
27	27	27 15. post Pent.	27 Cosmas et Damianus.	27	27	27 Johannes ev.
28	28	28	28	28 Simon et Judas.	28	28 ss. Innocent.
29 Petri et Pauli	29	29 Dec. Joh. bpt.	29 Michael.	29 24. post Pent.	29	29
30 Comm. Pauli	30 Abdon. et Sennen.	30	30	30	30 Andreas.	30
	31	31		31		31 Sylvester.

A. S. 791. 802. 813. 875. 886. 897. 908 B. 970. 981. 992 B. 1065. 1076 B. 1155. 1160 B. 1239. 1250. 1323. 1334. 1345. 1407. 1418. 1429. 1440 B. 1502. 1513. 1524 B.

	Schaltjahr					
Januar.	Februar.	Januar.	Februar.	März.	April.	Mai.
1 Circum. dni.	1	1 Circum. dni.	1	1	1	1 V. Rogate. Phil. et Jac.
2 8ª Steph.	2 Pur. Mariae.	2 8ª Stephani.	2 Pur. Mariae.	2	2	2
3 8ª Johannis.	3	3 8ª Johannis.	3	3	3 I. Quasim.	3 Inv. Crucis.
4 8ª Innocent.	4	4 8. Innocent.	4	4	4 Ambrosius.	4
5	5 Agatha.	5	5 Agatha.	5	5	5 Ascens. dni.
6 Epiphania.	6	6 Epiphania.	6 Esto mihi.	6 IV. Laetare.	6	6 Joh. ante port. lat.
7	7 Esto mihi.	7	7	7	7	7
8	8	8	8	8	8	8 VI. Exaudi.
9	9 Apollonia.	9	9 Cap. jejunii.	9	9	9
10 Paul. erem.	10 Cap. jejunii Scholast.	10 Paul. erem.	10 Scholastica.	10	10 II. Mis. dni.	10
11	11	11	11	11	11	11
12	12	12	12	12 Gregorius.	12	12 Pancratius.
13 8ª Epiph.	13	13 8ª Epiph.	13 I. Inrocavit.	13 V. Judica.	13	13
14	14 I. Valentinus.	14	14 Valentinus.	14	14 Tiburt. et Valerian.	14
15	15	15	15	15	15	15 Pentecoste.
16	16 Juliana.	16	16 Quatember.	16	16	16
17 Anton. erem.	17 Quatember.	17 Anton. erem.	17	17 Gertrud.	17 III. Jubilate.	17
18	18	18	18	18	18	18 Quatember.
19	19	19	19	19	19	19
20 Fab. et Seb.	20	20 Fab. et Seb.	20 II. Reminisc.	20 VI. Palmar.	20	20
21	21 II. Reminisc.	21 Agnes.	21	21 Benedictus.	21	21
22 Vincentius.	22 Cath. Petri.	22 Vincentius.	22 Cath. Petri.	22	22	22 Trinitatis.
23 Agnes.	23	23 Circumded.	23	23	23	23
24 Circumded.	24 Bissextum.	24	24 Matthias.	24 Coena dni.	24 IV. Cantate.	24
25 Conv. Pauli.	25 Matthias.	25 Conv. Pauli.	25	25 Parascere. Ann. Mar.	25 Marcus.	25 Urbanus.
26	26	26	26	26	26	26 Corp. Christi
27	27	27	27 III. Oculi.	27 Pascha.	27	27
28	28 III. Oculi.	28	28	28	28	28
29	29	29		29	29	29 1. post Pent.
30		30 Exsurge		30	30	30
31 Exsurge.		31		31		31 Petronella.

N. S. 1622. 1633. 1644 B. 1701. 1712 B. 1785. 1796 B. 1842. 1853. 1864. 1912. 1921. 1932 B.

	Juni.	Juli.	August.	September.	October.	November.	December.
1			Vinc. Petri.	Egidius.	Remigius.	Omn. sanct.	
2		Visit. Mar.	Steph. pp.		20.post Pent.	Comm. ani-marum.	
3		7. post Pent.	Inv. Steph.				
4		Udalricus.		16.post Pent.			II. Barbara.
5	Bonifacius.		Oswaldus.				
6						25.post Pent.	Nicolaus.
7			12.post Pent.				
8		Kilianus.		Nat. Mariae.		8a Omnium sanct.	Conc. Mar.
9					Dionysius.		
10		VII fratres.	Laurentius.				
11	Barnabas.			17.post Pent.		Martinus ep.	III. Advent.
12	4. post Pent.						
13						Briccius.	Lucia.
14			13.post Pent.	Exalt.Crucis			Quatember.
15	Vitus.	Div. Apost.	Ass. Mariae.				
16					Gallus.		
17		9. post Pent.		Lambertus.			
18				18.post Pent.	Lucas.		IV. Advent.
19	Gervas. et Prot.					Elisabeth.	
20						27.post Pent.	
21			14.post Pent.	Quatember. Math.	Und. mil. virg.		Thomas ap.
22		Mar. Magd.	8a Ass. Mar.	Mauritius.			
23					23.post Pent.		
24	Joh. bapt.	10.post Pent.	Bartholom.				
25		Jacobus.		19.post Pent.		Katharina.	Nativ. dni.
26	6. post Pent.	Anna.					Steph. prot.
27				Cosmas et Damianus.		I. Advent.	Johannes ev.
28			15.post Pent.		Simon et Judas.		ss. Innocent.
29	Petr. et Paul.	Abdon et Sennen.	Dec.Joh.bpt.	Michael.			
30	Comm. Pauli				24.post Pent.	Andreas.	
31		11.post Pent.					Sylvester.

A. S. 756 B. 807. 811. 829. 840 B. 902. 913. 924 B. 997. 1003. 1008 B. 1087. 1092 B. 1098. 1171. 1182. 1193. 1255. 1266. 1277. 1288 B. 1339. 1350. 1361. 1372 B. 1434. 1445. 1456 B. 1529. 1535. 1540 B.

Schaltjahr Januar	Schaltjahr Februar	Januar	Februar	März	April	Mai
1 Circum. dni.	1 Exsurge.	1 Circum. dni.	1	1	1	1 Phil. et Jac.
2 8ª Steph.	2 Pur. Mariae.	2 8ª Stephani.	2 Pur. Marine.	2	2	2 V. Rogate.
3 8ª Johannis.	3	3 8ª Johannis.	3	3	3	3 Inv. Crucis.
4 8ª Innocent.	4	4 8ª Innocent.	4	4	4 I. Ambrosius	4
5	5 Agatha.	5	5 Agatha.	5	5	5
6 Epiphania.	6	6 Epiphania.	6	6	6	6 Ascens. dni. Joh. a. p. l.
7	7	7	7 Esto mihi.	7 IV. Laetare.	7	7
8	8 Esto mihi.	8	8	8	8	8
9	9 Apollonia.	9	9 Apollonia.	9	9	9 VI. Exaudi.
10 Paul. erem.	10 Scholastica.	10 Paul. erem.	10 Cap. jejunii. Schol.	10	10	10
11	11 Cap. jejunii.	11	11	11	11 II. Mis. dni.	11
12	12	12	12	12 Gregorius.	12	12 Pancratius.
13 8ª Epiph.	13	13 8ª Epiph.	13	13	13	13
14	14 Valentinus.	14	14 I. Valentinus	14 V. Judica.	14 Tiburt. et Valerian.	14
15	15 I. Invocavit.	15	15	15	15	15
16	16 Juliana.	16	16 Juliana.	16	16	16 Pentecoste.
17 Anton. erem.	17	17 Anton. erem.	17 Quatember.	17 Gertrud.	17	17
18	18 Quatember.	18	18	18	18 III. Jubilate.	18
19	19	19	19	19	19	19 Quatember.
20 Fab. et Seb.	20	20 Fab. et Seb.	20	20	20	20
21 Agnes.	21	21 Agnes.	21 II. Reminisc.	21 VI. Palmar. Benedictus.	21	21
22 Vincentius.	22 II. Cathedra Petri.	22 Vincentius.	22 Cath. Petri.	22	22	22
23	23	23	23	23	23	23 Trinitatis.
24	24 Bissextum.	24 Circumded.	24 Matthias.	24	24	24
25 Conv. Pauli.	25 Matthias.	25 Conv. Pauli.	25	25 Coena dni. Ann. Mar.	25 IV. Cantate. Marcus.	25 Urbanus.
26	26	26	26	26 Parasceve.	26	26 Corp. Christi
27	27	27	27	27	27	27
28	28	28	28 III. Oculi.	28 Pascha.	28	28
29	29 III. Oculi.	29		29	29	29
30		30		30	30	30 a. post Pent.
31		31 Exsurge.		31		31 Petronella.

N. S. 1655. 1660 B. 1717. 1723. 1728 B. 1869. 1875. 1880 B. 1937. 1948 B.

	Juni.		Juli.		August.		September.		October.		November.		December.
1		1		1	Vinc. Petri.	1	Egidius.	1	Remigius.	1	Omn. sanct.	1	
2		2	Visit. Mar.	2	Steph. pp.	2		2		2	Comm. animarum.	2	
3		3		3	Inv. Steph.	3		3	20. post Pent.	3		3	
4		4	Udalricus.	4		4		4		4		4	Barbara.
5	Bonifacius.	5		5	Oswaldus.	5	16. post Pent.	5		5		5	II. Advent.
6	3. post Pent.	6		6		6		6		6		6	Nicolaus.
7		7		7		7		7		7	25. post Pent.	7	
8		8	Kilianus.	8	12 post Pent.	8	Nat. Mariae.	8		8	8a Omnium sanct.	8	Conc. Mar.
9		9		9		9		9	Dionysius.	9		9	
10		10	VII fratres.	10	Laurentius.	10		10	21. post Pent.	10		10	
11	Barnabas.	11	8. post Pent.	11		11		11		11	Martinus ep.	11	
12		12		12		12	17. post Pent.	12		12		12	III. Advent.
13	4. post Pent.	13		13		13		13		13	Briccius.	13	Lucia.
14		14		14		14	Exalt. Crucis	14		14	26. post Pent.	14	
15	Vitus.	15	Div. Apost.	15	Ass. Mariae.	15	Quatember.	15		15		15	Quatember.
16		16		16		16		16	Gallus.	16		16	
17		17		17		17	Lambertus.	17	22. post Pent.	17		17	
18		18	9. post Pent.	18		18		18	Lucas.	18		18	
19	Gervas. et Prot.	19		19		19	18. post Pent.	19		19	Elisabeth.	19	IV. Advent.
20	5. post Pent.	20		20		20		20		20		20	
21		21		21		21	Matthaeus.	21	Und. mil. virg.	21	27. post Pent.	21	Thomas. ap.
22		22	Mar. Magd.	22	d^a Ass. Mar.	22	Mauritius.	22		22		22	
23		23		23		23		23		23		23	
24	Joh. bapt.	24		24	Bartholom.	24		24	23. post Pent.	24		24	
25		25	Jacobus.	25		25		25		25	Katharina.	25	Nativ. dni.
26		26	Anna.	26		26	19. post Pent.	26		26		26	Steph. prot.
27	6. post Pent.	27		27		27	Cosmas et Damianus.	27		27		27	Johannes ev.
28		28		28		28		28	Simon et Judas.	28	I. Advent.	28	ss. Innocent.
29	Petr. et Paul.	29		29	Dec. Joh. bpt.	29	Michael.	29		29		29	
30	Comm. Pauli.	30	Abdon et Sennen.	30		30		30		30	Andreas.	30	
		31		31				31	24. post Pent.			31	Sylvester.

A. S. 750. 761. 772 B. 845. 856 B. 935. 940 B. 1019. 1030. 1103. 1114. 1125. 1187. 1198. 1209. 1220 B. 1282. 1293. 1304 B. 1377. 1388 B. 1467. 1472 B. 1551. 1562.

Schaltjahr Januar	Schaltjahr Februar	Januar	Februar	März	April	Mai
1 Circumcis.d.	1	1 Circumcis.d.	1 Fæsurge.	1 III. Oculi.	1	1 Phil. et Jac.
2 8ª Stephani.	2 Pur. Mariae.	2 8ª Stephani.	2 Pur. Mariae.	2	2	2
3 8ª Johannis.	3	3 8ª Johannis.	3	3	3	3 V. Inv. Cruc.
4 8ª Innocent.	4	4 8ª Innocent.	4	4	4 Ambrosius.	4
5	5 Agatha.	5	5 Agatha.	5	5 I. Quasimod.	5
6 Epiphania.	6	6 Epiphania.	6	6	6	6 Joh. ante port. latin.
7	7	7	7	7	7	7 Ascens. dni.
8	8	8	8 Esto mihi.	8 IV. Laetare.	8	8
9	9 Esto mihi. Apoll.	9	9 Apollonia.	9	9	9
10 Paulus erem.	10 Scholastica.	10 Paulus erem.	10 Scholastica.	10	10	10 Exaudi.
11	11	11	11 Cap. jejunii.	11	11	11
12	12 Cap. jejunii.	12	12	12 Gregorius.	12 II. Mis. dni.	12 Pancratius.
13 8ª Epiph.	13	13 8ª Epiph.	13	13	13	13
14	14 Valentinus.	14	14 Valentinus.	14	14 Tiburt. et Valerian.	14
15	15	15	15 I. Invocavit.	15 V. Judica.	15	15
16	16 I. Invocavit.	16	16 Juliana.	16	16	16
17 Anton.erem.	17	17 Anton.erem.	17	17 Gertrud.	17	17 Pentecoste.
18	18	18	18 Quatember.	18	18	18
19	19 Quatember.	19	19	19	19 III. Jubilate.	19
20 Fab. et Seb.	20	20 Fab. et Seb.	20	20	20	20 Quatember.
21 Agnes.	21	21 Agnes.	21	21 Benedictus.	21	21
22 Vincentius	22 Cath. Petri.	22 Vincentius	22 II. Cathedra Petri.	22 VI. Palmar.	22	22
23	23 II. Reminisc.	23	23	23	23	23
24	24 Dissextum.	24	24 Matthias.	24	24	24 Trinitatis.
25 Conv. Pauli.	25 Matthias.	25 Conv. Pauli.	25	25 Annunc. Mar.	25 Marcus.	25 Urbanus.
26 Circumded.	26	26	26	26 Coena dni.	26 IV. Cantate.	26
27	27	27	27	27 Parasceve.	27	27
28	28	28	28	28	28	28 Corp. Christi
29	29	29		29 Pascha.	29	29
30		30		30	30	30
31		31		31		31 Petronella.

Juni.	Juli.	August.	September.	October.	November.	December.
1	1	1 Vinc. Petri.	1 Egidius.	1 Remigius.	1 Omn. sanct.	1
2	2 Visit. Mar.	2 Steph. pp.	2	2	2 Comm. ani- marum.	2
3	3	3 Inv. Steph.	3	3	3	3
4	4 Udalricus.	4	4	4 20.post Pent.	4	4 Barbara.
5 Bonifacius.	5 7. post Pent.	5	5	5	5	5
6	6	6 Oswaldus.	6 16.post Pent.	6	6	6 II. Nicolaus.
7 3. post Pent.	7	7	7	7	7	7
8	8 Killanus.	8	8 Nat. Mariae.	8	8 8ª Omnium sanct.	8 Conc. Mar.
9	9	9 12.post Pent.	9	9 Dionysius.	9	9
10	10 VII fratres.	10 Laurentius.	10	10	10	10
11 Barnabas.	11	11	11	11 21.post Pent.	11 Martinus ep.	11
12	12 8. post Pent.	12	12	12	12	12
13	13	13	13 17.post Pent.	13	13 Briccius.	13 III. Lucia.
14 4. post Pent.	14	14	14 Exalt. Crucis	14	14	14
15 Vitus.	15 Div. Apost.	15 Ass. Mariae.	15	15	15 26.post Pent.	15
16	16	16 13.post Pent.	16 Quatember.	16 Gallus.	16	16 Quatember.
17	17	17	17 Lambertus.	17	17	17
18	18	18	18	18 Lucas.	18	18
19 Gervas. et Prot.	19 9. post Pent.	19	19	19	19 Elisabeth.	19
20	20	20	20 18.post Pent.	20	20	20 IV. Advent.
21 5. post Pent.	21	21	21 Matthaeus.	21 Und. mil. virg.	21	21 Thomas ap.
22	22 Mar. Magd.	22 8ª Ass. Mar.	22 Mauritius.	22	22 Caecilia.	22
23	23	23 14.post Pent.	23	23	23	23
24 Joh. bapt.	24	24 Bartholom.	24	24	24	24
25	25 Jacobus.	25	25	25 23.post Pent.	25 Katharina.	25 Nativ. dni.
26	26	26	26	26	26	26 Steph. prot.
27	26 Anna.	27	27 Cosmas et Damianus.	27	27	27 Johannes ev.
28 6. post Pent.	27	28 Decoll. Joh. bapt.	28	28 Simon et Judas.	28	28 ss. Innocent.
29 Petr. et Paul.	28	29	29 Michael.	29	29 I. Adventus.	29
30 Comm. Pauli	29	30 15.post Pent.	30	30	30 Andreas.	30
	30 Abdon et Sennen.	31		31		31 Sylvester.
	31					

A. S. 777. 788 B. 867. 872 B. 951. 962. 1035. 1046. 1057. 1119. 1130. 1141. 1152 B. 1214. 1225. 1236 B. 1309. 1320 B. 1399. 1404 B. 1483. 1494. 1567. 1578.

Schaltjahr.		Januar.	Februar.	März.	April.	Mai.
Januar.	Februar.					
1 Circum. dni.	1	1 Circum. dui.	1	1	1	1 Phil. et Jac.
2 8ª Stephani.	2 Pur. Mariae.	2 8ª Stephani.	2 Pur. Mariae.	2 III. Oculi.	2	2
3 8ª Johannis.		3 8ª Johannis.		3	3	3 Inv. Crucis.
4 8ª Innocent.	3 Exsurge	4 8ª Innocent.	3	4	4 Ambrosius.	4 V. Rogate.
5	4	5	4	5	5	5
	5 Agatha.		5 Agatha.	6	6 I. Quasim.	6 Joh. ante port. lat.
6 Epiphania.	6	6 Epiphania.	6	7	7	7 Ascens. dni.
7	7	7	7	8	8	8
8	8	8	8			
9	9 Apollonia.	9	9 Estomihi. Apoll.	9 IV. Laetare	9	9
10 Paul. erem.	10 Estomihi. Scholast.	10 Paul. erem.	10 Scholastica.	10	10	10
11	11	11	11	11	11	11 VI. Exaudi.
12	12	12	12 Cap. jejunii.	12 Gregorius.	12	12 Pancratius.
13 8ª Epiph.	13 Cap. jejunii.	13 8ª Epiph.	13	13	13 II. Mis. dni.	13
14	14 Valentinus.	14	14 Valentinus.	14	14 Tiburt. et Valerian.	14
15	15	15	15	15	15	15
16	16 Juliana.	16	16 I. Invocavit.	16 V. Judica.	16	16
17 Anton. erem.		17 Anton. erem.	17	17 Gertrud.	17	17
18	17 I. Invocavit.	18	18	18	18	18 Pentecoste.
19	18	19	19 Quatember.	19	19	19
	19			20	20	20
20 Fab. et Seb.	20 Quatember.	20 Fab. et Seb.	20	21 Benedictus.	20 III Jubilate.	21 Quatember.
21 Agnes.	21	21 Agnes.	21		21	21
22 Vincentius.	22 Cath. Petri.	22 Vincentius.	22 Cath. Petri.	22	22	22
23	23	23		23 VI. Palmar.	23	23
24	24	24	23 II. Reminisc.	24	24	24
25 Conv. Pauli.	24 II. Reminisc.	25 Conv. Pauli.	24 Matthias.	25 Ann. Mariae.	25 Marcus.	25 Trinitatis. Urbanus.
26	25 Matthias.	26	25	26	26	26
	26	26 Circumded.	26	27 Coena dni.	27 IV. Cantate.	27
27 Circumded.	27	27	27	28 Parascere.	27	28
28	28	28	28	29	28	29
29	29	29		30 Pascha.	29	30
30	30	30		31	30	31 Petronella.
31	31	31				

N. S. 1603. 1614. 1625. 1687. 1698. 1755. 1766. 1777. 1823. 1834. 1902. 1975. 1986. 1997.

	Juni.	Juli.	August.	September.	October.	November.	December.
1	2. post Pent.		Vinc. Petri.	Egidius.	Remigius	Omn. sanct.	
2		Visit.Marino	Stephan. pp.			Comm.anim.	
3			Inv. Steph.				
4		Udalricus.					Barbara.
5	Bonifacius.		Oswaldus.		20.post Pent.		
6		7. post Pent.					Nicolaus.
7				16.post Pent.			II. Advent.
8	3. post Pent.	Kilianus.		Nat. Mariae.		u.a Omn. sct.	Conc. Mar.
9					Dionysius.	25.post Pent.	
10		VII fratres.	Laurentius.				
11	Barnabas.					Martinus ep.	
12					21.post Pent.		
13		8. post Pent.				Briccius.	Lucia.
14				Exalt. Cruc.			III. Advent.
15	Vitus.	Div. Apost.	Ass.Mariae.				
16					Gallus.	26.post Pent.	
17			13.post Pent.	Quat. Lamb.			Quatember.
18					Lucas.		
19	Gerv.et Prot.				22.post Pent.	Elisabeth.	
20		9. post Pent.					
21				Matthaeus.	Und. mil. vg.		IV. Thomas apost.
22	5. post Pent.	Mar.Magdal.	8a Ass. Mar.	Mauritius.			
23						Clemens.	
24	Joh. bapt.		Bartholom.				
25		Jacobus.				Katharina.	Nativ. dni.
26		Anna.			23.post Pent.		Steph. prot.
27		10.post Pent.		Cosmas et Damianus.			Johannes ev.
28				19.post Pent.	Simon et Judas.		ss. Innocent.
29	Petr.et Paul.		Dec.Joh.bpt.	Michael.			
30	Comm.Pauli.	Abdon et Sennen.				I. Andreas.	
31			15.post Pent.				Sylvester.

A. S. 799. 804 B. 810. 803. 894. 905. 967. 978. 989. 1000 B. 1051. 1062. 1073. 1084 B. 1146. 1157. 1160 B. 1241. 1247. 1252 B. 1331. 1336 B. 1342. 1415 1426. 1437. 1499. 1510. 1521. 1532 B.

| Schaltjahr | | | | | | | | | | | | | |
Januar.		Februar.		Januar.		Februar.		März.		April.		Mai.	
1	Circum. dni.	1		1	Circum. dni.	1		1		1		1	Phil. et Jac.
2	Oa Stephani.	2	Pur. Mariae.	2	Oa Stephani.	2	Pur. Mariae.	2		2		2	
3	Oa Johannis.	3		3	Oa Johannis.	3	Exsurge.	3	III. Oculi.	3		3	Inv. Crucis.
4	Oa Innocent.	4	Exsurge.	4	Oa Innocent.	4		4		4	Ambrosius.	4	
5		5	Agatha.	5		5	Agatha.	5		5		5	V. Rogate.
6	Epiphania.	6		6	Epiphania.	6		6		6		6	Joh. ante port. latin.
7		7		7		7		7		7	I.Quasimod.	7	
8		8		8		8		8		8		8	
9		9	Apollonia.	9		9	Apollonia.	9		9		9	Ascensio dni.
10	Paul. erem.	10	Scholastica.	10	Paul. erem.	10	Esto mihi. Scholast.	10	IV. Laetare.	10		10	
11		11	Esto mihi.	11		11		11		11		11	
12		12		12		12		12	Gregorius.	12		12	VI. Pancrat.
13	Oa Epiphan.	13		13	Oa Epiphan.	13	Cap. jejunii.	13		13		13	
14		14	Cap. jejunii. Valent.	14		14	Valentinus.	14		14	II. Tiburt. et Valerian.	14	
15		15		15		15		15		15		15	
16		16	Juliana.	16		16	Juliana.	16		16		16	
17	Anton.erem.	17		17	Anton.erem.	17	I. Invocavit.	17	V. Judica.	17		17	
18		18	I. Invocavit.	18		18		18		18		18	
19		19		19		19		19		19		19	Pentecoste.
20	Fab. et Seb.	20		20	Fab. et Seb.	20	Quatember.	20		20		20	
21	Agnes.	21	Quatember.	21	Agnes.	21		21	Benedictus.	21	III.Jubilate.	21	
22	Vincentius.	22	Cath. Petri.	22	Vincentius.	22	Cath. Petri.	22		22		22	Quatember.
23		23		23		23		23		23		23	
24		24	Bissextum.	24		24	II. Matthias.	24	Palmarum.	24		24	
25	Conv. Pauli.	25	II. Matthias.	25	Conv. Pauli.	25		25	Ann.Mariae.	25	Marcus.	25	Urbanus.
26		26		26		26		26		26		26	Trinitatis.
27		27		27	Circumded.	27		27		27		27	
28	Circumded.	28		28		28		28	Coena dom.	28	IV. Cantate.	28	
29		29		29				29	Parasceve.	29		29	
30				30				30		30		30	Corp.Christi.
31				31				31	Pascha.			31	Petronella.

Juni.	Juli.	August.	September.	October.	November.	December.
1	1	1 Vinc. Petri.	1 Egidius.	1 Romigius.	1 Omn. sanct.	1 I. Advent.
2 2. post Pent.	2 Visit. Mar.	2 Steph. pp.	2	2	2 Comm.anim.	2
3	3	3 Inv. Steph.	3	3	3 24.post Pent.	3
4	4 Udalricus.	4	4	4	4	4 Barbara.
5 Bonifacius.	5	4 11.post Pent.	5	5	5	5
6	6	5 Oswaldus.	6	6 8ª Michaelis.	6	6 Nicolaus.
7	7 7. post Pent.	6	7	7	7	7
8	8 Kilianus.	7	8 Nativ. Mar.	8	8 8ª Omn. sct.	8 II. Conc.
9 3. post Pent.	9	8	9	9 Dionysius.	9	Mariae.
10	10 VII fratres.	9	10	10	10 25.post Pent.	9
11 Barnabas.	11	10 Laurentius.	11	11	11 Martinus ep.	10
12	12	11 12.post Pent.	12	12	12	11
13	13	12	13	13 21.post Pent.	13 Briccius.	12
14	14 8. post Pent.	13	14 Exalt. Cruc.	14	14	13 Lucia.
15 Vitus.	15 Div. Apost.	14	15 17.post Pent.	15	15	14
16 4. post Pent.	16	15 Ass. Mariae.	16 Gallus.	16	16	15 III. Advent.
17	17	16	17 Lambertus.	17	17 26.post Pent.	16
18	18	17	18 Quatember.	18 Lucas.	18	17
19 Gervas. et	19	18 13.post Pent.	19	19	19 Elisabeth.	18 Quatember.
Prot.	20	19	20	20 22.post Pent.	20	19
20	21 Praxedes.	20	21 Matthaeus.	21 Und.mil.vg.	21	20
21	22 Mar. Magd.	21	22 Mauritius.	22	22	21 Thomas ap.
22	23	22 8ª Ass. Mar.	23	23	23	22 IV. Advent.
23 5. post Pent.	24	23	24	24	24 27 post Pent.	23
24 Joh. bapt.	25 Jacobus.	24 Bartholom.	25	25	25 Katharina.	24
25	26 Anna.	25 14.post Pent.	26	26	26	25 Nativ. dni.
26	27	26	27 Cosmas et	27 23.post Pent.	27	26 Steph. prot.
27	28 10.post Pent.	27	Damianus.	28 Simon et	28	27 Johannes ev.
28	29	28	28	Judas.	29	28 ss. Innocent.
29 Petr. et Paul.	30 Abdon et	29 Decoll. Joh.	29 Michael.	29	30 Andreas.	29
30 Comm. Pauli	Sennen.	bapt.	30	30		30
	31	30		31		31 Sylvester.
		31				

A. S. 815. 826. 837. 899. 910. 921. 932 B. 994. 1005. 1016 B. 1089. 1179. 1184 B. 1263. 1274. 1347. 1358.
1369. 1431. 1442. 1453. 1464 B. 1526. 1537. 1548 B.

Schaltjahr.		Januar.	Februar.	März.	April.	Mai.
Januar.	Februar.					
1 Circum. dni.	1	1 Circum. dni.	1	1	1 Pascha.	1 Phil. et Jac.
2 8ª Stephani.	2 Pur. Mariae.	2 8ª Stephani.	2 Pur. Marine.	2	2	2
3 8ª Johannis.	3	3 8ª Johannis	3	3	3	3 Inv. Crucis.
4 8ª Iunocent.	4	4 8ª Innocent.	4	4 III. Oculi.	4 Ambrosius.	4
5	5	5	4 Exsurg.	5	5	5
6 Epiphania.	5 Agatha.	6 Epiphania.	5 Agatha.	6	6	6 V. Joh. ante
7	6	7	6	7	7	port. lat.
8	7	8	7	8	8 I. Quasimo-	7
9	8	9	8	9	dogeniti.	8
10 Paul. erem.	9 Apollonia.	10 Paul. erem.	9 Apollonia.	10	9	9
11	10 Scholastica.	11	10 Scholastica.	11	10	10 Ascensiodni.
12	11	12	11 Esto mihi.	11 IV. Laetare.	11	11
13 8ª Epiph.	12 Esto mihi.	13 8ª Epiph.	12	12 Gregorius.	12	12 Pancratius.
14	13	14	13	13	13	13 VI. Exaudi.
15	14 Valentinus.	15	14 Cap. jejunii.	14	14 Tib. et Val.	14
16	15 Cap. jejunii.	16	Valent.	15	15 II. Mis. dni.	15
17 Anton. erem.	16 Juliana.	17 Anton. erem.	15	16	16	16
18	17	18	16 Juliana.	17 Gertrud.	17	17
19	18	19	17	18 V. Judica.	18	18
20 Fab. et Seb.	19 I. Invocavit.	20 Fab. et Seb.	18 I. Invocavit.	19	19	19
21 Agnes.	20	21 Agnes.	19	20	20	20 Pentecoste.
22 Vincentius.	21	22 Vincentius.	20	21 Benedictus.	21	21
23	22 Cath. Petri.	23	21 Quatember.	22	22 III. Jubilate.	22
24	Quatember.	24	22 Cath. Petri.	23	23	23 Quatember.
25 Conv. Pauli.	23	25 Conv. Pauli.	23	24	24	24
26	24 Bissextum.	26	24 Matthias.	25 VI. Palmar.	25 Marcus.	25 Urbanus.
27	25 Matthias.	27	25 II. Reminisc.	Ann. Mar.	26	26
28	26 II. Reminisc.	28 Circumded.	26	26	27	27 Trinitatis.
29 Circumded.	27	29	27	27	28	28
30	28	30	28	28	29 IV. Cantate.	29
31	29	31		29 Coena dni.	30	30
				30 Parasceve.		31 Corp. Christi
				31		

N. S. 1584 B. 1646. 1657. 1668 B. 1714. 1725. 1736 B. 1804 B. 1866. 1877. 1888 B. 1923. 1934. 1945. 1956 B.

Juni.	Juli.	August.	September.	October.	November.	December.
1	1 6. post Pent.	1 Vinc. Petri.	1 Egidius.	1 Romigius.	1 Omn. sanct.	1
2	2 Visit.Mariae	2 Steph. pp.		2	2 Comm. ani-	2
3 2. post Pent.	3	3 Inv. Steph.	2 15.post Pent.	3	marum.	2 I. Advent.
4	4 Udalricus.	4	3	4	3	3
5 Bonifacius.	5	5 Oswaldus.	4	5	4 24.post Pent.	4 Barbara
6	6	6	5	6	5	5
7	7	7	6	7 20.post Pent.	6	6 Nicolaus.
8	8 Kilianus.	8	7	8	7	7
9	9	9	8 Nat. Mariae.	9 Dionysius.	8 8ª Omnium	8 Conc. Mar.
10 3. post Pent.	10 VII fratres.	10 Laurentius.	9 16.post Pent.	10	sanct.	9 II. Advent.
11 Barnabas.	11	11	10	11	9	10
12	12	12 12.post Pent.	11	12	10	11
13	13	13	12	13	11 Martinus ep.	12
14	14	14	13	14 21.post Pent.	12	13 Lucia.
15 Vitus.	15 Div. Apost.	15 Ass. Mariae	14 Exalt.Crucis	15	13 Briccius.	14
16	16	16	15	16 Gallus.	14	15
17 4. post Pent.	17	17	16 17.post Pent.	17	15	16 III. Advent.
18	18	18	17 Lambertus.	18 Lucas.	16	17
19 Gervas. et	19	19 13.post Pent.	18	19	17	18
Prot.	20	20	19 Quatember.	20	18 26.post Pent.	19 Quatember.
20	21	21	20	21 Und. mil.	19 Elisabeth.	20
21	22 Mar. Magd.	22 8ª Ass. Mar.	21 Matthaeus.	virg.	20	21 Thomas ap.
22	23	23	22 Mauritius.	22	21	22
23	24	24 Bartholom.	23 18.post Pent.	23	22	23 IV. Advent.
24 Joh. bapt.	25 Jacobus.	25	24	24	23	24
25	26 Anna.	26	25	25	24	25 Nativ. dni.
26	27	26 14.post Pent.	26	26	25 Katharina.	26 Steph. prot.
27	28	27	27 Cosmas et	27	26	27 Johannes ev.
28		28	Damianus.	28 Simon et	27	28 ss. Innocent.
29 Petr. et Paul.	29 10.post Pent.	29 Dec.Joh.bpt.	28	Judas.	28	29
30 Comm.Pauli	30 Abdon et	30	29 Michael	29	29	30
	Sennen.	31	30 19.post Pent.	30	30 Andreas.	31 Sylvester.
	31			31		

A. S. 758, 769. 831. 842. 853. 864 B. 926. 937. 948 B. 1021. 1032 B. 1100 D. 1111. 1116 B. 1195. 1206. 1279. 1290. 1301. 1363. 1374. 1385. 1396 B. 1458. 1469. 1480 B. 1553. 1564 B.

Schaltjahr.						
Januar.	Februar.	Januar.	Februar.	März.	April.	Mai.
1 Circum. dni.	1	1 Circum. dni.	1	1	1	1 Phil. et Jac.
2 8ª Stephani.	2 Pur. Mariae.	2 8ª Stephani.	2 Pur. Mariae.	2	2 Pascha.	2
3 8ª Johannis.	3	3 8ª Johannis.	3	3	3	3 Inv. Crucis.
4 8ª Innocent.	4	4 8ª Innocent.	4	4	4 Ambrosius.	4
5	5 Agatha.	5	5 Agatha.	5 III. Oculi.	5	5
6 Epiphania.	6 Exsurge.	6 Epiphania.	6	6	6	6 Joh. ante port. latin.
7	7	7	7	7	7	7 V. Rogate.
8	8	8	8	8	8	8
9	9 Apollonia.	9	9 Apollonia.	9	9 I. Quasimod.	9
10 Paul. erem.	10 Scholastica.	10 Paul. erem.	10 Scholastica.	10	10	10
11	11	11	11	11	11	11 Ascensio dni.
12	12	12	12 Esto mihi.	12 IV. Gregor.	12	12 Pancratius.
13 8ª Epiph.	13 Esto mihi.	13 8ª Epiph.	13	13	13	13
14	14 Valentinus.	14	14 Valentinus.	14	14 Tiburt. et Valerian.	14 VI. Exaudi.
15	15	15	15 Cap. jejunii.	15	15	15
16	16 Cap. jejunii.	16	16 Juliana.	16	16 II. Misericordia dni.	16
17 Anton.erem.	17	17 Anton.erem.	17	17 Gertrud.	17	17
18	18	18	18	18	18	18
19	19	19	19 I. Invocavit.	19 V. Judica.	19	19
20 Fab. et Seb.	20 I. Invocavit.	20 Fab. et Seb.	20	20	20	20
21 Agnes.	21	21 Agnes.	21	21 Benedictus.	21	21 Pentecoste.
22 Vincentius.	22 Cath. Petri.	22 Vincentius.	22 Cath. Petri. Quatember.	22	22	22
23	23 Quatember.	23	23	23	23 III. Jubilate.	23
24	24 Bissextum.	24	24 Matthias.	24	24 •	24 Quatember.
25 Conv. Pauli.	25 Matthias.	25 Conv. Pauli.	25	25 Ann.Mariae.	25 Marcus.	25 Urbanus.
26	26	26	26 II. Reminisc.	26 VI. Palmar.	26	26
27	27 II. Reminisc.	27	27	27	27	27
28	28	28	28	28	28	28 Trinitatis.
29	29	29 Circumded.		29	29	29
30 Circumded.		30		30 Coena dni.	30 IV. Cantate.	30
31		31		31 Parasceve.		31 Petronella.

N. S. 1589. 1600 B. 1673. 1679. 1684 B. 1741. 1747. 1752 B. 1809. 1820 B. 1893. 1899. 1961. 1972 B.

Juni.	Juli.	August.	September.	October.	November.	December.
1 Corp. Christi	1	1 Vinc. Petri.	1 Egidius.	1 Remigius.	1 Omn. sanct.	1
2	2 Visit. Mariae	2 Steph. pp.	2	2	2 Comm. animarum.	2
3	3	3 Inv. Steph.	3 15. post Pent.	3	3	3 I. Adventus.
4 2. post Pent.	4 Udalricus.	4	4	4	4	4 Barbara.
5 Bonifacius.	5	5 Oswaldus.	5	5	5 24. post Pent.	5
6	6	6 11. post Pent.	6	6	6	6 Nicolaus.
7	7	7	7	7	7	7
8	8 Kilianus.	8	8 Nat. Mariae.	8 20. post Pent.	8 8ª Omnium sanct.	8 Conc. Mar.
9	9 7. post Pent.	9	9	9 Dionysius.	9	9
10	10 VII fratres.	10 Laurentius.	10 16 post Pent.	10	10	10 II. Adventus.
11 Barnabas.	11	11	11	11	11 Martinus ep.	11
12	12	12	12	12	12 25. post Pent.	12
13	13	13 12. post Pent.	13	13	13 Briccius.	13 Lucia.
14	14	14	14 Exalt. Cruc.	14	14	14
15 Vitus.	15 Div. Apost.	15 Ass. Mariae.	15	15 21. post Pent.	15	15
16	16 8. post Pent.	16	16	16 Gallus.	16	16
17	17	17	17 Lambertus.	17	17	17 III. Advent.
18 4. post Pent.	18	18	18	18 Lucas.	18	18
19 Gervas. et Prot.	19	19	19	19	19 Elisabeth.	19
20	20	20 13. post Pent.	20 Quatember.	20	20	20 Quatember.
21	21	21	21 Matthaeus.	21 Und. mil. virg.	21	21 Thomas ap.
22	22 Mar. Magd.	22 8ª Ass. Mar.	22 Mauritius.	22 22 post Pent.	22	22
23	23 9. post Pent.	23	23	23	23	23
24 Joh. bapt.	24	24 Bartholom.	24 18. post Pent.	24	24	24 IV. Advent.
25 5. post Pent.	25 Jacobus.	25	25	25	25 Katharina.	25 Nativ. dni.
26	26 Anna.	26	26	26	26 27. post Pent.	26 Steph. prot.
27	27	27 14. post Pent.	27 Cosmas et Damianus.	27	27	27 Johannes ev.
28	28	28	28	28 Simon et Judas.	28	28 ss. Innocent.
29 Petr. et Paul.	29	29 Dec. Joh. bpt.	29 Michael.	29 23. post Pent.	29	29
30 Comm. Pauli	30 Abdon et Sennen.	30	30	30	30 Andreas.	30
	31	31		31		31 Sylvester.

A. S. 763. 774. 705. 796 B. 850. 869. 880 B. 953. 959. 964 B. 1043. 1048 B. 1054. 1127. 1138. 1149. 1211. 1222. 1233. 1244 B. 1295. 1306. 1317. 1328 B. 1390. 1401. 1412 B. 1485. 1491. 1496 B. 1575. 1580 B.

	Schaltjahr					
	Januar.	Februar.	Januar.	Februar.	März.	April.	Mai.

#	Schaltj. Januar	Schaltj. Februar	Januar	Februar	März	April	Mai
1	Circum. dni.		Circum. dni.			*Parasceve.*	IV. *Phil. et* Jacob
2	n *Stephani.*	*Pur. Mariae.*	n *Stephani.*	*Pur. Mariae.*			
3	S *Johannis.*		S *Johannis.*			*Pascha.*	Inv. Crucis.
4	S *Innocent.*		S *Innocent.*			Ambrosius.	
5		Agatha.		Agatha.			
6	Epiphania.		Epiphania.	*Exsurge.*	III. *Oculi.*		Joh. ante port. latin.
7		*Exsurge.*					
8							V. *Rogate.*
9		Apollonia.		Apollonia.			
10	Paul. erem.	Scholastica.	Paul. erem.	Scholastica.		I. *Quasimod.*	
11							
12					Gregorius.		*Ascens. dni.*
13	S Epiphan.		S Epiphan.	*Esto mihi.*	IV. *Laetare.*		
14		Valentinus.		Valentinus.		Tiburt. et Valerian.	
15							VI. *Exaudi.*
16		Juliana		*Cap. jejunii.*			
17	Anton.erem.	*Cap. jejunii.*	Anton.erem.		Gertrud.	II. *Miseri-cordia dom.*	
18							
19							
20	Fab. et Seb.		Fab. et Seb.	I. *Invocavit.*	V. *Judica.*		
21	Agnes.	I. *Invocavit.*	Agnes.		Benedictus.		
22	Vincentius.	Cath. Petri.	Vincentius.	Cath. Petri.			*Pentecoste.*
23				*Quatember.*			
24		*Quatember.*		Matthias.		III. *Jubilate.*	
25	Conv. Pauli.	Matthias.	Conv. Pauli.		Ann.Mariae.	Marcus.	Urb. *Quat.*
26							
27				II. *Reminisc.*	VI. *Palmar.*		
28		II. *Reminisc*					
29							*Trinitatis.*
30			Circumded.				
31	Circumded.				Coena dom.		Petronella.

N. S. 1611. 1616 B. 1695. 1763. 1768 B. 1774. 1825. 1831. 1836 B. 1904 B. 1983. 1988 B. 1994.

Tag	Juni.	Juli.	August.	September.	October.	November.	December.
1			Vinc. Petri.	Egidius.	Remigius.	Omn. sanct.	
2	Corp. Christi	Visit. Mar.	Steph. pp.			Comm. animarum.	
3		6. post Pent.	Inv. Steph.				
4		Udalricus.		15. post Pent.			II. Barbara.
5	Bonifacius.		Oswaldus.				
6						24. post Pent.	Nicolaus.
7			11. post Pent.				
8		Kilianus.		Nat. Mariae.		8ª Omnium sanct.	Conc. Mar.
9					Dionysius.		
10		VII fratres.	Laurentius.				
11	Barnabas.			16. post Pent.		Martinus ep.	III. Advent.
12	3. post Pent.						
13						Briccius.	Lucia.
14			12. post Pent.	Exalt. Crucis			Quatember.
15	Vitus.	Div. Apost.	Ass. Mariae.				
16					Gallus.		
17		8. post Pent.		Lambertus.			
18				17. post Pent.	Lucas.		IV. Advent.
19	Gervas. et Prot.					Elisabeth.	
20						26. post Pent.	
21			13. post Pent.	Matth. Quat.	Und. mil. virg.		Thomas ap.
22		Mar. Magd.	8ª Ass. Mar.	Mauritius.			
23					22. post Pent.		
24	Joh. bapt.	9. post Pent.	Bartholom.				
25		Jacobus.		18. post Pent.		Katharina.	Nativ. dni.
26	5. post Pent.	Anna.					Steph. prot.
27				Cosmas et Damianus.		I. Adventus.	Johannes ev.
28			14. post Pent.		Simon et Judas.		ss. Innocent.
29	Petr. et Paul.	Abdon et Sennen.	Decoll. Joh. bapt.	Michael.			
30	Comm. Pauli				23. post Pent.	Andreas.	
31		10. post Pent.					Sylvester.

A. S. 801. 812 B. 891. 896 B. 975. 986. 1059. 1070. 1081. 1143. 1154. 1165. 1176 B. 1238. 1249. 1260 B. 1333. 1344 B. 1423. 1428 B. 1507. 1518.

Schaltjahr. Januar.	Schaltjahr. Februar.	Januar.	Februar.	März.	April.	Mai.
1 Circum. dni.	1 Circumded.	1 Circum. dni.	1	1	1 Coena dni.	1 Phil. et Jac.
2 8ª Steph.	2 Pur. Mariae.	2 8ª Stephani.	2 Pur. Mariae.	2	2 Parasceve.	2 IV. Cantate.
3 8ª Johannis.		3 8ª Johannis.	3	3	3	3 Inv. Crucis.
4 8ª Innocent.	4	4 8ª Innocent.	4	4	4 Pascha.	4
5	5 Agatha.	5	5 Agatha.	5	5	5
6 Epiphania.	6	6 Epiphania.	6	6	6	6 Joh. ante port. lat.
7	7	7	7 Exsurge.	7 III. Oculi.	7	7
8	8 Exsurge.	8	8	8	8	8
9	9 Apollonia.	9	9 Apollonia.	9	9	9 V. Rogate.
10 Paul. erem.	10 Scholastica.	10 Paul. erem.	10 Scholastica.	10	10	10
11	11	11	11	11	11 I. Quasim.	11
12	12	12	12	12 Gregorius.	12	12 Pancratius.
13 8ª Epiph.	13	13 8ª Epiph.	13	13	13	13 Ascens. dni.
14	14 Valentinus.	14	14 Valentinus.	14 IV. Laetare.	14 Tiburt. et Valerian.	14
15	15 Esto mihi.	15	15	15	15	15
16	16 Juliana.	16	16 Juliana.	16	16	16 VI. Exaudi.
17 Anton. erem.	17	17 Anton. erem.	17 Cap. jejunii.	17 Gertrud.	17	17
18	18 Cap. jejunii.	18	18	18	18 II. Mis. dni.	18
19	19	19	19	19	19	19
20 Fab. et Seb.	20	20 Fab. et Seb.	20	20	20	20
21 Agnes.	21	21 Agnes.	21 I. Invocavit.	21 V. Benedict.	21	21
22 Vincentius.	22 I. Cathedra Petri.	22 Vincentius.	22 Cath. Petri.	22	22	22
23	23	23	23	23	23	23 Pentecoste.
24	24 Bissextum.	24	24 Matth. Qual.	24	24	24
25 Conv. Pauli.	25 Matth. Qual.	25 Conv. Pauli.	25	25 Ann. Mariae.	25 III. Marcus.	25 Urbanus.
26	26	26	26	26	26	26 Quatember.
27	27	27	27	27	27	27
28	28	28	28 II. Reminisc.	28 VI. Palmar.	28	28
29	29 II. Reminisc.	29	29	29	29	29
30	30	30		30	30	30 Trinitatis.
31		31 Circumded.		31		31 Petronella.

N. 8. 1627. 1638. 1649. 1706. 1779. 1790. 1847. 1858. 1915. 1920 B. 1926. 1999.

Juni.	Juli.	August.	September.	October.	November.	December.
1	1	1 Vinc. Petri.	1 Egidius.	1 Remigius.	1 Omn. sanct.	1
2	2 Visit. Mar.	2 Steph. pp.	2	2	2 Comm. animarum.	2
3 Corp. Christi	3	3 Inv. Steph.	3	3 19.postPent.	3	3
4	4 Udalricus.	4	4	4	4	4 Barbara.
5 Bonifacius.	5	5 Oswaldus.	5 15.post Pent.	5	5	5 II. Adventus
6 2. post Pent.	6	6	6	6	6	6 Nicolaus.
7	7	7	7	7	7 24.postPent.	7
8	8 Kilianus.	8 11 postPent.	8 Nat. Mariae.	8	8 8ª Omnium sanct.	8 Conc. Mar.
9	9	9	9	9 Dionysius.	9	9
10	10 VII fratres.	10 Laurentius.	10	10 20.postPent.	10	10
11 Barnabas.	11 7. post Pent.	11	11	11	11 Martinus ep.	11
12	12	12	12 16.postPent.	12	12	12 III. Advent.
13 3. post Pent.	13	13	13	13	13 Briccius.	13 Lucia.
14	14	14	14 Exalt.Crucis	14	14 25.postPent.	14
15 Vitus.	15 Div. Apost.	15 Ass. Mariae.	15 Quatember.	15	15	15 Quatember.
16	16	16	16	16 Gallus.	16	16
17	17	17	17 Lambertus.	17 21.postPent.	17	17
18	18 8. post Pent.	18	18	18 Lucas.	18	18
19 Gervas. et Prot.	19	19	19 17.postPent.	19	19 Elisabeth.	19 IV. Advent.
20 4. post Pent.	20	20	20	20	20	20
21	21 Praxedes.	21	21 Matthaeus.	21 Und. mil. virg.	21 26.postPent.	21 Thomas. ap.
22	22 Mar. Magd.	22 8ª Ass. Mar.	22 Mauritius.	22	22	22
23	23	23	23	23	23	23
24 Joh. bapt.	24	24 Bartholom.	24	24 22.postPent.	24	24
25	25 Jacobus.	25	25	25	25 Katharina.	25 Nativ. dni.
26	26 Anna.	26	26 18.postPent.	26	26	26 Steph. prot.
27 5. post Pent.	27	27	27 Cosmas et Damianus.	27	27	27 Johannes ev.
28	28	28	28	28 Simon et Judas.	28 I. Adventus	28 ss. Innocent.
29 Petr. etPaul.	29	29 Dec.Joh.bpt.	29 Michael.	29	29	29
30 Comm. Pauli	30 Abdon et Sennen.	30	30	30	30 Andreas.	30
	31	31		31 23.postPent.		31 Sylvester.

A. S. 823. 828 B. 834. 907. 918. 929. 991. 1002. 1013. 1024 B. 1075. 1086. 1097. 1108 B. 1170. 1181. 1192 B. 1265. 1271. 1276 B. 1355. 1360 B. 1366. 1439. 1450. 1461. 1523. 1534. 1545. 1556 B.

Schaltjahr Januar.	Schaltjahr Februar.	Januar.	Februar.	März.	April.	Mai.
1 Circumcis.d.	1	1 Circum. dni.	1 Circumded.	1 II. Reminisc.	1	1 Phil. et Jac.
2 8ª Stephani.	2 Pur. Mariae.	2 8ª Stephani.	2 Pur. Mariae.	2	2 Coena dni.	2
3 8ª Johannis.	3	3 8ª Johannis.	3	3	3 Parasceve.	3 IV. Inv. Cruc.
4 8ª Innocent.	4	4 8ª Innocent.	4	4	4 Ambrosius.	4
5	5 Agatha.	5	5 Agatha.	5	5 Pascha.	5
6 Epiphania.	6	6 Epiphania.	6	6	6	6 Joh. ante port. latin.
7	7	7	7	7	7	7
8	8	8	8 Exsurge.	8 III. Oculi.	8	8
9	9 Apollonia.	9	9 Apollonia.	9	9	9
10 Paulus erem.	10 Scholastica.	10 Paulus erem.	10 Scholastica.	10	10	10 V. Rogate.
11	11	11	11	11	11	11
12	12	12	12	12 Gregorius.	12 I. Quasimod.	12 Pancratius.
13 8ª Epiph.	13	13 8ª Epiph.	13	13	13	13
14	14 Valentinus.	14	14 Valentinus.	14	14 Tiburt. et Valerian.	14 Ascens. dni.
15	15	15	15 Esto mihi.	15 IV. Laetare.	15	15
16	16 Juliana.	16	16 Juliana.	16	16	16
17 Anton.erem.	17	17 Anton.erem.	17	17 Gertrud.	17	17 VI. Exaudi.
18	18	18	18 Cap. jejunii.	18	18	18
19	19 Cap. jejunii.	19	19	19	19 II. Mis. dni.	19
20 Fab. et Seb.	20	20 Fab. et Seb.	20	20	20	20
21 Agnes.	21	21 Agnes.	21	21 Benedictus.	21	21
22 Vincentius	22 Cath. Petri.	22 Vincentius	22 I. Cathedra Petri.	22 V. Judica.	22	22
23	23 I. Invocavit.	23	23	23	23	23
24	24 Bissextum.	24	24 Matthias.	24	24	24 Pentecoste.
25 Conv. Pauli.	25 Matthias.	25 Conv. Pauli.	25 Quatember.	25 Annunc.Mar.	25 Marcus.	25 Urbanus.
26	26 Quatember.	26	26	26	26 III. Jubilate.	26
27	27	27	27	27	27	27 Quatember.
28	28	28	28	28	28	28
29	29	29		29 VI. Palmar.	29	29
30		30		30	30	30
31		31		31		31 Trinitatis.

N. 8. 1643. 1654. 1665. 1676 B. 1711. 1722. 1733. 1744 B. 1795. 1801. 1863. 1874. 1885. 1896 B. 1931. 1942. 1953.

Juni.	Juli.	August.	September.	October.	November.	December.
1	1	1 Vinc. Petri.	1 Egidius.	1 Remigius.	1 Omn. sanct.	1
2	2 Visit. Mar.	2 Steph. pp.	2	2	2 Comm. animarum.	2
3	3	3 Inv. Steph.	3	3		3
4 Corp. Christi	4 Udalricus.	4	4	4 19. post Pent.	4	4 Barbara.
5 Bonifacius.	5 6. post Pent.	5 Oswaldus.	5	5	5	5
6	6	6	6 15. post Pent.	6	6	6 II. Nicolaus.
7 2. post Pent.	7	7	7	7	7	7
8	8 Killanus.	8	8 Nat. Mariae.	8	8 8ᵃ Omnium sanct.	8 Conc. Mar.
9	9	9 11. post Pent.	9	9 Dionysius.	9	9
10	10 VII fratres.	10 Laurentius.	10	10	10	10
11 Barnabas.	11	11	11	11 20. post Pent.	11 Martinus ep.	11
12	12 7. post Pent.	12	12	12	12	12
13	13	13	13 16. post Pent.	13	13 Briccius.	13 III. Lucia.
14 3. post Pent.	14	14	14 Exalt. Crucis	14	14	14
15 Vitus.	15 Div. Apost.	15 Ass. Mariae.	15	15	15 25. post Pent.	15
16	16	16 12. post Pent.	16 Quatember.	16 Gallus.	16	16 Quatember.
17	17	17	17 Lambertus.	17	17	17
18	18	18	18	18 Lucas.	18	18
19 Gervas. et Prot.	19 8. post Pent.	19	19	19	19 Elisabeth.	19
20	20	20	20 17. post Pent.	20	20	20 IV. Advent.
21 4. post Pent.	21 Praxedes.	21	21 Matthaeus.	21 Und. mil. virg.	21	21 Thomas ap.
22	22 Mar. Magd.	22 8ᵃ Ass. Mar.	22 Mauritius.	22	22 Caecilia.	22
23	23	23 13. post Pent.	23	23	23	23
24 Joh. bapt.	24	24 Bartholom.	24	24	24	24

A. S. 755. 760 B. 766. 839. 850. 861. 923. 934. 945. 956 B. 1007. 1018. 1029. 1040 B. 1102. 1113. 1124 B. 1197. 1203. 1208 B. 1287. 1292 B. 1298. 1371. 1382. 1393. 1455. 1466. 1477. 1488 B. 1539. 1550. 1561. 1572 B.

Schaltjahr.						
Januar.	Februar.	Januar.	Februar.	März.	April.	Mai.
1 Circum. dni.	1	1 Circum. dni.	1	1	1	1 Phil. et Jac.
2 8ª Stephani.	2 Pur. Mariae.	2 8ª Stephani.	2 Pur. Mariae.	2 II. Reminisc.	2	2
3 8ª Johannis.	3 Circumded.	3 8ª Johannis.		3	3 Coena dni.	3 Inv. Crucis.
4 8ª Innocent.	4	4 8ª Innocent.	3	4	4 Parascere.	4
5	5 Agatha.	5	4	5	5	4 IV. Cantate.
6 Epiphania.	6	6 Epiphania.	5 Agatha.	6	6 Pascha.	5
7	7	7	6	7	7	6 Joh. ante port. lat.
8	8	8	7	8	8	7
9	9 Apollonia.	9	8	9	9	8
10 Paul. erem.	10 Scholastica.	10 Paul. erem.	9 Apollonia.	9 III. Oculi.	10	9
11	11	11	10 Scholastica.	10	11	10
12	12	12	11	11	12	11 V. Rogate.
13 8ª Epiph.	13	13 8ª Epiph.	12	12 Gregorius.	13 I. Quasim.	12 Pancratius.
14	14 Valentinus.	14	13	13	14 Tiburt. et Valerian.	13
15	15	15	14 Valentinus.	14	15	14
16	16 Juliana.	16	15	15	16	15 Ascens. dni.
17 Anton. erem.	17 Esto mihi.	17 Anton. erem.	16 Juliana.	16 IV. Laetare	17	16
18	18	18	17	17 Gertrud.	18	17
19	19	19	18	18	19	18 VI. Exaudi.
20 Fab. et Seb.	20 Cap. jejunii.	20 Fab. et Seb.	19 Cap. jejunii.	19	20 II. Mis. dni.	19
21 Agnes.	21	21 Agnes.	20	20	21	20
22 Vincentius.	22 Cath. Petri.	22 Vincentius.	21	21 Benedictus.	22	21
23	23	23	22 Cath. Petri.	22	23	22
24	24 I. Invocavit.	24	23 I. Invocavit.	23 V. Judica.	24	23
25 Conv. Pauli.	25 Matthias.	25 Conv. Pauli.	24 Matthias.	24	25 Marcus.	24
26	26	26	25	25 Ann. Mariae.	26	25 Pentecoste.
27	27 Quatember.	27	26 Quatember.	26	27 III. Jubilate.	26
28	28	28	27	27	28	27
29	29	29	28	28	29	28 Quatember.
30		30		29	30	29
31		31		30 VI. Palmar.		30
				31		31 Petronella.

N.S. 1586. 1597. 1608 B. 1670. 1681. 1692 B. 1738. 1749. 1760 B. 1806. 1817. 1828 B. 1890. 1947. 1958. 1969. 1980 B.

Juni.	Juli.	August.	September.	October.	November.	December.
1 Trinitatis.	1	1 Vinc. Petri.	1 Egidius.	1 Remigius.	1 Omn. sanct.	1
2	2 Visit. Mariae	2 Stephan. pp.	2	2	2 Comm. anim.	2
3	3	3 Inv. Steph.	3	3	3	3
4	4 Udalricus.		4	4	4	4 Barbara.
5 Corp. Christi	5	5 Oswaldus.	5	5 19. post Pent.	5	5
6	6 6. post Pent.	6	6	6	6	6 Nicolaus.
7	7	7	7 15. post Pent.	7	7	7 II. Adventus.
8 2. post Pent.	8 Kilianus.	8	8 Nat. Mariae.	8	8 8ª Omn. sct.	8 Conc. Mar.
9	9	9	9	9 Dionysius.	9 24. post Pent.	9
10	10 VII fratres.	10 Laurentius.	10	10	10	10
11 Barnabas.	11	11	11	11	11 Martinus ep.	11
12	12	12	12	12 20. post Pent.	12	12
13	13 7. post Pent.	13	13	13	13 Briccius.	13 Lucia.
14	14	14	14 Exalt. Cruc.	14	14	14 III. Advent.
15 Vitus.	15 Div. Apost.	15 Ass. Mariae.	15	15	15	15
16	16	16	16	16 Gallus.	16 25. post Pent.	16
17	17	17 12. post Pent.	17 Lamb. Quat.	17	17	17 Quatember.
18	18	18	18	18 Lucas.	18	18
19 Gerv. et Prot.	19	19	19	19 21. post Pent.	19 Elisabeth.	19
20	20 8. post Pent.	20	20	20	20	20
21	21 Praxedes.	21	21 Matthaeus.	21 Und. mil. vg.	21	21 IV. Thomas apost.
22 4. post Pent.	22 Mar. Magdal.	22 8ª Ass. Mar.	22 Mauritius.	22	22	22
23	23	23	23	23	23 Clemens.	23
24 Joh. bapt.	24	24 Bartholom.	24	24	24	24
25	25 Jacobus.	25	25	25	25 Katharina.	25 Nativ. dni.
26	26 Anna.	26	26	26 22. post Pent.	26	26 Steph. prot.
27	27 9. post Pent.	27	27 Cosmas et Damianus.	27	27	27 Johannes ev.
28	28	28	28 18. post Pent.	28 Simon et Judas.	28	28 ss. Innocent.
29 Petr. et Paul.	29	29 Dec. Joh. bpt.	29 Michael.	29	29	29
30 Comm. Pauli	30 Abdon et Sennen.	30	30	30	30 I. Andreas.	30
	31	31 14. post Pent.		31		31 Sylvester.

A. 8. 771. 782. 793. 855. 866. 877. 888 B. 950. 961. 972 B. 1045. 1056 B. 1135. 1140 B. 1219. 1230. 1303. 1314. 1325. 1387. 1398. 1409. 1420 B. 1482. 1493. 1504 B. 1577.

Schaltjahr.		Januar.	Februar.	März.	April.	Mai.
Januar.	Februar.					
1 Circum. dni.	1	1 Circum. dni.	1	1	1	1 Phil. et Jac.
2 8ª Stephani.	2 Pur. Mariae.	2 8ª Stephani.	2 Pur. Mariae.	2	2	2
3 8ª Johannis.	3	3 8ª Johannis.	3 Circumded.	3 II. Reminisc.	3	3 Inv. Crucis.
4 8ª Innocent.	4 Circumded.	4 8ª Innocent.	4	4	4 Coena dom.	4
5	5 Agatha.	5	5 Agatha.	5	5 Parasceve.	5 IV. Cantate.
6 Epiphania.	6	6 Epiphania.	6	6	6	6 Joh. ante port. latin.
7	7	7	7	7	7 Pascha.	7
8	8	8	8	8	8	8
9	9 Apollonia.	9	9 Apollonia.	9	9	9
10 Paul. erem.	10 Scholastica.	10 Paul. erem.	10 Scholastica.	10 III. Oculi.	10	10
11	11 Exsurge.	11	11	11	11	11
12	12	12	12	12 Gregorius.	12	12 V. Rogate.
13 8ª Epiphan.	13	13 8ª Epiphan.	13	13	13	13
14	14 Valentinus.	14	14 Valentinus.	14	14 I. Quasimod.	14
15	15	15	15	15	15	15
16	16 Juliana.	16	16 Juliana.	16	16	16 Ascensio dni.
17 Anton. erem.	17	17 Anton. erem.	17 Esto mihi.	17 IV. Laetare.	17	17
18	18 Esto mihi.	18	18	18	18	18
19	19	19	19	19	19	19 VI. Exaudi.
20 Fab. et Seb.	20	20 Fab. et Seb.	20	20	20	20
21 Agnes.	21 Cap. jejunii.	21 Agnes.	21	21 Benedictus.	21 II. Mis. dni.	21
22 Vincentius.	22 Cath. Petri.	22 Vincentius.	22 Cath. Petri.	22	22	22
23	23	23	23	23	23	23
24	24	24	24 I. Matthias.	24 V. Judica.	24	24
25 Conv. Pauli.	25 I. Invocavit.	25 Conv. Pauli.	25	25 Ann. Mariae.	25 Marcus.	25 Urbanus.
26	26	26	26	26	26	26 Pentecoste.
27	27	27	27 Quatember.	27	27	27
28	28 Quatember.	28	28	28	28 III. Jubilate.	28
29	29	29		29	29	29 Quatember.
30		30		30	30	30
31		31		31 VI. Palmar.		31 Petronella.

Juni.	Juli.	August.	September.	October.	November.	December.
1	1	1 Vinc. Petri.	1 Egidius.	1 Remigius.	1 Omn. sanct.	1 I. Adventus.
2 Trinitatis.	2 Visit. Mar.	2 Steph. pp.	2	2	2 Comm.anim.	2
3	3	3 Inv. Steph.	3	3	3 23.postPent.	3
4	4 Udalricus.		4	4	4	4 Barbara.
5 Bonifacius.	5	4 10.postPent.	5	5	5	5
6 Corp.Christi	6	5 Oswaldus.	6	6 8ªMichaelis.	6	6 Nicolaus.
7	7 6. post Pent.	6	7	7	7	7
8	8 Kilianus.	7	8 Nativ. Mar.	8	8 8ª Omn. sct.	8 II. Conc. Mariae.
9 2. post Pent.	9	8	9	9 Dionysius.	9	9
10	10 VII fratres.	9	10	10	10 24.postPent.	10
11 Barnabas.	11	10 Laurentius.	11	11	11 Martinus ep.	11
12	12	11 11.postPent.	12	12	12	12
13	13	12	13	13 20.postPent.	13 Briccius.	13 Lucia.
14	14 7. post Pent.	13	14 Exalt. Cruc.	14	14	14
15 Vitus.	15 Div. Apost.	14	15 16.postPent.	15	15	15 III. Advent.
16 3. post Pent.	16	15 Ass. Mariae.	16	16 Gallus.	16	16
17	17	16	17 Lambertus.	17	17 25.postPent.	17
18	18	17	18 Quatember.	18 Lucas.	18	18 Quatember.
19 Gervas. et Prot.	19	18 12.postPent.	19	19	19 Elisabeth.	19
20	20	19	20	20 21.postPent.	20	20
21	21 Praxedes.	20	21 Matthaeus.	21 Und. mil.vg.	21	21 Thomas ap.
22	22 Mar. Magd.	21	22 Mauritius.	22	22	22 IV. Advent.
23 4. post Pent.	23	22 8ª Ass. Mar.	23	23	23	23
24 Joh. bapt.	24	23	24	24	24 26 postPent.	24
25	25 Jacobus.	24 Bartholom.	25	25	25 Katharina.	25 Nativ. dni.
26	26 Anna.	25 13.postPent.	26	26	26	26 Steph. prot.
27	27	26	27 Cosmas et Damianus.	27 22.postPent.	27	27 Johannes ev.
28	28	27	28	28 Simon et Judas.	28	28 ss. Innocent.
29 Petr. etPaul.	29 9. post Pent.	28	29 Michael.	29	29	29
30 Comm.Pauli	30 Abdon et Sennen.	29 Decoll. Joh. bapt.	30	30	30 Andreas.	30
	31	30		31		31 Sylvester.
		31				

A. S. 787. 798. 809. 820 B. 882. 893. 904 B. 977. 988 B. 1067. 1072 B. 1078. 1151. 1162. 1173. 1235. 1246. 1257. 1268 B. 1319. 1330. 1341. 1352 B. 1414. 1425. 1436 B. 1509. 1515. 1520 B.

Schaltjahr.		Januar.	Februar.	März.	April.	Mai.
Januar.	Februar.					
1 Circum. dni.	1	1 Circum. dni.	1	1	1 Palmarum.	1 Phil. et Jac.
2 8ᵃ Stephani.	2 Pur. Mariae.	2 8ᵃ Stephani.	2 Pur. Mariae.	2	2	2
3 8ᵃ Johannis.	3	3 8ᵃ Johannis	3	3	3	3 Inv. Crucis.
4 8ᵃ Innocent.	4	4 8ᵃ Innocent.	4 Circumded.	4 II. Reminisc.	4 Ambrosius.	4
5	5 Agatha.	5	5 Agatha.	5	5 Coena dni.	5
6 Epiphania.	6	6 Epiphania.	6	6	6 Parascere.	6 IV. Joh. ante port. lat.
7	7	7	7	7	7	7
8	8	8	8	8	8 Pascha.	8
9	9 Apollonia.	9	9 Apollonia.	9	9	9
10 Paul. erem.	10 Scholastica.	10 Paul. erem.	10 Scholastica.	10	10	10
11	11	11	11 Exsurge.	11 III. Oculi.	11	11
12	12 Exsurge.	12	12	12 Gregorius.	12	12
13 8ᵃ Epiph.	13	13 8ᵃ Epiph.	13	13	13	13 V. Rogate.
14	14 Valentinus.	14	14 Valentinus.	14	14 Tib. et Val.	14
15	15	15	15	15	15 L. Quasim.	15
16	16 Juliana.	16	16 Juliana.	16	16	16
17 Anton. erem.	17	17 Anton. erem.	17	17	17	17 Ascensio dni.
18	18	18	18 Esto mihi.	18 IV. Laetare.	18	18
19	19 Esto mihi.	19	19	19	19	19 Potentiana.
20 Fab. et Seb.	20	20 Fab. et Seb.	20	20	20	20 VI. Exaudi.
21 Agnes.	21	21 Agnes.	21 Cap. jejunii.	21 Benedictus.	21	21
22 Vincentius.	22 Cap. jejunii.	22 Vincentius.	22 Cath. Petri.	22	22 II. Mis. dni.	22
23	23	23	23	23	23	23
24	24 Bissextum.	24	24 Matthias.	24	24	24
25 Conv. Pauli.	25 Matthias.	25 Conv. Pauli.	25 I. Invocavit.	25 V. Ann. Mar.	25 Marcus.	25 Urbanus.
26	26 I. Invocavit.	26	26	26	26	26
27	27	27	27	27	27	27 Pentecoste.
28	28	28	28 Quatember.	28	28	28
29	29 Quatember.	29	29	29	29 III. Jubilate.	29
30		30		30	30	30 Quatember.
31		31		31		31 Petronella.

N. 8. 1635. 1640 B 1703. 1708 B. 1787. 1792 B. 1798. 1849. 1855. 1860 B. 1917. 1928 B.

Juni.	Juli.	August.	September.	October.	November.	December.
1	1 5. post Pent.	1 Vinc. Petri.	1 Egidius.	1 Remigius.	1 Omn. sanct.	1
2	2 Visit.Mariae	2 Steph. pp.	2 14.postPent.	2	2 Comm. animarum.	2 I. Adventus.
3 Trinitatis.	3	3 Inv. Steph.	3	3	3	3
4	4 Udalricus.	4	4	4	4 23. post Pent.	4 Barbara.
5 Bonifacius.	5	5 Oswaldus.	5	5	5	5
6	6	6	6	6 8ªMichaelis.	6	6 Nicolaus.
7 Corp. Christi	7	7	7	7 19.postPent.	7	7
8	8 Killianus.	8	8 Nat. Mariae.	8	8 8ª Omnium sanct.	8 Conc. Mar.
9	9	9	9 15.postPent.	9 Dionysius.	9	9 II. Adventus.
10 2. post Pent.	10 VII fratres.	10 Laurentius.	10	10	10	10
11 Barnabas.	11	11	11	11	11 Martinus ep.	11
12	12	12 11.postPent.	12	12	12	12
13	13	13	13	13	13 Briccius.	13 Lucia.
14	14	14	14 Exalt.Crucis	14 20.postPent.	14	14
15 Vitus.	15 Div. Apost.	15 Ass Mariae	15	15	15	15
16	16	16	16 16.postPent.	16 Gallus.	16	16 IIL Advent.
17 3. post Pent.	17	17	17 Lambertus.	17	17	17
18	18	18	18	18 Lucas.	18 8ª Martini.	18
19 Gervas. et Prot.	19	19 12.post Pent.	19 Quatember.	19	19 Elisabeth.	19 Quatember.
20	20	20	20	20	20	20
21	21 Praxedes.	21	21 Matthaeus.	21 Und. mil. virg.	21	21 Thomas ap.
22	22 Mar. Magd.	22 8ª Ass. Mar.	22 Mauritius.	22	22	22
23	23	23	23 17.postPent.	23	23	23 IV. Advent.
24 Joh. bapt.	24	24 Bartholom.	24	24	24	24
25	25 Jacobus.	25	25	25	25 Katharina.	25 Nativ. dni.
26	26 Anna.	26	26	26	26	26 Steph. prot.
27	27	27 13.post Pent.	27 Cosmas et Damianus.	27	27	27 Johannes ev.
28	28	28	28	28 Simon et Judas.	28	28 ss. Innocent.
29 Petr. etPaul.	29 9. post Pent.	29 Dec.Joh.bpt	29 Michael.	29	29	29
30 Comm. Pauli	30 Abdon et Sennen.	30	30 18.post Pent.	30	30 Andreas.	30
	31	31		31		31 Sylvester.

A. 8. 752 H. 825. 836 B. 915. 920 D. 999. 1010. 1083. 1094. 1105. 1167. 1178. 1189. 1290 B. 1262. 1273. 1284 B. 1357. 1368 B. 1447. 1453 D. 1531. 1542.

Schaltjahr Januar	Schaltjahr Februar	Januar	Februar	März	April	Mai
1 Circum. dni.	1	1 Circum. dni.	1	1 *Quatember.*	1	1 Phil. et Jac.
2 8ª Stephani.	2 Pur. Mariae.	2 8ª Stephani.	2 Pur. Mariae.	2	2 *Palmarum.*	2
3 8ª Jobannis.	3	3 8ª Johannis.	3	3	3	3 Inv. Crucis.
4 8ª Innocent.	4	4 8ª Innocent.	4	4	4 Ambrosius.	4
5	5 Agatha.	5	5 Agatha.	5 *II. Reminisc.*	5	5
6 Epiphania.	6 *Circumded.*	6 Epiphania.	6	6	6 *Coena dni.*	6 Joh. ante port. latin.
7	7	7	7	7	7 *Parasceve.*	7 IV. *Cantate.*
8	8	8	8	8	8	8
9	9 Apollonia.	9	9 Apollonia.	9	9 *Pascha.*	9
10 Paul. erem.	10 Scholastica.	10 Paul. erem.	10 Scholastica.	10	10	10
11	11	11	11	11	11	11
12	12	12	12 *Exsurge.*	12 III. Gregor.	12	12 Pancratius.
13 8ª Epiph.	13 *Exsurge.*	13 8ª Epiph.	13	13	13	13
14	14 Valentinus.	14	14 Valentinus.	14	14 Tiburt. et Valerian.	14 *V. Rogate.*
15	15	15	15	15	15	15
16	16 Juliana.	16	16 Juliana.	16	16 *I. Quasimod.*	16
17 Anton.erem.	17	17 Anton.erem.	17	17 Gertrud.	17	17
18	18	18	18	18	18	18 *Ascensio dni.*
19	19	19	19 *Esto mihi.*	19 IV. *Laetare.*	19	19
20 Fab. et Seb.	20 *Esto mihi.*	20 Fab. et Seb.	20	20	20	20
21 Agnes.	21	21 Agnes.	21	21 Benedictus.	21	21 VI. *Exaudi.*
22 Vincentius.	22 Cath. Petri.	22 Vincentius.	22 *Cop. jejunii.*	22	22	22
23	23 *Cap. jejunii.*	23	23	23	23 II. *Mis. dni.*	23
24	24 *Bissextum.*	24	24 Matthias.	24	24	24
25 Conv. Pauli.	25 Matthias.	25 Conv. Pauli.	25	25 Ann. Mariae.	25 Marcus.	25 Urbanus.
26	26	26	26 I. *Invocavit.*	26 V. *Judica.*	26	26
27	27 *I. Invocavit.*	27	27	27	27	27
28	28	28	28	28	28	28 *Pentecoste.*
29	29	29		29	29	29
30		30		30	30 *III. Jubilate.*	30
31		31		31		31 *Quatember.*

N. 8. 1651. 1662. 1719. 1730. 1871. 1882. 1939. 1944 B. 1950.

Juni.	Juli.	August.	September.	October.	November.	December.
1	1	1 Vinc. Petri.	1 Egidius.	1 Remigius.	1 Omn. sanct.	1
2	2 Visit. Mariae	2 Steph. pp.	2	2	2 Comm. animarum.	2
3	3	3 Inv. Steph.	3 14.postPent.	3	3	3 I. Adventus.
4 Trinitatis.	4 Udalricus.	4	4	4	4	4 Barbara.
5 Bonifacius.	5	5 Oswaldus.	5	5	5 23.postPent.	5
6	6	6 10.postPent.	6	6 8ªMichaelis.	6	6 Nicolaus.
7	7	7	7	7	7	7
8 Corp. Christi	8 Kilianus.	8	8 Nativ. Mar.	8 19.postPent.	8 8ª Omnium sanct.	8 Conc. Mar.
9	9 6. post Pent.	9	9	9 Dionysius.	9	9
10	10 VII fratres.	10 Laurentius.	10 15.postPent.	10	10	10 II. Adventus.
11 Barnabas.	11	11	11	11	11 Martinus ep.	11
12	12	12	12	12	12 24.postPent.	12
13	13	13 11.postPent.	13	13	13 Briccius.	13 Lucia.
14	14	14	14 Exalt. Crucis	14	14	14
15 Vitus.	15 Div. Apost.	15 Ass. Mariae.	15	15 20.postPent.	15	15
16	16 7. post Pent.	16	16	16 Gallus.	16	16
17	17	17	17 Lambertus.	17	17	17 III. Advent.
18 3. post Pent.	18	18	18	18 Lucas.	18	18
19 Gervas. et Prot.	19	19	19	19	19 Elisabeth.	19
20	20	20 12.postPent.	20 Quatember.	20	20	20
21	21 Praxedes.	21	21 Matthaeus.	21 Und. m. virg.	21	21 Thomas ap.
22	22 Mar. Magd.	22 8ª Ass. Mar.	22 Mauritius.	22 21.postPent.	22	22
23	23 8. post Pent.	23	23	23	23	23
24 Joh. bapt.	24	24 Bartholom.	24 17.postPent.	24	24	24 IV. Advent.
25 4. post Pent.	25 Jacobus.	25	25	25	25 Katharina.	25 Nativ. dni.
26	26 Anna.	26	26	26	26 26.postPent.	26 Steph. prot.
27	27	27 13.postPent.	27 Cosmas et Damianus.	27	27	27 Johannes ev.
28	28	28	28	28 Simon et Judas.	28	28 ss. Innocent.
29 Petr. et Paul.	29	29 Dec. Joh. bpt.	29 Michael.	29 22.postPent.	29	29
30 Comm. Pauli	30 Abdon et Sennes.	30	30	30	30 Andreas.	30
	31	31		31		31 Sylvester.

A. 8. 757. 768 B. 847. 852 D. 931. 942. 1015. 1026. 1037. 1099. 1110. 1131. 1132 B. 1194. 1205. 1216 B. 1289. 1300 B. 1379. 1384 B. 1463. 1474. 1547. 1558. 1569.

Schaltjahr			Januar.	Februar.	März.	April.	Mai.
Januar.		**Februar.**					
1 Circum. dni.		1	1 Circum. dnl.	1	1	1	1 III. Phil. et Jacob.
2 8ª Steph.		2 Pur. Mariae.	2 8ª Stephani.	2 Pur. Mariae.	2 Quatember.	2	2
3 8ª Johannia.		3	3 8ª Johannis.	3	3	3 Palmarum.	3 Inv. Crucis.
4 8ª Innocent.		4	4 8ª Innocent.	4	4	4 Ambrosius.	4
5		5 Agatha.	5	5 Agatha.	5	5	5
6 Epiphania.		6	6 Epiphania.	6 Circumded.	6 II. Reminisc.	6	6 Joh. ante port. lat.
7		7 Circumded.	7	7	7	7 Coena dni.	7
8		8	8	8	8	8 Parascere.	8 IV. Cantate.
9		9 Apollonia.	9	9 Apollonia.	9	9	9
10 Paul. erem.		10 Scholastica.	10 Paul. erem.	10 Scholastica.	10	10 Pascha.	10
11		11	11	11	11	11	11
12		12	12	12	12 Gregorius.	12	12 Pancratius.
13 8ª Epiph.		13	13 8ª Epiph.	13 Exsurge.	13 III. Oculi.	13	13
14		14 Valentinus.	14	14 Valentinus.	14	14 Tiburt. et Valerian.	14
15		15	15	15	15	15	15 V. Rogate.
16		16 Juliana.	16	16 Juliana.	16	16	16
17 Anton.erem.		17	17 Anton.erom.	17	17 Gertrud.	17 I. Quasim.	17
18		18	18	18	18	18	18
19		19	19	19	19	19	19 Ascens. dni.
20 Fab. et Seb.		20	20 Fab. et Seb.	20 Esto mihi.	20 IV. Laetare.	20	20
21 Agnes.		21 Esto mihi.	21 Agnes.	21	21 Benedictus.	21	21
22 Vincentius.		22 Cath. Petri.	22 Vincentius.	22 Cath. Petri.	22	22	22 VI. Exaudi.
23		23	23	23 Cap. jejunii.	23	23	23
24		24 Cap. jejunii.	24	24 Matthias.	24	24 II. Mis. dni.	24
25 Conv. Pauli.		25 Matthias.	25 Conv. Pauli.	25	25 Ann.Mariae.	25 Marcus.	25 Urbanus.
26		26	26	26	26	26	26
27		27	27	27 I. Invocavit.	27 V. Judica.	27	27
28		28 I. Invocavit.	28	28	28	28	28
29		29	29		29	29	29 Pentecoste.
30			30		30	30	30
31			31		31		31 Petronella.

N. S. 1583. 1594. 1605. 1667. 1678. 1689. 1735. 1746. 1757. 1803. 1814. 1887. 1898.

	Juni.		Juli.		August.		September.		October.		November.		December.
1	Quatember.	1		1	Vinc. Petri.	1	Egidius.	1	Remigius.	1	Omn. sanct.	1	
2		2	Visit. Mar.	2	Steph. pp.	2		2	18. post Pent.	2	Comm. animarum.	2	
3		3	5. post Pent.	3	Inv. Steph.	3		3		3		3	
4		4	Udalricus.	4		4	14. post Pent.	4		4		4	H. Barbara.
5	Trinitatis.	5		5	Oswaldus.	5		5		5		5	
6		6		6		6		6	8a Michaelis.	6	23. post Pent.	6	Nicolaus.
7		7		7	10. post Pent.	7		7		7		7	
8		8	Kilianus.	8		8	Nat. Mariae.	8		8	8a Omnium sanct.	8	Conc. Mar.
9	Corp. Christi	9		9		9		9	Dionysius.	9		9	
10		10	VII fratres.	10	Laurentius.	10		10		10		10	
11	Barnabas.	11		11		11	15. post Pent.	11		11	Martinus ep.	11	III. Advent.
12	2. post Pent.	12		12		12		12		12		12	
13		13		13		13		13		13	Briccius.	13	Lucia.
14		14		14	11. post Pent.	14	Exalt. Crucis	14		14		14	Quatember.
15	Vitus.	15	Div. Apost.	15	Ass. Mariae.	15		15		15		15	
16		16		16		16		16	Gallus.	16		16	
17		17	7. post Pent.	17		17	Lambertus.	17		17		17	
18		18		18		18	16. post Pent.	18	Lucas.	18		18	IV. Advent.
19	Gervas. et Prot.	19		19		19		19		19	Elisabeth.	19	
20		20		20		20		20		20	25. post Pent.	20	
21		21	Praxedes.	21	12. post Pent.	21	Matth. Quat.	21	Und. mil. virg.	21		21	Thomas ap.
22		22	Mar. Magd.	22	8a Ass. Mar.	22	Mauritius.	22		22		22	
23		23		23		23		23	21. post Pent.	23		23	
24	Joh. bapt.	24	8. post Pent.	24	Bartholom.	24		24		24		24	
25		25	Jacobus.	25		25	17. post Pent.	25		25	Katharina.	25	Nativ. dni.
26	4. post Pent.	26	Anna.	26		26		26		26		26	Steph. prot.
27		27		27		27	Cosmas et Damianus.	27		27	I. Advent.	27	Johannes ev.
28		28		28	13. post Pent.	28		28	Simon et Judas.	28		28	ss. Innocent.
29	Petr. et Paul.	29	Abdon et Sennen.	29	Dec. Joh. bpt.	29	Michael.	29		29		29	
30	Comm. Pauli	30		30		30		30	22. post Pent.	30	Andreas.	30	
		31	9. post Pent.	31				31				31	Sylvester.

A. S. 779. 784 B. 790. 863. 874. 885. 947. 958. 969. 980 B. 1031. 1042. 1053. 1064 B. 1126. 1137. 1148 B. 1221. 1227. 1232 B. 1311. 1316 B. 1322. 1395. 1406. 1417. 1479. 1490. 1501. 1512 B. 1563. 1574.

Schaltjahr.		Januar.	Februar.	März.	April.	Mai.
Januar.	Februar.					
1 Circum. dni.	1	1 Circum. dni.	1	1	1	1 Phil. et Jac.
2 8ª Stephani.	2 Pur. Mariae.	2 8ª Stephani.	2 Pur. Mariae.	2	2	2 III. Jubilate.
3 8ª Johannis.	3	3 8ª Johannis.	3	3 Quatember.	3	3 Inv. Crucis.
4 8ª Innocent.	4	4 8ª Innocent.	4	4	4 Palmarum.	4
5	5 Agatha.	5	5 Agatha.	5	5	5
6 Epiphania.	6	6 Epiphania.	6	6	6	6 Joh. ante port. latin.
7	7	7	7 Circumded.	7 II. Reminisc.	7	7
8	8 Circumded.	8	8	8	8 Coena dni.	8
9	9 Apollonia.	9	9 Apollonia.	9	9 Parascere.	9 IV. Cantate.
10 Paul. erem.	10 Scholastica.	10 Paul. erem.	10 Scholastica.	10	10	10
11	11	11	11	11	11 Pascha.	11
12	12	12	12	12 Gregorius.	12	12 Pancratius.
13 8ª Epiphan.	13	13 8ª Epiphan.	13	13	13	13
14	14 Valentinus.	14	14 Valentinus.	14 III. Oculi.	14 Tiburt. et Valerian.	14
15	15 Exsurge.	15	15	15	15	15
16	16 Juliana.	16	16 Juliana.	16	16	16 V. Rogate.
17 Anton.erem.	17	17 Anton.erem.	17	17 Gertrud.	17	17
18	18	18	18	18	18 I. Quasimod.	18
19	19	19	19	19	19	19
20 Fab. et Seb.	20	20 Fab. et Seb.	20	20	20	20 Ascens. dni.
21 Agnes.	21	21 Agnes.	21 Esto mihi.	21 IV. Laetare. Benedictus.	21	21
22 Vincentius.	22 Cath. Petri.	22 Vincentius.	22 Cath. Petri.	22	22	22
23	23	23	23	23	23	23 VI. Exaudi.
24	24 Bissextum.	24	24 Matthias. Cap. jejunii.	24	24	24
25 Conv. Pauli.	25 Cap. jejunii. Matthias.	25 Conv. Pauli.	25	25 Ann.Mariae.	25 II. Marcus.	25 Urbanus.
26	26	26	26	26	26	26
27	27	27	27	27	27	27
28	28	28	28 I. Inrocavit	28 V. Judica.	28	28
29	29 I. Inrocavit.	29	29	29	29	29
30		30	30	30	30	30 Pentecoste.
31		31	31	31		31 Petronella.

N. S. 1599. 1610. 1621. 1632 B. 1694. 1700. 1751. 1762. 1773. 1784. 1819. 1830. 1841. 1852 B.

	Juni.		Juli.		August.		September.		October.		November.		December.
1		1		1	Vinc. Petri.	1	Egidius.	1	Remigius.	1	Omn. sanct.	1	
2	Quatember.	2	Visit. Mariae	2	Steph. pp.	2		2		2	Comm. animarum.	2	
3		3		3	Inv. Steph.	3		3	10. post Pent.	3		3	
4		4	Udalricus.	4		4		4		4		4	Barbara.
5	Bonifacius.	5		5	Oswaldus.	5	14. post Pent.	5		5		5	II. Adventus.
6	Trinitatis.	6		6		6		6	8ª Michaelis.	6		6	Nicolaus.
7		7		7		7		7		7	23. post Pent.	7	
8		8	Kilianus.	8	10. post Pent.	8	Nat. Mariae.	8		8	8ª Omnium sanct.	8	Conc. Mar.
9		9		9		9		9	Dionysius.	9		9	
10	Corp. Christi	10	VII fratres.	10	Laurentius.	10		10	19. post Pent.	10		10	
11	Barnabas.	11	6. post Pent.	11		11		11		11	Martinus ep.	11	
12		12		12		12	15 post Pent.	12		12		12	III. Advent.
13	2. post Pent.	13		13		13		13		13	Briccius.	13	Lucia.
14		14		14		14	Exalt. Cruc.	14		14	24. post Pent.	14	
15	Vitus.	15	Div. Apost.	15	Ass. Mariae.	15	Quatember.	15		15		15	Quatember.
16		16		16		16		16	Gallus.	16		16	
17		17		17		17	Lambertus.	17	20. post Pent.	17		17	
18		18	7. post Pent.	18		18		18	Lucas.	18		18	
19	Gervas. et Prot.	19		19		19	16. post Pent.	19		19	Elisabeth.	19	IV. Advent.
20	3. post Pent.	20		20		20		20		20		20	
21		21	Praxedes.	21		21	Matthaeus.	21	Und. mil. virg.	21	25. post Pent.	21	Thomas ap.
22		22	Mar. Magd.	22	8ª Ass. Mar.	22	Mauritius.	22		22		22	
23		23		23		23		23		23		23	
24	Joh. bapt.	24		24	Bartholom.	24		24	21. post Pent.	24		24	
25		25	Jacobus.	25		25		25		25	Katharina.	25	Nativ. dni.
26		26	Anna.	26		26	17 post Pent.	26		26		26	Steph. prot.
27	4. post Pent.	27		27		27	Cosmas et Damianus.	27		27		27	Johannes ev.
28		28		28		28		28	Simon et Judas.	28	I. Adventus.	28	ss. Innocent.
29	Petr. et Paul.	29		29	Dec. Joh. bpt.	29	Michael.	29		29		29	
30	Comm. Pauli	30	Abdon et Sennen.	30		30		30		30	Andreas.	30	
		31		31				31	22. post Pent.			31	Sylvester.

A. S. 795. 806. 817. 879 890. 901. 912 B. 974. 985. 996 B. 1069. 1080 B. 1159. 1164 B. 1243. 1254. 1327. 1338. 1349. 1411. 1422. 1433. 1444 B. 1506. 1517. 1528 B.

Schaltjahr				Januar.		Februar.		März.		April.		Mai.	
	Januar.		Februar.										
1	Circumcis.d.	1	—	1	Circum. dni.	1		1	I. *Invocavit.*	1		1	Phil. et Jac.
2	ª Stephani.	2	Pur. Mariae.	2	ª Stephani.	2	Pur. Mariae.	2		2		2	
3	ª Johannis.	3		3	ª Johannis.	3		3		3		3	III. Inv.
4	ª Innocent.	4		4	ª Innocent.	4		4	*Quatember.*	4	Ambrosius.		Crucis.
5		5	Agatha.	5		5	Agatha.	5		5	VI. *Palmar.*	5	
6	Epiphania.	6		6	Epiphania.	6		6		6		6	Joh. ante
7		7		7		7		7		7			port. latin.
8		8		8		8	*Circumded.*	8	II. *Reminisc.*	8		8	
9		9	Apollonia.	9		9	Apollonia.	9		9	*Coena dni.*	9	
10	Paulus erem.	10	Scholastica.	10	Paulus erem.	10	Scholastica.	10		10	*Parasceve.*	10	IV. *Cantate.*
11		11		11		11		11		11		11	
12		12		12		12		12	Gregorius.	12	*Pascha.*	12	
13	ª Epiph.	13		13	ª Epiph.	13		13		13		13	
14		14	Valentinus.	14		14	Valentinus.	14		14	Tiburt. et	14	
15		15		15		15	*Exsurge.*	15	III. *Oculi.*	15	Valerian.	15	
16		16	*Exsurge.*	16		16	Juliana.	16		16		16	
17	Anton.erem.	17		17	Anton.erem.	17		17	Gertrud.	17		17	V. *Rogate.*
18		18		18		18		18		18		18	
19		19		19		19		19		19	I.*Quasimod.*	19	
20	Fab. et Seb.	20		20	Fab. et Seb.	20		20		20		20	
21	Agnes.	21		21	Agnes.	21		21	Benedictus.	21		21	*Ascens. dni.*
22	Vincentius	22	Cath. Petri.	22	Vincentius	22	Cath. Petri.	22	IV. *Laetare.*	22		22	
23		23	*Esto mihi.*	23		23		23		23		23	
24		24		24		24	Matthias.	24		24		24	VI. *Exaudi.*
25	Conv. Paull.	25	Matthias.	25	Conv. Paull.	25		25	Annunc.Mar.	25	Marcus.	25	Urbanus.
26		26	*Cap. jejunii.*	26		26		26		26	II. *Mis. dni.*	26	
27		27		27		27		27		27		27	
28		28		28		28		28		28		28	
29		29		29				29	V. *Judica.*	29		29	
30				30				30		30		30	
31				31				31				31	*Pentecoste.*

N. S. 1626. 1637. 1648 B. 1705. 1716 B. 1789. 1846. 1857. 1868 B.

Juni.	Juli.	August.	September.	October.	November.	December.
1	1	1 Vinc. Petri.	1 Egidius.	1 Remigius.	1 Omn. sanct.	1
2	2 Visit. Mar.	2 Steph. pp.	2	2	2 Comm. animarum.	2
3 Quatember.	3	3 Inv. Steph.	3	3		3
4	4 Udalricus.	4	4	4 18. post Pent.		4 Barbara.
5 Bonifacius.	5 5. post Pent.	5 Oswaldus.	5	5	5	5
6	6	6	6 14. post Pent.	6 8a Michaelis.	6	6 II. Nicolaus.
7 Trinitatis.	7	7	7	7	7	7
8	8 Kilianus.	8	8 Nat. Mariae.	8	8 8a Omnium sanct.	8 Conc. Mar.
9	9	9 10. post Pent.	9	9 Dionysius.	9	9
10	10 VII fratres.	10 Laurentius.	10	10	10	10
11 Corp. Christi	11	11	11	11 19. post Pent.	11 Martinus ep.	11
12	12 6. post Pent.	12	12	12	12	12
13	13	13	13 15. post Pent.	13	13 Briccius.	13 III. Lucia.
14 2. post Pent.	14	14	14 Exalt. Crucis	14	14	14
15 Vitus.	15 Div. Apost.	15 Ass. Mariae.	15	15	15 24. post Pent.	15
16	16	16 11. post Pent.	16 Quatember.	16 Gallus.	16	16 Quatember.
17	17	17	17 Lambertus.	17	17	17
18	18	18	18	18 Lucas.	18	18
19 Gervas. et Prot.	19 7. post Pent.	19	19	19	19 Elisabeth.	19
20	20	20	20 16 post Pent.	20	20	20 IV. Advent.
21 3. post Pent.	21 Praxedes.	21	21 Matthaeus.	21 Und. mil. virg.	21	21 Thomas ap.
22	22 Mar. Magd.	22 8a Ass. Mar.	22 Mauritius.	22	22 25. post Pent.	22
23	23	23 12. post Pent.	23	23	23	23
24 Joh. bapt.	24	24 Bartholom.	24	24	24	24
25	25 Jacobus.	25	25	25 21. post Pent.	25 Katharina.	25 Nativ. dni.
26	26 Anna.	26	26	26	26	26 Steph. prot.
27	27	27	27 Cosmas et Damianus.	27	27	27 Johannes ev.
28 4. post Pent.	28	28 Decoll. Joh. bapt.	28	28 Simon et Judas.	28	28 ss. Innocent
29 Petr. et Paul.	29	29	29 Michael.	29	29 I. Adventus.	29
30 Comm. Pauli	30 Abdon et Sennen.	30 13. post Pent.	30	30	30 Andreas.	30
	31	31		31		31 Sylvester.

A. S. 811. 822. 833. 844 B. 906. 917. 928 B. 1001. 1012 B. 1091. 1096 B. 1175. 1186. 1259. 1270. 1281. 1343. 1354. 1365. 1376 B. 1438. 1449. 1460 B. 1533. 1544 B.

Schaltjahr.		Januar.	Februar.	März.	April.	Mai.
Januar.	Februar.					
1 Circum. dni.	1	1 Circum. dni.	1	1	1	1 Phil. et Jac.
2 8ª Stephani.	2 Pur. Mariae.	2 8ª Stephani.	2 Pur. Mariae.	2 I. Invocavit.	2	2
3 8ª Johannis.	3	3 8ª Johannis.	3	3	3	3 Inv. Crucis.
4 8ª Innocent.	4	4 8ª Innocent.	3	4	4 Ambrosius.	4 III. Jubilate.
5	5 Agatha.	5	4	5 Quatember.	5	5
6 Epiphania.	6	6 Epiphania.	5 Agatha.	6	6 VI. Palmar.	6 Joh. ante port. lat.
7	7	7	6	7	7	7
8	8	8	7	8	8	8
9	9 Apollonia.	9	8	9 II. Reminisc.	9	9
10 Paul. erem.	10 Scholastica.	10 Paul. erem.	9 Apollonia.	10	10 Coena dni.	10
11	11	11	10 Scholastica.	11	11 Parasceve.	11 IV. Cantate.
12	12	12	11	12 Gregorius.	12	12 Pancratius.
13 8ª Epiph.	13	13 8ª Epiph.	12	13	13 Pascha.	13
14	14 Valentinus.	14	13	14	14 Tiburt. et Valerian.	14
15	15	15	14 Valentinus.	15	15	15
16	16 Juliana.	16	15	16 III. Oculi.	16	16
17 Anton. erem.	17 Exsurge.	17 Anton. erem.	16 Juliana.	17 Gertrud.	17	17
18	18	18	17	18	18	18 V. Rogate.
19	19	19	18	19	19	19
20 Fab. et Seb.	20	20 Fab. et Seb.	19	20	20 I. Quasim.	20
21 Agnes.	21	21 Agnes.	20	21 Benedictus.	21	21
22 Vincentius.	22 Cath. Petri.	22 Vincentius.	21	22	22	22 Ascens. dni.
23	23	23	22 Cath. Petri.	23 IV. Laetare.	23	23
24	24 Esto mihi.	24	23 Esto mihi.	24	24	24
25 Conv. Pauli.	25 Matthias.	25 Conv. Pauli.	24 Matthias.	25 Ann. Mariae.	25 Marcus.	25 VI. Urbanus.
26	26	26	25	26	26	26
27	27 Cap. jejunii.	27	26 Cap. jejunii.	27	27 II. Mis. dni.	27
28	28	28	27	28	28	28
29	29	29	28	29	29	29
30		30		30 V. Judica.	30	30
31		31		31		31 Petronella.

N. S. 1653. 1659 1664 B. 1721. 1727. 1732 B. 1800. 1873. 1879. 1884 B.

Juni.	Juli.	August.	September.	October.	November.	December.
1 Pentecoste.	1	1 Vinc. Petri.	1 Egidius.	1 Remigius.	1 Omn. sanct.	1
2	2 Visit.Mariae	2 Stephan. pp.	2	2	2 Comm.anim.	2
3	3	3 Inv. Steph.	3	3	3	3
4 Quatember.	4 Udalricus.	4	4	4	4	4 Barbara.
5 Bonifacius.	5	5 Oswaldus.	5	5 18. post Pent.	5	5
6	6 5. post Pent.	6	6	6 6ª Michaelis.	6	6 Nicolaus.
7	7	7	7 14.post Pent.	7	7	7 II.Advent.
8 Trinitatis.	8 Kilianus.	8	8 Nat. Mariae.	8	8 8ª Omn.sct.	8 Conc. Mar.
9	9	9	9	9 Dionysius.	9 23.post Pent.	9
10	10 VII fratres.	10 Laurentius.	10	10	10	10
11 Barnabas.	11	11	11	11	11 Martinus ep.	11
12 Corp. Christi	12	12	12	12 19.post Pent.	12	12
13	13 6. post Pent.	13	13	13	13 Briccius.	13 Lucia.
14	14	14	14 Exalt. Cruc.	14	14	14 III. Advent.
15 Vitus.	15 Div. Apost.	15 Ass. Mariae.	15	15	15	15
16	16	16	16	16 Gallus.	16 24.post Pent.	16
17	17	17 11.post Pent.	17 Lamb. Quat.	17	17	17 Quatember.
18	18	18	18	18 Lucas.	18	18
19 Gerv.et Prot.	19	19	19	19 20.post Pent.	19 Elisabeth.	19
20	20 7. post Pent.	20	20	20	20	20
21	21 Praxedes.	21	21 Matthaeus.	21 Und. mll. vg.	21	21 IV. Thomas.
22 3. post Pent.	22 MarMagdal.	22 8ª Ass. Mar.	22 Mauritius.	22	22	22
23	23	23	23	23	23 25 post Pent.	23
24 Joh. bapt.	24	24 Bartholom.	24	24	24	24
25	25 Jacobus.	25	25	25	25 Katharina.	25 Nativ. dni.
26	26 Anna.	26	26	26	26	26 Steph. prot.
27	27	27	27 Cosmas et Damianus.	26 21.post Pent.	27	27 Johannes ev.
28	27 8. post Pent.	28	28 17.post Pent	27	28	28 ss. Innocent.
28	28	29 Dec.Joh.bpt.	29 Michael.	28 Simon et Judas.	29	29
29 Petr.et Paul.	29	30	30	29	30 I. Andreas.	30
30 Comm.Pauli	30 Abdon et Sennen.	31 13.post Pent.	30	30		31 Sylvester.
	31			31		

A. S. 754. 765. 776 B. 838. 849. 860 B. 933. 939. 944 B. 1023. 1028 B. 1034. 1107. 1118. 1129. 1191. 1202. 1213. 1224 B. 1275. 1286. 1297. 1308 B. 1370. 1381. 1392 B. 1465. 1471. 1476 B. 1555. 1560 B.

Tag	Schaltjahr Januar	Schaltjahr Februar	Januar	Februar	März	April	Mai
1	Circum. dni.		Circum. dni.				Phil. et Jac.
2	8ª Stephani.	Pur. Mariae.	8ª Stephani.	Pur. Mariae.			
3	8ª Johannis.		8ª Johannis.		I. *Invocavit.*		Inv. Crucis.
4	8ª Innocent.		8ª Innocent.			Ambrosius.	
5		Agatha.		Agatha.			III. *Jubilate.*
6	Epiphania.		Epiphania.		*Quatember.*		Joh. ante port. latin.
7						VI. *Palmer.*	
8							
9		Apollonia.		Apollonia.			
10	Paul. erem.	Scholastica.	Paul. erem.	Scholastica.	II. *Reminisc.*		
11		*Circumded.*				Coena dom.	
12					Gregorius.	Parasceve.	IV. *Cantate.*
13	8ª Epiphan.		8ª Epiphan.				
14		Valentinus.		Valentinus.		Pascha.	
15							
16		Juliana.		Juliana.			
17	Anton.erem.		Anton.erem.	*Exsurge.*	III. *Oculi.*		
18		*Exsurge.*					
19							V. *Rogate.*
20	Fab. et Seb.		Fab. et Seb.				
21	Agnes.		Agnes.		Benedictus.	I. *Quasimod.*	
22	Vincentius.	Cath. Petri.	Vincentius.	Cath. Petri.			
23							*Ascensio dni.*
24				Matthias.	IV. *Laetare.*		
25	Conv. Pauli.	Matthias.	Conv. Pauli.		Ann.Mariae.	Marcus.	Urbanus.
26							VI. *Exaudi.*
27				Cap. jejunii.			
28		Cap. jejunii.				II. *Mis. dni.*	
29							
30							
31					V. *Judica.*		Petronella.

N. S. 1591. 1596 B. 1675. 1686. 1743. 1748 B. 1754. 1805. 1811. 1816 B. 1895.

Day	Juni.	Juli.	August.	September.	October.	November.	December.
1			Vinc. Petri.	Egidius.	Remigius.	Omn. sanct.	I. Adventus.
2	Pentecoste.	Visit. Mar.	Steph. pp.			Comm. anim.	
3			Inv. Steph.			22. post Pent.	
4		Udalricus.	9. post Pent.				Barbara.
5	Quatember.		Oswaldus.				
6					8a Michaelis.		Nicolaus.
7		5. post Pent.					
8		Kilianus.		Nativ. Mar.		8a Omn. sct.	II. Conc. Mariae.
9	Trinitatis.				Dionysius.		
10		VII fratres.	Laurentius.			23. post Pent.	
11	Barnabas.		10. post Pent.			Martinus ep.	
12							
13	Corp. Christi.				19. post Pent.	Briccius.	Lucia.
14		6. post Pent.		Exalt. Cruc.			
15	Vitus.	Div. Apost.	Ass. Mariae.	15. post Pent.			III. Advent.
16	2. post Pent.				Gallus.		
17				Lambertus.		24. post Pent.	
18			11. post Pent.	Quatember.	Lucas.		Quatember.
19	Gervas. et Prot.					Elisabeth.	
20					20. post Pent.		
21		Praxedes.		Matthaeus.	Und. mil. vg.		Thomas ap.
22		Mar. Magd.	8a Ass. Mar.	Mauritius.			IV. Advent.
23	3. post Pent.						
24	Joh. bapt.		Bartholom.			25 post Pent.	
25		Jacobus.	12. post Pent.			Katharina.	Nativ. dni.
26		Anna.					Steph. prot.
27				Cosmas et Damianus.	21. post Pent.		Johannes ev.
28		8. post Pent.			Simon et Judas.		ss. Innocent.
29	Petr. et Paul.		Decoll. Joh. bapt.	Michael.			
30	Comm. Pauli	Abdon et Sennen.				Andreas.	
31							Sylvester.

A. 8. 781. 792 B. 871. 876 B. 955. 966. 1039. 1050. 1061. 1123. 1134. 1145. 1156 B. 1218. 1229. 1240 B. 1313. 1324 B. 1403. 1408. 1487. 1498. 1571. 1582.

Schaltjahr Januar	Schaltjahr Februar	Januar	Februar	März	April	Mai
1 Circum. dni.	1	1 Circum. dni.	1		1 V. *Judica.*	1 Phil. et Jac.
2 8ª Stephani.	2 Pur. Mariae.	2 8ª Stephani.	2 Pur. Mariae.	2	2	2
3 8ª Johannis.	3	3 8ª Johannis.	3	3	3	3 Inv. Crucis.
4 8ª Innocent.	4	4 8ª Innocent.	4	4 I. *Invocavit.*	4 Ambrosius.	4
5	5 Agatha.	5	5 Agatha.	5	5	5
6 Epiphania.	6	6 Epiphania.	6	6	6	6 III. Joh. ante port. lat.
7	7	7	7	7 *Quatember.*	7	7
8	8	8	8	8	8 VI. *Palmar.*	8
9	9 Apollonia.	9	9 Apollonia.	9	9	9
10 Paul. erem.	10 Scholastica.	10 Paul. erem.	10 Scholastica.	10	10	10
11	11	11	11 *Circumded.*	11 II. *Reminisc.*	11	11
12	12 *Circumded.*	12	12	12 Gregorius.	12 Coena dni.	12
13 8ª Epiph.	13	13 8ª Epiph.	13	13	13 *Parasceve.*	13 IV. *Cantate.*
14	14 Valentinus.	14	14 Valentinus.	14	14	14
15	15	15	15	15	15 *Pascha.*	15
16	16 Juliana.	16	16	16	16	16
17 Anton. erem.	17	17 Anton. erem.	17	17	17	17
18	18	18	18 *Exsurge.*	18 III. *Oculi.*	18	18
19	19 *Exsurge.*	19	19	19	19	19
20 Fab. et Seb.	20	20 Fab. et Seb.	20	20	20	20 V. *Rogate.*
21 Agnes.	21	21	21	21 Benedictus.	21	21
22 Vincentius.	22 Cath. Petri.	22 Vincentius.	22 Cath. Petri.	22	22 I. *Quasim.*	22
23	23	23	23	23	23	23 *Ascensiodni.*
24	24 Matthias.	24	24 Matthias.	24	24	24
25 Conv. Pauli.	25	25 Conv. Pauli.	25 *Esto mihi.*	25 IV. Annunc. Mariae.	25 Marcus.	25 Urbanus.
26	26 *Esto mihi.*	26	26	26	26	26
27	27	27	27	27	27	27 VI. *Exaudi.*
28	28	28	28 *Cap. jejunii.*	28	28	28
29	29 *Cap. jejunii.*	29		29	29 II. *Mis. dni.*	29
30		30		30	30	30
31		31		31		31 Petronella.

N. S. 1607. 1618. 1629. 1691. 1759. 1770. 1781. 1827. 1838. 1900.

Juni.	Juli.	August.	September.	October.	November.	December.
1	1 4. post Pent.	1 Vinc. Petri.	1 Egidius.	1 Remigius.	1 Omn. sanct.	1
2	2 Visit. Mariae	2 Steph. pp.	2 13. post Pent.	2	2 Comm. animarum.	2 I. Adventus.
3 Pentecoste.	3	3 Inv. Steph.	3	3	3	3
4	4 Udalricus.	4	4	4	4 22. post Pent.	4 Barbara.
5 Bonifacius.	5	5 Oswaldus.	5	5	5	5
6 Quatember.	6	6	6	6 s. Michaelis.	6	6 Nicolaus.
7	7	7	7	7 18. post Pent.	7	7
8	8 Kilianus.	8	8 Nat. Mariae.	8	8 s. Omnium sanct.	8 Conc. Mar.
9	9	9	9 14. post Pent.	9 Dionysius.	9	9 II. Adventus.
10 Trinitatis.	10 VII fratres.	10 Laurentius.	10	10	10	10
11 Barnabas.	11	11	11	11	11 Martinus ep.	11
12	12	12 10. post Pent.	12	12	12	12
13	13	13	13	13	13 Briccius.	13 Lucia.
14 Corp. Christi	14	14	14 Exalt. Crucis	14 19 post Pent.	14	14
15 Vitus.	15 Div. Apost.	15 Ass. Mariae	15	15	15	15
16	16	16	16 15. post Pent.	16 Gallus.	16	16 III. Advent.
17 2. post Pent.	17	17	17 Lambertus.	17	17	17
18	18	18	18	18 Lucas.	18 24. post Pent.	18
19 Gervas. et Prot.	19	19 11. post Pent.	19	19	19 Elisabeth.	19 Quatember.
20	20	20	20	20	20	20
21	21 Praxedes.	21	21 Matthaeus.	21 Und. mil. virg.	21	21 Thomas ap.
22	22	22 8a Ass. Mar.	22 Mauritius.	22	22	22
23	23 Mar. Magd.	23	23 16. post Pent.	23	23	23 IV. Advent.
24 Joh. bapt.	24	24 Bartholom.	24	24	24	24

A. S. 803. 808 B. 814. 887. 898. 909. 971. 982 B. 993. 1004 B. 1055. 1066. 1077. 1088 B. 1150. 1161. 1172 B. 1245. 1251. 1256 B. 1335. 1340 B. 1346. 1419. 1430. 1441. 1503. 1514. 1525. 1536 B.

Schaltjahr.		Januar.	Februar.	März	April.	Mai.
Januar.	Februar.					
1 Circum. dni.	1	1 Circum. dni.	1	1 Cap. jejunii.	1	1 Phil. et Jac.
2 8ª Stephani.	2 Pur. Mariae.	2 8ª Stephani.	2 Pur. Mariae.	2	2 V. Judica.	2
3 8ª Johannis.	3	3 8ª Johannis.	3	3	3	3 Inv. Crucis.
4 8ª Innocent.	4	4 8ª Innocent.	4	4	4 Ambrosius.	4
5	5 Agatha.	5	5 Agatha.	5 L. Invocavit.	5	5
6 Epiphania.	6	6 Epiphania.	6	6	6	6 Joh. ante port. latin.
7	7	7	7	7	7	7 III. Jubilate.
8	8	8	8	8 Quatember.	8	8
9	9 Apollonia.	9	9 Apollonia.	9	9 VI. Palmar.	9
10 Paul. erem.	10 Scholastica.	10 Paul. erem.	10 Scholastica.	10	10	10
11	11	11	11	11	11	11
12	12	12	12 Circumded.	12 II. Gregor.	12	12
13 8ª Epiph.	13 Circumded.	13 8ª Epiph.	13	13	13	13
14	14 Valentinus.	14	14 Valentinus.	14	14 Tiburt. et Valerian.	14 IV. Cantate.
15	15	15	15	15	15	15
16	16 Juliana.	16	16 Juliana.	16	16 Pascha.	16
17 Anton. erem.	17	17 Anton. erem.	17	17 Gertrud.	17	17
18	18	18	18	18	18	18
19	19	19	19 Exsurge.	19 III. Oculi.	19	19
20 Fab. et Seb.	20 Exsurge.	20 Fab. et Seb.	20	20	20	20
21 Agnes.	21	21 Agnes.	21	21 Benedictus.	21	21 V. Rogate.
22 Vincentius.	22 Cath. Petri.	22 Vincentius.	22 Cath. Petri.	22	22	22
23	23	23	23	23	23 I. Quasimod.	23
24	24	24	24 Matthias.	24	24	24
25 Conv. Pauli.	25 Matthias.	25 Conv. Pauli.	25	25 Ann. Mariae.	25 Marcus.	25 Ascensio dni.
26	26	26	26 Esto mihi.	26 IV. Laetare.	26	26
27	27 Esto mihi.	27	27	27	27	27
28	28	28	28	28	28	28 VI. Exaudi.
29	29	29		29	29	29
30		30		30	30 II. Mis. dni.	30
31		31		31		31 Petronella.

N. S. 1623. 1634. 1645. 1656 B. 1702. 1713. 1724 B. 1775. 1786. 1797. 1843. 1854. 1865. 1876 B.

	Juni.		Juli.		August.		September.		October.		November.		December.
1		1		1	Vinc. Petri.	1	Egidius.	1	Remigius.	1	Omn. sanct.	1	
2		2	Visit.Mariae	2	Steph. pp.	2		2		2	Comm. animarum.	2	
3		3		3	Inv. Steph.	3	13.post Pent.	3		3		3	I. Adventus.
4	Pentecoste.	4	Udalricus.	4		4		4		4		4	Barbara.
5	Bonifacius.	5		5	Oswaldus.	5		5		5	22.post Pent.	5	
6		6		6	9. post Pent.	6		6	8ªMichaelis.	6		6	Nicolaus.
7	Quatember.	7		7		7		7		7		7	
8		8	Kilianus.	8		8	Nativ. Mar.	8	18.post Pent.	8	8ª Omnium sanct.	8	Conc. Mar.
9		9	5. post Pent.	9		9		9	Dionysius.	9		9	
10		10	VII fratres.	10	Laurentius.	10	14.post Pent.	10		10		10	II. Adventus
11	Trinitatis.	11		11		11		11		11	Martinus ep.	11	
12		12		12		12		12		12	23.post Pent.	12	
13		13		13	10.post Pent.	13		13		13	Briccius.	13	Lucia.
14		14		14		14	Exalt.Crucis	14		14		14	
15	Vitus.	15	Div. Apost	15	Ass. Mariae.	15		15	19.post Pent.	15		15	
16		16	6. post Pent.	16		16		16	Gallus.	16		16	
17		17		17		17	Lambertus.	17		17		17	III. Advent.
18	2. post Pent.	18		18		18		18	Lucas.	18		18	
19	Gervas. et Prot.	19		19		19		19		19	Elisabeth.	19	
20		20		20	11.post Pent.	20		20		20		20	Quatember.
21		21	Praxedes.	21		21	Matthaeus.	21	Und. m. virg.	21		21	Thomas ap.
22		22	Mar. Magd.	22	8ª Ass. Mar.	22	Mauritius.	22	20.post Pent.	22		22	
23		23	7. post Pent.	23		23		23		23		23	
24	Joh. bapt.	24		24	Bartholom.	24	16.post Pent.	24		24		24	IV. Advent.
25	3. post Pent.	25	Jacobus.	25		25		25		25	Katharina.	25	Nativ. dni.
26		26	Anna.	26		26		26		26	25.post Pent.	26	Steph. prot.
27		27		27	12.post Pent.	27	Cosmas et Damianus.	27		27		27	Johannes ev.
28		28		28		28		28	Simon et Judas.	28		28	ss. Innocent.
29	Petr. et Paul.	29		29	Dec Joh.bpt.	29	Michael.	29	21.post Pent.	29		29	
30	Comm. Pauli	30	Abdon et Sennen.	30		30		30		30	Andreas.	30	
		31		31				31				31	Sylvester.

A. S. 819 830. 841. 903. 914. 925. 936 B. 998. 1009. 1020 B. 1093. 1104 B. 1183. 1138 B. 1267. 1278. 1351. 1362. 1373. 1435. 1446. 1457. 1468 B. 1530. 1541. 1552 B.

Schaltjahr.		Januar.	Februar.	März.	April.	Mai.
Januar.	Februar.					
1 Circum. dni.	1	1 Circm. dni.	1	1	1	1 II. Phil. et Jacob.
2 8ª Steph.	2 Pur. Mariae.		2 Pur. Marine.	2 Cap. jejunii.	2	2
		2 0ª Stephani.				
3 8ª Johannis.	3	3 8ª Johannis.	3	3	3 V. Judica.	3 Inv. Crucis.
4 8ª Innocent	4	4 8ª Innocent.	4	4	4 Ambrosius.	4
5	5 Agatha.	5	5 Agatha.	5	5	5
6 Epiphania.	6	6 Epiphania.	6	6 I. Invocavit.	6	6 Joh. ante port. lat.
7	7	7	7	7	7	7
0	8	8	8	8	8	8 III Jubilate.
9	9 Apollonia.	9	9 Apollonia.	9 Quatember.	9	9
10 Paul. erem.	10 Scholastica.	10 Paul. erem.	10 Scholastica.	10	10 VI. Palmar.	10
11	11	11	11	11	11	11
12	12	12	12	12 Gregorius.	12	12 Pancratius.
13 8ª Epiph.	13	13 8ª Epiph.	13 Circumded.	13 II. Reminisc.	13	13
14	14 Valentinus.	14	14 Valentinus.	14	14 Coena dni.	14
15	15	15	15	15	15 Parasceve.	15 IV. Cantate.
16	16 Juliana.	16	16 Juliana.	16	16	16
17 Anton.erem.	17	17 Anton.erem.	17	17 Gertrud.	17 Pascha.	17
18	18	18	18	18	18	18
19	19	19	19	19	19	19
20 Fab. et Seb.	20	20 Fab. et Seb.	20 Exsurge.	20 III. Oculi.	20	20
21 Agnes.	21 Exsurge.	21 Agnes.	21	21 Benedictus.	21	21
22 Vincentius.	22 Cath. Petri.	22 Vincentius.	22 Cath. Petri.	22	22	22 V. Rogate.
23	23	23	23	23	23	23
24	24	24	24 Matthias.	24	24 I. Quasim.	24
25 Conv. Pauli.	25 Matthias.	25 Conv. Pauli.	25	25 Ann.Marine.	25 Marcus.	25 Urbanus.
26	26	26	26	26	26	26 Ascens. dni.
27	27	27	27 Esto mihi.	27 IV. Laetare.	27	27
28	28 Esto mihi.	28	28	28	28	28
29	29	29		29	29	29 VI. Exauli.
30		30		30	30	30
31		31		31		31 Petronella.

N. S. 1588 B. 1650. 1661. 1672 B. 1718. 1729. 1740 B. 1808 B. 1870. 1881. 1892 B.

Juni.	Juli.	August.	September.	October.	November.	December.
1	1	1 Vinc. Petri.	1 Egidius.	1 Remigius.	1 Omn. sanct.	1
2	2 Visit. Mar.	2 Steph. pp.	2	2 17.postPent.	2 Comm. animarum.	2
3	3 4. post Pent.	3 Inv. Steph.	3	3	3	3
4	4 Udalricus.	4	4 13.postPent.	4	4	4 H. Barbara.
5 Pentecoste.	5	5 Oswaldus.	5	5	5	5
6	6	6	6	6 8ªMichaelis.	6 22.postPent.	6 Nicolaus.
7	7	7 9. post Pent.	7	7	7	7
8 Quatember.	8 Kilianus.	8	8 Nat. Mariae.	8	8 8ª Omnium sanct.	8 Conc. Mar.
9	9	9	9	9 Dionysius.	9	9
10	10 VII fratres.	10 Laurentius.	10	10	10	10
11 Barnabas.	11	11	11 14.postPent.	11	11 Martinus ep.	11 III. Advent.
12 Trinitatis.	12	12	12	12	12	12
13	13	13	13	13	13 Briccius.	13 Lucia.
14	14	14 10.postPent.	14 Exalt.Crucis	14	14	14 Quatember.
15 Vitus.	15 Div. Apost.	15 Ass. Mariae.	15	15	15	15
16 Corp. Christi	16	16	16	16 Gallus.	16	16
17	17 6. post Pent.	17	17 Lambertus.	17	17	17
18	18	18	18 15.postPent.	18 Lucas.	18	18 IV. Advent.
19 Gervas. et Prot.	19	19	19	19	19 Elisabeth.	19
20	20	20	20	20	20 24.postPent.	20
21	21 Praxedes.	21 11.postPent.	21 Matth.Quat.	21 Und. mil. virg.	21	21 Thomas ap.
22	22 Mar. Magd.	22 8ª Ass. Mar.	22 Mauritius.	22	22	22
23	23	23	23	23 20.postPent.	23	23
24 Joh. bapt.	24 7. post Pent.	24 Bartholom.	24	24	24	24
25	25 Jacobus.	25	25 16.postPent.	25	25 Katharina.	25 Nativ. dni.
26 3. post Pent.	26 Anna.	26	26	26	26	26 Steph. prot.
27	27	27	27 Cosmas et Damianus.	27	27 I. Advent.	27 Johannes ev.
28	28	28 12.postPent.	28	28 Simon et Judas.	28	28 ss. Innocent.
29 Petr. etPaul.	29 Abdon et Sennen.	29 Dec.Joh.bpt.	29 Michael.	29	29	29
30 Comm. Pauli	30	30	30	30 21.postPent.	30 Andreas.	30
	31 8. post Pent.	31		31		31 Sylvester.

A. S. 751. 762. 773. 835. 846. 857. 868 B. 930. 941. 952 B. 1025. 1036 B. 1115. 1120 B. 1199. 1210. 1283. 1294. 1305. 1367. 1389. 1400 B. 1462. 1473. 1484 B. 1557. 1568 B.

Schaltjahr				Januar.		Februar.		März.		April.		Mai.	
Januar.		Februar.											
1	Circum. dni.	1		1	Circum. dni.	1	Pur. Marine.	1		1		1	Phil. et Jac.
2	8ª Steph.	2	Pur. Mariae.	2	8ª Stephani.	2		2		2		2	II. Mis. dni.
3	8ª Johannis.	3		3	8ª Johannis.	3		3	Cap. jejunii.	3		3	Inv. Crucis.
4	8ª Innocent.	4		4	8ª Innocent.	4		4		4	V. Ambros.	4	
5		5	Agatha.	5		5	Agatha.	5		5		5	
6	Epiphania.	6		6	Epiphania.	6		6		6		6	Joh. ante port. lat.
7		7		7		7		7	I. Invocavit.	7		7	
8		8		8		8		8		8		8	
9		9	Apollonia.	9		9	Apollonia.	9		9		9	III. Jubilate.
10	Paul. erem.	10	Scholastica.	10	Paul. erem.	10	Scholastica.	10	Quatember.	10		10	
11		11		11		11		11		11	VI. Palmar.	11	
12		12		12		12		12	Gregorius.	12		12	Pancratius.
13	8ª Epiph.	13		13	8ª Epiph.	13		13		13		13	
14		14	Valentinus.	14		14	Valentinus.	14	II. Reminisc.	14	Tiburt. et Valerian.	14	
15		15	Circumded.	15		15		15		15	Coena dni.	15	
16		16	Juliana.	16		16	Juliana.	16		16	Parascere.	16	IV. Cantate.
17	Anton. erem.	17		17	Anton.erem.	17		17	Gertrud.	17		17	
18		18		18		18		18		18	Pascha.	18	
19		19		19		19		19		19		19	
20	Fab. et Seb.	20		20	Fab. et Seb.	20		20		20		20	
21	Agnes.	21		21	Agnes.	21	Exsurge.	21	III.Benedic.	21		21	
22	Vincentius.	22	Cath. Petri.	22	Vincentius.	22	Cath. Petri.	22		22		22	
23		23		23		23		23		23		23	V. Rogate.
24		24		24		24	Matthias.	24		24		24	
25	Conv. Pauli.	25	Matthias.	25	Conv. Pauli.	25		25	Ann.Mariae.	25	I. Marcus.	25	Urbanus.
26		26		26		26		26		26		26	
27		27		27		27		27		27		27	Ascens. dni.
28		28		28		28	Esto mihi.	28	IV. Laetare.	28		28	
29		29	Esto mihi.	29				29		29		29	
30				30				30		30		30	VI. Exaudi.
31				31				31				31	Petronella.

Juni.	Juli.	August.	September.	October.	November.	December.
1	1	1 Vinc. Petri.	1 Egidius.	1 Remigius.	1 Omn. sanct.	1
2	2 Visit. Mar.	2 Steph. pp.	2	2	2 Comm. animarum.	2
3	3	3 Inv. Steph.	3	3 17.post Pent.	3	3
4	4 Udalricus.	4	4	4	4	4 Barbara.
5 Bonifacius.	5	5 Oswaldus.	5 13.post Pent.	5	5	5 II. Adventus
6 Pentecoste.	6	6	6	6	6	6 Nicolaus.
7	7	7	7	7	7 22 post Pent.	7
8	8 Kilianus.	8 9. post Pent.	8 Nat. Mariae.	8	8 2ª Omnium sanct.	8 Conc. Mar.
9 Quatember.	9	9	9	9 Dionysius.	9	9
10	10 VII fratres.	10 Laurentius.	10	10	10	10
11 Barnabas.	11 5. post Pent.	11	11	10 18.post Pent.	11 Martinus ep.	11
12	12	12	12	12	12	12 III. Advent.
13 Trinitatis.	13	13	12 14.post Pent.	13	13 Briccius.	13 Lucia.
14	14	14	13	14	14 23.post Pent.	14
15 Vitus.	15 Div. Apost.	15 Ass. Mariae.	14 Exalt.Crucis	15	15	15
16	16	16	15 Quatember.	16 Gallus.	16	16
17 Corp. Christi	17	17	16	17 19.post Pent.	17	17
18	18 6. post Pent.	18	17 Lambertus.	18 Lucas.	18	18
19 Gervas. et Prot.	19	19	18	19	19 Elisabeth.	19 IV. Advent.
20 2. post Pent.	20	20	19 15.post Pent.	20	20	20
21	21 Praxedes.	21	20	21 Und. mil. virg.	21 24 post Pent.	21 Thomas. ap.
22	22 Mar. Magd.	22 8ª Ass. Mar.	21 Matthaeus.	22	22	22
23	23	23	22 Mauritius.	23	23	23
24 Joh. bapt.	24	24 Bartholom.	23	24 20.post Pent.	24	24
25	25 Jacobus.	25	24	25	25 Katharina.	25 Nativ. dni.
26	26 Anna.	26	25	26	26	26 Steph. prot.
27 3. post Pent.	27	27	26 16.post Pent.	27	27	27 Johannes ev.
28	28	28	27 Cosmas et Damianus.	28 Simon et Judas.	28 I. Adventus.	28 ss. Innocent.
29 Petr. et Paul.	29	29 Dec.Joh.bpt.	28	29	29	29
30 Comm. Pauli.	30 Abdon et Sennen.	30	29 Michael.	30	30 Andreas.	30
	31	31	30	31 21.post Pent.		31 Sylvester.

A. S. 767. 778. 789. 800 B. 862. 873. 884 B. 957. 963. 968 B. 1047. 1052 B. 1058. 1131. 1142. 1153. 1215. 1226. 1237. 1248 B. 1299. 1310. 1321. 1332 B. 1394. 1405. 1416 B. 1489. 1495. 1500 B. 1579.

Schaltjahr		Januar.	Februar.	März.	April.	Mai.
Januar.	Februar.					
1 Circum. dni.	1	1 Circum. dni.	1	1 Esto mihi.	1	1 Phil. et Jac.
2 8ª Stephani.	2 Pur. Mariae.	2 8ª Stephani.	2 Pur. Mariae.	2	2	2
3 8ª Johannis.	3	3 8ª Johannis.	3	3	3	3 II.Inv.Cruc.
4 8ª Innocent.	4	4 8ª Innocent.	4	4 Cap. jejunii.	4 Ambrosius.	4
5	5 Agatha.	5	5 Agatha.	5	5 V. Judica.	5
6 Epiphania.	6	6 Epiphania.	6	6	6	6 Joh. ante port. latin.
7	7	7	7	7	7	7
8	8	8	8	8 I. Invocavit.	8	8
9	9 Apollonia.	9	9 Apollonia.	9	9	9
10 Paul. erem.	10 Scholastica.	10 Paul. erem.	10 Scholastica.	10	10	10 III.Jubilate.
11	11	11	11	11 Quatember.	11	11
12	12	12	12	12 Gregorius.	12 VI. Palmar.	12 Pancratius.
13 8ª Epiphan.	13	13 8ª Epiphan.	13	13	13	13
14	14 Valentinus.	14	14 Valentinus.	14	14 Tiburt. et Valerian.	14
15	15	15	15 Circumded.	15 II.Reminisc.	15	15
16	16 Juliana.	16	16 Juliana.	16	16 Coena dni.	16
17 Anton. erem.	17	17 Anton. erem.	17	17 Gertrud.	17 Parasceve.	17 IV. Cantate.
18	18	18	18	18	18	18
19	19	19	19	19	19 Pascha.	19
20 Fab. et Seb.	20	20 Fab. et Seb.	20	20	20	20
21 Agnes.	21	21 Agnes.	21	21 Benedictus.	21	21
22 Vincentius.	22 Cath. Petri.	22 Vincentius.	22 Cath. Petri.	22 III. Oculi.	22	22
23	23 Exsurge.	23	23	23	23	23
24	24	24	24 Matthias.	24	24	24 V. Rogate.
25 Conv. Pauli	25 Matthias.	25 Conv. Pauli.	25	25 Ann. Mariae.	25 Marcus.	25 Urbanus.
26	26	26	26	26	26 I. Quasimod.	26
27	27	27	27	27	27	27
28	28	28	28	28	28	28 Ascens. dni.
29	29	29	29	29 IV. Laetare.	29	29
30		30	30	30	30	30
31		31	31	31		31 VI. Petron.

Juni.		Juli.		August.		September.		October.		November.		December.	
1		1		1	Vinc. Petri.	1	Egidius.	1	Remigius.	1	Omn. sanct.	1	
2		2	Visit. Mar.	2	Steph. pp.	2		2		2	Comm. ani-	2	
3		3		3	Inv. Steph.	3		3			marum.	3	
4		4	Udalricus.	4		4		4	17 post Pent.	4		4	Barbara.
5	Bonifacius.	5	4. post Pent.	5	Oswaldus.	5		5		5		5	
6		6		6		6	13 post Pent.	6	8ª Michaelis.	6		6	II. Niculaus.
7	Pentecoste.	7		7		7		7		7		7	
8		8	Kilianus.	8		8	Nat. Mariae.	8		8	8ª Omnium	8	Conc. Mar.
9		9		9	9. post Pent.	9		9	Dionysius.		sanct.	9	
10	Quatember.	10	VII fratres.	10	Laurentius.	10		10		9		10	
11	Barnabas.	11		11		11		11	18. post Pent.	10		11	
12				12		12		12		11	Martinus ep.	12	
13		12	5. post Pent.	13		13	14. post Pent.	13		12		13	III. Lucia.
		13		14		14	Exalt. Crucis	14		13	Briccius.	14	
14	Trinitatis.	14		15	Ass. Mariae.	15		15		14		15	
15	Vitus.	15	Div. Apost.	16	10. post Pent.	16	Quatember.	16	Gallus.	15	23. post Pent.	16	Quatember.
16		16		17		17	Lambertus.	17		16		17	
17		17		18		18		18	Lucas.	17		18	
18	Corp. Christi	18		19		19		19		18		19	
19	Gervas. et	19	6. post Pent.	20		20	15. post Pent.	20		19	Elisabeth.	20	IV. Advent.
20	Prot.	20		21		21	Matthaeus.	21	Und. mil.	20		21	Thomas ap.
21	2. post Pent.	21	Praxedes.	22	8ª Ass. Mar.	22	Mauritius.		virg.	21		22	
22		22	Mar. Magd.	23	11. post Pent.	23		22		22	24. post Pent.	23	
23		23		24	Bartholom.	24		23		23		24	
24	Joh. bapt.	24		25		25		24		24		25	Nativ. dni.
25		25	Jacobus.	26		26		25	20. post Pent.	25	Katharina.	26	Steph. prot.
26		26	Anna.	27		27	Cosmas et	26		26		27	Johannes ev.
27		27		28			Damianus.	27		27		28	ss. Innocent.
28	3. post Pent.	28		29	Decoll. Joh.	28		28	Simon et	28		29	
29	Petr. et Paul.	29			bapt.	29	Michael.		Judas.	29	I. Adventus.	30	
30	Comm. Pauli	30	Abdon et	30	12. post Pent.	30		29		30	Andreas.	31	Sylvester.
			Sennen.	31				30					
		31						31					

A. S. 805. 816 B. 895. 900 B. 979. 990. 1063. 1074. 1085. 1147. 1158. 1169. 1180 B. 1242. 1253. 1264 B. 1337. 1348 D. 1427. 1432 B. 1511. 1522.

Schaltjahr.						
Januar.	Februar.	Januar.	Februar.	März.	April.	Mai.
1 Circum. dni.	1	1 Circum. dui.	1	1	1	1 Phil. et Jac.
2 8ª Stephani.	2 Pur. Marine.	2 8ª Stephani.	2 Pur. Mariae.	2 Esto mihi.	2	2
3 0ª Johannis.		3 8ª Johannis.	3	3	3	3 Inv. Crucis.
4 8ª Innocent.	3	4 0ª Innocent.	4	4	4 Ambrosius.	4 II. Mis. dni.
5	4	5	5 Agatha.	5 Cap. jejunii	5	5
6 Epiphania.	5 Agatha.	6 Epiphania.	6	6	6 V. Judica.	6 Joh. ante port. lat.
7	6	7	7	7	7	7
8	7	8	8	8	8	8
9	8	9	9 Apollonia.	9 I. Invocavit.	9	9
10 Paul. erem.	9 Apollonia.	10 Paul. erem.	10 Scholastica.	10	10	10
11	10 Scholastica.	11	11	11	11	11 III. Jubilate.
12	11	12	12	12 Greg. Quat.	12	12 Pancratius.
13 8ª Epiph.	12	13 0ª Epiph.	13	13	13 VI. Palmar.	13
14	13	14 Valentinus.	14 Valentinus.	14	14 Tiburt. et Valerian.	14
15	14 Valentinus.	15	15	15	15	15
16	15	16	16 Juliana.	16 II. Reminisc.	16	16
17 Anton.erem.	16 Juliana.	17 Anton.erem.	17	17	17 Coena dni.	17
18	17 Circumded.	18	18	18	18 Parasceve.	18 IV. Cantate.
19	18	19	19	19	19	19
20 Fab. et Seb.	19	20 Fab. et Seb.	20	20	20 Pascha.	20
21 Agnes.	20	21 Agnes.	21	21 Benedictus.	21	21
22 Vincentius.	21	22 Vincentius.	22 Cath. Petri.	22	22	22
23	22 Cath. Petri.	23	23 Exsurge.	23 III. Oculi.	23	23
24	23	24	24 Matthias.	24	24	24
25 Conv. Pauli.	24 Exsurge.	25 Conv. Pauli.	25	25 Ann. Marine.	25 Marcus.	25 V. Urbanus.
26	25 Matthias.	26	26	26	26	26
27	26	27	27	27	27 I. Quasim.	27
28	27	28	28	28	28	28
29	28	29		29	29	29 Ascens. dni.
30	29	30		30 IV. Laetare.	30	30
31		31		31		31 Petronella.

N. S. 1631. 1642. 1710. 1783. 1794. 1851. 1862.

Juni.	Juli.	August.	September.	October.	November.	December.
1 VI. *Exsurge.*	1	1 Vinc. Petri.	1 Egidius.	1 Remigius.	1 Omn. sanct.	1
2	2 Visit. Mariae	2 Stephan. pp.	2	2	2 Comm. anim.	2
3	3	3 Inv. Steph.	3	3	3	3
4	4 Udalricus.		4	4	4	4 Barbara.
5 Bonifacius.	5	5 Oswaldus.	5	5 *17. post Pent.*	5	5
6		6	6	6 8ª Michaelis.	6	6 Nicolaus.
7	6 *4. post Pent.*	7	7 *13. post Pent.*	7	7	7 II. *Adventus.*
8 *Pentecoste.*	7	8	8 Nat. Mariae.	8	8 8ª Omn. sct.	8 Conc. Mar.
9	8 Kilianus.	9	9	9 Dionysius.		9
10	9	10 Laurentius.	10	10	9 *22. post Pent.*	10
11 Barnabas.	10 VII fratres.	11	11	11	10	11
Quatember.	11	12	12	12 *18. post Pent.*	11 Martinus ep.	12
12	12	13	13	13	12	13 Lucia.
13	13 *5. post Pent.*				13 Briccius.	
14	14	14	14 Exalt. Cruc.	14	14	14 III. *Advent.*
15 *Trinitatis.*	15 Div. Apost.	15 Ass. Mariae.	15	15	15	15
16	16	16	16	16 Gallus.	16 *23. post Pent.*	16
17	17	17 *10. post Pent.*	17 Lamb. Quat.	17	17	17 *Quatember.*
18	18	18	18	18 Lucas.	18	18
19 *Corp. Christi*	19	19	19	19 *19. post Pent.*	19 Elisabeth.	19
20	20 *6. post Pent.*	20	20	20	20	20
21	21 Praxedes.	21	21 Matthaeus.	21 Und. mil. vg.	21	21 IV. Thomas.
22 *2. post Pent.*	22 Mar. Magdal.	22 8ª Ass. Mar.	22 Mauritius.	22	22	22
23	23	23	23	23	23 *24. post Pent.*	23
24 Joh. bapt.	24	24 Bartholom.	24	24	24	24
25	25 Jacobus.	25	25	25	25 Katharina.	25 Nativ. dni.
26	26 Anna.	26	26	26 *20. post Pent.*	26	26 Steph. prot.
27	27 *7. post Pent.*	27	27 Cosmas et	27	27	27 Johannes ev.
28	28	28	Damianus.		28	28 ss. Innocent.
29 Petr. et Paul.	29	29 Dec. Joh. bpt.	28 *16. post Pent.*	28 Simon et	29	29
30 Comm. Pauli	30 Abdon et	30	29 Michael.	Judas.	30 I. Andreas.	30
	Sennen.	31 *11. post Pent.*	30	29		31 Sylvester.
	31			30		
				31		

A. S. 847. 911. 922. 995. 1006. 1017. 1090. 1101. 1112 B. 1185. 1196 B. 1280 B. 1359. 1443. 1454. 1527. 1538. 1549.

Schaltjahr Januar	Schaltjahr Februar	Januar	Februar	März	April	Mai
1 Circum. dni.	1	1 Circum. dni.	1	1	1	1 Phil. et Jac.
2 8ª Stephani.	2 Pur. Mariae.	2 8ª Stephani.	2 Pur. Mariae.	2	2	2
3 Cª Johannis.	3	3 8ª Johannis.	3	3 Esto mihi.	3	3 Inv. Crucis.
4 8ª Innocent.	4	4 6ª Innocent.	4	4	4 Ambrosius.	4
5	5 Agatha.	5	5 Agatha.	5	5	5 II. Mis. dni.
6 Epiphania.	6	6	6 Epiphania.	6 Cap. jejunii.	6	6 Joh. ante port. latin.
7	7	7	7	7	7 V. Judica.	7
8	8	8	8	8	8	8
9	9 Apollonia.	9	9 Apollonia.	9	9	9
10 Paul. erem.	10 Scholastica.	10 Paul. erem.	10 Scholastica.	10 I. Invocavit.	10	10
11	11	11	11	11	11	11
12	12	12	12	12 Gregorius.	12	12 III. Jubilate.
13 0ª Epiphan.	13	13 8ª Epiph.	13	13 Quatember.	13	13
14	14 Valentinus.	14	14 Valentinus.	14	14 VI. Palmar.	14
15	15	15	15	15	15	15
16	16 Juliana.	16	16 Juliana.	16	16	16
17 Anton. erem.	17	17 Anton. erem.	17 Circumded.	17 II. Reminisc.	17	17
18	18 Circumded.	18	18	18	18 Coena dom.	18
19	19	19	19	19	19 Parasceve.	19 IV. Cantate.
20 Fab. et Seb.	20	20 Fab. et Seb.	20	20	20	20
21 Agnes.	21	21 Agnes.	21	21 Benedictus.	21 Pascha.	21
22 Vincentius.	22 Cath. Petri.	22 Vincentius.	22 Cath. Petri.	22	22	22
23	23	23	23	23	23	23
24	24	24	24 Matthias.	24 III. Oculi.	24	24
25 Conv. Pauli.	25 Matthias.	25 Conv. Pauli.	25	25 Ann. Mariae.	25 Marcus.	25 Urbanus.
26	26	26	26	26	26	26 V. Rogate.
27	27	27	27	27	27	27
28	28	28	28	28	28 I. Quasimod.	28
29	29	29		29	29	29
30		30		30	30	30 Ascensio dni.
31		31		31 IV. Laetare.		31 Petronella.

N. S. 1585. 1647. 1658. 1669. 1680. 1715. 1726. 1737. 1867. 1878. 1889.

Juni.	Juli.	August.	September.	October.	November.	December.
1	1	1 Vinc. Petri.	1 Egidius.	1 Remigius.	1 Omn. sanct.	1 I. Adventus.
2 VI. Exaudi.	2 Visit. Mar.	2 Steph. pp.	2	2	2 Comm.anim.	2
3	3	3 Inv. Steph.	3	3	3 21.postPent.	3
4	4 Udalricus.	4 8. post Pent.	4	4	4	4 Barbara.
5 Bonifacius.	5	5 Oswaldus.	5	5	5	5
6	6	6	6	6 8ªMichaelis.	6	6 Nicolaus.
7	7 4. post Pent.	7	7	7	7	7
8	8 Kilianus.	8	8 Nativ. Mar.	8	8 8ª Omn. sct.	8 II. Conc. Mariae.
9 Pentecoste.	9	9	9	9 Dionysius.	9	9
10	10 VII fratres.	10 Laurentius.	10	10	10 22.postPent.	10
11 Barnabas.	11	11 9. post Pent.	11	11	11 Martinus ep.	11
12 Quatember.	12	12	12	12	12	12
13	13	13	13	13 18.postPent.	13 Briccius.	13 Lucia.
14	14 5. post Pent.	14	14 Exalt. Cruc.	14	14	14
15 Vitus.	15 Div. Apost.	15 Ass. Mariae.	15 14.postPent.	15	15	15 III. Advent.
16 Trinitatis.	16	16	16	16 Gallus.	16	16
17	17	17	17 Lambertus.	17	17 23.postPent.	17
18	18	18 10.postPent.	18 Quatember.	18 Lucas.	18	18 Quatember.
19 Gervas. et Prot.	19	19	19	19	19 Elisabeth.	19
20 Corp.Christi.	20	20	20	20 19.postPent.	20	20
21	21 Praxedes.	21	21 Matthaeus.	21 Und.mil.vg.	21	21 Thomas ap.
22	22 Mar. Magd.	22 8ª Ass. Mar.	22 Mauritius.	22	22	22 IV. Advent.
23	23	23	23	23	23	23
23 2. post Pent.	24	24 Bartholom.	24	24	24 24 postPent.	24
24 Joh. bapt.	25 Jacobus.	25 11.postPent.	25	25	25 Katharina.	25 Nativ. dni.
25	26 Anna.	26	26	26	26	26 Steph. prot.
26	27	27	27 Cosmas et Damianus.	27 20.postPent.	27	27 Johannes ev.
27	28 7. post Pent.	28	28	28 Simon et Judas.	28	28 ss. Innocent.
28	29	29 Decoll. Joh. bapt.	29 Michael.	29	29	29
29 Petr. etPaul.	30 Abdon et Sennen.	30	30	30	30 Andreas.	30
30 Comm. Pauli.	31	31		31		31 Sylvester.

A. S. 759. 770. 843. 854. 865. 938. 949. 960 B. 1033. 1044 B. 1120 B. 1207. 1291. 1302. 1375. 1386. 1397.
1470. 1481. 1492 B. 1565. 1576 B.

Schaltjahr.		Januar.	Februar.	März.	April.	Mai.
Januar.	Februar.					
1 Circum. dni.	1	1 Circum. dni.	1	1	1 IV. *Laetare.*	1 Phil. et Jac.
2 8ª Stephani.	2 Pur. Mariae.	2 8ª Stephani.	2 Pur. Mariae.	2	2	2
3 8ª Johannis.	3	3 8ª Johannis	3	3	3	3 Inv. Crucis.
4 8ª Innocent.	4	4 8ª Innocent.	4	4 *Esto mihi,*	4 Ambrosius.	4
5	5 Agatha.	5	4	5	5	5
6 Epiphania.	6	6 Epiphania.	5 Agatha.	6	6	6 II. Job. ante port. lat.
7	7	7	6	7 *Cap. jejunii.*	7	
8	8	8	7	8	8 V. *Judica.*	8
9	9 Apollonia.	9	8	9	9	9
10 Paul. erem.	10 Scholastica.	10 Paul. erem.	9 Apollonia.	10	10	10
11	11	11	10 Scholastica.	11 I. *Invocavit.*	11	11
12	12	12	11	12 Gregorius.	12	12
13 8ª Epiph.	13	13 8ª Epiph.	12	13	13	13 III. *Jubilate.*
14	14 Valentinus.	14	13	14 *Quatember.*	14 Tiburt. et Valerian.	14
15	15	15	14 Valentinus.	15	15 VI. *Palmar.*	15
16	16 Juliana.	16	15	16	16	16
17 Anton. erem.	17	17 Anton. erem.	16 Juliana.	17 Gertrud.	17	17
18	18	18	17	18 II. *Reminisc.*	18	18
19	19 *Circumded.*	19	18 *Circumded.*	19	19 *Coena dni.*	19
20 Fab. et Seb.	20	20 Fab. et Seb.	19	20	20 *Parasceve.*	20 IV. *Cantate.*
21 Agnes.	21	21 Agnes.	20	21 Benedictus.	21	21
22 Vincentius.	22 Cath. Petri.	22 Vincentius.	21	22	22 *Pascha.*	22
23	23	23	22 Cath. Petri.	23	23	23
24	24	24	23	24	24	24
25 Conv. Pauli.	25 Matthias.	25 Conv. Pauli.	24 Matthias.	25 III. Annunc. Mariae.	25 Marcus.	25 Urbanus.
26	26 *Exsurge.*	26	25 *Exsurge.*	26	26	26
27	27	27	26	27	27	27 V. *Rogate.*
28	28	28	27	28	28	28
29	29	29	28	29	29 I. *Quasim,*	29
30		30		30	30	30
31		31		31		31 *Ascensio dni.*

N. S. 1590. 1601. 1612 B. 1683. 1696 B. 1753. 1764 B. 1810. 1821. 1832 B.

Juni.	Juli.	August.	September.	October.	November.	December.
1	1 3. post Pent.	1 Vinc. Petri.	1 Egidius.	1 Remigius.	1 Omn. sanct.	1
2	2 Visit. Mariae	2 Steph. pp.	2 12. post Pent.	2	2 Comm. animarum.	2 I. Adventus.
3 VI. Exaudi.	3	3 Inv. Steph.	3	3	3	3
4	4 Udalricus.	4	4	4	4 21. post Pent.	4 Barbara.
5 Bonifacius.	5	5 Oswaldus.	5	5	5	5
6	6	6	6	6 8ª Michaelis.	6	6 Nicolaus.
7	7	7	7	7 17. post Pent.	7	7
8	8 Kilianus.	8	8 Nat. Mariae	8	8 8ª Omnium sanct.	8 Conc. Mar.
9	9	9	9 13. post Pent.	9 Dionysius.	9	9 II. Adventus.
10 Pentecoste.	10 VII fratres.	10 Laurentius.	10	10	10	10
11 Barnabas.	11	11	11	11	11 Martinus ep.	11
12	12	12 9. post Pent.	12	12	12	12
13 Quatember.	13	13	13	13	13 Briccius.	13 Lucia.
14	14	14	14 Exalt. Cruc.	14 18. post Pent.	14	14
15 Vitus.	15 Div. Apost.	15 Ass. Mariae.	15	15	15	15
16	16	16	16 14. post Pent.	16 Gallus.	16	16 III. Advent.
17 Trinitatis.	17	17	17 Lambertus.	17	17	17
18	18	18	18	18 Lucas.	18 23. post Pent.	18
19 Gervas. et Prot.	19	19 10. post Pent.	19 Quatember.	19	19 Elisabeth.	19 Quatember.
20	20	20	20	20	20	20
21 Corp. Christi	21 Praxedes.	21	21 Matthaeus.	21 Und. mil. virg.	21	21 Thomas ap.
22	22 Mar. Magd.	22 8ª Ass. Mar.	22 Mauritius.	22	22	22
23	23	23	23 15. post Pent.	23	23	23 IV. Advent.
24 Joh. bapt.	24	24 Bartholom.	24	24	24	24
25	25 Jacobus.	25	25	25	25 Katharina.	25 Nativ. dni.
26	26 Anna.	26 11. post Pent.	26	26	26	26 Steph. prot.
27	27	27	27 Cosmas et Damianus.	27	27	27 Johannes ev.
28	28	28	28	28 Simon et Judas.	28	28 ss. Innocent.
29 Petr. et Paul.	29 7. post Pent.	29 Dec. Joh. bpt.	29 Michael.	29	29	29
30 Comm. Pauli	30 Abdon et Sennen.	30	30 16. post Pent.	30	30 Andreas.	30
	31	31		31		31 Sylvester.

A. S. 786. 797. 881. 892 B. 976 B. 1139. 1223. 1234. 1318. 1329. 1413. 1424 B. 1508 B.

	Schaltjahr					
Tag	Januar.	Februar.	Januar.	Februar.	März.	April.	Mai.
1	Circum. dni.		Circum. dni.				Phil. et Jac.
2	aª Stephani.	Pur. Mariae.	aª Stephani.	Pur. Mariae.		IV. *Laetare.*	
3	aª Johannis.		aª Johannis.				Inv. Crucis.
4	aª Innocent.		aª Innocent.			Ambrosius.	
5		Agatha.		Agatha.	*Esto mihi.*		
6	Epiphania.		Epiphania.				Joh. ante port. latin.
7							II. *Mis. dni.*
8					*Cap. jejunii.*		
9		Apollonia.		Apollonia.		V. *Judica.*	
10	Paulus erem.	Scholastica.	Paulus erem.	Scholastica.			
11							
12					I. Gregorius.		Pancratius.
13	8ª Epiph.		8ª Epiph.				
14		Valentinus.		Valentinus.		Tiburt. et Valerian.	III *Jubilate.*
15					*Quatember.*		
16		Juliana.		Juliana.		VI. *Palmar.*	
17	Anton.erem.		Anton.erem.		Gertrud.		
18							
19				*Circumded.*	II. *Reminisc.*		
20	Fab. et Seb.	*Circumded*	Fab. et Seb.			Coena dni.	
21	Agnes.		Agnes.		Benedictus	*Parasceve.*	IV. *Cantate.*
22	Vincentius	Cath. Petri.	Vincentius.	Cath. Petri.			
23						*Pascha.*	
24				Matthias.			
25	Conv. Pauli.	Matthias.	Conv. Pauli.		Annunc. Mar.	Marcus.	Urbanus.
26				*Exsurge.*	III. *Oculi.*		
27		*Exsurge*					
28							V. *Rogate.*
29							
30						I. *Quasimod.*	
31							Petronella.

N. S. 1628 B. 1848 B. 1905. 1916 B. 2000 B.

Juni.	Juli.	August.	September.	October.	November.	December.
1 Ascens. dni.	1	1 Vinc. Petri.	1 Egidius.	1 Remigius.	1 Omn. sanct.	1
2	2 Visit. Mar.	2 Steph. pp.	2	2	2 Comm. animarum.	2
3	3	3 Inv. Steph.	3 12. post Pent.	3	3	3 I. Adventus.
4 VI. Exaudi.	4 Udalricus.	4	4	4	4	4 Barbara.
5 Bonifacius.	5	5 Oswaldus.	5	5	5 21. post Pent.	5
6	6	6 8. post Pent.	6	6 8ª Michaelis	6	6 Nicolaus.
7	7	7	7	7	7	7
8	8 Kilianus.	8	8 Nat. Mariae.	8 17. post Pent.	8 8ª Omnium sanct.	8 Conc. Mar.
9	9 4. post Pent.	9	9	9 Dionysius.	9	9
10	10 VII fratres.	10 Laurentius.	10 13. post Pent.	10	10	10 II. Adventus.
11 Pentecoste.	11	11	11	11	11 Martinus ep.	11
12	12	12	12	12	12 22. post Pent.	12
13	13	13 9. post Pent.	13	13	13 Briccius.	13 Lucia.
14 Quatember.	14	14	14 Exalt. Crucis	14	14	14
15 Vitus.	15 Div. Apost.	15 Ass. Mariae.	15	15 18. post Pent.	15	15
16	16 5. post Pent.	16	16	16 Gallus.	16	16
17	17	17	17 Lambertus.	17	17	17 III. Advent.
18 Trinitatis.	18	18	18	18 Lucas.	18	18
19 Gervas. et Prot.	19	19	19	19	19 Elisabeth.	19
20	20	20 10. post Pent.	20 Quatember.	20	20	20 Quatember.
21	21 Praxedes.	21	21 Matthaeus.	21 Und. mil. virg.	21	21 Thomas ap.
22 Corp. Christi	22 Mar. Magd.	22 8ª Ass. Mar.	22 Mauritius.	22 19. post Pent.	22	22
23	23 6. post Pent.	23	23	23	23	23
24 Joh. bapt.	24	24 Bartholom.	24 15. post Pent.	24	24	24 IV. Advent.
25 2. post Pent.	25 Jacobus.	25	25	25	25 Katharina.	25 Nativ. dni.
26	26 Anna.	26	26	26	26 24. post Pent.	26 Steph. prot.
27	27	27 11. post Pent.	27 Cosmas et Damianus.	27	27	27 Johannes ev.
28	28	28	28	28 Simon et Judas.	28	28 ss. Innocent
29 Petr. et Paul.	29	29 Decoll. Joh. bapt.	29 Michael.	29 20. post Pent.	29	29
30 Comm. Pauli	30 Abdon et Sennen.	30	30	30	30 Andreas.	30
	31	31		31		31 Sylvester.

A. S. 824 D. 987. 1071. 1082. 1166. 1177. 1261. 1272 B. 1356. 1519.

Schaltjahr		Januar.	Februar.	März.	April.	Mai.
Januar.	Februar.					
1 Circum. dni.	1	1 Circum. dni.	1	1	1	1 I. Phil. et Jacob.
2 8ª Steph.	2 Pur. Mariae.	2 8ª Stephani.	2 Pur. Mariae.	2	2	
3 8ª Johannis.	3	3 8ª Johannis.	3	3	3 IV. Laetare.	3 Inv. Crucis.
4 8ª Innocent.	4	4 8ª Innocent.	4	4	4 Ambrosius.	4
5	5 Agatha.	5	5 Agatha.	5	5	5
6 Epiphania.	6	6 Epiphania.	6	6 Esto mihi.	6	6 Joh. ante port. lat.
7	7	7	7	7	7	7
8	8	8	8	8	8	8 II. Mis. dni.
9	9 Apollonia.	9	9 Apollonia.	9 Cap. jejunii.	9	9
10 Paul. erem.	10 Scholastica.	10 Paul. erem.	10 Scholastica.	10	10 V. Judica.	10
11	11	11	11	11	11	11
12	12	12	12	12 Gregorius.	12	12 Pancratius.
13 8ª Epiph.	13	13 8ª Epiph.	13	13 I. Invocavit.	13	13
14	14 Valentinus.	14	14 Valentinus.	14	14 Tiburt. et Valerian	14
15	15	15	15	15	15	15 III Jubilate.
16	16 Juliana.	16	16 Juliana.	16 Quatember.	16	16
17 Anton. erem.	17	17 Anton. erem.	17	17 Gertrud.	17 VI. Palmar.	17
18	18	18	18	18	18	18
19	19	19	19	19	19	19
20 Fab. et Seb.	20	20 Fab. et Seb.	20 Circumded.	20 II. Reminisc.	20	20
21 Agnes.	21 Circumded.	21 Agnes.	21	21 Benedictus.	21 Coena dni.	21
22 Vincentius.	22 Cath. Petri.	22 Vincentius.	22 Cath. Petri.	22	22 Parasceve.	22 IV. Cantate.
23	23	23	23	23	23	23
24	24	24	24 Matthias.	24	24 Pascha.	24
25 Conv. Pauli.	25 Matthias.	25 Conv. Pauli.	25	25 Ann. Mariae.	25 Marcus.	25 Urbanus.
26	26	26	26	26	26	26
27	27	27	27 Exsurge.	27 III. Oculi.	27	27
28	28 Exsurge.	28	28	28	28	28
29	29	29		29	29	29 V. Rogate.
30		30		30	30	30
31		31		31		31 Petronella.

N. S. 1639. 1707. 1791. 1859.

Juni.	Juli.	August.	September.	October.	November.	December.
1	1	1 Vinc. Petri.	1 Egidius.	1 Remigius.	1 Omn. sanct.	1
2 Ascens. dni.	2 Visit. Mar.	2 Steph. pp.	2	2 16. post Pent.	2 Comm. animarum.	2
3	3 3. post Pent.	3 Inv. Steph.	3	3	3	3
4	4 Udalricus.	4	4 12. post Pent.	4	4	4 H. Barbara.
5 VI. Exaudi. Bonifacius.	5	5 Oswaldus.	5	5	5	5
6	6	6	6	6 8a Michaelis.	6 21. post Pent.	6 Nicolaus.
7	7	7 8. post Pent.	7	7	7	7
8	8 Kilianus.	8	8 Nat. Mariae.	8	8 8a Omnium sanct.	8 Conc. Mar.
9	9	9	9	9 Dionysius.	9	9
10	10 VII fratres.	10 Laurentius.	10	10	10	10
11 Barnabas.	11	11	11 13. post Pent.	11	11 Martinus ep.	11 III. Advent.
12 Pentecoste.	12	12	12	12	12	12
13	13	13	13	13	13 Briccius.	13 Lucia.
14	14	14 9. post Pent.	14 Exalt. Crucis	14	14	14 Quatember.
15 Vitus. Quat.	15 Div. Apost.	15 Ass. Mariae.	15	15	15	15
16	16	16	16	16 Gallus.	16	16
17	17 5. post Pent.	17	17 Lambertus.	17	17	17
18	18	18	18 14. post Pent.	18 Lucas.	18	18 IV. Advent.
19 Trinitatis.	19	19	19	19	19 Elisabeth.	19
20	20	20	20	20	20 22. post Pent.	20
21	21 Praxedes.	21 10. post Pent.	21 Matth. Quat.	21 Und. mil. virg.	21	21 Thomas ap.
22	22 Mar. Magd.	22 8a Ass. Mar.	22 Mauritius.	22	22	22
23 Corp. Christi	23	23	23	23 19. post Pent.	23	23
24 Joh. bapt.	24 6. post Pent.	24 Bartholom.	24	24	24	24
25	25 Jacobus.	25	25 15. post Pent.	25	25 Katharina.	25 Nativ. dni.
26 2. post Pent.	26 Anna.	26	26	26	26	26 Steph. prot.
27	27	27	27 Cosmas et Damianus.	27	27 I. Advent.	27 Johannes ev.
28	28	28 11. post Pent.	28	28 Simon et Judas.	28	28 ss. Innocent.
29 Petr. et Paul.	29 Abdon et Sennen.	29 Dec. Joh. bpt.	29 Michael.	29	29	29
30 Comm. Pauli	30	30	30	30 20. post Pent.	30 Andreas.	30
	31 7. post Pent.	31		31		31 Sylvester.

A. S. 919. 1014. 1109. 1204 B. 1451. 1546.

#	Schaltjahr Januar.	Schaltjahr Februar.	Januar.	Februar.	März.	April.	Mai.
1	Circum. dni.		Circum. dni.				Phil. et Jac.
2	8ª Stephani.	Pur. Mariae.	8ª Stephani.	Pur. Mariae.			*I. Quasimod.*
3	8ª Johannis.		8ª Johannis.				Inv. Crucis.
4	8ª Innocent.		8ª Innocent.			*IV. Laetare.*	
5		Agatha.		Agatha.			
6	Epiphania.		Epiphania.				Joh. ante port. latin.
7					*Esto mihi.*		
8							
9		Apollonia.		Apollonia.			*II. Mis. dni.*
10	Paul. erem.	Scholastica.	Paul. erem.	Scholastica.	*Cap. jejunii.*		
11						*V. Judica.*	
12					Gregorius.		Pancratius.
13	8ª Epiphan.		8ª Epiphan.				
14		Valentinus.		Valentinus.	*I. Invocavit.*	Tiburt. et Valerian.	
15							
16		Juliana.		Juliana.			*III. Jubilate.*
17	Anton.erem.		Anton.erem.		*Quatember.*		
18						VI. *Palmar.*	
19							
20	Fab. et Seb.		Fab. et Seb.				
21	Agnes.		Agnes.	*Circumded.*	*II. Reminisc.*		
22	Vincentius.	Cath. Petri.	Vincentius.	Cath. Petri.		*Coena dni.*	
23						*Parasceve.*	*IV. Cantate.*
24				Matthias.			
25	Conv. Pauli.	Matthias.	Conv. Pauli.		Ann.Mariae.	*Pascha.*	Urbanus.
26							
27							
28					*Exsurge.*	*III. Oculi.*	
29		*Exsurge.*					
30							*V. Rogate.*
31							Petronella.

N. S. 1666. 1734. 1886. 1943.

Juni.	Juli.	August.	September.	October.	November.	December.
1	1	1 Vinc. Petri.	1 Egidius.	1 Remigius.	1 Omn. sanct.	1
2	2 Visit. Mar.	2 Steph. pp.	2	2	2 Comm. animarum.	2
3 Ascens. dni.	3	3 Inv. Steph.	3	3 16.post Pent.	3	3
4	4 Udalricus.	4	4	4	4	4 Barbara.
5 Bonifacius.	5	5 Oswaldus.	5 12.post Pent.	5	5	5 H. Adventus
6 VI. Exaudi.	6	6	6	6 8a Michaelis	6	6 Nicolaus.
7	7	7	7	7	7 21 post Pent.	7
8	8 Kilianus.	8 8. post Pent.	8 Nat. Mariae.	8	8 8a Omnium sanct.	8 Conc. Mar.
9	9	9	9	9 Dionysius.	9	9
10	10 VII fratres.	10 Laurentius.	10	10 17.post Pent.	10	10
11 Barnabas.	11 4. post Pent.	11	11	11	11 Martinus ep.	11
12	12	12	12 13.post Pent.	12	12	12 III. Advent.
13 Pentecoste.	13	13	13	13	13 Briccius.	13 Lucia.
14	14	14	14 Exalt. Crucis	14	14 22.post Pent.	14
15 Vitus.	15 Div. Apost.	15 Ass. Mariae.	15 Quatember.	15	15	15 Quatember.
16 Quatember.	16	16	16	16 Gallus.	16	16
17	17	17	17 Lambertus.	17 18.post Pent.	17	17
18	18 5. post Pent.	18	18	18 Lucas.	18	18
19 Gervas. et Prot.	19	19	19 14.post Pent.	19	19 Elisabeth.	19 IV. Advent.
20 Trinitatis.	20	20	20	20	20	20
21	21 Praxedes.	21	21 Matthaeus.	21 Und. mil. virg.	21 23.post Pent.	21 Thomas. ap.
22	22 Mar. Magd.	22 8a Ass. Mar.	22 Mauritius.	22	22	22
23	23	23	23	23	23	23
24 Joh. bapt. Corp. Chr.	24	24 Bartholom.	24	24 19.post Pent.	24	24
25	25 Jacobus.	25	25	25	25 Katharina.	25 Nativ. dni.
26	26 Anna.	26	26 15.post Pent.	26	26	26 Steph. prot.
27 2. post Pent.	27	27	27 Cosmas et Damianus.	27	27	27 Johannes ev.
28	28	28	28	28 Simon et Judas.	28 I. Adventus.	28 ss. Innocent.
29 Petr. et Paul.	29	29 Dec. Joh. bpt.	29 Michael.	29	29	29
30 Comm. Pauli	30 Abdon et Sennen.	30	30	30	30 Andreas.	30
	31	31		31 20.post Pent.		31 Sylvester.

Tafel XVII.
Uebersicht der beweglichen Feste.

Ostern.	Septua-gesima.	Sexage-sima.	Quinqua-gesima.	Invocavit.	Remi-niscere.	Oculi.	Laetare.	Judica.	Pal-marum.
Mz. 22	Ja. 18	Ja. 25	Fe. 1	Fe. 8	Fe. 15	Fe. 22	Mz. 1	Mz. 8	Mz. 15
23	19	26	2	9	16	23	2	9	16
24	20	27	3	10	17	24	3	10	17
25	21	28	4	11	18	25	4	11	18
26	22	29	5	12	19	26	5	12	19
27	23	30	6	13	20	27	6	13	20
28	24	31	7	14	21	28	7	14	21
29	25	Fe. 1	8	15	22	Mz. 1	8	15	22
30	26	2	9	16	23	2	9	16	23
31	27	3	10	17	24	3	10	17	24
Ap. 1	28	4	11	18	25	4	11	18	25
2	29	5	12	19	26	5	12	19	26
3	30	6	13	20	27	6	13	20	27
4	31	7	14	21	28	7	14	21	28
5	Fe. 1	8	15	22	Mz. 1	8	15	22	29
6	2	9	16	23	2	9	16	23	30
7	3	10	17	24	3	10	17	24	31
8	4	11	18	25	4	11	18	25	Ap. 1
9	5	12	19	26	5	12	19	26	2
10	6	13	20	27	6	13	20	27	3
11	7	14	21	28	7	14	21	28	4
12	8	15	22	Mz. 1	8	15	22	29	5
13	9	16	23	2	9	16	23	30	6
14	10	17	24	3	10	17	24	31	7
15	11	18	25	4	11	18	25	Ap. 1	8
16	12	19	26	5	12	19	26	2	9
17	13	20	27	6	13	20	27	3	10
18	14	21	28	7	14	21	28	4	11
19	15	22	Mz. 1	8	15	22	29	5	12
20	16	23	2	9	16	23	30	6	13
21	17	24	3	10	17	24	31	7	14
22	18	25	4	11	18	25	Ap. 1	8	15
23	19	26	5	12	19	26	2	9	16
24	20	27	6	13	20	27	3	10	17
25	21	28	7	14	21	28	4	11	18

Anm. Die innerhalb der schwarzen Linie stehenden Datumzahlen sind bei einem Schaltjahre um je Eine Einheit zu erhöhen.

Tafel XVII.
Uebersicht der beweglichen Feste.

Ostern.	Quasimodegeniti.	Jubilate.	Vocem jucund.	Himmelfahrt.	Pfingsten.	Trinitatis	Frohnleichnam.	1. Advent.	3. Advent.
Mz. 22	Mz. 29	Ap. 12	Ap. 26	Ap. 30	Mai 10	Mai 17	Mai 21	Nov. 29	Dec. 13
23	30	13	27	Mai 1	11	18	22	30	14
24	31	14	28	2	12	19	23	Dec. 1	15
25	Ap. 1	15	29	3	13	20	24	2	16
26	2	16	30	4	14	21	25	3	17
27	3	17	Mai 1	5	15	22	26	Nov. 27	11
28	4	18	2	6	16	23	27	28	12
29	5	19	3	7	17	24	28	29	13
30	6	20	4	8	18	25	29	30	14
31	7	21	5	9	19	26	30	Dec. 1	15
Ap. 1	8	22	6	10	20	27	31	2	16
2	9	23	7	11	21	28	Juni 1	3	17
3	10	24	8	12	22	29	2	Nov. 27	11
4	11	25	9	13	23	30	3	28	12
5	12	26	10	14	24	31	4	29	13
6	13	27	11	15	25	Juni 1	5	30	14
7	14	28	12	16	26	2	6	Dec. 1	15
8	15	29	13	17	27	3	7	2	16
9	16	30	14	18	28	4	8	3	17
10	17	Mai 1	15	19	29	5	9	Nov. 27	11
11	18	2	16	20	30	6	10	28	12
12	19	3	17	21	31	7	11	29	13
13	20	4	18	22	Juni 1	8	12	30	14
14	21	5	19	23	2	9	13	Dec. 1	15
15	22	6	20	24	3	10	14	2	16
16	23	7	21	25	4	11	15	3	17
17	24	8	22	26	5	12	16	Nov. 27	11
18	25	9	23	27	6	13	17	28	
19	26	10	24	28	7	14	18	29	13
20	27	11	25	29	8	15	19	30	14
21	28	12	26	30	9	16	20	Dec. 1	15
22	29	13	27	31	10	17	21	2	16
23	30	14	28	Juni 1	11	18	22	3	17
24	Mai 1	15	29	2	12	19	23	Nov. 27	11
25	2	16	30	3	13	20	24	28	12

Tafel XVIII.
Die Osterfeste von 500—1582.

Jahr.	Ostertag.	Jahr.	Ostertag.	Jahr.	Ostertag.	Jahr.	Ostertag.
500·	2. Ap.	552·	31. Mz.	604·	22. Mz.	656·	17. Ap.
501	22. "	553	20. Ap.	605	11. Ap.	657	9. "
502	14. "	554	5. "	606	3. "	658	25. Mz.
503	30. Mz.	555	28. Mz.	607	23. "	659	14. Ap.
504·	18. Ap.	556·	16. Ap.	608·	7. "	660·	5. "
505	10. "	557	1. "	609	30. Mz.	661	28. Mz.
506	26. Mz.	558	21. "	610	19. Ap.	662	10. Ap.
507	15. Ap.	559	13. "	611	4. "	663	2. "
508·	6. "	560·	28. Mz.	612·	26. Mz.	664·	21. "
509	22. Mz.	561	17. Ap.	613	15. Ap.	665	6. (13.) Ap.
510	11. Ap.	562	9. "	614	31. Mz.	666	29. Mz.
511	3. "	563	25. Mz.	615	20. Ap.	667	18. Ap.
512·	22. "	564·	13. Ap.	616·	11. "	668·	9. "
513	7. "	565	5. "	617	3. "	669	25. Mz.
514	30. Mz.	566	28. Mz.	618	16. "	670	14. Ap.
515	19. Ap.	567	10. Ap.	619	8. "	671	6. "
516·	3. "	568·	1. "	620·	30. Mz.	672·	25. (18.) Ap.
517	26. Mz.	569	21. "	621	19. Ap.	673	10. Ap.
518	15. Ap.	570	6. (13.) Ap.	622	4. "	674	2. "
519	31. Mz.	571	29. Mz.	623	27. Mz.	675	22. "
520·	19. Ap.	572·	17. Ap.	624·	15. Ap.	676·	6. "
521	11. "	573	9. "	625	31. Mz.	677	29. Mz.
522	3. "	574	25. Mz.	626	20. Ap.	678	18. Ap.
523	16. "	575	14. Ap.	627	12. "	679	3. "
524·	7. "	576·	5. "	628·	27. Mz.	680·	25. Mz.
525	30. Mz.	577	25. (18.) Ap.	629	16. Ap.	681	14. Ap.
526	19. Ap.	578	10. Ap.	630	8. "	682	30. Mz.
527	4. "	579	2. "	631	24. Mz.	683	19. Ap.
528·	26. Mz.	580·	21. "	632·	12. Ap.	684·	10. "
529	15. Ap.	581	6. "	633	4. "	685	26. M. (2. A.)
530	31. Mz.	582	29. Mz.	634	24. "	686	15. Ap.
531	20. Ap.	583	18. Ap.	635	9. "	687	7. "
532·	11. "	584·	2. "	636·	31. Mz.	688·	29. Mz.
533	27. Mz.	585	25. Mz.	637	20. Ap.	689	11. (18.) Ap.
534	16. Ap.	586	14. Ap.	638	5. "	690	3. Ap.
535	8. "	587	30. Mz.	639	28. Mz.	691	23. "
536·	23. (30.) Mz.	588·	18. Ap.	640·	16. Ap.	692·	14. "
537	12. Ap.	589	10. "	641	8. "	693	30. Mz.
538	4. "	590	26. M. (2. A.)	642	24. Mz.	694	19. Ap.
539	24. "	591	15. Ap.	643	13. Ap.	695	11. "
540	8. "	592·	6. "	644·	4. "	696·	26. Mz.
541	31. Mz.	593	29. Mz.	645	24. (17.) Ap.	697	15. Ap.
542	20. Ap.	594	11. (18.) Ap.	646	9. Ap.	698	7. "
543	5. "	595	3. Ap.	647	1. "	699	23. Mz.
544·	27. Mz.	596·	22. "	648·	20. "	700·	11. Ap.
545	16. Ap.	597	14. "	649	5. "	701	3. "
546	8. "	598	30. Mz.	650	28. Mz.	702	23. "
547	24. Mz.	599	19. Ap.	651	17. Ap.	703	8. "
548·	12. Ap.	600·	10. Ap.	652·	1. "	704·	30. Mz.
549	4. "	601	26. Mz.	653	21. "	705	19. Ap.
550	24. (17.) Ap.	602	15. Ap.	654	13. "	706	4. "
551	9. Ap.	603	7. "	655	29. Mz.	707	27. Mz.

Jahr.	Ostertag.	Jahr.	Ostertag.	Jahr.	Ostertag.	Jahr.	Ostertag.
708•	15. Ap.	763	3. (10.) Ap.	818	28. Mz.	873	19. Ap.
709	31. Mz.	764•	25. Mz.	819	17. Ap.	874	11. "
710	20. Ap.	765	14. Ap.	820•	8. "	875	27. Mz.
711	12. "	766	6. "	821	24. Mz.	876•	15. Ap.
712•	3. "	767	19. "	822	13. Ap.	877	7. "
713	16. "	768•	10. "	823	5. "	878	23. Mz.
714	8. "	769	2. "	824•	24. "	879	12. Ap.
715	31. Mz.	770	22. "	825	9. "	880•	3. "
716•	19. Ap.	771	7. "	826	1. "	881	23. "
717	4. "	772•	29. Mz.	827	21. "	882	8. "
718	27. Mz.	773	18. Ap.	828•	5. "	883	31. Mz.
719	16. Ap.	774	3. "	829	28. Mz.	884•	19. Ap.
720•	31. Mz.	775	26. Mz.	830	17. Ap.	885	11. "
721	20. Ap.	776•	14. Ap.	831	2. "	886	27. Mz.
722	12. "	777	30. Mz.	832•	24. Mz.	887	16. Ap.
723	28. Mz.	778	19. Ap.	833	13. Ap.	888•	7. "
724•	16. Ap.	779	11. "	834	5. "	889	23. Mz.
725	8. "	780•	26. Mz. (2.A.)	835	18. "	890	12. Ap.
726	24. Mz.	781	15. Ap.	836•	9. "	891	4. "
727	13. Ap.	782	7. "	837	1. "	892•	23. "
728•	4. "	783	23. (30.) Mz.	838	14. "	893	8. "
729	24. "	784•	11. (18.) Ap.	839	6. "	894	31. Mz.
730	9. "	785	3. "	840•	28. Mz.	895	20. Ap.
731	1. "	786	23. "	841	17. Ap.	896•	4. "
732•	20. "	787	8. "	842	2. "	897	27. Mz.
733	5. "	788•	30. Mz.	843	22. "	898	16. Ap.
734	28. Mz.	789	19. Ap.	844•	13. "	899	1. "
735	17. Ap.	790	11. "	845	29. Mz.	900•	20. "
736•	8. "	791	27. Mz.	846	18. Ap.	901	12. "
737	24. Mz.	792•	15. Ap.	847	10. "	902	28. Mz.
738	13. Ap.	793	7. "	848•	25. Mz.	903	17. Ap.
739	5. "	794	23. Mz.	849	14. Ap.	904•	8. "
740•	24. (17.) Ap.	795	12. Ap.	850	6. "	905	31. Mz.
741	9. Ap.	796•	3. "	851	22. Mz.	906	13. Ap.
742	1. "	797	23. "	852•	10. Ap.	907	5. "
743	14. (21.) Ap.	798	8. "	853	2. "	908•	27. Mz.
744•	5. Ap.	799	31. Mz.	854	22. "	909	16. Ap.
745	28. Mz.	800•	19. Ap.	855	7. "	910	1. "
746	17. Ap.	801	4. "	856•	29. Mz.	911	21. "
747	2. "	802	27. Mz.	857	18. Ap.	912•	12. "
748•	21. "	803	16. Ap.	858	3. "	913	28. Mz.
749	13. "	804•	31. Mz.	859	26. Mz.	914	17. Ap.
750	29. Mz.	805	20. Ap.	860•	14. Ap.	915	9. "
751	18. Ap.	806	12. "	861	6. "	916•	24. Mz.
752•	9. "	807	28. Mz.	862	19. "	917	13. Ap.
753	25. Mz.	808•	16. Ap.	863	11. "	918	5. "
754	14. Ap.	809	8. "	864•	2. "	919	25. "
755	6. "	810	31. Mz.	865	22. "	920•	9. "
756•	28. Mz.	811	13. Ap.	866	7. "	921	1. "
757	10. Ap.	812•	4. "	867	30. Mz.	922	21. "
758	2. "	813	27. Mz.	868•	18. Ap.	923	6. "
759	22. "	814	16. Ap.	869	3. "	924•	28. Mz.
760•	6. (13.) Ap.	815	1. "	870	26. Mz.	925	17. Ap.
761	29. Mz.	816•	20. "	871	15. Ap.	926	2. "
762	18. Ap.	817	12. "	872•	30. Mz.	927	25. Mz.

Jahr.	Ostertag.	Jahr.	Ostertag.	Jahr.	Ostertag.	Jahr.	Ostertag.
928•	13. Ap.	983	8. Ap.	1038	26. Mz.	1093	17. Ap.
929	5. •	984•	23. Mz.	1039	15. Ap.	1094	9. •
930	18. •	985	12. Ap.	1040•	6. •	1095	25. Mz.
931	10. •	986	4. •	1041	22. Mz.	1096•	13. Ap.
932•	1. •	987	24. •	1042	11. Ap.	1097	5. •
933	14. •	988•	8. •	1043	3. •	1098	28. Mz.
934	6. •	989	31. Mz.	1044•	22. •	1099	10. Ap.
935	29. Mz.	990	20. Ap.	1045	7. •	1100•	1. •
936•	17. Ap.	991	5. •	1046	30. Mz.	1101	21. •
937	2. •	992•	27. Mz.	1047	19. Ap.	1102	6. •
938	22. •	993	16. Ap.	1048•	3. •	1103	29. Mz.
939	14. •	994	1. •	1049	26. Mz.	1104•	17. Ap.
940•	29. Mz.	995	21. •	1050	15. Ap.	1105	9. •
941	18. Ap.	996•	12. •	1051	31. Mz.	1106	25. Mz.
942	10. •	997	28. Mz.	1052•	19. Ap.	1107	14. Ap.
943	26. Mz.	998	17. Ap.	1053	11. •	1108•	5. •
944•	14. Ap.	999	9. •	1054	3. •	1109	25. •
945	6. •	1000•	31. Mz.	1055	16. •	1110	10. •
946	22. Mz.	1001	13. Ap.	1056•	7. •	1111	2. •
947	11. Ap.	1002	5. •	1057	30. Mz.	1112•	21. •
948•	2. •	1003	28. Mz.	1058	19. Ap.	1113	6. •
949	22. •	1004•	16. Ap.	1059	4. •	1114	29. Mz.
950	7. •	1005	1. •	1060•	26. Mz.	1115	18. Ap.
951	30. Mz.	1006	21. •	1061	15. Ap.	1116•	2. •
952•	18. Ap.	1007	6. •	1062	31. Mz.	1117	25. Mz.
953	3. •	1008•	28. Mz.	1063	20. Ap.	1118	14. Ap.
954	26. Mz.	1009	17. Ap.	1064•	11. •	1119	30. Mz.
955	15. Ap.	1010	9. •	1065	27. Mz.	1120•	18. Ap.
956•	6. •	1011	25. Mz.	1066	16. Ap.	1121	10. •
957	19. •	1012•	13. Ap.	1067	8. •	1122	26. Mz.
958	11. •	1013	5. •	1068•	23. Mz.	1123	15. Ap.
959	3. •	1014	25. •	1069	12. Ap.	1124•	6. •
960•	22. •	1015	10. •	1070	4. •	1125	29. Mz.
961	7. •	1016•	1. •	1071	24. •	1126	11. Ap.
962	30. Mz.	1017	21. •	1072•	8. •	1127	3. •
963	19. Ap.	1018	6. •	1073	31. Mz.	1128•	22. •
964•	3. •	1019	29. Mz.	1074	20. Ap.	1129	14. •
965	26. Mz.	1020•	17. Ap.	1075	5. •	1130	30. Mz.
966	15. Ap.	1021	2. •	1076•	27. Mz.	1131	19. Ap.
967	31. Mz.	1922	25. Mz.	1077	16. Ap.	1132•	10. •
968•	19. Ap.	1023	14. Ap.	1078	8. •	1133	26. Mz.
969	11. •	1024•	5. •	1079	24. Mz.	1134	15. Ap.
970	27. Mz.	1025	18. •	1080•	12. Ap.	1135	7. •
971	16. Ap.	1026	10. •	1081	4. •	1136•	22. Mz.
972•	7. •	1027	26. Mz.	1082	24. •	1137	11. Ap.
973	23. Mz.	1028•	14. Ap.	1083	9. •	1138	3. •
974	12. Ap.	1029	6. •	1084•	31. Mz.	1139	23. •
975	4. •	1030	29. Mz.	1085	20. Ap.	1140•	7. •
976•	23. •	1031	11. Ap.	1086	5. •	1141	30. Mz.
977	8. •	1032•	2. •	1087	28. Mz.	1142	19. Ap.
978	31. Mz.	1033	22. •	1088•	16. Ap.	1143	4. •
979	20. Ap.	1034	14. •	1089	1. •	1144•	26. Mz.
980•	11. •	1035	30. Mz.	1090	21. •	1145	15. Ap.
981	27. Mz.	1036•	18. Ap.	1091	13. •	1146	31. Mz.
982	16. Ap.	1037	10. •	1092•	28. Mz.	1147	20. Ap.

Jahr.	Ostertag.	Jahr.	Ostertag.	Jahr.	Ostertag.	Jahr.	Ostertag.
1148•	11. Ap.	1203	6. Ap.	1258	24. Mz.	1313	15. Ap.
1149	3. "	1204•	25. "	1259	13. Ap.	1314	7. "
1150	16. "	1205	10. "	1260•	4. "	1315	23. Mz.
1151	8. "	1206	2. "	1261	24. "	1316•	11. Ap.
1152•	30. Mz.	1207	22. "	1262	9. "	1317	3. "
1153	19. Ap.	1208•	6. "	1263	1. "	1318	23. "
1154	4. "	1209	29. Mz.	1264•	20. "	1319	8. "
1155	27. Mz.	1210	18. Ap.	1265	5. "	1320•	30. Mz.
1156•	15. Ap.	1211	3. "	1266	28. Mz.	1321	19. Ap.
1157	31. Mz.	1212•	25. Mz.	1267	17. Ap.	1322	11. "
1158	20. Ap.	1213	14. Ap.	1268•	8. "	1323	27. Mz.
1159	12. "	1214	30. Mz.	1269	24. Mz.	1324•	15. Ap.
1160•	27. Mz.	1215	19. Ap.	1270	13. Ap.	1325	7. "
1161	16. Ap.	1216•	10. "	1271	5. "	1326	23. Mz.
1162	8. "	1217	26. Mz.	1272•	24. "	1327	12. Ap.
1163	24. Mz.	1218	15. Ap.	1273	9. "	1328•	3. "
1164•	12. Ap.	1219	7. "	1274	1. "	1329	23. "
1165	4. "	1220•	29. Mz.	1275	14. "	1330	8. "
1166	24. "	1221	11. Ap.	1276•	5. "	1331	31. Mz.
1167	9. "	1222	3. "	1277	28. Mz.	1332•	19. Ap.
1168•	31. Mz.	1223	23. "	1278	17. Ap.	1333	4. "
1169	20. Ap.	1224•	14. "	1279	2. "	1334	27. Mz.
1170	5. "	1225	30. Mz.	1280•	21. "	1335	16. Ap.
1171	28. Mz.	1226	19. Ap.	1281	13. "	1336•	31. Mz.
1172•	16. Ap.	1227	11. "	1282	29. Mz.	1337	20. Ap.
1173	8. "	1228•	26. Mz.	1283	18. Ap.	1338	12. "
1174	24. Mz.	1229	15. Ap.	1284•	9. "	1339	28. Mz.
1175	13. Ap.	1230	7. "	1285	25. Mz.	1340•	16. Ap.
1176•	4. "	1231	23. Mz.	1286	14. Ap.	1341	8. "
1177	24. "	1232•	11. Ap.	1287	6. "	1342	31. Mz.
1178	9. "	1233	3. "	1288•	28. Mz.	1343	13. Ap.
1179	1. "	1234	23. "	1289	10. Ap.	1344•	4. "
1180•	20. "	1235	8. "	1290	2. "	1345	27. Mz.
1181	5. "	1236•	30. Mz.	1291	22. "	1346	16. Ap.
1182	28. Mz.	1237	19. Ap.	1292•	6. "	1347	1. "
1183	17. Ap.	1238	4. "	1293	29. Mz.	1348•	20. "
1184•	1. "	1239	27. Mz.	1294	18. Ap.	1349	12. "
1185	21. "	1240•	15. Ap.	1295	3. "	1350	28. Mz.
1186	13. "	1241	31. Mz.	1296•	25. Mz.	1351	17. Ap.
1187	29. Mz.	1242	20. Ap.	1297	14. Ap.	1352•	8. "
1188•	17. Ap.	1243	12. "	1298	6. "	1353	24. Mz.
1189	9. "	1244•	3. "	1299	19. "	1354	13. Ap.
1190	25. Mz.	1245	16. "	1300•	10. "	1355	5. "
1191	14. Ap.	1246	8. "	1301	2. "	1356•	24. "
1192•	5. "	1247	31. Mz.	1302	22. "	1357	9. "
1193	28. Mz.	1248•	19. Ap.	1303	7. "	1358	1. "
1194	10. Ap.	1249	4. "	1304•	29. Mz.	1359	21. "
1195	2. "	1250	27. Mz.	1305	18. Ap.	1360•	5. "
1196•	21. "	1251	16. Ap.	1306	3. "	1361	28. Mz.
1197	6. "	1252•	31. Mz.	1307	26. Mz.	1362	17. Ap.
1198	29. Mz.	1253	20. Ap.	1308•	14. Ap.	1363	2. "
1199	18. Ap.	1254	12. "	1309	30. Mz.	1364•	24. Mz.
1200•	9. "	1255	28. Mz.	1310	19. Ap.	1365	13. Ap.
1201	25. Mz.	1256•	16. Ap.	1311	11. "	1366	5. "
1202	14. Ap.	1257	8. "	1312•	26. Mz.	1367	18. "

Jahr.	Ostertag.	Jahr.	Ostertag.	Jahr.	Ostertag.	Jahr.	Ostertag.
1368•	9. Ap.	1422	12. Ap.	1476•	14. Ap.	1530	17. Ap.
1369	1. „	1423	4. „	1477	6. „	1531	9. „
1370	14. „	1424•	23. „	1478	22. Mz.	1532•	31. Mz.
1371	6. „	1425	8. „	1479	11. Ap.	1533	13. Ap.
1372•	28. Mz.	1426	31. Mz.	1480•	2. „	1534	5. „
1373	17. Ap.	1427	20. Ap.	1481	22. „	1535	28. Mz.
1374	2. „	1428•	4. „	1482	7. „	1536•	16. Ap.
1375	22. „	1429	27. Mz.	1483	30. Mz.	1537	1. „
1376•	13. „	1430	16. Ap.	1484•	18. Ap.	1538	21. „
1377	29. Mz.	1431	1. „	1485	3. „	1539	6. „
1378	18. Ap.	1432•	20. „	1486	26. Mz.	1540•	28. Mz.
1379	10. „	1433	12. „	1487	15 Ap.	1541	17. Ap.
1380•	25. Mz.	1434	28. Mz.	1488•	6. „	1542	9. „
1381	14. Ap.	1435	17. Ap.	1489	19. „	1543	25. Mz.
1382	6. „	1436•	8. „	1490	11. „	1544•	13. Ap.
1383	22. Mz.	1437	31. Mz.	1491	3. „	1545	5. „
1384•	10. Ap.	1438	13. Ap.	1492•	22. „	1546	25. „
1385	2. „	1439	5. „	1493	7. „	1547	10. „
1386	22. „	1440•	27. Mz.	1494	30. Mz.	1548•	1. „
1387	7. „	1441	16. Ap.	1495	19. Ap.	1549	21. „
1388•	29. Mz.	1442	1. „	1496•	3. „	1550	6. „
1389	18. Ap.	1443	21. „	1497	26. Mz.	1551	29. Mz.
1390	3. „	1444•	12. „	1498	15. Ap.	1552•	17. Ap.
1391	26. Mz.	1445	28. Mz.	1499	31. Mz.	1553	2. „
1392•	14. Ap.	1446	17. Ap.	1500•	19. Ap.	1554	25. Mz.
1393	6. „	1447	9. „	1501	11. „	1555	14. Ap.
1394	19. „	1448•	24. Mz.	1502	27. Mz.	1556•	5. „
1395	11. „	1449	13. Ap.	1503	16. Ap.	1557	18. „
1396•	2. „	1450	5. „	1504•	7. „	1558	10. „
1397	22. „	1451	25. „	1505	23. Mz.	1559	26. Mz.
1398	7. „	1452•	9. „	1506	12. Ap.	1560•	14. Ap.
1399	30. Mz.	1453	1. „	1507	4. „	1561	6. „
1400•	18. Ap.	1454	21. „	1508•	23. „	1562	29. Mz.
1401	3. „	1455	6. „	1509	8. „	1563	11. Ap.
1402	26. Mz.	1456•	28. Mz.	1510	31. Mz.	1564•	2. „
1403	15. Ap.	1457	17. Ap.	1511	20. Ap.	1565	22. „
1404•	30. Mz.	1458	2. „	1512•	11. „	1566	14. „
1405	19. Ap.	1459	25. Mz.	1513	27. Mz.	1567	30. Mz.
1406	11. „	1460•	13. Ap.	1514	16. Ap.	1568•	18. Ap.
1407	27. Mz.	1461	5. „	1515	8. „	1569	10. „
1408•	15. Ap.	1462	18. „	1516•	23. Mz.	1570	26. Mz.
1409	7. „	1463	10. „	1517	12. Ap.	1571	15. Ap.
1410	23. Mz.	1464•	1. „	1518	4. „	1572•	6. „
1411	12. Ap.	1465	14. „	1519	24. „	1573	22. Mz.
1412•	3. „	1466	6. „	1520•	8. „	1574	11. Ap.
1413	23. „	1467	29. Mz.	1521	31. Mz.	1575	3. „
1414	8. „	1468•	17. Ap.	1522	20. Ap.	1576•	22. „
1415	31. Mz.	1469	2. „	1523	5. „	1577	7. „
1416•	19. Ap.	1470	22. „	1524•	27. Mz.	1578	30. Mz.
1417	11. „	1471	14. „	1525	16. Ap.	1579	19. Ap.
1418	27. Mz.	1472•	29. Mz.	1526	1. „	1580•	3. „
1419	16. Ap.	1473	18. Ap.	1527	21. „	1581	26. Mz.
1420•	7. „	1474	10. „	1528•	12. „	1582	15. Ap.
1421	23. Mz.	1475	26. Mz.	1529	28. Mz.		

Die Osterfeste von 1583—1699.

A. S.	Jahr.	N. S.	A. S.	Jahr.	N. S.	A. S.	Jahr.	N. S.
31. Mz.	1583	10. Ap.	21. Ap.	1622	27. Mz.	27. Mz.	1661	17. Ap.
19. Ap.	1584*	1. "	13. "	1623	16. Ap.	16. Ap.	1662	9. "
11. "	1585	21. "	28. Mz.	1624*	7. "	7. "	1663	25. Mz.
3. "	1586	6. "	17. Ap.	1625	30. Mz.	19. Ap.	1664*	13. Ap.
16. "	1587	29. Mz.	9. "	1626	12. Ap.	10. "	1665	5. "
7. "	1588*	17. Ap.	25. Mz.	1627	4. "	26. Mz.	1666	25. "
30. Mz.	1589	2. "	13. Ap.	1628*	23. "	7. "	1667	10. "
19. Ap.	1590	22. "	5. "	1629	15. "	22. Mz.	1668*	1. "
4. "	1591	14. "	28. Mz.	1630	31. Mz.	11. Ap.	1669	21. "
26. Mz.	1592*	29. Mz.	10. Ap.	1631	20. Ap.	3. "	1670	6. "
15. Ap.	1593	18. Ap.	1. "	1632*	11. "	23. "	1671	29. Mz.
31. Mz.	1594	10. "	21. "	1633	27. Mz.	7. "	1672*	17. Ap.
20. Ap.	1595	26. Mz.	6. "	1634	16. Ap.	30. Mz.	1673	2. "
11. "	1596*	14. Ap.	29. Mz.	1635	8. "	19. Ap.	1674	25. Mz.
27. Mz.	1597	6. "	17. Ap.	1636*	23. Mz.	4. "	1675	14. Ap.
16. Ap.	1598	22. Mz.	9. "	1637	12. Ap.	26. Mz.	1676*	5. "
8. "	1599	11. Ap.	25. Mz.	1638	4. "	15. Ap.	1677	18. "
23. Mz.	1600*	2. "	14. Ap.	1639	24. "	31. Mz.	1678	10. "
12. Ap.	1601	22. "	5. "	1640*	8. "	20. Ap.	1679	2. "
4. "	1602	7. "	25. "	1641	31. Mz.	11. "	1680*	21. "
24. "	1603	30. Mz.	10. "	1642	20. Ap.	3. "	1681	6. "
8. "	1604*	18. Ap.	2. "	1643	5. "	16. "	1682	29. Mz.
31. Mz.	1605	10. "	21. "	1644*	27. Mz.	8. "	1683	18. Ap.
20. Ap.	1606	26. Mz.	6. "	1645	16. Ap.	30. Mz.	1684*	2. "
5. "	1607	15. Ap.	29. Mz.	1646	1. "	19. Ap.	1685	22. "
27. Mz.	1608*	6. "	18. Ap.	1647	21. "	4. "	1686	14. "
16. Ap.	1609	19. "	2. "	1648*	12. "	27. Mz.	1687	30. Mz.
8. "	1610	11. "	25. Mz.	1649	4. "	15. Ap.	1688*	18. Ap.
24. Mz.	1611	3. "	14. Ap.	1650	17. "	31. Mz.	1689	10. "
12. Ap.	1612*	22. "	30. Mz.	1651	9. "	20. Ap.	1690	26. Mz.
4. "	1613	7. "	18. Ap.	1652*	31. Mz.	12. "	1691	15. Ap.
24. "	1614	30. Mz.	10. "	1653	13. Ap.	27. Mz.	1692*	6. "
9. "	1615	19. Ap.	26. Mz.	1654	5. "	16. Ap.	1693	22. Mz.
31. Mz.	1616*	3. "	15. Ap.	1655	28. Mz.	8. "	1694	11. Ap.
20. Ap.	1617	26. Mz.	6. "	1656*	16. Ap.	24. Mz.	1695	3. "
5. "	1618	15. Ap.	29. Mz.	1657	1. "	12. Ap.	1696*	22. "
28. Mz.	1619	31. Mz.	11. Ap.	1658	21. "	4. "	1697	7. "
16. Ap.	1620*	19. Ap.	3. "	1659	13. "	24. "	1698	30. Mz.
1. "	1621	11. "	22. "	1660*	28. Mz.	9. "	1699	19. Ap.

Die Osterfeste von 1700—2000.

Jahr.	Ostertag.	Jahr.	Ostertag.	Jahr.	Ostertag.	Jahr.	Ostertag.
1700	11. Ap.	1753	22. »	1806	6. »	1859	24. »
1701	27. Mz.	1754	14. »	1807	29. Mz.	1860•	8. »
1702	16. Ap.	1755	30. Mz.	1808•	17. Ap.	1861	31. Mz.
1703	8. »	1756•	18. Ap.	1809	2. »	1862	20. Ap.
1704•	23. Mz.	1757	10. »	1810	22. »	1863	5. »
1705	12. Ap.	1758	26. Mz.	1811	14. »	1864•	27. Mz.
1706	4. »	1759	15. Ap.	1812•	29. Mz.	1865	16. Ap.
1707	24. »	1760•	6. »	1813	18. Ap.	1866	1. »
1708•	8. »	1761	22. Mz.	1814	10. »	1867	21. »
1709	31. Mz.	1762	11. Ap.	1815	26. Mz.	1868•	12. »
1710	20. Ap.	1763	3. »	1816•	14. Ap.	1869	28. Mz.
1711	5. »	1764•	22. »	1817	6. »	1870	17. Ap.
1712•	27. Mz.	1765	7. »	1818	22. Mz.	1871	9. »
1713	16. Ap.	1766	30. Mz.	1819	11. Ap.	1872•	31. Mz.
1714	1. »	1767	19. Ap.	1820•	2. »	1873	13. Ap.
1715	21. »	1768•	3. »	1821	22. »	1874	5. »
1716•	12. »	1769	26. Mz.	1822	7. »	1875	28. Mz.
1717	28. Mz.	1770	15. Ap.	1823	30. Mz.	1876•	16. Ap.
1718	17. Ap.	1771	31. Mz.	1824•	18. Ap.	1877	1. »
1719	9. »	1772•	19. Ap.	1825	3. »	1878	21. »
1720•	31. Mz.	1773	11. »	1826	26. Mz.	1879	13. »
1721	13. Ap.	1774	3. »	1827	15. Ap.	1880•	28. Mz.
1722	5. »	1775	16. »	1828•	6. »	1881	17. Ap.
1723	28. Mz.	1776•	7. »	1829	19. »	1882	9. »
1724•	16. Ap.	1777	30. Mz.	1830	11. »	1883	25. Mz.
1725	1. »	1778	19. Ap.	1831	3. »	1884•	13. Ap.
1726	21. »	1779	4. »	1832•	22. »	1885	5. »
1727	13. »	1780•	26. Mz.	1833	7. »	1886	25. »
1728•	28. Mz.	1781	15. Ap.	1834	30. Mz.	1887	10. »
1729	17. Ap.	1782	31. Mz.	1835	19. Ap.	1888•	1. »
1730	9. »	1783	20. Ap.	1836•	3. »	1889	21. »
1731	25. Mz.	1784•	11. »	1837	26. Mz.	1890	6. »
1732•	13. Ap.	1785	27. Mz.	1838	15. Ap.	1891	29. Mz.
1733	5. »	1786	16. Ap.	1839	31. Mz.	1892•	17. Ap.
1734	25. »	1787	8. »	1840•	19. Ap.	1893	2. »
1735	10. »	1788•	23. Mz.	1841	11. »	1894	25. Mz.
1736•	1. »	1789	12. Ap.	1842	27. Mz.	1895	14. Ap.
1737	21. »	1790	4. »	1843	16. Ap.	1896•	5. »
1738	6. »	1791	24. »	1844•	7. »	1897	18. »
1739	29. Mz.	1792•	8. »	1845	23. Mz.	1898	10. »
1740•	17. Ap.	1793	31. Mz.	1846	12. Ap.	1899	2. »
1741	2. »	1794	20. Ap.	1847	4. »	1900	15. »
1742	25. Mz.	1795	5. »	1848•	23. »	1901	7. »
1743	14. Ap.	1796•	27. Mz.	1849	8. »	1902	30. Mz.
1744•	5. »	1797	16. Ap.	1850	31. Mz.	1903	12. Ap.
1745	18. »	1798	8. »	1851	20. Ap.	1904•	3. »
1746	10. »	1799	24. Mz.	1852•	11. »	1905	23. »
1747	2. »	1800	13. Ap.	1853	27. Mz.	1906	15. »
1748•	14. »	1801	5. »	1854	16. Ap.	1907	31. Mz.
1749	6. »	1802	18. Ap.	1855	8. »	1908•	19. Ap.
1750	29. Mz.	1803	10. »	1856•	23. Mz.	1909	11. »
1751	11. Ap.	1804•	1. »	1857	12. Ap.	1910	27. Mz.
1752•	2. »	1805	14. »	1858	4. »	1911	16. Ap.

Jahr.	Ostertag.	Jahr.	Ostertag.	Jahr.	Ostertag.	Jahr.	Ostertag.
1912•	7. Ap.	1935	21. Ap.	1958	6. Ap.	1981	19. Ap.
1913	23. Mz.	1936•	12. „	1959	29. Mz.	1982	11. „
1914	12. Ap.	1937	28. Mz.	1960•	17. Ap.	1983	3. „
1915	4. „	1938	17. Ap.	1961	2. „	1984•	22. „
1916•	23. „	1939	9. „	1962	22. „	1985	7. „
1917	8. „	1940•	24. Mz.	1963	14. „	1986	30. Mz.
1918	31. Mz.	1941	13. Ap.	1964•	29. Mz.	1987	19. Ap.
1919	20. Ap.	1942	5. „	1965	18. Ap.	1988•	3. „
1920•	4. „	1943	25. „	1966	10. „	1989	26. Mz.
1921	27. Mz.	1944•	9. „	1967	26. Mz.	1990	15. Ap.
1922	16. Ap.	1945	1. „	1968•	14. Ap.	1991	31. Mz.
1923	1. „	1946	21. „	1969	6. „	1992•	19. Ap.
1924•	20. „	1947	6. „	1970	29. Mz.	1993	11. „
1925	12. „	1948•	28. Mz.	1971	11. Ap.	1994	3. „
1926	4. „	1949	17. Ap.	1972•	2. „	1995	16. „
1927	17. „	1950	9. „	1973	22. „	1996•	7. „
1928•	8. „	1951	25. Mz.	1974	14. „	1997	30. Mz.
1929	31. Mz.	1952•	13. Ap.	1975	30. Mz.	1998	12. Ap.
1930	20. Ap.	1953	5. „	1976•	18. Ap.	1999	4. „
1931	5. Ap.	1954	18. „	1977	10. „	2000•	23. „
1932•	27. Mz.	1955	10. „	1978	26. Mz.		
1933	16. Ap.	1956•	1. „	1979	15. Ap.		
1934	1. „	1957	21. „	1980•	6. „		

Tafel XIX.
Römischer Kalender.

	März, Mai, Julius, October.	Januar, August, December.	April, Junius, September, November.	Februar.	
1	Kalendis	Kalendis	Kalendis	Kalendis	1
2	VI a. Nonas	IV a. Nonas	IV a. Nonas	IV a. Nonas	2
3	V	III	III	III	3
4	IV	Pridie Nonas	Pridie Nonas	Pridie Nonas	4
5	III	Nonis	Nonis	Nonis	5
6	Pridie Nonas	VIII a. Idus	VIII a. Idus	VIII a. Idus	6
7	Nonis	VII	VII	VII	7
8	VIII a. Idus	VI	VI	VI	8
9	VII	V	V	V	9
10	VI	IV	IV	IV	10
11	V	III	III	III	11
12	IV	Pridie Idus	Pridie Idus	Pridie Idus	12
13	III	Idibus	Idibus	Idibus	13
14	Pridie Idus	XIX a. Kalendas	XVIII a. Kalendas	XVI a. Kalendas	14
15	Idibus	XVIII	XVII	XV	15
16	XVII a. Kalendas	XVII	XVI	XIV	16
17	XVI	XVI	XV	XIII	17
18	XV	XV	XIV	XII	18
19	XIV	XIV	XIII	XI	19
20	XIII	XIII	XII	X	20
21	XII	XII	XI	IX	21
22	XI	XI	X	VIII	22
23	X	X	IX	VII	23
24	IX	IX	VIII	VI (VI)	24
25	VIII	VIII	VII	V (bis VI)	25
26	VII	VII	VI	IV (V)	26
27	VI	VI	V	III (IV)	27
28	V	V	IV	Pr. Kal. (III)	28
29	IV	IV	III	(Pr. Kal.)	29
30	III	III	Pridie Kalendas		30
31	Pridie Kalendas	Pridie Kalendas			31
	April. Junius. August. November.	Februar. September. Januar.	Mai. Julius. October. December.	März.	